新譯郁離子

吳家駒　注譯

三民書局

刊印古籍今注新譯叢書緣起

劉振強

人類歷史發展，每至偏執一端，往而不返的關頭，總有一股新興的反本運動繼起，要求回顧過往的源頭，從中汲取新生的創造力量。孔子所謂的述而不作，溫故知新，以及西方文藝復興所強調的再生精神，都體現了創造源頭這股日新不竭的力量。古典之所以重要，古籍之所以不可不讀，正在這層尋本與啟示的意義上。處於現代世界而倡言讀古書，並不是迷信傳統，更不是故步自封；而是當我們愈懂得聆聽來自根源的聲音，我們就愈懂得如何向歷史追問，也就愈能夠清醒正對當世的苦厄。要擴大心量，冥契古今心靈，會通宇宙精神，不能不由學會讀古書這一層根本的工夫做起。

基於這樣的想法，本局自草創以來，即懷著注譯傳統重要典籍的理想，由第一部的四書做起，希望藉由文字障礙的掃除，幫助有心的讀者，打開禁錮於古老話語中的豐沛寶藏。我們工作的原則是「兼取諸家，直注明解」。一方面熔鑄眾說，擇善而從；一方面也力求明白可喻，達到學術普及化的要求。叢書自陸續出刊以來，頗受各界的喜愛，使我們得到很大的鼓勵，也有信心繼續推廣這項工作。隨著海峽兩岸的交流，我們注譯的成員，也由臺灣各大學的教授，擴及大陸各有專長的學者。陣容的充實，使我們有更多的資源，整理更多樣化的古籍。兼採經、史、子、集四部的要典，重拾對通才器識的重視，將是我們進一步工作的目標。

古籍的注譯，固然是一件繁難的工作，但其實也只是整個工作的開端而已，最後的完成與意義的賦予，全賴讀者的閱讀與自得自證。我們期望這項工作能有助於為世界文化的未來匯流，注入一股源頭活水；也希望各界博雅君子不吝指正，讓我們的步伐能夠更堅穩地走下去。

新譯郁離子 目次

卷下

附錄

導讀

《郁離子》是一部寓言體的散文集。作者劉基，字伯溫，浙江青田人，生於元武宗至大四年（一三一一），卒於明太祖洪武八年（一三七五），是元末明初著名的政治家、文學家，在朱元璋掃平群雄開國稱帝的進程中發揮過重要作用，被譽為「渡江策士無雙，開國文臣第一」，屬張子房（良）、諸葛亮、魏徵式的人物。

劉基的一生，經歷了元明易代的巨變。元代末年，政治腐敗，社會黑暗，民族矛盾、階級矛盾空前激烈，但年輕時的劉基還是抱著「人生惜死非男兒，但有馬革可裹屍」的濟世思想，一心想為國家做出一番事業。元順帝元統元年（一三三三），二十三歲的劉基進士及第，三年之後，除選江西瑞州路高安縣丞。至元五年（一三三九），瑞州路新昌州發生一起命案，因判決不公，引起訴訟，路總管抽調劉基前去複審。劉基「發奸擿伏，不避強御」（〈誠意伯劉公行狀〉），查明了豪紳挾勢殺人的證據，推翻了原判。這件事轟動了瑞州路，但也得罪了初審官和地方豪強。豪強們聯合起來，借助「蒙古根腳」的力量，造謠中傷，尋釁報復，必欲置劉基於死地而後快。眼看在瑞州呆不下去了，路總管便把劉基調到了省城，改任掾吏。

二年以後，因議事不合，棄官還鄉。這是劉基仕途上的第一次挫折。

數年之後，劉基復出為江浙儒學副提舉兼行省考試官，上任不久，便上奏章彈劾監察御史失職。然而，官場黑暗，上下勾結，沆瀣一氣，奏章被御史臺扣留了下來，義憤之下，劉基又掛冠而去。

劉基再度出山已是至正十二年（一三五二），這次他被起用為浙東元帥府都事，後改任江浙行省都事，參與戎事，平定處州一帶的「山寇」。由於劉基反對招安方國珍（台州黃安人，率眾起事，據東南沿海，賄賂朝廷要員，屢降屢叛），與當政意見相左，被扣上「傷朝廷好生之仁，擅作威福」的罪名，革職「羈管」紹興。處州平「寇」結束之後，論功行賞，劉基非但沒有得到提升，反而被奪去兵權，降回原職，仍以儒學副提舉格授處州路總管府判。

一次次的打擊，使劉基對元王朝徹底喪失了信心，思想上發生了根本性的變化，至正十八年，他毅然解綬歸里，隱居家鄉青田，一面著述，一面靜觀時局之變。

而此時的中國大地，反元的烽火已成燎原之勢：朱元璋攻下了集慶（今南京），改名應天，準備大展宏圖；陳友諒佔據湖廣、江西一帶，「幾天下半」；張士誠則據有浙西、吳中富庶之地。元王朝已處在農民起義的四面楚歌之中。

朱元璋在站穩腳跟之後，接受儒士孫炎的建議，廣招天下賢才，以成大業。至正二十年，劉基邁出了政治生涯中最重要的一步。經過慎重考慮，他接受了朱元璋的聘請，來到應天，陳時務十八策。面對當時嚴峻的軍事局面，他力排眾議，提出先滅陳友諒，次取張士誠，然後北定中原，統一天下的戰略目標。依靠這一決策，朱元璋最終戰勝了強敵，建立起朱明王朝，而劉基也因此成為朱元璋的主要謀士和開國功勳。

明建國以後，劉基擔任御史中丞兼太史令，對制訂明朝的曆法、典章制度以及對南京都城的建設都起過重大作用。洪武三年，置弘文館，授劉基為弘文館學士；與朱元璋商定恢復科舉考試。同年，封開國翊運守正文臣、資善大夫、護軍、誠意伯。劉基為人正直，秉公執法，不避權勢，曾不顧丞相李善長的情面，按律奏斬中書省都事李彬，因此得罪了一些權貴。洪武四年，他因受讒遭忌，告老還鄉。在家鄉，他行止謹慎，惟弈棋吟詩，口不言功，但仍遭胡惟庸等人的構陷，誣他爭奪有「王氣」之地以作墓地，為朱元璋疑忌而被奪祿。不得已，劉基復入朝，引咎自責，留京不敢歸，直到病重時，才被朱元璋遣使護送回里。洪武八年，病死青田（一說被丞相胡惟庸毒死）。

劉基博覽群書，通經史，精象緯，工詩文。其文閎深肅括，其詩則沉鬱頓挫，在明初文壇上，與宋濂齊名。有《誠意伯文集》二十卷傳世。

《郁離子》二卷，收入《誠意伯文集》，是劉基隱居青田時潛心創作的一部作品。

為什麼取名「郁離」呢？明吳從善《郁離子・序》云：「夫郁郁，文也；明兩，離也；郁離者文明之謂也。非所以自號，其意謂天下後世若用斯言，必可底文明之治耳！」劉基的學生徐一夔也在〈序〉中說：「郁離者何？離為火，文明之象，用之其文郁郁然，為盛世文明之治，故曰《郁離子》。」可見，其意是要為後世開創文明之治。但近來也有學者認為，「郁」

當解釋為氣，指懷才不遇，報國無望而鬱結於胸的不平之氣；「離」當解釋為別，指別離朝廷，別離政治上的是是非非。「郁離」，即氣鬱而遁避之意。且存一說。

《郁離子》表現了什麼樣的思想內容呢？

一、揭露黑暗，抨擊時弊

劉基撰寫《郁離子》時，已清醒地認識到了元末社會的黑暗與腐敗，因此，他的許多寓言都反映了元代統治階級對人民的殘酷剝削與壓迫，揭示了元室必然滅亡的命運。誠如徐一夔《郁離子·序》中所云：「本乎仁義道德之懿，明乎吉凶禍福之幾，審乎古今成敗得失之迹，大槩矯元室之弊，有激而言也。」如〈芈叔課最〉篇，將課民重稅比作「剜王之股以啖王」，認為這是一種削弱自我以資敵國的危險行為，顯然，是針對元末繁重的賦稅而言的。〈術使〉篇，通過群猴從畏懼狙公「弗敢違」，到「皆寤」，「破柵毀柙取其積，相攜而入于林中」的故事，生動地反映了人民不堪忍受剝削，奮起反抗的社會現象，這不正是元末農民起義的真實寫照嗎？〈晉靈公好狗〉，借用晉靈公寵幸嬖人屠岸賈，沉湎於聲色犬馬之中，終於釀成桃園之變的故事，揭露了元朝國君昏庸、奸臣當道的現實。〈五丁怒〉，反映的是「盜日殺而日多」的反常現象，通過髭䰄和赤羽雕兩個假託人物的對話，說明社會黑暗，「士卒日食于民，民瘵弗堪」是產生這一現象的根本原因。指出一旦「民不甘餧肉于蠪蚳」，像五丁那樣發怒，統治者便會像蜀王那樣，宮毀身亡。〈巫鬼〉，借用王孫濡之口，揭露元末是一個鬼魅橫行的時代。在這個時代，忠良遭受迫害，好心得不到好報，就像寓言中的「鄉之老」，明明想做好事，把倒仆在地的鬼的偶像扶起來，卻被鬼毆打致死。可見，社會黑暗，已到了「臥弗可起」、不可救藥的地步。而〈賄賂失人心〉，則以北郭氏「家政不修，權歸下隸，賄賂公行」比喻朝政混亂，貪污腐敗成風；以北郭氏老宅「不葺以圮」，暗示元代統治的傾覆已是不可避免的了。

二、實行仁政，以德治國

在揭露元代弊政的同時，《郁離子》中的許多寓言涉及到國家的治理問題。〈德量〉篇中，作者提出了以德治國的主張，文中說：「君人者惟德與量俱，而後天下莫不歸焉。德以收之，量以容之，德不廣不能使人來，量不宏不能使人安。」國以民為本，民猶沙也，〈摶沙〉篇以「堯、舜之民，猶以漆摶沙，無時而解」設喻，說明一國之君欲使天下民眾如膠似漆般地凝聚在一起，惟一的辦法就是施行德政而不是濫施淫威。水能載舟，亦能覆舟，得民心者得天下，從元室頹敗的教訓中，劉基深深領會其中的道理。因此，他告誡當政者要注意體察民情，順應民心。他在〈井田可復〉篇中說：「夫民情，久佚則思亂，亂極而後願定。欲謀治者，必因民之願定而為之制，然後疆無梗，獷無間，故令不疚而行。」劉基關心民生疾苦，主張薄賦輕徭，與民生息，反對對百姓一味地索取，〈靈邱丈人〉篇以養蜂喻治國，闡述了欲取於民，必先養民、富民的道理。這與孟子「制民之產」，使「黎民不饑不寒」，方能「王天下」的思想是一脈相承的。總之，劉基政治思想的核心，就是實行王道、仁政，「以德勘亂」，從而實現強國富民的理想。

三、重視人才，舉賢任能

治理國家，關鍵在於人才，因此，人才問題是劉基寓言中討論最多的問題。〈千里馬〉篇，以「駃騠」因非「冀產」而「寘之於外牧」不得入「內廄」為喻，抨擊了元代統治階級在用人上的民族歧視政策。〈良桐〉篇，講的是一把質地優良的琴，因為「弗古」而遭受冷落，而作了一番偽裝之後再次上獻朝廷時，卻被樂官們譽為「希世之珍」，辛辣地諷刺了元朝統治者在人才選拔上良莠不分，重虛名而不重真才實學的做法。〈養梟〉篇，以春申君的悲劇，說明用人的正確與否，直接關係到國家的興衰成敗，勸誡統治者要親賢臣，遠小人。劉基認為，要治理好國家，首先要選拔好人才，舉賢任能，量才錄用；同時，又要避免陷入求全責備的誤區，因為金無足赤，人無完人。〈汪罔僬僥〉篇，以「汪罔之國人長，其脛骨過丈，捕獸以為食，獸伏則不能俯而取」和「僬僥之國人短，其足三寸，捕蜩以為食，蜩飛則不能仰而取」為喻，說明揚長避短，「長則用其長，短則用其短」的重要性。〈立教〉篇，他進一步闡述了用人的方法，即「量能以任之，揣力而勞之；用其長而避其缺，振其怠而提其蹶；教其所不知，而不以我之所知責之；引其所不能，而不以我之所能尤之」。人才需不斷學習，需考察方能錄用，〈規執政〉篇以三代賢明君主為典範，闡明了「必學而後入官，必試之事而能，然後用之。不問其系族，惟其賢，不鄙其側陋」的用人原則。〈待士〉篇則敘述了齊宣王在盼子的勸諫之下，放棄馴養鳥獸魚鱉，改而招攬賢才，勵精圖治，終使齊國強大的經過，有力地說明了舉賢任能的重要意義。其他如〈采藥〉、〈使貪〉、〈子餘知人〉等篇，都談到了人才問題，可見，「人才」是劉基寓言始終貫穿的一條主要線索。

四、褒貶世風，闡發哲理

《郁離子》中有相當部分寓言是針對人情世風的，因此具有普遍的警策意義。如〈九頭鳥〉，以怪鳥九頭爭食，互相咬啄，弄得九頭皆傷的故事，諷刺了世上那種雖屬同體卻各不相讓爭權奪利的現象。〈子僑包藏禍心〉，貶斥了子僑品格低下，存心害人的卑劣行徑，啟示人們，朋友之道貴在以誠相待。〈蹶叔三悔〉，諷刺了那些不聽勸告，盲目自信，一再失敗又一再後悔直至年老齒沒的人。告誡人們不要犯蹶叔那樣的錯誤，因為世上是沒有後悔藥可吃的。而〈賈人〉篇，則通過商人重財輕命，言而無信的故事，說明不守許諾，失信於人，是要自食惡果的。

《郁離子》中還有許多包含哲理的寓言。如〈捕鼠〉篇，通過比較貓捕鼠亦捕雞的利害得失，闡明了在主要矛盾和次要矛盾面前，必須抓住主要矛盾解決主要問題的思想。〈射道〉篇，通過楚王射獵，「鹿出于王左，麋交于王右」，「鵠拂王旃而過」，王「不知其所射」的故事，說明做事貴在專一，如果頭緒紛繁，目標過多，反而會無所適從，一事無成。〈東都旱〉篇，以洛陽大旱，起蛟降雨，旱情雖除，卻遭致水災的故事，說明人無遠慮，必有近憂的道理。

從整體上說，《郁離子》反映了儒家的思想觀念和道德規範，是積極進取的。但作為一個封建時代的文人，劉基思想中也存在一些消極的因素和互相矛盾的地方。比如，他的歷史觀是唯心的，他讚美聖賢，但不適當地誇大他們的作用，掩飾他們的缺點，主張「為賢者諱」；他既肯定民眾的力量，又將民眾比作「沙」，只能靠聖人來捏聚；他揭露巫祝的虛妄，否定神仙不死之說，但又承認鬼神的存在；他一方面抒發自己的濟世抱負，一方面又宣揚遁世避禍的思想……所有這些，都是鏗鏘樂曲中的不和諧音調，是我們閱讀時應注意的。

在藝術上，《郁離子》的成就是多方面的，徐一夔謂其「牢籠萬彙，洞釋群疑，辨博奇詭，巧于比喻，而不失乎正」，並非虛譽。但限於篇幅，本文不作全面的探討，只是歸納兩個比較顯著的特點：

一、巧於構思，善於設喻

劉基筆下的寓言，或辛辣尖刻，或詼諧幽默，形象生動，栩栩如生。如〈即且〉篇，描寫蜈蚣因捕食毒蛇而自以為無所不能，看見蛞蝓，「跂其足而凌之」，結果被黏液黏住，「足與須盡解解」，成了蛞蝓口中的美餐，把一個自大狂的形象刻劃得淋漓盡致。〈八駿〉篇，將周夷王時馬以不同產地為標準分為四等，比喻元朝將人分為蒙古、色目、漢人、南人四個等級，實行民族歧視政策。以馬不堪其任，「天下蕭然」，暗示這一政策必將導致亡國的嚴重後果。〈梓棘〉篇，用擬人化的手法，賦予「梓」和「棘」以不同的個性。梓樹「期以為明堂之棟梁」，卻遭到棘樹的嘲諷，從而揭示了多才遭忌和「泰運未開，構廈無人」的黑暗現實。另外，如以「身縲而口足猶在雞」至死而不肯捨棄的狸貓比喻貪婪之徒（〈山居夜狸〉），以鷹化為鳩比喻作者在政治上的失意（〈鷹化為鳩〉）；以「敝篷折櫓而破颿」的官船比喻元末社會（〈官舟〉），以醫生治病比喻人主治理天下（〈喻治〉），以「航滄溟者之無舵工」，影射元順帝的昏聵無能（〈憂時〉）……如此等等，俯拾即得，不一而足。精巧的構思，新奇而又恰當的比喻，使得劉基寓言不僅意蘊深刻，而且搖曳多姿，妙趣横生，給人以耳目一新之感。

二、繼承傳統，推陳出新

我國的寓言源遠流長，先秦著作如《莊子》、《列子》、《韓非子》、《呂氏春秋》中，都有大量的寓言故事，後經歷代創作，內容更加豐富，留下了許多名篇。《郁離子》在繼承傳統的基礎上推陳出新，達到了一個新的境界。比如，它繼承了先秦寓言中政治性和論理性強的特點，指摘時弊，闡發生活哲理；繼承先秦寓言善於抓類型特徵和善用比喻的文學手法，形象生動、逼真。書中的許多人物或事件都直接取自歷史，以增強寓言的真實感，只是賦予其新的內容和解釋。如〈術使〉篇，本源於《莊子・齊物論》中「狙公賦芧」和《列子・黃帝篇》中「朝三暮四」的故事，但經劉基之手，展現在讀者面前的眾狙已不再是任人擺布的馴服工具，而成了殘酷剝削制度下幡然醒悟的反抗者。〈馮婦〉篇，人物原型出自《孟子・盡心下》：「晉人有馮婦者，善搏虎，卒為善士；則之野，有眾逐虎，虎負隅，莫之敢攖；望見馮婦，趨而迎之，馮婦攘臂下車，眾皆悅之，其為士者笑之。」原意是說地位改變了，舊有的技能是不會改變的。劉基將其改編為東甌（溫州）人說話「火」、「虎」不分，晉國的搏虎能手馮婦被請到東甌去滅火，結果被火燒灼而死，而馮婦至死「弗寤」。故事看似可笑，其實包含深意，作者是要借此告誡當政者，用人要用其所長；如果使用不當，便會造成惡劣後果。此外，像〈好禽諫〉篇取材於《史記・衛康叔世家》，〈晉靈公好狗〉取材於《左傳・宣公二年》，皆有所本，但都另闢蹊徑，別出新意。

在結構上，《郁離子》受蘇軾《艾子雜說》的影響，以主人公郁離子貫穿各篇，或成為故事中的人物，或成為故事的敘述者、評議者。這樣的安排，增強了全書的整體感。

《郁離子》在寫作上也存在一些不足之處，如用詞生僻，古奧難懂；常用發議論的方式來結束全篇，給人以雷同的感覺；其中的一些寓言，承襲多而創新不夠，枝蔓多而裁剪欠精……。但所有這些，都動搖不了《郁離子》在中國寓言發展史上舉足輕重的地位。若以全書篇目之多，意蘊之深刻，與時代聯繫之緊密而論，歷史上很難有哪一部作品能與之相媲美。它所反映的深刻的思想內容和表現出來的高超的諷刺藝術，即使在今天，仍然具有很強的借鑑意義。

此次整理，以清嘉慶十年（一八〇五）虞山張氏照曠閣刊《學津討源》本《郁離子》為底本，以《四部叢刊》影印明隆慶六年（一五七二）《誠意伯劉文成公文集》本等相校勘。《學津討源》本分上下二卷，共一八二條，其中卷上九二條，卷下九〇條，除卷上〈假仁義〉合二條為一篇外，其餘各條均列有標題，獨立成篇，計一八一篇。為幫助讀者閱讀和理解，對原文作了注譯和研析。由於本人學殖所限，不足與謬誤之處在所難免，在此，至盼各方不吝指教。

吳家駒謹識

二〇〇五年九月於南京師範大學

卷上

一　千里馬

郁離子之馬，孳❶得駃騠❷焉。人曰：「是千里馬也，必致諸❸內廄❹。」然郁離子悅，從之，至京師。天子使太僕❺閱方貢❻，曰：「馬則良矣，然非冀產❼也。」寘❽之於外牧❾。

南宮子朝謂郁離子曰：「熹華之山❿，實維帝之明都⓫，爰有紺羽之鵲⓬，萉而弗朋⓭，惟⓮天下之鳥，惟鳳為能屣其形⓯。於是道鳳之道，志鳳之志⓰，思以鳳之鳴鳴天下。爽鳩⓱見而謂之曰：『子亦知夫木主⓲之與土偶⓳乎？上古聖人以木主事神⓴，後世乃易以土偶，非先王㉑之念慮㉒不周於今之人也，苟求諸心誠不以貌肖㉓，而今反之矣，今子又以古反之。弗鳴則已，鳴必有戾㉔。』卒鳴之，咬然㉕而成音，拂梧桐之枝，入於青雲，激空穴㉖而殷巖崿㉗，松、杉、柏、楓，莫不振柯㉘而和之；橫體豎目㉙之聽之者，亦莫不蠢蠢㉚焉，熙熙㉛焉。鷙㉜聞而大愓㉝，畏其挻己㉞也，使鷚㉟讒之于王母之使㊱曰：『是鵲而奇其音，不祥。』使鴝日㊲逐之，進幽昌㊳焉。鵲委羽㊴于海濱，鶝鶔㊵遇而射之，中脰㊶幾死。今天下之不內㊷，吾子㊸之不為幽昌而為鵲也，我知之矣。』

【注釋】❶孳　生；產。❷駃騠　良馬名。《逸周書·王會》：「請令以橐馳、白玉、野馬、騊駼、駃騠、良弓為獻。」❸諸　「之於」二字的合音。❹內廄　皇家馬廄；御馬房。❺太僕　掌管宮廷車馬與全國馬政的官員。❻方貢　四方的貢物。❼冀產　冀北所出產。冀，古州名，轄地包括今山西及河北、河南、山東部分地區。古時以產良馬聞名。《南齊書·王融傳》：「秦西冀北，實多駿驥。」❽寘　安置。❾外牧　京都以外的牧馬場所。❿熹華之山　謂光明之山。熹，明亮。⓫維帝之明都　維，是；乃。帝，天帝。明都，古澤名，亦作孟諸、望諸，久已湮沒。此指居所。⓬爰有句　爰，於是；乃。紺羽，深青帶紅色的羽毛。⓭菢而弗朋　謂一孵化出來就與任何鳥都不一樣。菢，孵卵。弗朋，不類；不同。⓮惟　思；想。⓯屣其形　像牠的樣子。屣，履。引申為追蹤、步塵。⓰道鳳之道二句　以鳳凰之道為道，以鳳凰之志為志。道、志，皆作動詞用。道指仁德，志指志向。⑰爽鳩　鳥名。鷹類。⑱木主　木製的神位。上面書寫死者姓名以供祭祀。又稱神主。⑲土偶　泥塑的神像。⑳事神　侍奉神靈。㉑先王　上古賢明君王。㉒念慮　思慮。㉓貌肖　外貌相似。㉔戾　罪。此指招致罪名。㉕咬然　鳥鳴的樣子。㉖激空穴　激蕩空曠的洞穴。㉗殷巖峨　震動高峻的山崖。殷，震動。峨，山石高峻貌。㉘振柯　振動枝條。㉙橫體豎目　代指各種動物。㉚蠢蠢　騷亂貌。㉛熙熙　和樂貌。㉜鶩　傳說中的凶鳥，又名黃鶩。《山海經・大荒西經》：「（玄丹之山）爰有青鳶、黃鶩、青鳥、黃鳥，其所集者其國亡。」㉝大惕　十分畏懼。㉞挺己　長於己；勝過自己。挺，長。㉟鸚　鳥類的一屬，身體較小，嘴細長，尾長。㊱王母之使　指三青鳥、三足烏等神鳥。《山海經・大荒西經》：「有三青鳥，赤首黑目，一名大鵹，一名曰少鵹，一名曰青鳥。」郭璞注：「皆西王母所使也。」又《史記・司馬相如列傳》：「有三足烏為之使。」張守節正義引張楫語：「三足烏，青鳥也，主為西王母取食。」王母即西王母，古代神話傳說中的女神，為長生不老的象徵。㊲鴆日　即鳩，又名鳩鳩，一種毒鳥。㊳幽昌　傳說東、南、西、北、中五方皆有神鳥。幽昌為北方神鳥，牠在哪裡出現，哪裡就會發生乾旱。《後漢書・五行志二》中華書局本注引葉圖徵語：「似鳳有四，並為妖……四曰幽昌，兌目，小頭，大身，細足，脛若鱗葉，身智戴信負禮膺仁，至則旱之感也。」一本作「幽旻」。㊴委羽　脫落羽毛。㊵鶝鶔　傳說中的鳥名。據說用箭射牠時，牠能銜住箭反射人。《爾雅・釋鳥》：「鸛鷒，鶝鶔，如鵲，短尾。射之，銜矢射人。」㊶脰　頸項。㊷不內　不容納。內，同「納」。㊸吾子　對對方的敬稱。

【語　譯】郁離子養的母馬產了一匹好馬駒，有人說：「這可是匹千里馬呀，一定要把牠進獻給皇上，放到皇家的馬廄裡去。」郁離子很高興地聽從了人們的建議，帶著馬來到京城。皇帝派太僕寺的官員去鑑定。太僕寺官員說：「馬確實是匹好馬，但不是冀北出產的。」於是把牠放在京都以外的牧場飼養。

南宮子朝對郁離子說：「熏華山原本是南方天帝居住的地方，那裡有一種長著深青帶紅色羽毛的鵲鳥，剛從蛋殼中孵化出來的時候就跟其他鳥不一樣。牠想，普天之下，惟有鳳凰的形狀能和我相似。於是，以鳳凰的仁德作為自己的仁德，以鳳凰的志向作為自己的志向，想發出鳳凰一般的鳴叫聲震驚天下。爽鳩鳥見到牠，說道：『你知道那木製的神位和泥塑的神像的故事嗎？上古時，聖賢用木製作神位來敬奉神，後世人改用泥偶做神像，這並不是先賢聖王考慮問題不如今人周到，只是先王認為，敬奉神主，關鍵是心地虔誠，而不在於神像的外形像與不像。可是今人恰好相反。現在，你又與古代聖賢的做法相背離。因此，你不鳴則已，一鳴必定招惹禍患。』紺羽鵲（沒有聽從爽鳩鳥的勸告，）最終還是鳴叫了起來。那叫聲響亮清越，拂過梧桐樹的枝條，直上青天，響徹雲霄，激蕩洞穴，震動山崖。松、杉、柏、楓樹沒有不振動枝條而與之共鳴的，各種鳥獸也沒有不聽到這鳴叫聲而不蠢蠢欲動、興奮不已的。鶖鳥聽了卻大為恐懼，害怕紺羽鵲勝過自己，取代了自己的地位，於是派鸓鳥到西王母的使臣面前進讒言說：『紺羽鵲的叫聲奇異，很不吉祥。』西王母的使臣就派毒鳥鴆日去追逐紺羽鵲。鶖鳥又把幽昌鳥舉薦給了西王母的使臣。後來，紺羽鵲被追逐到海濱，羽毛紛紛脫落。鷗鵚遇見牠，又用嘴裡銜的箭射向牠，射中了牠的頸項。紺羽鵲奄奄一息，差一點死去。而如今天下不容納你，正因為你不是『幽昌鳥』而是『紺羽鵲』啊！我明白其中的道理了。」

【研　析】這是《郁離子》的第一篇，開宗明義，體現了劉基創作本書的意圖和思想。

元朝統治階級出於民族偏見和貴族意識，不尊重知識，不尊重人才。為保持蒙古貴族的特殊地位，把臣民依民族分為蒙古、色目、漢人、南人四等，在官員的選拔和任用上實行嚴格的民族政策，無論是中央官府還是地方衙門，「其長則蒙古人為之，而漢人、南人貳焉」。取士用人，惟論「根腳」，即社會出身，不講才學；為了應付實際事務，又大量起用文化水平和才幹較低的吏員，從而造成元朝「僥幸之門多，而方正之路塞。官冗於上，吏肆於下」（《元史》卷八五）的局面。政治腐敗，吏治黑暗，民族矛盾激化，導致元末社會的大動蕩。本篇以千里馬因不是「冀產」而「寘之於外牧」、沒有納入「內廄」為喻，抨擊了元代統治階級在用人上的民族歧視政策，同時抒發了自己懷才不遇、遭群小排斥、無由實現政治主張的憤懣之情。

寓言由兩則故事組成，前一則故事講述千里馬的不幸遭遇，其義已明。但作者意猶未盡，於是又假託南宮子朝之口，講述了第二則故事，進一步渲染情緒，傾吐胸臆。故事中的紺羽之鵲，「道鳳之道，志鳳之志，思以鳳之鳴鳴天下」，寓含著作者的濟世抱負；「咬然而成音，拂梧桐之枝，入於青雲，激空穴而殷巖峴」等語，則表現了作者驚世駭俗的才幹與能力。作者筆下的「鷙」是讒佞小人的形象，「鴟日」是走狗與爪牙的寫照，而「王母之使」則是上層統治階級的象徵。這些邪惡勢力構築起了元代國家機器的龐大網絡，怎能不令那些有才華有抱負的知識分子深感絕望與窒息呢？故事以「今天下之不內，吾子之不為幽昌而為鵲也，我知之矣」作結，揭示了千里馬之所以得不到賞識的深層原因，進一步點明了主題，也留給讀者豐富的聯想。

二 憂時

郁離子憂，須麋❶進曰：「道之不行，命也，夫子何憂乎？」郁離子曰：「非為是也。吾憂夫航滄溟❷者之無舵工也。夫滄溟，波濤之所積也，風雨之所出也，鯨、鯢、蛟、蜃❸於是乎集，夫其負鋒鋌❹而含鋩鍔❺者，孰不有所俟？今弗慮也，旦夕有動，予將安所適❻乎？」

須麋曰：「昔者太冥主不周❼，河洩于其岫❽，且泐❾。老童❿過而惴⓫之，謂太冥曰：『山且泐。』太冥怒，以為妖言。老童退，又以語其臣，其臣亦怒曰：『山豈有泐乎？有天地則有吾山，天地泐，山乃泐耳！』欲兵⓬之，老童愕而走。

「無幾⓭，康回⓮過焉，弗肅又弗防也。康回怒，以頭觸其山，山之骨⓯皆冰裂，土隤⓰于淵，沮⓱焉。太冥逃，客死⓲于崑崙之墟⓳，其臣皆亡厥家。今吾子之憂，老童也，其若之何？」

【注釋】❶須麋　人名。❷滄溟　海水浩淼貌，借指大海。❸鯨鯢句　鯢，雌鯨。《太平御覽》卷九三八引崔豹《古今注》：「鯨，海魚也，其雌曰鯢。」蛟，古代傳說中的一種龍，居深淵；又指鯊魚。此作後解。蜃，大蛤。❹鋒鋌　泛指武器。❺鋩鍔　刀劍等兵器的尖端。❻適　往；到。❼太冥句　太冥，原指北方。李善注《文選・張協〈七命〉》：「北方極陰，故曰太冥。」此為虛設的神名。主，主宰。不周，古代傳說中的山名，在崑崙山西北。❽岫　山洞。❾泐　石頭裂開。❿老童　神名，為顓頊之子。《山海經・大荒西經》：「有榣山，其上有人，號曰太子長琴。顓頊生老童，老童生祝融，祝融生太子長琴。」⓫惴　擔心；害怕。⓬兵　用作動詞，謂用兵器刺殺。⓭無幾　不久。⓮康回　即傳說中的天神共工。《淮南子》中記有共工與顓頊爭為帝，怒觸不周之山事。⓯骨　岩石。⓰隤　崩頹；墜落。⓱沮　毀壞；倒塌。⓲客死　死於異鄉。⓳墟　大土山。

【語譯】郁離子憂悶不樂，須麋勸導他說：「道義不能實行，這是天命啊，你何必為此而憂慮呢？」郁離子說：「不是因為這個緣故。我擔心的是航行在大海中的船隻沒有舵手。那蒼茫茫的大海，是波濤聚積之地，是狂風暴雨興起之處，鯨、鯢、蛟、蜃都在這裡集聚。那些裝備著銳利武器的凶猛海獸，哪一個不在等待機會噬人奪命呢？如果現在不加考慮，早晚會發生動盪，到了那時，我上哪裡去安身立命啊？」

須麋說：「從前太冥主宰不周山，河水從山洞中傾瀉而出，山石被沖擊得快要裂開了。顓頊的兒子老童經過那裡，看到這一情形為之擔憂，就對太冥說：『山快要崩裂了。』太冥聽後大怒，認為這是妖言，老童只好告退。他又對太冥的大臣說起這樣的話，大臣們也發怒道：『山豈有崩裂的道理？自有天地以來，就有我們這座山。除非天崩地裂，山才會開裂！』並且還要殺害老童，老童嚇得奪命而逃。

「不久，天神康回經過這裡，見太冥既不引導河水又不加防範，於是大怒，就用頭撞擊不周山，山上的岩石像冰一樣崩裂開來，土石坍塌在深水中，山轟然而倒。太冥倉皇出逃，客死在崑崙山丘。他的大臣們也紛紛逃亡，失去了自己的家園。而今你的憂慮，就像當年的老童一樣，但這又能怎麼樣呢？」

【研　析】居安思危，防微杜漸，及時消除隱患，才能保持政權的穩固、社會的長治久安。元朝統治階級看不到這一點，倒行逆施，殘暴不仁，激化了各種矛盾，元王朝在風雨之中已搖搖欲墜。

從本篇寓言中，我們不難看出作者是多麼善於運用簡單的故事來闡明深刻的政治道理。文中的「太冥」，是最高統治階級的代表；鯨、鯢、蛟、蜃，是各種噬人的黑暗勢力的象徵；「河洩于其岫，且泐」，暗喻元王朝岌岌可危的境況；「山之骨皆冰裂，土隤于淵，沮焉」，則預示了元朝的統治必將土崩瓦解，走向終結。而一語「吾憂夫航滄溟者之無舵工」，與篇名相呼應，提出了一個嚴肅的政治話題，即在社會的大動蕩中，需要有叱咤風雲的領袖人物的出現，這正是那個時代有理想有抱負的知識分子的共同心聲，同時也反映了作者憂國憂民的滿腔熱忱。文學作品的形象性、生動性，政治的高度敏感性，在這裡得到了有機的統一。因此，從某種意義上說，這是一篇提前完成的元王朝的「祭文」。「老童」的形象似乎是作者自謂，這從「今吾子之憂，老童也」中似可找到證明，但細細體味，又不盡然。作者只是借老童進言一事來說明，統治階級是不可能聽進善意的勸告的，因此，元帝國的覆滅，便是一件遲早都要發生的事情了。

三　戚之次且❶

戚之次且謂郁離子曰：「子何為其垂垂❷也與？子非有願欲於今之人也，何為其然也？」

郁離子仰天嘆曰：「小子❸焉知予哉！」

戚之次且曰：「昔周之婭治子❹早喪其父，政屬于家僮❺，沸用賄❻，於是家日迫❼，將改父之舊。其父之老❽不可，僮群詢而出之❾。其母禁之。僮曰：『老人不知死而弗自靖❿也。』夫以其父之老與其母之言且不聽也，而況於疏遠之人乎？憂之何補，祇自痗⓫也。」

郁離子曰：「吾聞天之將雨也，穴蟻知之；野之將霜也，草蟲知之。知之於將萌⑫，而避之於未至，故或徙⑬焉，或蟄⑭焉，不虛⑮其知也。今天下無可徙之地、可蟄之土矣，是為人而不如蟲也。《詩》不云乎：『匪鶉匪鳶，翰飛戾天；匪鱣匪鮪，潛逃于淵⑯。』言其無所往也。吾何為而不憂哉？」

戚之次且曰：「昔者，孔子以天縱之聖⑰而不得行其道⑱，顛沛窮厄無所不至⑲，然亦無往而不自得⑳。不為無益之憂以毀其性也。是故君子之生於世也，為其所可為，不為其所不可為而已。若夫吉、凶、禍、福，天實司之㉑，吾何為而自孽㉒哉？」

【注釋】❶戚之次且　虛構人名。❷垂垂　漸漸，形容年歲漸老，暮氣沉沉。元耶律楚材〈和漁陽趙光祖〉：「十年歎我垂垂老，萬里憐君得得來。」❸小子　稱同輩男性中年輕者或晚輩。❹婭治子　虛構人名。❺家僮　家中男僕。❻沸用賄　濫用財物。沸，水波翻湧貌，引申為熱中。賄，財物。❼迫　經濟窘迫、困頓。❽其父之老　指其父親的老僕人。❾詗而出之　詗，辱罵。出之，使之出；把他趕走。❿自靖　謂自己管自己分內之事。《尚書・微子》：「自靖。人自獻於先王。」孔傳：「各自謀行其志。」⓫祇自

痗　只是自己惹出毛病。祇，只。痗，病；憂思成疾。⓬將萌　即將顯現之際。⓭徙　遷移。⓮蟄　動物冬眠，潛伏起來不食不動。⓯虛　徒然；不起作用。⓰匪鶉匪鳶四句　引自《詩經・小雅・四月》。匪，彼；那個。鶉，「鷻」字的省借，即雕。鳶，老鷹。翰飛，高飛。戾，到；至。鱣，鱘鰉魚。《本草綱目・鱗四・鱣魚》：「鱣出江淮、黃河、遼海深水處，無鱗大魚也。其狀似鱘，其色灰白。」鮪，鱘魚和鰉魚的古稱。《詩經・周頌・潛》：「有鱣有鮪。」陸璣疏：「鮪魚，形似鱣而色青黑，頭小而尖，似鐵兜鍪，口在頷下，其甲可以磨薑，大者不過七八尺，益州人謂之鱣鮪。」潛，深藏。淵，深水。⓱天縱之聖　天使之成為聖人。《論語・子罕》：「子貢曰：『固天縱之將聖，又多能也。』」孔安國疏：「言天固縱之大聖之德。」⓲道　指儒家的政治主張。⓳顛沛句　顛沛，跌倒，比喻困頓。窮厄，艱難窮困。據《史記・孔子世家》：「子云：『不試，故藝。』」不試，即不見用。孔子周遊列國，顛沛流離，其政治主張不被採納。⓴自得　自己感到得意或舒適。㉑天實司之　其實都是由上天掌握的。司，掌管。㉒自孽　謂自尋煩惱。孽，災禍。

【語　譯】戚之次且對郁離子說：「你怎麼這樣日漸衰老啊？你對今人並沒有什麼欲望與要求，為什麼還會這樣呢？」

郁離子仰天歎了一口氣說：「年輕人，你怎麼能理解我的心思呢！」

戚之次且說：「很久以前的周代有個叫婭治子的後生，很早就死了父親，家政由男僕掌管。僕人們濫用錢財，於是家境日益窘迫，與他父親在世時的境況大不一樣。他父親的老僕人認為不可以這樣做，僕人們就群起攻之，污辱謾罵，並要把老僕人趕走。婭治子的母親出來制止，男僕說：『這個老傢伙不知道自己都是快要死的人了，還這樣不安本分！』他們對老僕人和婭治子母親的話尚且不聽，更何況是對關係疏遠的人呢？而今，你一門心思煩悶憂慮，於事何補？這樣，只會使自己憂思成疾啊。」

郁離子說：「我聽說天將要下雨的時候，洞穴中的螞蟻能夠預先知道；野外將要降霜的時候，草蟲能夠預先知道。知道災禍將要降臨，就在災禍降臨之前避開它。所以，有的遷徙到了其他的地方，有的冬眠起來，不食不動，而不是徒然使自己的預知無所其用。如今，天下沒有可以遷徙的地方，也沒有可以『入蟄』的土壤，這樣說來人還真的不如蟲子哩！《詩經》中有這樣的詩句：『那些雕鳶，那些鷹隼，高飛直薄雲天；那些鱣魚，那些鮪魚，潛逃沉入深淵。』意思是說，鳥和魚尚有可以自由往來的所在，而人卻無處可去。因此，我怎麼能不憂愁煩惱呢？」

戚之次且說：「從前，孔子憑恃天賦聖德，卻不能實現他的政治理想。他一生顛沛流離，艱苦困頓，沒有什麼沒經歷過的。然而，不論處在什麼境地，他都坦然對待，自我感到適意，不讓無益的憂愁毀滅了人的本性。所以，君子生在世上，應該做他能夠做到的事情，而不做他做不到的事情。至於那吉凶禍福，實際上都是上天掌管著的，我們為什麼要去過問而自尋煩惱呢？」

【研　析】出於求生的本能，動物懂得怎樣避害。風霜雨雪，「知之於將萌，而避之於未至」。牠們或遷徙，或蟄伏，或直薄雲天，或潛逃深淵，固有其自由往來的所在。但作為萬物之靈的人，卻不知所往。本篇揭示了這個「為人而不如蟲」的社會，並為之擔憂，為之歎息。寓言借孔子「不得行其道」之史實，說明，即使是孔子這樣大聖大智的人，也還有無法實現的願望，更何況是芸芸眾生呢？因此，君子要「為其所可為，不為其所不可為」，不要讓無益的憂思煩惱損傷了自己的身體，表現了作者在大道不行境況下的自我解嘲和無可奈何的消沉情緒。

善於在大的比喻之中運用小的比喻，以及運用引語、事實等手法來說明問題，是劉基寓言比較突出的特點，這在本篇得到了充分的反映。

四 規執政❶

郁離子謂執政曰：「今之用人也，徒以具數❷與，抑亦以為良而倚以圖治❸與？」執政者曰：「亦取其良而用之耳。」郁離子曰：「若是，則相國❹之政與相國之言不相似矣。」執政者曰：「何謂也？」郁離子曰：「僕❺聞農夫之為田也，不以羊負軛❻；賈子❼之治車也，不以豕驂服❽。知其不可以集事❾，恐為其所敗也。是故三代❿之取士也，必學而後入官，必試之事而能，然後用之。不問其系族⓫，惟其賢，不鄙⓬其側陋⓭。今風紀之司⓮，耳目⓯所寄，非常之選也。儀服⓰云乎哉？言語云乎哉？乃不公⑰天下之賢，而悉取諸世胄⑱昵近之都那豎⑲為之，是愛國家不如農夫之田、賈子之車也。」

執政者許其言⑳而心忤㉑之。

【注釋】❶規執政　規勸掌握國家大權的人。❷徒以具數　僅僅是充個數字。具，備。❸倚以圖治　依靠來進行謀劃治理。❹相國　宰相。❺僕　古代男子自稱的謙詞。❻負軛　猶言駕車。軛，通「軛」。駕車時架在牲口頸上的橫木。❼賈子　商人。❽驂服　駕車之馬。古時一車四馬。外側兩匹稱「驂」，中間兩匹稱「服」。❾集事　成事。❿三代　指夏、商、周三個朝代。⓫系族　世系與家族。⓬鄙　輕視；看不起。⓭側陋　處在僻陋之地或出身卑賤。《尚書・堯典》：「明明，揚側陋。」⓮風紀之司　掌管風教綱紀的官府。唐韓愈〈祭虞部張員外文〉：「分司憲臺，風紀由振。」⓯耳目　猶言視聽，引申為考察人物。⓰儀服　禮服。⓱不公　不公正；不公道。⓲世胄　貴族後代。⓳都那豎　指儀態悠閑、衣著華美的紈袴子弟。都，儀態悠閑貌。那，美好。豎，未成年男子。語出《國語・楚語上・伍舉論臺美而楚殆》「使富都那豎贊焉，而使長鬣之士相焉，臣不知其美也」。⓴許其言　謂表面上贊同他的話。㉑忤　牴觸。

【語譯】郁離子對執政者說：「當今錄用人才，僅僅是湊個數字做做表面文章呢，還是要依靠賢良之才用他來治理國家呢？」執政者回答說：「當然是選拔賢良之才使用了。」郁離子說：「倘若這樣，那麼，相國你所做的政事與你所講的就不相吻合了。」執政者問道：「為什麼這樣說呢？」郁離子說：「我聽說農民耕種田地，不用羊來負軛；商人置辦車輛，不用豬來拉車。因為他們知道羊和豬不能勝任，惟恐被牠們弄壞了事情。因此，夏、商、周三代選拔人才，必須先學習，然後才可以做官。必須通過處理政事的考核表明他確有才幹，然後才能錄用。不問他是什麼世系家族出身的，只看他是否賢能，也不輕視那些有才德而地位卑微的人。當今負責風俗教化和管理的有關部門，像人的眼睛與耳朵一樣重要，擔負著國家的要職，必須對人才進行嚴格的選拔。只看儀表服飾行嗎？只看言談舉止行嗎？如果光注意這些方面，就不能公正地對待天下的賢才，而只會是全部選錄那些世家貴族的後代和與自己關係親近的紈袴子弟。這種所謂的『愛國家』的做法，還不如農民耕種田地、商人配置車輛時的做法妥當哩。」

執政者表面上贊同郁離子的見解，心裡卻不以為然。

【研　析】人才所繫，國之安危。本篇通過郁離子與執政者的對話，揭露了統治者在人才選用上的錯誤。

文章開門見山，首先發問，選拔人才僅僅是做表面文章呢，還是用來治理國家？在得到肯定的答覆以後，一針見血地指出，當今的做法，與執政者所標榜的大相逕庭。為什麼這麼說呢？文章先從農民不用羊來耕地，商人不用豬來駕車談起，說明物以致用的重要性；再以三代賢明君主選拔人才時，「不問其系族，惟其賢，不鄙其側陋」的做法為依據，為下文展開說理作了鋪墊。

如何選拔人才，歷來是政治家們爭論不休的問題。東漢至魏晉形成的門閥制度，造成「上品無寒門，下品無士族」的局面，受到有識之士的猛烈批評。元代統治階級以民族貴賤和出身門第作為選拔人才的首要條件，同樣壓抑了大批有才華、有抱負的知識分子。而任人惟親，只重視人的相貌服飾、言談舉止，不考察人的內在品質和才能的做法，使那些拍馬逢迎、徒有其表的人受到重用，而真正的賢才卻遭到遺棄。

文章最後以選才任能「悉取諸世胄昵近之都那豎」的事實，揭穿了執政者在人才選拔上的不公，揭穿了他們口是心非的虛偽嘴臉。

五　良桐❶

工之僑❷得良桐焉，斫❸而為琴，弦而鼓之❹，金聲而玉應❺，自以為天下之美也，獻之太常❻。使國工❼視之，曰：「弗古。」還之。

工之僑以歸，謀諸漆工，作斷紋❽焉；又謀諸篆工❾，作古窾❿焉；匣⓫而埋諸土，朞年⓬出之，抱以適市⓭。貴人⓮過而見之，易⓯之以百金。獻諸朝，樂官⓰傳視，皆曰：「希世⓱之珍也！」

工之僑聞之，嘆曰：「悲哉，世⓲也！豈獨一琴哉？莫不然矣！而不早圖之，其與亡矣！」遂去，入於宕冥之山⑲，不知其所終。

【注釋】❶桐　木名，是製琴的優質材料。❷工之僑　人名。❸斫　砍削。❹弦而鼓之　安上琴弦彈奏。弦，作動詞用，指安上琴弦。鼓，彈奏。❺金聲而玉應　原指以鐘發聲，以磬應和，此喻音色優美動聽。❻太常　古代掌管宗廟禮儀的官員。❼國工　一國之中技藝特別高超的人。❽斷紋　猶裂紋。宋趙希鵠《洞天清錄・琴辨》：「古琴以斷紋為證。不歷五百年不斷，愈久則斷愈多。」❾篆工　撰寫篆文的工匠。❿古窾　古代的款式。古代器具上多刻有篆字。⓫匣　用作動詞，指裝在匣子裡。⓬朞年　一年。朞，「期」的異體字。⓭適市　到集市上去。適，到。⓮貴人　社會地位高的人。⓯易　交換。指買。⓰樂官　古代掌管音樂的官員。⓱希世　同「稀世」。⓲世　世道。⓳宕冥之山　宕冥，原指天極高處之氣，借指高空。宕冥之山為作者虛構之山。

【語譯】工之僑得到一根質地優良的梧桐木，把它加工製作成一把琴，安上琴弦一彈，發出的聲音像金鐘玉磬一般悅耳動聽。工之僑認為這是天下最好的琴，便把它獻給了朝廷主管祭祀禮樂的太常。太常派國內一流的樂師鑑定，樂師說：「這把琴不是古琴。」於是把琴退了回來。

工之僑帶著琴回家，找漆匠商議，在琴身上漆出斷裂的紋路；又找來篆刻匠商議，在琴上刻出古代的款識文字，然後用匣子裝起來，埋在地下。一年以後，工之僑將琴挖出，抱到集市上去賣。一位達官貴人經過時看中了這把琴，用一百兩銀子買了去，並把它獻給朝廷。

樂官們互相傳看，都說：「這真是一件稀世珍品啊！」

工之僑聽到這些話後歎息說：「多麼可悲的世道啊！這難道僅僅是一把琴的遭遇嗎？其實，世界上沒有一件事情不是這樣的！如果不能看到這一點而早作謀劃，必將同這世道一起泯滅湮沒！」

工之僑於是遠離塵世，入宕冥山中隱居，沒有人知道他最終的下落。

【研　析】一把質地純正、音色優美的琴，因不是古琴而遭棄置，但作了一番喬裝打扮後，卻被樂官們稱為「希世之珍」。可見，注重事物的表面形式而不對其內在實質作深入細緻的考察，就會良莠不分，好壞莫辨，視璞玉為頑石，以駑馬為騏驥。

從表面上看，寓言諷刺的是昏庸的太常和濫竽充數的國工，但其矛頭實際上指向了朝廷在用人問題上重虛名而不重真才實學的昏聵做法。一句「悲哉，世也！豈獨一琴哉？莫不然矣！而不早圖之，其與亡矣」，深刻地點明了主題，表現了作者政治上的敏感性和對時局發展的超前預見。

以小喻大，通過一把琴的遭遇來折射整個社會，反映世道人情，表現了作者的精巧構思和良苦用心。

六　巫鬼

王孫濡❶謂郁離子曰：「子知荊巫❷之鬼乎？荊人尚鬼而崇祠❸，巫與鬼爭神❹，則隱❺而臥其偶❻。鬼弗知其誰為之也，乃蠥❼于其鄉。鄉之老❽往祠❾，見其偶之臥，醮❿而起焉。鬼見，以為是臥我者也，歐⓫之，踣⓬而死。今天下之臥弗可起矣，而不避焉，無益，祇⓭取尤⓮耳！」

【注　釋】❶王孫濡　虛構人名。❷荊巫　楚國的巫師。荊，古代楚國的別稱。巫，古時以裝神弄鬼替人祈禱為職業的人。❸荊人尚鬼句　漢王逸《楚辭章句》：「昔楚國南郢之邑，沅湘之間，其俗信鬼而好祠。」尚，尊崇。❹爭神　爭神靈高低。❺隱　暗中。❻臥其偶　指將鬼的塑像倒臥在地。❼蠥　「蠥」的俗字。原指妖孽。《說文・虫部》：「禽獸蟲蝗之怪謂之蠥。」此作「為害」、「作祟」解。❽鄉之老　鄉裡年高德劭的人。❾祠　祭祀。❿醮　祭奠。⓫歐　通「毆」。打。⓬踣　跌倒。⓭祇　只。⓮尤　罪過；過錯。

【語　譯】王孫濡對郁離子說：「你知道楚國巫師與鬼的故事嗎？楚國人信奉鬼神並且崇尚祭祀。巫師和鬼爭神靈高低，巫師暗地裡將鬼的偶像推倒在地。鬼不知道是誰幹的，於是就在那一帶鄉裡興妖作怪，殘害百姓。當地一位老人到祠堂裡去祭祀，見鬼的偶像仆倒在地，祭祀完了後就把它扶了起來。鬼看見了，以為是這位老人推倒了自己的偶像，就毆打起老人來，直至老人倒地身亡。如今的天下就像那個被推倒在地的鬼的偶像，是不能將它扶起來的。人們如果不遠遠地避開它，不會有任何益處，到頭來只會禍患無窮。」

【研析】文章借王孫濡之口，揭露元末是一個「巫與鬼」相爭、鬼魅橫行的時代。在這樣的時代，忠良遭受迫害，好心得不到好報，就像文中那位「見其偶之臥，醮而起焉」的老人，明明想做好事，卻被鬼毆打致死。可見，社會腐敗黑暗，已到了「臥弗可起」、不可救藥的地步。文章結尾處寫道，「不避焉，無益，祇取尤耳」，似乎是在宣揚一種消極頹唐的避世思想，其實，何嘗不是作者內心憂憤之情鬱鬱不得抒發的曲折表達呢？

寓言以對話的方式展開，但通篇卻只有王孫濡一個人在講述，將聽話人的反應留給了讀者，給人以豐富想像的空間。

七 亂幾❶

郁離子曰：「一指之寒弗燠❷，則及於其手足；一手足之寒弗燠，則周❸於其四體。氣脈之相貫也，忽於微而至大❹。故疾病之中人❺也，始於一腠理❻之不知，或知而忽之也，遂至于不可救以死，不亦悲夫！天下之大，亡一邑❼，不足以為損，是人之常言也。一邑之病不救，以及一州，繇❽一州以及一郡，及其甚也，然後傾天下之力以救之，無及於病❾，而天下之筋骨疏❿矣。是故天下一身也，一身之肌肉腠理，血脈之所至，舉不可遺⓫也；必不得已而去，則爪甲⓬而已矣。窮荒絕徼⓭，聖人以爪甲視之，雖無所不愛，而捐⓮之可也，非若手、足、指之不可遺，而視其受病以及于身也。故治天下者惟能知其孰為身，孰為爪甲，孰為手、足、指，而不逆施⓯之，則庶幾⓰乎弗悖⓱矣。」

【注釋】❶亂幾　謂動亂的苗頭。幾，隱微；不明顯。❷燠　暖；熱。❸周　遍及。❹忽於微句　在細小的地方疏忽了，就會造成大的麻煩。❺中人　侵害人。❻腠理　中醫指皮下肌肉之間的空隙和皮膚、肌肉的紋理。為散氣泄汗的通路和人體氣血流通灌注之處。❼邑　人口聚集之地，大曰都，小曰邑。❽繇　通「由」。❾無及於病　無法治癒疾病。比喻不能救治天下。❿疏　鬆散；解體。⓫舉不可遺　全都不可遺棄。⓬爪甲　手、足指甲。⓭徼　邊界。⓮捐　捨棄。⓯逆施　悖理行事。⓰庶幾　差不多；或許可以。⓱悖　謬誤。

【語譯】郁離子說：「人的一個指頭寒冷，如果不去溫暖它，就會影響到手腳；一隻手或腳寒冷，如果不去溫暖它，就會影響到四肢。人體的血脈是互相貫通的，忽略了微小的部位，就會造成大的麻煩。所以，疾病侵入人體，起初發生在人的表層，開始時並沒有什麼感覺，或者雖有所感覺，但並不以為然，以至於發展到不可醫治直至死亡的地步，這不是很可悲的嗎！國家之大，丟失一座縣城，還算不上多大損失，這是人們經常說的。但一個縣的損失不去挽救，就會影響到一個州；一個州的損失不去挽救，就會影響到一個郡；等到事態發展到嚴重的地步，然後用盡全國的力量去挽救它，也無濟於事，因為國家的骨架已經鬆散了。所以說，國家就好比一個人的全身。全身的肌肉紋理，凡是血脈所到之處，都是不可缺少的。必不得已需要去除的，也僅僅是指甲而已。窮鄉僻壤的邊界地區，聖人把它當指甲那樣看待，雖然不是沒有可取之處，但捨棄它還是可以理解的。因為這些地方並不像手、腳和指頭那樣不可或缺，一旦患病，影響到全身。所以，國家的治理者只要能夠知道什麼是全身什麼是指甲什麼是手、腳、指頭，而不是相反的話，也許處理問題就不會違背事理了。」

【研析】古語云：「見微以知萌，見端以知末。」（《韓非子．說林上》）事物總是從細微處開始，向大處演變發展的。一指之寒可以影響到手腳，手足之寒可以影響到全身，「忽於微而至大」。局部矛盾解決不好，就會影響到全局；小的問題解決不好，就會發展為大的動亂。文章以人體作比喻，說明防微杜漸的重要性。告誡治天下者，不要忽視至細至微之處，要及早救治，預作圖謀，而不要等到事情發展到無法挽回時再作處理。這是作者要表達的第一層意思。天下是一個有機的整體，各個部分不可分割，但是，在必須有所捨棄的情況下，應如何對待呢？作者告訴我們，要分清什麼是全身，什麼是手腳，什麼是爪甲，有所側重。也就是說，分清主要部分和次要部分，抓住主要矛盾，帶動次要矛盾，放棄不必要的糾葛。否則，陷於細枝末節之中，就會因小失大。這是作者要表達的第二層意思。但作者認為，「窮荒絕徼」之地，就像人的指甲那樣，對於國家來說，「雖無所不愛，而捐之可也」，卻難以讓人苟同。

八　養梟❶

楚太子❷以梧桐之實❸養梟，而冀❹其鳳鳴❺焉。春申君❻曰：「是梟也，生而殊性❼，不可易❽也，食何與❾焉？」

朱英❿聞之，謂春申君曰：「君知梟之不可以食易其性而為鳳矣，而君之門下⓫，無非狗偷鼠竊⓬亡賴之人也，而君寵榮之，食之以玉食⓭，薦⓮之以珠履⓯，將望之以國士之報⓰。以臣觀之，亦何異乎以梧桐之實養梟而冀其鳳鳴也！」

春申君不寤⓱，卒為李園⓲所殺，而門下之士，無一人能報者。

【注 釋】❶梟 貓頭鷹一類的鳥。古代以梟鳴主凶，視其為不祥之鳥。❷楚太子 當指楚考烈王的太子，即後來的楚幽王。❸梧桐之實 即梧桐子，炒熟可食。古人認為梧桐為鳳凰棲止之木。❹冀 希望。❺鳳鳴 古人認為鳳鳴主吉祥，傳說鳳鳴岐山，為周朝興盛之徵兆。❻春申君 戰國時楚人，姓黃，名歇。楚考烈王時為相，封春申君，相楚達二十五年之久，曾一度使楚復興。與齊之孟嘗君、趙之平原君、魏之信陵君合稱「四君子」。以豢養門客聞名。❼殊性 不同的習性。❽易 改變。❾何與 何干。❿朱英 春申君的門客。曾勸春申君除楚貴族李園。不聽，憤而出走。⓫門下 春秋戰國時，權貴多喜養士於自己的門庭之下，故稱「門下」。所養之士稱「食客」或「門客」。⓬狗偷鼠竊 猶言雞鳴狗盜。比喻低下卑微的技能或本領。⓭玉食 上等食物。⓮薦 送上。⓯珠履 飾有珍珠的鞋子。據《史記．春申君列傳》，春申君養客三千餘人，曾令其上客皆躡珠履以見趙使，趙使大慚。⓰國士之報 意謂以死相報。國士為一國之中最傑出的人，「士為知己者死」是國士行事的基本原則。⓱不寤 不領悟。寤，通「悟」。⓲李園 戰國時趙人，曾將其妹獻給春申君，待其有孕後又設計獻給楚考烈王，「立為王后，子為太子，恐春申君語泄而益驕，陰養死士……刺春申君，斬其頭」。事見《史記．春申君列傳》。

【語 譯】楚國的太子用梧桐的果實餵養梟鳥，並希望牠能發出鳳凰一般的鳴叫聲。春申君說：「這只是一隻梟鳥，生下來就有牠特殊的習性，是不可以隨意改變的。牠的稟性和食物有什麼關係呢？」

朱英聽說了這件事，就對春申君說：「您是知道梟鳥不可能用食物來改變其天性而成為鳳凰這個道理的，但您門下收養的賓客，卻都是一些雞鳴狗盜的無賴之徒。您厚待他們，寵愛有加，供給他們精美的食物，贈予他們飾有珍珠的鞋子，希望他們日後成為國家的傑出人才來回報自己。然而依我看來，這樣做，與用梧桐的果實餵養梟鳥並希望牠發出鳳凰一般的鳴聲又有什麼區別呢！」

春申君並未因此而醒悟，最後被李園殺害了。而他的那些門客們，沒有一個能替他報仇的。

【研 析】天地之間，物各有性，梟鳥不會因為吃了梧桐的果實而變成鳳凰，也不可能發出鳳凰一般的鳴叫聲，這個道理很簡單，但楚太子卻不明白，難怪春申君要進行勸說。如果說，楚太子的行為僅僅是出於愚昧無知的話，那麼，春申君的悲劇就要令人扼腕歎息了。因為，他明明知道「是梟也，生而殊性，不可易也」，卻不能把這個普通的道理推廣到自己身上，特別是當朱英向他指出，不要把那些「狗偷鼠竊亡賴之人」當作可以倚靠的國士一樣看待時，他一點都聽不進去。春申君最後為李園所殺，而受其「寵榮」，賜之「玉食」、薦之「珠履」的食客們卻沒有一個能替他報仇的，甚是可悲。春申君的遭遇正應了那句「旁觀者清，當局者迷」的俗話。

這則寓言告訴我們：欲求人才，必先識人，而識人必先辨性。如不加區別，盲目招攬人才，勢必事與願違。在寫法上，層層深入：先寫楚太子的愚昧，春申君勸諫；次寫朱英進言，春申君不寤；再寫春申君被殺，而門下之士，無一人能報者。文章形象生動，說理透徹。寫楚太子的愚昧，是為了襯托春申君所謂的「明理」；寫朱英進言，則揭示了春申君實際上的不智。文內人物在歷史上都確有其人，這就更加增強了文章的勸誡意義。

九 獻馬

周厲王❶使芮伯❷帥師伐戎❸，得良馬焉，將以獻于王。芮季❹曰：「不如捐❺之。王欲無厭❻而多信人之言。今以師歸而獻馬焉，王之左右必以子獲為不止一馬而皆求於子。子無以應之，則將嘵于王❼，王必信之，是賈禍❽也？」弗聽，卒獻之。榮夷公❾果使有求焉，弗得，遂譖❿諸王曰：「伯也隱⓫。」王怒，逐⓬芮伯。

君子謂芮伯亦有罪焉。爾知王之瀆貨而啟之，芮伯之罪也。

【注釋】❶周厲王　即姬胡，西周第十代國王。暴虐無道，實行專制，令衛巫監視人民，引起西元前八四一年「國人」暴動。出逃。十四年後死。❷芮伯　周厲王的卿士。姬姓，封於芮（今陝西大荔一帶）。❸戎　我國古代西部少數民族之一。❹芮季　即芮良夫，周厲王的卿士。❺捐　捨棄。❻無厭　沒有滿足。❼嘵于王　謂向周厲王進讒言。嘵，話多；多舌。❽賈禍　自惹災禍。賈，招惹。❾榮夷公　周之同姓，周厲王時有寵於王，用為卿士，封於榮（今陝西戶縣西）。好專利而不知大難，引發國人反抗。❿譖　進讒言。⓫隱　隱瞞。⓬逐　流放；驅逐。

【語　譯】周厲王派芮伯統帥部隊討伐西戎。芮伯獲得一匹良馬，打算回朝後把牠獻給周厲王。他的弟弟芮季勸阻說：「不如放棄這個念頭，因為厲王貪得無厭，同時又好聽信別人的讒言。現在你班師回朝給厲王獻上一匹馬，厲王左右的侍臣必定認為你獲得的不止一匹好馬，都會來向你索求。如果你不能一一滿足他們的要求，他們就會在厲王面前搬弄是非，說你的壞話。而厲王必定相信無疑，這不是招引禍患嗎？」芮伯不聽勸告，最終還是把馬獻給了厲王。果然，厲王的寵臣榮夷公派人向芮伯索取財物，未能如願，就在厲王面前誣陷說：「芮伯隱瞞了繳獲的戰利品。」周厲王大怒，便將芮伯逐出國都。

君子談論起這件事，都說芮伯也有不對的地方：既然你已知道周厲王貪得無厭，怎麼又主動地去誘發他的貪欲呢——這就是芮伯的過失之處了。

【研　析】周厲王是歷史上有名的昏君，暴虐侈傲，聽信讒言，《國語》和《史記》中均有記載。他實行專制，用巫者監察人民，壓制言論，結果造成「國人」暴動，眾叛親離，只得出逃到彘（今山西霍縣），最後死在那裡。

對周厲王及其左右侍臣，芮季是看得很清楚的，因此，在得知芮伯打算向厲王獻馬時，他竭力制止。指出，周厲王貪得無厭，又好信讒言，向其獻馬，必將觸動他身邊的一幫小人，這無異於惹禍上身。但芮伯聽不進去，一心想討好厲王，以作晉階之資，明知「王之瀆貨而啟之」，結果遭人算計，不得不吞下自己釀造的苦酒。

寓言有力地揭露了周厲王的昏庸愚昧和厲王身邊侍臣們的卑鄙陰險，同時告誡人們，對待那些貪婪而輕信的人，不能按常理辨事，如果忽略了這一點，將後患無窮。

一〇　燕王好烏❶

燕王好烏，庭有木❷皆巢烏，人無敢觸之者，為其能知吉凶而司❸禍福也。故凡國有事，惟烏鳴之聽。烏得寵而矜❹，客至則群呀❺之，百鳥皆不敢集也。於是大夫、國人咸事烏。烏攫腐以食腥于庭，王厭之。左右曰：「先王之所好也。」

一夕，有鴟❻止焉，烏群睨❼而附之如其類。鴟入謼于宮，王使射之，鴟死，烏乃呀而啄之。人皆醜之。

【注　釋】❶烏　烏鴉。❷木　樹。❸司　主管；掌管。❹矜　驕傲。❺呀　張口貌。❻鴟　鴞鷹。明李時珍《本草綱目・禽四・鴟》：「鴟似鷹而稍小，其尾如舵。極善高翔，專捉雞雀。」❼睨　斜視。

【語　譯】燕王喜愛烏鴉，庭院的樹上全都是烏鴉築的窩，沒有人敢去觸動，原因是認為烏鴉能預知吉凶，掌管禍福。因此，凡是國家遇到大事，只聽信烏鴉的鳴叫聲來作決斷。烏鴉得到寵愛，便驕傲起來，客人們到來時，群集聒噪，叫嚷不休，其他的鳥兒都不敢來這裡棲息。於是，從朝廷大夫到普通的老百姓，都飼養烏鴉。烏鴉搶奪腐爛的肉吃，庭院裡腥臭難聞，弄得後來繼位的燕王十分厭惡。左右侍臣解釋說：「這是先王喜愛的呀。」

一天傍晚，有一隻鶬鷹飛到這裡，烏鴉們起先都斜視著牠，繼而紛紛靠近，像對待自己的同類一樣。鶬鷹飛進宮中號叫了起來，繼位的燕王就叫人用箭射牠。鶬鷹被射死了，烏鴉們「呀」、「呀」地叫成一片爭著啄食。人們都覺得烏鴉太可惡了。

【研　析】本文篇幅短小，但比喻十分形象：文中的烏鴉，是奸佞臣子的象徵，牠們佔據著整個朝廷，「凡國有事，惟烏鳴之聽」；「百烏」，可視作各類賢才，但在「烏得寵而矜」的境況之下，「皆不敢集也」；鶬，是不同於烏鴉的異類，遭到君主的射殺，群烏爭相啄食，死於非命；燕王好烏，則比喻元末社會是一個昏君當朝，奸臣弄權，讒諂蔽明的社會。君主親小人而遠賢臣，小人們則依仗君主的庇護，排斥異己，飛揚跋扈，不可一世。在這種風氣的影響之下，「大夫、國人咸事烏」，整個社會一片烏煙瘴氣。文章以犀利的筆觸，抨擊了元末統治者的用人政策，這其中也曲折地抒發了作者不被任用、無法實現濟世抱負的憤懣之情。

一一　八駿❶

穆天子❷得八駿以造❸王母，歸而伐徐偃王❹，滅之，乃立天閑❺、內外之廄。八駿居天閑，食粟日石❻；其次乘❼居內廄，食粟日八斗；又次居外廄，食粟日六斗；其不企是選者❽為散馬，散馬日食粟五斗；又下者為民馬，弗齒于官牧❾。以造父❿為司馬⓫，故天下之馬無遺良，而上下其食者⓬莫不甘心焉。

穆王崩⓭，造父卒，八駿死，馬之良駑⓮莫能差⓯，然後以產區焉。故冀之北土⓰純色者為上乘⓱，居天閑，以駕王之乘輿；其駹⓲為中乘，居內廄，以備乘輿之闕⓳，戎事⓴用之；冀及濟河以北㉑，居外廄，諸侯及王之公卿大夫及使于四方者用之；江淮以南為散馬，以遞傳㉒服百役㉓，大事㉔弗任也。其士食㉕亦視馬高下，如造父之舊。

及夷王㉖之季年㉗，盜起，內廄之馬當服戎事，則皆飽而驕，聞鉦鼓㉘而辟易㉙，望旆㉚而走㉛。乃參以外廄㉜。二廄之士不相能㉝，內廄曰：「我乘輿之驂服㉞也。」外廄曰：「爾食多而用寡，其奚㉟以先我？」爭而聞于王，王及大臣皆右㊱內廄。既而與盜遇，外廄先，盜北㊲。內廄又先上以為功，於是外廄之士馬俱懈㊳。盜乘而攻之，內廄先奔，外廄視而弗救，亦奔，馬之高足驤首㊴者盡沒。王大懼，乃命出天閑之馬。天閑之馬，實素習吉行㊵，乃言于王而召散馬。散馬之士曰：「戎事尚力㊶，食充則力彊，今食之倍者且不克荷㊷，吾儕㊸力少而恆勞㊹，懼弗肩㊺也。」王內省㊻而慙，慰而遣之，且命與天閑同其食，而廩粟不繼㊼，虛名而已。

於是四馬之足交于野，望粟而取，農不得植，其老羸皆殍㊽，而其壯皆逸㊾入于盜，馬如之。王無馬，不能師㊿，天下蕭然(51)。

【注釋】❶八駿　傳說中周穆王的八匹名馬。據《穆天子傳》卷一，八駿名赤驥、盜驪、白義、踰輪、山子、渠黃、華騮、綠耳。❷穆天子　即周穆王，西周國王，昭王子。曾西征犬戎，俘虜五王。後世傳說他曾周遊天下，《穆天子傳》即寫他西遊故事。❸造　往訪。❹徐偃王　徐國國君。徐國是周初建立的一個小國，其地在今江蘇泗洪一帶。❺天閑　即「天廄」，皇家養馬處。閑，馬廄。❻食粟曰石　每天供給小米一石。食，給……吃。粟，小米，亦作糧食的通稱。石，十斗為一石。❼次乘　指次一等的馬。❽其不企是選者　指那些達不到居於天閑和內外廄標準的馬。不企，不及；達不到。❾弗齒于句　不被官府牧養。弗齒，即「不齒」，不與同列；不收錄。❿造父　古之善馭者。曾為周穆王御馬平息徐偃王叛亂，封於趙城，為趙之先祖。⓫司馬　官名，掌軍旅之事。此指主管馬匹的官員。⓬上下其食者　指不同等第馬廄的管理者。⑬崩　古代帝王或王后死稱崩。⑭良駑　好壞。駑，劣馬。⑮莫能差　不能分出差別。⑯冀之北土　冀州以北地區，指今內蒙一帶。《南齊書・王融傳》：「秦西冀北，實多駿驥。」⑰上乘　上等馬。⑱駹　雜色馬。⑲闕　通「缺」。⑳戎事　戰事。㉑冀及濟河以北　泛指中原地區。冀，古州名，轄地在今山西、河北一帶。濟河，發源於河北贊皇南，東流經高邑南，至寧晉南，注入泜水。㉒遞傳　傳遞、運輸物品。㉓百役　各種勞役。㉔大事　指駕乘與戎事。㉕士食　指管理馬匹人員的俸祿。㉖夷王　即姬燮。周穆王的曾孫，懿王之子，在位十六年。㉗季年　末年。㉘鉦鼓　古代行軍作戰時用的兩種軍樂器。㉙辟易　驚退。㉚旆　「旆」的俗體。旌旗。㉛走　逃跑。㉜參以外廄　謂以外廄的馬為參。參，通「驂」。古代駕車時位於兩邊的馬。㉝相能　猶「相容」。㉞乘輿之驂服　車駕的驂馬與服馬。服，古代一車駕四馬，居中的兩匹稱服，《詩・鄭風・大叔于田》：「兩服上襄，兩驂鴈行」。鄭玄箋：「兩服，中央夾轅者。」㉟奚　為什麼。㊱右　重視。此指偏袒。㊲北　敗逃。㊳懈　鬆懈；放鬆警惕。㊴高足驤首　指良馬。驤首，昂頭。㊵素習吉行　平時一直習慣於在平安吉祥的環境中行走，猶言不習慣於行軍打仗。㊶尚力　崇尚力量。㊷不克荷　不能夠承擔。㊸吾儕　我輩。㊹恆勞　長年勞累。㊺懼弗肩　恐怕不能擔當。肩，擔負。㊻內省　內心省視，即自我反省。㊼廩粟不繼　倉庫的糧食供應不上。廩，倉庫。㊽老羸皆殍　年老體弱的全都餓死了。羸，身體瘦弱。殍，餓死。㊾逸　逃奔。㊿師　調裝備軍隊。(51)蕭然　蕭條冷落貌。

【語　譯】周穆王得到八匹駿馬，駕著牠們去拜訪西王母，回來後又去討伐徐偃王，並一舉滅了他的國家。於是，設立天閑、內廄和外廄三個馬廄。把八匹駿馬安置在天閑廄，每天餵小米一石；次一等的馬安置在內廄，每天餵小米八斗；再次一等的馬安置在外廄，每天餵小米六斗；那些達不到上述三個等級的稱為散馬，每天餵小米五斗；再下一等的為民馬，不屬官府餵養之列。周穆王任命善御的造父為司馬，掌管全國的馬政，因此，天下沒有一匹好馬被遺漏在民間。同時根據馬匹的上下等級來確定管理馬匹官員的待遇，這些官員也沒有一個不心甘情願的。

後來，周穆王駕崩，造父去世，八匹駿馬也死了，馬的優劣便沒有人能夠辨別了；再後來就按馬的產地作為區分馬匹優劣的標準。所以，把冀北出產的純色馬作為上等，養在天閑廄，用來駕君王的車輛；那些雜色馬作為中等，養在內廄，作為駕乘的備用和滿足征伐之需；冀地和濟河以北出產的馬養在外廄，供諸侯和君王的公卿大夫以及出使四方的使者們乘用；長江、淮河以南出產的馬為散馬，用來傳遞信息和幹各種雜活，而重大的事情是不讓這些馬匹承擔的。那些管理馬匹官員的俸祿，也根據所養馬匹的等級區別對待，就像造父生前制定的那樣。

到了周夷王末年，盜賊四起，內廄的馬匹理應擔負起作戰任務，可是牠們都飽食終日，驕橫自大，一聽到戰鼓聲便嚇得向後退卻，一看見旌旗飄揚就四下逃散。於是決定改用外廄的馬匹應戰，內外兩廄的官吏為此產生了衝突。內廄的官員說：「我們的馬是供駕乘用的。」外廄的官員說：「你們的馬吃的食料多而做的事情少，為什麼還要高出我們的馬一等呢？」兩廄的官員為此爭執不休。這件事傳到了周夷王那裡，周夷王和大臣們都偏袒內廄。不久，與強盜相遇，外廄的馬衝鋒陷陣，強盜潰逃而去，內廄的馬趁勢跑到了前面，君主便認為內廄的馬功勞大。這樣一來，外廄的御手們和馬都懈怠了。強盜乘機進攻，內廄的馬首先逃跑，外廄的馬觀望而不救援，也跟著跑。結果，那些高頭大馬全部覆沒。周夷王大為驚恐，便下令啟用天閑廄的馬。天閑廄豢養的馬平時習慣於在隆重而安逸的環境中駕車，不善征戰。官員們把這一情況稟報給周夷王，周夷王又改令用散馬去迎敵。管理散馬的官員說：「作戰的馬匹全靠力量，吃得飽才能體格強壯。而今那些吃得多的馬尚且承擔不了戰事，我們這些力氣小且常年服役的馬，恐怕更加不能勝任了。」周夷王聽後心中有所省悟，感到很慚愧，便對管理馬匹的官員說了一番安慰的話，但仍遣送散馬充實軍旅，同時下令讓散馬與天閑廄豢養的馬吃同樣的食料。但是，由於糧倉裡的糧食已經匱乏，所以，周夷王說的只是一句空話而已。

於是，套著四匹馬的車乘到處亂竄，馬兒見到莊稼就吃，弄得農民不能耕種土地。那些老弱病殘都餓死了，年輕力壯的都投奔了強盜，而那些馬也像人一樣四處逃亡。周夷王失去了馬匹，不能有效地組織起軍隊，從此，國家蕭條衰落。

【研　析】把民族劃分為不同的等級，實行民族歧視和民族壓迫政策，是元代統治的一個顯著特點。

元王朝將民族分為蒙古人、色目人、漢人和南人四個等級。所謂「色目」，即「各色名目」之意，指畏兀爾、土蕃、回回等少數民族；「漢人」是廣義的，指原來金朝統治下的漢族和漢化的女真、契丹等民族；至於「南人」，則指忽必烈消滅南宋時仍在南宋統治下的漢民族。在這四個等級中，蒙古人最高貴，色目人次之，漢人和南人地位低下，其中南人尤其卑微。這四種人等，在政治、經濟、軍事、法律等方面受到不同的待遇。

本篇文字實際上是議論這種不合理的政治待遇。文章將馬分為天閑、內廄、外廄以及散馬、民馬，正與人分為四等相吻合。周穆王時，以馬之優劣劃分等第，使善馭者造父執掌馬政，「故天下之馬無遺良」，比喻賢明君主知人善任，物盡其用；而「穆王崩，造父卒，八駿死」之後，「馬之良駑莫能差」，只能以產地來區分優劣，比喻昏庸君主不能識別人才而給予公正待遇，致使良才棄用，報國無門，而無能之輩卻佔得高枝，養尊處優，結果是貽害國家，殃及百姓。由此觀來，這篇文章表面上寫的是馬政，實際上寫的則是人政。

文章設喻巧妙，語言生動形象，如寫「居天閑，以駕王之乘輿」的上乘馬，由於「素習吉行」，故不善征伐；「居內廄，以備乘輿之闕」的中乘馬，平時飽食而驕橫，但一到戰場上，即「聞鉦鼓而辟易，望旆而走」，全然沒有平時的威風。這兩種馬，不就是那些身居高位卻腐敗無能的蒙古貴族和色目人的象徵嗎？而那些居於外廄，能征善戰，禦盜有功，卻得不到賞賜的下乘馬，以及在戰事來臨之際，被「慰而遣之」的散馬，雖「命與天閑同其食」，但因「廩粟不繼」而吃不到好的食物。這兩種馬，不正代表那些懷有經世之才但卻不被重用的漢人與南人嗎？作者通過這些形象化的比喻，把元末社會在用人問題上的弊端揭露得淋漓盡致。

一二　蜀賈❶

蜀賈三人，皆賣藥于市。其一人專取良，計入以為出，不虛價，亦不過取贏❷。一人良不良皆取焉，其價之賤貴，惟買者之欲❸，而隨以其良不良應之。一人不取良，惟其多賣，則賤其價，請益❹則益之，不較❺，於是爭趨之，其門之限❻月一易❼，歲餘而大富。其兼取者❽趨稍緩❾，再期❿亦富。其專取良者，肆⓫日中如宵⓬，旦食而昏不足⓭。

郁離子見而嘆曰：「今之為士者⓮亦若是夫！昔楚鄙⓯三縣之尹⓰三：其一廉而不獲于上官⓱，其去⓲也無以僦舟⓳，人皆笑以為癡；其一擇可而取之，人不尤⓴其取而稱其能賢；其一無所不取以交㉑于上官，子吏卒而賓富民㉒，則不待三年，舉㉓而任諸綱紀之司㉔，雖百姓亦稱其善，不亦怪哉！」

【注釋】❶蜀賈　蜀地的商人。❷不過取贏　不索取過多的利潤。贏，原文作「嬴」，據文意改。指經商獲得的利益。《史記．龜策列傳》：「商賈不彊，不得其贏。」❸欲　願望。❹益　增加。❺較　計較。❻門之限　即門檻。❼易　換。❽兼取者　指收購藥材「良不良皆取」的那個商人。❾趨稍緩　謂前來買藥的人稍少一些。❿再期　再過一年。⓫肆　店鋪。⓬日中如宵　中午時如同夜晚。日中，正午。宵，夜晚。⓭旦食而昏不足　吃了早飯缺了晚飯。⓮為士者　指做官的人。⓯楚鄙　楚國的邊遠地區。⓰尹　縣令。⓱不獲于上官　得不到上級官員的歡心。⓲去　離開，指去職。⓳無以僦舟　沒有乘船的錢。僦，租賃。⑳尤　責怪。㉑交　交往。指巴結、賄賂。㉒子吏卒句　「子」和「賓」皆作動詞用。意謂將下屬官吏和士卒當作兒子、將有錢人當作貴賓一樣看待。㉓舉　舉薦。㉔綱紀之司　指掌管司法的要職。綱紀，法度。

【語　譯】蜀地有三個商人，都在街市上賣藥。其中，第一個商人專門收購上等藥材，按照進價來確定售價，從不虛報價格，也不追求過多的盈利。第二個商人不管藥材好壞，一併收購，售價的高低則根據買者的心意，願出高價的就給上等藥材，出不起高價的就給差的藥材。第三個商人不購上好藥材，只圖價廉多售，顧客要求添一點就添一點，從不計較，於是，人們都爭著買他家的藥。由於顧客盈門，他家店鋪的門檻，一個月下來就得更換一條新的。只一年多工夫，他就成了當地特別富有的人。那個好壞藥材一併收購的商人，來買藥的顧客稍少一些，但過了兩年也富有了。至於那個專購上等藥材的商人，他的藥鋪生意清淡，即使是中午時分，來買藥的人也像夜晚一樣稀少，日子過得很艱難，常常是吃了早餐斷了晚飯。

郁離子聽說這件事後感歎地說：「如今做官的也像這三種人一樣啊！當初，楚國邊遠地區有三個縣令：第一個為官清廉卻不被上司喜歡，等到他解職離去時，連一條船都租不起，人們都笑他癡呆。第二個看準機會撈上一把，人們非但不責備他巧取財物，反而稱讚他賢能。第三個貪得無厭，無所不取，並用索取的財物結交上司，待手下吏卒像對兒子一樣，對富豪則敬如賓客。於是，不到三年，就被推薦當上掌管司法和考核的官員，即便是老百姓也都說他好，這不是很奇怪的事嗎！」

【研　析】本篇寫了兩則故事，一商場，一官場，借商場比喻官場。

第一則故事寫三個商人，對應第二則故事的三個縣尹，通過三種不同的經營方式和為官之道，揭示了他們不同的人生遭遇：老老實實做生意的人經營慘淡，吃了上頓沒下頓；為官清廉者得不到上司的歡心，離職去官時連乘船的錢都付不起，被人譏笑為癡呆。而賣劣等藥品的商人，因價格低廉，顧客盈門，很快就發家致富；「無所不取」的縣尹用搜括來的民脂民膏巴結賄賂上司，也因此而左右逢源，步步高昇，並博得賢良的美名，真是滑天下之大稽！作者通過對這種不合理社會現象的揭露和抨擊，說明元末是一個吏治腐敗、賄賂成風的社會，廉潔之士受到冷落，奸詐之徒官運亨通，由此發出「不亦怪哉」的感歎。

劉基早年曾在元朝為官，因與當權者政見不合而解綬歸隱。經歷過這段宦海沉浮，他深知官場內幕，這篇寓言，可謂是有感而發。

從結構上看，前一則故事是主體，並以此內容命篇名，後一則故事是客體。從內容上看，卻正好相反，前一則故事起鋪墊作用，後一則故事才是作者所要表達的意旨所在，這也是本篇的一個鮮明特點。

一三　賄賂失人心

北郭氏❶之老卒僮僕❷爭政❸，室壞不修且壓❹，乃召工謀之。請粟❺。

曰：「未閒❻，女姑自食❼。」役人告饑，涖事者❽弗白而求賄❾。弗與，卒不白❿。於是眾工皆憊恚⓫，執斧鑿而坐。會⓬天大雨霖⓭，步廊⓮之柱折，兩廡⓯既圮⓰，次及于其堂，乃用其人之言，出粟具饔飧⓱以集工曰：「惟所欲而與，弗靳⓲。」

工人至，視其室不可支，則皆辭。其一曰：「向⓳也吾饑，請粟而弗得，今吾飽矣。」其二曰：「子之饔餲⓴矣，弗可食矣。」其三曰：「子之室腐矣，吾無所用其力矣。」則相率而逝㉑，室遂不葺㉒以圮。

郁離子曰：「北郭氏之先㉓，以信義得人力，致富甲天下，至其後世，一室不保，何其忽㉔也！家政不修㉕，權歸下隸㉖，賄賂公行㉗，以失人心，非不幸㉘矣。」

【注釋】❶北郭氏　當指春秋時期齊國大夫北郭子車之後。❷僮僕　泛指奴僕。僮，年少男僕。❸爭政　爭奪管理家政之權。❹且壓　將要倒塌。❺請粟　請求發給一些糧食。粟，穀子，去皮後稱小米，泛指糧食。❻未閒　沒有空暇。閒，通「閑」。❼女姑自食　女，通「汝」。你們。姑自食，暫且自找飯吃。❽涖

事者 管事的人。❾求賄 謂索要好處。❿卒不白 最終沒有稟報。白，稟告。⓫僬恚 疲憊而怨憤。⓬會 適逢。⓭雨霖 即霖雨，連綿大雨。⓮步廊 走廊。⓯廡 堂屋兩邊的廊房。⓰圮 倒塌。⓱饔餼 原指古代諸侯行聘禮時饋送賓客的大禮，此指豐盛的食物。殺死的牲口稱饔，活的牲口稱餼。⓲靳 吝惜。⓳向 以前。⓴餲 食物經久而變質變味。㉑相率而逝 相繼離開。逝，離去。㉒葺 修理。㉓先 先人；祖輩。㉔忽 謂變化迅速。㉕不修 不整治。㉖下隸 指僮僕下人。㉗公行 公開盛行。㉘不幸 偶然。幸，同「倖」。

【語譯】北郭氏年老身死之後，家中的僮僕爭著執理家政，房屋壞了也不整修，眼看就要倒塌了，這才召來工匠，商量修繕之事。工匠們要求先支付一點糧食，主事人回答說：「現在沒有時間發給你們，你們暫且吃自己的吧。」工匠們說家裡已經沒有東西可吃了，但監工不肯稟報，反而向工匠們索取賄賂。工匠們不給，監工就始終不向主事人提起這事。於是，眾工匠都疲憊不堪，怨氣滿腹，拿著斧鑿坐著不幹活，消極怠工。恰逢天降大雨，走廊上的柱子折斷了，兩側的小屋也已倒塌，眼看就要危及正堂房屋，主事人這才答應了工匠們的要求，發給他們糧食，又備下飯菜，召集他們說：「有什麼需要你們都可以提出來，我一定滿足你們，決不吝惜。」

工匠們來到北郭氏宅第，見那房屋已支撐不住，便都推辭起來。第一個工匠說：「先前我們沒有吃的，請求你給一點糧食卻得不到，如今我們已能吃飽了。」第二個工匠說：「你家的食物已經變味，不能吃了。」第三個工匠說：「你家的房屋已經朽爛透了，我們有力氣也無法修復它。」於是紛紛離去，北郭氏的房屋終因得不到及時修葺而倒塌。

郁離子說：「北郭氏的祖先曾經靠誠信和仁義得到人們廣泛的支持，成為天下最富有的人。可是到了他們的後代，連一座房屋都保不住，這種變化多麼突然啊！究其原因，就是因為家政無人治理，權力落入下人手中，再加上公開收取賄賂，以致於失去了人心，這樣的結局不是很不幸的嗎？」

【研　析】劉基很善於借物寓理，以小喻大，本篇就突出地反映了他的這一寫作特點。文中以北郭氏的屋宇比喻元朝統治這座封建社會的大廈；以「家政不修，權歸下隸」比喻朝政的腐敗和混亂；以「僮僕爭政」比喻朝臣之間的爭權奪利、互相傾軋；以「蒞事者弗白而求賄」說明元代是一個貪污成風、「賄賂公行」的黑暗社會；以天降大雨，廊傾屋圮，預示了元代的統治必然走向覆滅的命運。作者感歎北郭氏的祖先以信義得人心，富甲天下，而到了他的後代，連一間房子也保不住，這並非是在為一個顯赫的家族唱輓歌，而是在告誡統治階級，應以此為戒，勵精圖治。否則，倒行逆施，終將失去人心，失去天下。

寫法上，文章逐層推進：以北郭氏老宅傾圮為線索，先寫「室壞不修且壓」；次寫「步廊之柱折，兩廡既圮，次及于其堂」；再寫「室遂不葺以圮」。脈絡清晰，因果分明，很有說服力。文章還運用對比的手法來寫主事人與役工在修葺房屋問題上前後不同的態度：役人從「請粟」，到「皆辭」，「相率而逝」；蒞事者從「弗白而求賄」，到「出粟具饔餼以集工」，前倨後恭，使寓言更具諷刺意義。

一四 請船❶得葦筏❷

閼逢敦牂之歲❸，戎事❹大舉。有薦瓠里子❺宓❻於外閫❼者曰：「瓠里先生實知兵❽，可將也。」聘至，瓠里子過❾郁離子辭，且請言❿焉。郁離子仰天嘆曰：「嗟乎，悲哉！是舉也忠矣⓫，而獨⓬不為先生計⓭哉？」瓠里子曰：「何謂也？」郁離子曰：「昔者，秦始皇帝東巡⓮，使徐市⓯入海，求三神蓬萊之山⓰。請船弗予，予之葦筏，辭⓱曰：『弗任⓲。』秦皇帝使謁者⓳讓⓴之曰：『人言先生之有道㉑也，寡人聽之，而必求船也，則不惟人皆可往也？寡人亦能往矣，而焉事先生為哉？』徐市無以應，退而私具舟㉒，載其童男女三千人，宅海島而國焉㉓。秦皇帝留連㉔海濱，待徐市不至，不得三神山而歸，殂㉕于沙丘㉖。今之用事者㉗皆肉食㉘，吾恐先生之請船而得葦筏也。」

既而果不用瓠里子。

【注釋】❶舶　航海的大船。❷葦筏　似當為「箄筏」，渡水的竹筏。箄筏渡海之事史籍中有記載，如《舊唐書・李忠臣傳》：「玄志令忠臣以步卒三千自雍奴為箄筏過海。」葦，則為蘆葦。以蘆葦編織的小舟渡海，似不可信。❸閼逢敦牂之歲　即甲午年。閼逢，又作閼蓬。古人以干支紀年，十干中的「甲」別稱閼逢。敦牂，十二支中的「午」別稱敦牂。❹戎事　戰事。❺瓠里子　人名。❻宓　安靜。指隱居。❼外闉　郭門之外。借指京城以外的文武將官。❽知兵　懂得軍事；掌握兵法。❾過　拜訪；訪問。❿請言　請賜教。⓫是舉也忠矣　這樣舉薦也算是忠心了。⓬獨　偏偏。⓭計　考慮。⓮秦始皇帝東巡　史載，自西元前二二〇年到前二一〇年，秦始皇曾五次出巡東南。巡，巡幸；古代帝王到各地巡行視察。⓯徐市　即徐福，秦始皇時方士。秦始皇為了長生不死，派徐福率童男童女入海尋找長生不老藥。⓰三神蓬萊之山　傳說中蓬萊、方丈、瀛洲三座海中神山，為神仙居住之地。⓱辭　辭謝。⓲弗任　不能勝任。⓳謁者　官名。掌賓贊受事，為天子傳令。⓴讓　責備。㉑道　仙術；方術。《漢書・張良傳》：「乃學道，欲輕舉。」顏師古注：「道，謂仙道。」㉒私具舟　私下準備船隻。㉓宅海島句　定居海島，在那裡建立國家。宅、國，皆作動詞用。㉔留連　留戀而捨不得離開。㉕殂　死亡。㉖沙丘　地名，故地在今河北廣宗西北的大平臺。㉗用事者　當權者。㉘肉食　謂位居高官但識見狹陋淺短者。《左傳・莊公十年》：「肉食者鄙，未能遠謀。」

【語譯】甲午之年，發生了大的戰事，有人舉薦隱居在城外的瓠里子，說：「瓠里子先生確實懂得兵法，可以任命他為將軍。」不久，聘書來了。瓠里子到郁離子處辭行，並向他請教。郁離子仰天長歎了一聲，說：「唉，可悲啊！如此舉薦也算是忠心的了，但他怎麼不替先生考慮一下呢？」瓠里子問道：「為什麼這樣說呢？」郁離子答道：「從前秦始皇巡視東南地區，派徐福到海上尋找蓬萊等三座神山。徐福請求撥給航海的大船，秦始皇沒有同意，只給了他竹筏子。徐福辭謝說：『我無法勝任這項任務。』秦始皇就派人責備他說：『人家都說先生有仙術，我聽信了，而你卻一定要用大船，那樣的話，不是人人都可以入海嗎？連我也能去了，還用你做什麼呢？』徐福無言以對，回去後私下準備了船隻，載上三千童男童女入海，在海島上住下來並建立起國家。秦始皇流連海濱，等待徐福的消息，徐福卻始終未歸。秦始皇沒有找到三座神山便返回咸陽，路死在河北沙丘。如今的當權者都是些識見淺陋的昏庸之輩，我擔心先生請求船舶而得到的卻也只是竹筏啊！」

後來，當權者果然沒有重用瓠里子。

【研　析】不拘一格地選拔人才，委以重任，是賢明君主的用人之道。當年，劉邦聽從蕭何的建議，拜韓信為大將軍，授予兵權。韓信不負重望，決戰千里，終於翦滅項羽，為建立西漢王朝立下了赫赫戰功。秦始皇卻不然，他一心想得到長生不老之藥，派遣徐福入海尋找，但又不給他創造必要的條件，最終沒能達到自己的目的。寓言所述之事並不可信，長生不老之藥也純屬無稽之談，作者只是想用這一故事說明：那些手握重權的用事者，既識見淺薄，又妒賢嫉能。因此，有多少個像瓠里子這樣有真才實學的人被埋沒、被扼殺。寓言諷刺的矛頭，顯然指向元代的用人制度。

一五 喻治

郁離子曰：「治天下者其猶醫乎。醫切脈❶以知證❷，審證以為方❸。證有陰陽、虛實，脈有浮沉、細大，而方有汗下、補瀉、針灼、湯劑之法。參、苓❹、薑、桂、麻黃、芒硝❺之藥，隨其人之病而施焉，當則生，不當則死矣。是故知證知脈而不善為方，非醫也，雖有扁鵲❻之識，徒嘵嘵❼而無用；不知證不知脈，道聽塗說以為方，而語人曰『我能醫』，是賊❽天下者也。故治亂證也，紀綱❾，脈也；道德、政刑❿、方與法也；人才，藥也。夏之政尚忠，殷⓫承其敝⓬而救之以質⓭；殷之政尚質，周承其敝而救之以文⓮；秦用酷刑苛法，以箝⓯天下，天下苦之，而漢承之以寬大，守之以寧壹⓰。其方與證對，其用藥也無舛⓱，天下之病有不瘳⓲者，鮮⓳矣。」

【注　釋】❶切脈　把脈。中醫診斷病症方法之一。❷證　症候。❸方　藥方。❹苓　藥草名。伏苓、豬苓皆簡稱苓。❺芒硝　一種藥用礦物，可治腸胃實熱積滯等症。❻扁鵲　戰國時名醫，姓秦名越人。❼嘵嘵　爭辯聲。❽賊　殘害。《墨子・非儒》：「是賊天下之人者也。」❾紀綱　原指網罟的綱繩，引申為治理、管理。❿政刑　政令和刑法。《左傳・隱公十一年》：「政以治民，刑以正邪。」⓫殷　商朝的別稱。商王盤庚從奄（今山東曲阜）遷都殷，後因稱商為殷。⓬敝　通「弊」。弊病。⓭質　樸實；質樸。⓮文　指禮樂制度。《論語・子罕》：「文王既沒，文不在茲乎？」朱熹集注：「道之顯者謂之文，蓋禮樂制度之謂。」⓯箝　箝制；控制。⓰寧壹　安定統一。⓱無舛　沒有差錯。⓲瘳　病癒。⓳鮮　少。

【語　譯】郁離子說：「治理國家就像醫生治病一樣。醫生通過把脈了解病症，審察病症開出藥方。病症有陰、陽、虛、實之別，脈象有浮、沉、細、大之分，而處方有出汗、補瀉、針灼、湯劑等不同的類型，參、苓、薑、桂、麻黃、芒硝等，根據病人的毛病對症下藥。使用得當能救人性命，使用不當會致人死地。所以說，只知道病症、掌握脈象而不善於開藥方，不是好醫生。這樣的醫生即使有神醫扁鵲那樣的學識，說得天花亂墜也是沒有用的。不知道病症也不懂得脈象，僅憑道聽塗說來開藥方，並對人說我能治病，那是坑害天下的黎民百姓。所以說，治理亂世就像治病，整頓治理就像把脈，道德、政令、刑法就像藥方和療法，人才就像藥劑。夏朝的政治崇尚忠義，殷商用質樸來補救它的弊端；商朝治理國家崇尚樸實，周朝用禮樂制度來補救它的弊端；秦朝用嚴刑苛法來控制國家，天下人深受其害，而漢朝繼之以寬鬆的政治，用安定統一來守成。藥方能針對病症，用藥沒有差錯，天下之病不能治癒的就很少了。」

【研析】本文將治理國家比作醫生替人治病，將醫道比作治國之道。治病的關鍵在於切脈知症，對症下藥；治國也是如此，如果不知道國家的癥結所在，就無法開出治理的良方。作者強調藥方對於治病的重要性，「知證知脈而不善為方，非醫也」一句，說明國家的大計方針對於治理亂世、安邦興國的重要性。但不切脈不知症，不知症無以開方，而有方無藥，再好的藥方也是枉然。作者將紀綱比作切脈，將道德比作藥方，將政令刑法比作療法，將人才比作藥劑，認為只有使藥方與病症對應，用藥沒有錯誤，才能藥到病除，治理出一個太平盛世。文章還抨擊了那種「不知證不知脈，道聽塗說以為方」的人，指出他們是一夥「賊天下者」，對他們應當保持高度的警惕。

一六　噪虎

郁離子以言忤於時❶，為用事者❷所惡，欲殺之。大臣有薦其賢者，惡之者畏其用，颺言❸毀諸庭❹，庭立者多和之。或問和之者曰：「若❺識其人乎？」曰：「弗識，而皆聞之矣。」

或以告郁離子，郁離子笑曰：「女几之山❻，乾鵲❼所巢❽，有虎出于樸樕❾，鵲集而噪之。鴝鵒❿聞之，亦集而噪。鵯鶋⓫見而問之曰：『虎，行地者也，其如子何哉而噪之也？』鵲曰：『是嘯而生風，吾畏其顛吾巢，故噪而去之。』問於鴝鵒，鴝鵒無以對。鵯鶋笑曰：『鵲之巢木末⑫也，畏風，故忌虎；爾穴居⑬者也，何以噪為？』」

【注　釋】❶忤於時　謂不合時宜。忤，觸犯；違反。❷用事者　即當權者。❸颺言　猶揚言。颺，通「揚」。❹毀諸庭　在朝廷上詆毀。庭，通「廷」。指朝廷。❺若　你；你們。❻女几之山　女几山。在河南宜陽西，俗名石雞山。❼乾鵲　即喜鵲。❽所巢　謂築巢之地。❾樸簌　象聲詞。這裡似當為「樸樕」，指叢生的草木。❿鴝鵒　鳥名，俗稱八哥。⓫鵯鶋　烏鴉的別名。亦稱寒鴉。⓬木末　即樹梢。⓭穴居　住在洞穴裡。鴝鵒鳥並不穴居，此處劉基失考。

【語　譯】郁離子由於說話不合時宜，為當權者憎惡，想要殺害他。大臣當中有人舉薦郁離子賢能，憎惡他的人害怕郁離子受到重用，便在朝廷上說他的壞話，而上朝的大臣大多隨聲附和。有人問附和者：「你認識那個人嗎？」回答說：「不認識，都是聽別人說的。」

有人將這件事告訴了郁離子，郁離子笑著說：「女几山上，喜鵲們喜歡在那裡築巢。有一隻老虎從灌木叢中呼嘯而出，喜鵲群集而叫聲一片。八哥鳥聽到後，也應聲附和，群集鼓噪。烏鴉看見了就問喜鵲：『老虎是在陸地上行走的動物，和你們有什麼相干，值得如此噪嗾不休？』喜鵲回答說：『因為老虎呼嘯生風，我們怕風把我們的窩從樹上掀落下來，所以大聲鳴叫想讓牠快點離開。』烏鴉又問八哥鳥，八哥鳥無言以答。烏鴉笑著說：『喜鵲的窩築在樹梢，怕被風吹落，所以忌諱老虎出沒。而你們住在洞裡，為什麼也應聲叫嚷湊熱鬧呢？』」

【研 析】深入細緻地觀察，獨立審慎地思考，信眼而不信耳，是識別人才的有效方法。但許多人卻不是這樣，他們盲目地依賴和追隨別人，隨聲附和，人云亦云，就像本篇中的八哥，聽到喜鵲鼓噪，便不問青紅皂白，一鬨而起，結果遭到寒鴉的奚落。作者諷刺的筆觸，顯然指向元代的選官制度。

寓言的另一個方面，涉及到元代的法網。禁錮思想，堵塞言路，動輒治人以重罪，是專制統治的顯著標誌。「郁離子以言忤於時，為用事者所惡，欲殺之」，正是這種黑暗政治的真實寫照。

一七 摶❶沙

郁離子曰：「民猶沙也，有天下者惟能摶而聚之耳。堯、舜❷之民，猶以漆摶沙，無時而解。故堯崩，百姓如喪考妣❸，三載四海遏密❹八音❺，非威驅而令肅之也❻。三代❼之民，猶以膠摶沙，雖有時而融❽，不釋然❾離也。故以子孫傳數百年，必有無道之君而後衰，又繼而得賢焉則復興。

必有大無道如桀與紂⑩，而又有賢聖諸侯如商湯⑪、周武王⑫者間之而後亡。其無道未如桀、紂者，不亡；無道如桀、紂，而無賢聖諸侯適丁⑬其時而間之者，亦不亡。霸世⑭之民，猶以水摶沙，其合也若不可開，猶水之冰然⑮，一旦消釋，則渙然⑯離矣。其下者，以力聚之，猶以手摶沙，拳⑰則合，放則散。不求其聚之之道，而以責于民曰：『是頑而好叛⑱』。嗚呼，何其不思之甚也！」

【注釋】❶摶　把散碎的東西捏聚成團。❷堯舜　唐堯和虞舜的並稱。為遠古部落聯盟的領袖，傳說中的聖明君主。❸如喪考妣　好像死了父母一樣悲傷。考妣，父母死後的稱謂。已故父稱考，母稱妣。《尚書・舜典》：「二十有八載，帝乃殂落，百姓如喪考妣。」❹遏密　指帝王等死後停止舉樂。語出《尚書・舜典》「三載，四海遏密八音」。孔安國傳：「遏，絕；密，靜也。」孔穎達疏：「四海之人，蠻、夷、戎、狄，皆絕靜八音而不復作樂。」❺八音　古代對樂器的統稱。具體指金、石、土、革、絲、木、匏、竹八類。❻非威驅句　不是威逼使得他們如此恭敬。肅，恭敬。❼三代　指夏、商、周。❽融　消融。引申為鬆散。❾釋然　消融、瓦解貌。❿桀與紂　桀、紂分別是夏朝和商朝最後一個君主，是歷史上有名的暴君。⓫商湯　商朝的開國之君，又稱成湯、武湯。⓬周武王　文王子，名發。興師伐紂，滅商，建立周朝。⓭適丁　正當。丁，遭逢。⓮霸世　霸主統治的時代。⓯冰然　結成冰的樣子。⓰渙然　離散貌。⓱拳　指將手緊握起來。⑱頑而好叛　頑劣而喜好反叛。

【語　譯】郁離子說：「老百姓就像散沙一樣，天下的統治者需做的只是將他們捏成團而已。堯舜時代的百姓，就像用漆摻和的沙子，永遠不會有散離的時候。所以，堯死後，百姓如同死了自己的父母一樣悲痛，三年之中，全國停止一切音樂娛樂活動，這不是靠淫威就能迫使他們這樣肅穆恭敬的。夏、商、周三代的百姓，就像用膠摻和起來的沙子一樣，雖然膠有時會溶化，但沙子是不會釋然離散的，所以子孫相傳數百年。必定是有了無道君主的出現國家才會衰亡，接著又得到賢明君主國家重新振興。隨後又必定有了特別無道君主如桀與紂的出現，其間又有賢聖諸侯如商湯、周武王等的出現，國家最終走向滅亡。那些雖然無道但程度不及桀、紂嚴重的君主還不至於迅速亡國。那些無道如桀、紂，但其時沒有賢聖諸侯出現的，也還不至於迅速亡國。稱霸於世的君主統治下的百姓，就像用水摻和起來的沙子一樣，聚合在一起好像不可分開，有如水凍結成冰一般，但一旦消融，就會渙然離散。下一等的統治者用武力強行聚攏百姓，就像用手摶沙子一樣，攥緊拳頭沙子就合在一起，鬆開拳頭沙子就散落下來。不去探求凝聚老百姓的辦法，卻一味地指責他們『刁頑叛逆』，唉！多麼不善於思考問題啊！」

【研　析】民眾猶如散沙，聚集起來才有力量。本篇以摶沙比喻聚民，說明聚民之道在於德政而不在於淫威。由此闡明了一個道理，只有實行仁政，才能凝聚民心，實現國家的長治久安。

寫法上，文章首先設喻，提出「民猶沙也，有天下者惟能摶而聚之耳」的論點。接著，以堯、舜、三代聚民「無時而解」、「不釋然離也」為證，以夏桀、商紂與商湯、周武王作對比，指出，「無道」還是「賢聖」，決定著聚民的成敗與否，而民心的向背又決定了一個國家的生死存亡，從而論證了聚民猶如摶沙的論點。文章還分析了「霸世」君主和「其下者」聚民的特點，說明以暴政與威力來統治民眾是難以維持長久的，並對統治者「不求其聚之之道，而以責于民」的荒謬做法提出詰問。

一八　虞卿❶諫賞盜

平原君❷患盜，誅之不能禁。或曰：「更賞之❸，足則戢❹矣。」虞卿曰：「不可。先王立賞罰以勸懲善惡❺，衰世之政也，雖微猶足以激其趨❻。故賞禁僭❼，罰禁濫❽，縣衡❾以稱之，猶懼其不平也，而況敢逆施❿之乎？夫民之輕禁⓫以逞欲⓬，如水之決⓭，必有所自⓮，求而塞之斯可矣。今此之不塞，而力遏⓯其流，至於不能制，乃不省其闕⓰，而欲矯⓱以逆⓲先王之法度，是猶欲止水而去其防也，其庸⓳有瘳⓴乎？夫民有欲而無厭㉑者也，節以制之，猶或踰㉒焉。盜而獲賞，利莫大矣。利之所在，民必趨焉，趨而禁之，是貳政㉓也；趨而不禁，人盡盜矣。是鼓亂㉔也，不臧㉕孰甚焉？」

平原君豁然而寤㉖，起再拜受教，盡散其私財，以濟貧乏，申明舊章㉗，而重購㉘以賞獲盜者。於是趙盜皆走之燕㉙。道不拾遺，虞卿之教也。

【注釋】❶虞卿　趙國大臣，虞姓，其名不詳。❷平原君　即趙勝，戰國趙惠文王弟，曾為趙相。喜賓客，食客數千人。封於東武城（今山東武城西北），號平原君，為著名的戰國四公子之一。❸更賞之　謂更變誅殺為賞賜。❹戢　收斂；止息。❺勸懲善惡　猶勸善懲惡，鼓勵善良而懲戒邪惡。❻激其趨　激勵他們為之追求。趨，奔赴；投向。❼僭　超越本分。❽濫　過度；無節制。❾縣衡　同「懸衡」。即天平。比喻法度。❿逆施　悖理行事。⓫輕禁　輕視禁令。⓬逞欲　放縱欲望。⓭決　沖開堤岸。⓮所自　由來；所發生的原因。⓯遏　阻止；阻攔。⓰省其闕　察看其缺失。省，察看；檢查。闕，通「缺」。⓱矯　糾正。⓲逆　違背。⓳庸　豈；難道。⓴瘳　病癒。㉑厭　滿足。㉒踰　同「逾」。越過；超越。㉓貳政　政令不統一；政出於貳。㉔鼓亂　鼓動作亂。㉕不臧　不善；不好。㉖寤　醒悟。㉗舊章　過去的章程，指先王的法令。㉘重購　重賞。購，重金懸賞。㉙走之燕　逃到燕國。走，逃。

【語譯】平原君擔憂趙國偷盜猖獗，對偷盜者採用誅殺的方式處置，但偷盜之風仍然不能止息。有人建議說：「不如改誅殺為賞賜。盜賊們富足了，他們的行徑就會有所收斂。」虞卿反駁說：「不可如此！先王建立賞罰制度就是為了鼓勵善良而懲戒邪惡。衰落世道的政令雖然微弱，也還足以激勵人們為之奔走追求。所以，獎勵善舉能禁止越軌行為，懲罰不良能禁止惡行氾濫。用天平來衡量，還怕不夠公平，更何況是倒行逆施呢？對老百姓放鬆查禁而使得他們為所欲為，就如同河水決口。河水決口必定有潰決之處，找到潰決之處並堵住它就可以了。如今不去堵塞決口，反而用力去阻擋水流，以至於不能制止。沒有弄清楚決口在哪裡就想去堵塞，背離了先王的法度。這就好比想要阻止水患卻去除防水的措施一樣，豈能治得水患呢？那些盜賊都是利欲熏心貪得無厭的人，對他們節制管束，有的還要越軌。假如偷了東西還獲得賞賜，好處沒有比這更大的了。有利之處，人們必然會競相趨求。如果對這種趨求加以禁止，政令就不能統一；如果聽任其發展而不禁制，人們就都去當盜賊了。這是鼓動人們作亂，還有比這更糟的嗎？」

平原君猛然省悟，起身再拜虞卿並接受指教，他拿出自己的全部財產去接濟貧窮的百姓，申明先王制定的法令章程，用重金賞賜那些捕獲盜賊的人。於是，趙國的盜賊全都逃到燕國去了。趙國因此社會安定，路不拾遺，這些都是虞卿指教的結果。

【研　析】從歷史上看，盜賊猖獗有著深層的社會原因。本文借虞卿之口，分析了這一複雜的社會現象。認為，盜賊的出現與存在，一是由於百姓窮困，民不聊生，因此鋌而走險；二是由於法制不嚴，賞罰不當，以致放縱了人們的貪欲。文章對「更賞之，足則戢矣」的觀點進行了批駁。指出，對盜賊進行賞賜，試圖以此使他們的行為有所收斂的做法是行不通的，這無異於姑息養奸，鼓動人們趨利作亂。在作者看來，對盜賊一味採取誅殺的方式，「力過其流」，也不是妥當的方法。因為，「如水之決，必有所自，求而塞之斯可矣」。只有找出事情的癥結所在，才能從根本上解決問題。文章最後寫平原君「盡散其私財，以濟貧乏，申明舊章，而重購以賞獲盜者」，實際上表明了作者在這一問題上的觀點，即消除貧困，緩和社會矛盾，嚴肅法制，勸善懲惡，認為這樣才能使百姓安身立命，建立起良好的社會秩序。但是在階級嚴重對立、貧富差距懸殊的社會中，作者的這一政治理想是很難實現的。

一九　論智

州之庸❶問於郁離子曰：「雲，山出也，而山以之靈；烟，火出也，而火以之畜❷，不亦異哉？」

郁離子曰：「善哉問！夫人之用智者，亦猶是也。夫智，人出也，善用之，猶山之出雲也；不善用之，猶火之出烟也。韓非囚秦❸，鼂錯死漢❹，烟出火也。」

【注　釋】❶州之庸　虛構人名。❷畜　積儲。❸韓非囚秦　韓非是戰國末期韓國公子，曾受學於荀卿，是法家學說的集大成者，著有《韓非子》。後入秦，被李斯譖殺。囚秦，被秦國囚禁。司馬遷〈太史公自序〉：「韓非囚秦，〈說難〉、〈孤憤〉。」❹鼂錯死漢　鼂錯是西漢著名的政治家，輔佐漢景帝進行改革，削奪諸藩以鞏固中央集權。後吳、楚等七國藉口誅錯發動叛亂，景帝聽從袁盎之言，斬鼂錯於東市。

【語　譯】州之庸請教郁離子說：「白雲從山中昇起，山因此而靈秀；煙出自於火，火卻因此而止熄，這現象不是很奇怪嗎？」

郁離子說：「問得好啊！人們任用才智之士的情況也是這樣。那些才智之士出現了，善於使用他，就像是山岫間飄浮出白雲；不善於使用他，就像火中生起了煙。韓非子被秦國囚禁，鼂錯被西漢王朝殺害，就好比是煙從火中生成啊！」

【研　析】人才固然重要，但更重要的是合理地使用人才，使得人盡其才，才盡其用，這是為政之要。否則，縱有曠世之才，如戰國時的韓非子，西漢時的鼂錯，或不為所用，或雖經任用，卻又受到殘酷迫害，是不能發揮人才作用的。

文章以雲出於山，煙出於火設喻，以「善用之，猶山之出雲也；不善用之，猶火之出烟也」來說明選用才智之士的重要性，既形象又貼切，給人的印象深刻。

二〇　魯般❶

郁離子之市❷，見壞宅而哭之慟❸。或曰：「是猶可葺❹與？」郁離子曰：「有魯般、王爾❺則可也，而今亡矣夫，誰與謀之？吾聞宅壞而棟不撓❻者可葺，今其棟與梁皆朽且折矣，舉之則覆，不可觸已。不如姑仍之❼，則甍桷❽之未解者猶有所附，以待能者；苟振而摧之，將歸咎于葺者，弗可當也。況葺宅必新其材，間其蠹腐❾，其外完而中潰❿者悉屏⓫之，不束椽以為楹⓬，不斫柱以為椽⓭。其取材也，惟其良，不問其所產。楓、柟、松、栝、杉、櫧、柞、檀⓮，無所不收。大者為棟為梁，小者為杙⓯為栭⓰，曲者為枅⓱，直者為楹，長者為榱⓲，短者為棁⓳，非空中而液身者⓴，無所不用。今醫閭㉑之大木竭矣，規矩無恆，工失其度，斧鋸刀鑿，不知所裁，桂、樟、柟、櫨㉒，剪為樵薪㉓，雖有魯般、王爾，不能輒施其巧，而況於無之乎？吾何為而不悲也？」

【注釋】❶魯般　春秋時魯國人，姓公孫，名般，又稱魯班。我國古代著名建築工匠。❷之市　到街市上去。之，到。❸慟　極度悲哀。❹葺　修理。❺王爾　古代能工巧匠。張衡〈西京賦〉：「命般、爾之巧匠，盡變態乎其中。」李善注：「王爾無所錯其剞劂。」❻不撓　不彎曲。❼姑仍之　姑且依舊。❽甍

桷　甍，屋脊。桷，方形的椽子。❾蠹腐　指被蛀空腐爛的木料。蠹，同「蠧」。❿中潰　內部腐爛。⓫屏　同「摒」。去除。⓬不束椽句　不把椽子捆紮起來當柱子用，意謂不小材大用。楹，廳堂前部的柱子。⓭不斫柱句　不把柱子砍削成椽子用，意謂不大材小用。⓮楓枏松栝杉櫧柞檀　皆樹名。枏，即楠樹。栝，即檜樹。櫧，常綠喬木，木材堅硬，可製器具。柞，常綠灌木或小喬木，木質堅硬，可製家具等物。⓯杙　小木樁；小木條。⓰栭　柱頂支撐屋梁的方木，即斗拱。⓱枅　柱子上的橫木。⓲榱　屋椽。《急就篇》卷三：「榱椽欂櫨瓦屋梁。」顏師古注：「榱即椽也，亦名為桷。」王應麟補注引《說文》：「秦名為屋椽，周謂之榱，齊魯謂之桷。」⓳梲　梁上的短柱。⓴空中而液身者　指中間空而又潮濕的木材。㉑醫閭　即醫巫閭山，位於遼寧中部，為陰山山脈之分支。㉒桂樟枏櫨　皆優質木材。㉓樵薪　柴火。

【語　譯】郁離子來到集市，看見一座破舊敗落的宅子，就傷心地哭了起來。有人問：「這房子還可以修理嗎？」郁離子說：「如果有魯班、王爾那樣的能工巧匠是可以修理的，只是今天沒有啊，跟誰去商量這事呢？我聽說房子壞了但房梁沒有彎曲的還可以修理。現在房屋的大梁已經腐朽不堪，快要折斷了，只要動一下就會倒塌下來，不能去碰它，不如暫且保持原狀。這樣，尚未開裂的屋脊上的方椽還有所依附，以便等候能夠修理的工匠到來。如果現在就去觸動它，弄得房子倒塌下來，把責任歸於修理房屋的人，修理房屋的人是擔當不起的。況且修理房屋就要更新材料，隔開那些蟲蛀腐爛的部分。那些外表完好而裡面潰爛的木料一概都要棄除。不把椽子結成綑當楹柱用，也不砍了柱子當椽子用。選取木材時，只求質地精良，而不管它出自哪個地方。楓、枏、松、栝、杉、櫧、柞、檀等樹木，無所不收。大的用作棟梁，小的用作小木樁和斗拱，彎曲的做柱子上的橫木，直的做楹柱，長的做屋椽，短的做梁上的短柱，只要不是空心並且潮濕腐爛的，都可以派上用場。如今醫閭山上的大樹全都砍伐光了。規矩沒有固定的標準，工匠們失去了尺度，同樣是使用斧、鋸、刀、鑿，卻不知道如何裁截木料，把桂、樟、枏、櫨等上等木材劈成燒柴用，這樣的話，即便魯班、王爾再世，也不能施展他們的技藝，更何況沒有這樣的人呢？這怎能叫人不感到悲哀呢？」

【研 析】破舊敗落的宅子能否整修，得看它損壞的程度，如果牆傾棟朽，「舉之則覆，不可觸已」，即使有魯班、王爾那樣的能工巧匠，也是無濟於事的。本篇以形象的比喻，揭露了元王朝這座大廈已經千瘡百孔，在風雨之中搖搖欲墜，其崩潰的命運不可避免。文章中還以木材比喻人才，以「其取材也，惟其良，不問其所產」，寓意惟才是舉，不論出身；以「大者為棟為梁，小者為杙為栭，曲者為枅，直者為楹，長者為榱，短者為棁」，比喻物盡其材，人盡其用；以「不束椽以為楹，不斫柱以為椽」，比喻對人才應合理安排，量才使用，既不大材小用，也不小材大用……由此觀來，劉基的人才觀是十分全面的。文章中還以「今醫閭之大木竭矣，規矩無恆，工失其度」，喻指元末社會人才枯竭，統治者用人不當。而「桂、樟、枏、櫨，剪為樵薪」一句，則揭露了當時社會對人才的摧殘，抒發了自己懷才不遇的憤懣之情。

二一 九尾狐❶

青邱之山❷，九尾之狐居焉。將作妖，求髑髏❸而戴之，以拜北斗，而徼福❹于上帝❺。遂往造❻共工❼之臺，以臨九邱❽。九邱十藪❾之狐畢集，登羽山❿而人舞焉。有老狽⓫見而謂之曰：「若⓬之所戴者，死人之髑髏也。人死肉腐而為泥，枯骨存焉，是為髑髏。髑髏之無知，與瓦礫⓭無異，而其腥穢，瓦礫之所不有，不可戴也。吾聞鬼神好馨香而悅明德⓮，腥臊穢惡不可聞也，而況敢以瀆⓯上帝。帝怒不可犯也，弗悔，若必受烈禍。」

行未至閼伯之墟⓰，獵人邀⓱而伐之，攢弩⓲以射其戴髑髏者。九尾之狐死，聚群狐而焚之，沮三百仞⓳，三年而臭⓴乃熄㉑。

【注釋】❶九尾狐　傳說中的奇獸。原指祥瑞之兆。郭璞注《山海經・大荒東經》「有青丘之國，有狐九尾」句云：「太平則出以為瑞。」後喻作奸詐善媚之人。❷青邱之山　即青丘山。因避孔子諱（孔子名丘），稱「丘」為「邱」。傳說中神仙居住之地。《山海經・南山經》：「青丘之山……有獸焉，其狀如狐而九尾，其音如嬰兒，能食人，食者不蠱。」❸髑髏　死人的頭骨。❹徼福　祈福；求福。❺上帝　天帝。❻造　到；拜訪。❼共工　傳說中的天神，與顓頊爭為帝，怒而觸不周之山。❽九邱　即九州。宋黃庭堅〈常父惠示丁卯雪十四韻謹同韻賦之〉：「下令走百神，大雲庇九丘。」❾十藪　古代十大湖泊的總稱。

《爾雅・釋地》：「魯有大野，晉有大陸，秦有楊陓，宋有孟諸，楚有雲夢，吳越之間有具區，齊有海隅，燕有昭余祁，鄭有圃田，周有焦護，十藪。」九邱十藪，代指天下。❿羽山　傳說中舜殺鯀之處。《尚書・舜典》：「殛鯀於羽山。」⓫狽　傳說中的獸名，前腿特別短。⓬礫　碎石子。⓭明德　光明之德；美德。⓮瀆　輕慢。⓯若　你。⓰閼伯之墟　指商丘之墟。閼伯，人名，古代高辛氏的大兒子，因與其弟實沈不能相谷，被堯遷移至河南商丘。墟，土丘。⓱邀　攔截。⓲攢弩　謂用弓箭密射。攢，聚集。弩，用機栝發射的強弓。⓳沮三百仞　堆積至三百仞高。沮，終止。仞，古代以七尺或八尺為一仞。⓴臰　「臭」的異體字。氣味。㉑熄　同「息」。

【語　譯】青丘山是九尾狐居住的地方。牠將要興妖作怪時，便找來死人的頭骨戴在頭上，祭拜北斗，向上帝祈求幸福，然後前往共工之臺，俯視九州。九州十藪的狐狸都聚集來了。牠們登上羽山，像人一樣地跳舞。一隻老狽看見了，就對九尾狐說：「你頭上戴的，是死人的頭骨。人死了以後，肉腐爛成泥，乾枯的骨頭留存下來，這就是髑髏。髑髏是沒有知覺的，與瓦塊石子沒有什麼兩樣。但它的腥穢，卻是瓦塊石子所沒有的，不能戴啊！我聽說鬼神愛好芳香的氣味，喜歡美好的德行，是不願聞穢惡腥臊的氣味的，更何況你又用它來褻瀆天帝。天帝威嚴，是神聖不可冒犯的。如果不加悔改，你必將遭致大禍。」

狐狸們還沒有走到商丘一帶，就遭到獵人的攔截。他們用密集的弓箭射向那些頭戴髑髏的九尾狐。九尾狐被射死了，人們就把那些死狐集中起來焚燒，堆積有三百仞高。一直過了三年，九尾狐的腥臭味才除淨。

【研　析】九尾狐原是古代神話傳說中的一種瑞獸，《山海經・南山經》、《吳越春秋・越王無餘外傳》等典籍中均有記載。漢代石刻畫像及磚畫中，常有九尾狐與白兔、蟾蜍、三足烏之屬並列於西王母座旁的圖像，以示禎祥。只是到了後來，意思發生了變化，「為瑞」之說漸隱，而代之以稱奸邪讒媚之人，如六朝時人李邏注《千字文》「周伐殷湯」，言妲己為九尾狐。《封神演義》以妲己為九尾狐精，即本於李注。

本文以九尾狐頭戴髑髏而作人舞，比喻那些冒充好人的奸邪小人。指出，牠們的卑劣伎倆是不會得逞的。興妖作怪的結果只會是身敗名裂，自取滅亡。寓言針對當時社會上奸邪當道的現實，由傳說設喻，別具新意。雖然通篇充滿神幻色彩，但於敘事之中寓含哲理。

二二　東都❶旱

漢愍帝❷之季年❸，東都大旱，野草皆焦❹，昆明之池❺竭❻。洛巫❼謂其父老❽曰：「南山之湫❾有靈物，可起❿也。」父老曰：「是蛟⓫也，弗可用也。雖得雨必有後憂。」眾曰：「今旱極矣，人如坐爐炭，朝不謀夕，其暇計後憂乎？」乃召洛巫與如湫，禱⓬而起之。酒未畢三奠⓭，蛟蜿蜒⓮出，有風隨之，颼颼⓯然，山谷皆殷⓰。有頃⓱，雷雨大至，木⓲

盡拔，彌⑲三日不止，伊、洛、瀍、澗⑳皆溢㉑，東都大困，始悔不用其父老之言。

【注釋】❶東都　東漢都洛陽，因在西漢京都長安之東，故稱。❷漢愍帝　即漢獻帝劉協，西元一八九—二二〇年在位。❸季年　末年。❹焦　乾枯。❺昆明之池　即昆明池，長安湖名，漢武帝元狩年間開鑿。❻竭　乾涸。❼洛巫　洛陽地方的巫師。巫是古代以降神驅鬼為職業的人。❽父老　古代管理鄉里公共事務的人。亦指鄉里德高望重者。❾湫　水潭。❿起　起用。⓫蛟　古代傳說中的一種龍，居深淵，能發洪水。⓬禱　祈禱。⓭三奠　謂祭奠時酒行三巡。設酒食而祭稱奠。⓮蜿蜒　曲折游動貌。⓯颼颼　大風吹颳聲。⓰殷　震動。⓱有頃　一會兒；不久。⓲木　樹。⓳彌　滿。⓴伊洛瀍澗　皆水名，均在河南一帶。伊，亦作「洢」，河南境內水名。洛，河南境內洛河。瀍，瀍水，源於洛陽西北，東流入洛河。澗，澗水，源於澠池東北，東南流入洛河。㉑溢　水滿流出。

【語　譯】漢獻帝末年，東都洛陽地區大旱，原野上的草都枯焦了，昆明池水也乾涸了。洛陽的巫師對鄉里管事的老人說：「南山的水潭中有一種靈物，可以起用牠。」老人說：「那是蛟龍，是不能起用的。雖然用牠能得到雨水，但以後一定會造成禍患。」可是大家都說：「現在已經乾旱到了極點，人就像坐在火爐上一樣，朝不保夕，哪有工夫考慮以後的憂患呢？」於是叫來巫師，一同前往水潭，設席禱告，祈求蛟龍騰起。酒還沒行滿三巡，蛟龍便蜿蜒而出，風聲隨之而起，颼颼作響，整個山谷都震動了。不一會兒，雷雨大作，樹木被連根拔起，整整三天三夜風雨不停，伊河、洛河、瀍河、澗河都水滿溢出，到處流淌，洛陽被大水所困，大家這才後悔當初沒有聽從老人的勸告。

【研　析】凡事豫則立，不豫則廢。解決急難問題時，必須權衡各方的利弊得失，全面考慮，採取適當的措施。如果只看到眼前利益，挖肉療瘡，飲鴆止渴，必定後患無窮。本文以洛陽大旱，請巫求雨，結果旱情雖然解除，卻遭致水災，陷入更大困境為喻，說明「人無遠慮，必有近憂」這樣一個道理。

「伊、洛、瀍、澗皆溢，東都大困」，是由於起蛟降雨所致，這就暗示了用人不當，必將釀成大患。假借漢愍帝季年事影射元末政治，寓言的指向甚明。

二三　螢與燭

郁離子曰：「螢之為明，微微也。昏夜得之，可以照物；取而寘❶諸燭下，則黝然❷亡❸矣。燭亦明矣哉，而不能不晦❹於月也。太陽出矣，月之明又安在哉？故狗制狐，豹制狗，虎制豹，狻猊❺制虎。魏、吳、晉、宋、齊、梁、陳、隋之君，惟其不當漢祖❻之時也，使其在漢祖之時，不敢與布、越伍❼，而況能南面❽哉？是故湯、武❾不作，而後有桓、文❿；

桓、文不作，而後有秦；秦之王適逢六國⑪之皆庸君，故有賢人弗能用，而秦之間⑫得行。嗚呼！豈秦之能哉？」

【注　釋】❶寘　放置。❷黝然　深黑貌。❸亡　消失。❹晦　昏暗；不明亮。❺狻猊　即獅子。❻漢祖　漢高祖劉邦。❼不敢與句　謂不敢與英布、彭越同列。布，英布。秦末從項羽入關，封九江王。後降漢，佐劉邦定天下，封淮南王。越，彭越。秦末從項羽起兵，後歸漢，屢建大功，封梁王。伍，同列。❽南面　古代以坐北朝南為尊，帝王召見群臣，皆南面而坐，因稱居帝王之位為南面。❾湯武　商湯與周武王。❿桓文　春秋五霸中齊桓公與晉文公的並稱。⓫六國　指戰國時齊、楚、燕、趙、魏、韓六國。⓬間　離間。指採用張儀離間六國的連衡謀略。

【語　譯】郁離子說：「螢火蟲發出的光亮是十分微弱的，暗夜裡得到牠，可以用來照明，把牠放在燭火下，就黯然無光了。燭火也算得上明亮了，但比起月光來不能不說很黯淡。而太陽一出，月亮的光亮又在哪裡呢？所以，狗能夠制服狐狸，豹子能夠制服狗，老虎能夠制服豹子，獅子能夠制服老虎。魏、吳、晉、宋、齊、梁、陳、隋等國的國君，他們只是沒生活在漢高祖同時，假使他們處在漢高祖的時代，尚且不能與英布、彭越同列，又怎麼能南面稱王呢？所以商湯、周武王的後代不振作，而後就有齊桓公、晉文公；齊桓公、晉文公的後代不振作，而後就有秦朝；秦王碰上六國的國君正好都是昏庸之輩，有賢能之士不能任用，才使得秦國的離間計能夠得逞。唉！難道是秦國真的有能耐嗎？」

【研析】有比較才有鑑別。螢火蟲的微光，在暗夜裡可以用來照物，但一到燭光下，就黯然失色。燭光與月光、月光與日光，也是如此。文章由不同光亮的對比延伸至動物界中物物相制，又由動物界中物物相制延伸到人類社會中的江山易代。在作者看來，「湯、武不作，而後有桓、文；桓、文不作，而後有秦」，一代興廢自有一代興廢的原因。魏、吳等國之君之所以能夠南面稱王，是因為不當於漢高祖之時；秦王之所以能夠翦滅群雄、宅有天下，是因為六國之君昏庸無能，不能任用賢才，而並非秦王特別高明。這就點明了文章的主旨，即希望有商湯、周武王、齊桓公、晉文公、漢高祖那樣的明主出世，選賢任能，安邦治國平天下。

二四 德❶勝

或問勝天下之道❷，曰：「在德。」「何以勝德❸？」曰：「大德勝小德，小德勝無德；大德勝大力，小德敵❹大力。力生敵❺，德生力；力生於德，天下無敵。故力者勝，一時者也；德愈久而愈勝者也。夫力非吾力也，人各力其力也，惟大德為能得群力。是故德不可窮，而力可困。」

【注釋】❶德 仁德；仁愛。❷道 方法；途逕。❸何以勝德 猶「何以德勝」。謂為什麼勝天下的方法在於仁德呢？❹敵　匹敵；抵。❺力生敵　指一味使用武力會多方樹敵。

【語　譯】有人問贏得天下的方法，回答說：「在於仁德。」又問：「為什麼說贏得天下的方法在於仁德呢？」回答說：「大德勝過小德，小德勝過無德；大德勝過大力，小德與大力相當。一味使用武力會多方樹敵，而仁德能使力量增強。由仁德生成的力量，是天下無敵的。因此，靠力量只能取勝一時，而仁德持續的時間愈長久，勝出也就愈多。所謂力並不是我一個人的力，人們各自發揮自己的力量，只有大德才能得到眾人的支持。所以說，施行仁德的話，其威力不可窮盡，而靠力量是有困頓的時候的。」

【研　析】以仁德治理天下是儒家的一貫主張。《左傳・僖公二十八年》云：「有德不可敵。」孟子說：「得道者多助，失道者寡助。寡助之至，親戚畔之；多助之至，天下順之。」《孟子・公孫丑下》本篇所表達的，正是儒家的這一思想。

文章首先以德與德相比，指出，「大德勝小德，小德勝無德」。接著，以德與力相比，指出，「大德勝大力，小德敵大力」。然後，論述了德勝力的道理。一個人的力量再大，終究有限，惟有眾力才是不可抗拒的。因為它反映了民心向背，決定著社稷存亡，而這種眾力只有靠仁德來凝聚，即文中所說的「惟大德為能得群力」。文章最後得出「德不可窮，而力可困」的結論，實際上是在告誡統治階級，要實行仁政。否則，靠一時的淫威，暴戾無道，終是不能長久的。

二五　假仁義

人言五伯❶之假仁義也，或曰：「是何足道哉？」郁離子曰：「是非仁人之言也。五伯之時，天下之亂極矣，稱諸侯之德無以加焉❷，雖假，而愈❸於不能，故聖人有取也。故曰：誠勝假，假勝無。天下之至誠，吾不得見矣，得見假之者亦可矣。」

又

郁離子曰：「甚矣！仁義之莫彊於天下也。五伯假之，而猶足以維❹天下而獲天下之顯名，而況於出之以忠，行之以信者哉！今人談仁義以口，間取其一、二無拂❺於其欲者，時❻行焉，將以賈譽❼也。及其弗獲，則舉仁義以為迂❽而舍之，至于死弗寤❾。哀哉！」

【注釋】❶五伯　即五霸，指春秋時先後稱霸的五個諸侯。五霸所指不一，一說為齊桓公、晉文公、宋襄公、楚莊公、秦穆公；一說為齊桓公、晉文公、楚莊王、吳王闔閭、越王句踐；一說為齊桓公、宋襄公、晉文公、秦穆公、吳王夫差。❷無以加焉　猶無以復加。❸愈　勝。❹維　維持。❺拂　違背；違反。❻時　通「是」。此。❼賈譽　猶沽名釣譽。賈，沽；買。❽迂　迂腐；不合事理。❾弗寤　不醒悟。

【語　譯】人們談起春秋五霸的假仁義，有人說：「這有什麼值得稱道的呢？」郁離子說：「這不是仁人說的話呀。春秋五霸的時代，天下混亂到了極點。稱霸諸侯的，布施假仁德，無以復加。但即使是假的也勝過沒有，因此聖人認為還是可取的。所以說，真誠勝過虛假，虛假勝過空無。天下的至誠我是見不到了，如能見到假仁義也是可以的啊。」

又

郁離子說：「稱雄於天下，沒有比施行仁義更為重要的了！春秋五霸利用這一點，就足以維持天下，並獲得顯赫的名聲，更何況是從忠義出發、行動守信的人呢！今天，人們只是在口頭上談論仁義，間或選取一、二點無損於他們私欲的暫且實行之，用來沽名釣譽。等到他們覺得無所收獲時，就把仁義當作陳腐過時的東西捨棄掉，一直到死也不省悟。這是多麼可悲的事情啊！」

【研　析】孟子說：「不以仁政，不能平治天下。」又說：「民之歸仁也，猶水之就下，獸之走壙也。」（《孟子・離婁上》）儒家認為，仁義是治國的根本，是稱雄天下的大道至理，這正如文中所云：「仁義之莫彊於天下也。」但古往今來，有多少君主真正實行過仁政呢？春秋時的五霸，以假仁假義收買人心、沽名釣譽，但比起殘虐無道、天良喪盡的暴君來說，猶有可取之處。因為，他們還不敢扯下虛偽的面紗，擔起不仁不義的罪名。就這點來說，他們還有那麼一點點最起碼的廉恥之心。所以文中說：「誠勝假，假勝無。」但是元朝統治者，視仁義為迂腐，倒行逆施，連最起碼的廉恥之心也沒有。文章由此寫道：「天下之至誠，吾不得見矣，得見假之者亦可矣！」這正是作者失望之餘的慨歎。

二六　象虎❶

齊湣王❷既取燕滅宋，遂伐趙侵魏，南惡楚，西絕秦交，示威諸侯，以求為帝。平原君問於魯仲連❸曰：「齊其成乎？」魯仲連笑曰：「成哉？臣竊❹悲其為象虎也。」平原君曰：「何謂也？」魯仲連曰：「臣聞楚人有患❺狐者，多方以捕之，弗獲。或教之曰：『虎，山獸之雄也，天下之獸見之，咸讋而亡其神❻，伏而俟命❼。』乃使作象虎，取虎皮蒙之，出于牖下❽。狐入遇焉，啼而踣❾。他日，豕暴于其田❿，乃使伏象虎，而使其子以戈掎⓫諸衢⓬。田者呼，豕逸于莽⓭，遇象虎而反奔衢，獲焉。

楚人大喜，以象虎為可以皆服天下之獸矣。於是野有如馬⑭，被⑮象虎以趨之。人或止之曰：『是駮⑯也，真虎且不能當⑰，往且敗。』弗聽。馬雷呴⑱而前，攫⑲而噬⑳之，顱磔㉑而死。今齊實象虎，而燕與宋，狐與豕也，弗戒，諸侯其無駮乎？」

明年，望諸君㉒以諸侯之師入齊㉓，湣王為淖齒㉔所殺。

【注釋】①象虎　猶假虎。裝扮成的老虎。②齊湣王　戰國時齊國國君，西元前三〇一至前二八四年在位。③魯仲連　戰國時齊國高士，喜為人排難解紛。曾出遊趙，為趙解除秦國威脅。④竊　謙詞。私下；私自。⑤患　憂慮；擔心。⑥咸讋句　都因害怕而喪神失魄。讋，同「慴」。恐懼。⑦俟命　聽天由命。⑧牖下　窗下。⑨踣　倒斃。⑩豕暴句　野豬在田裡糟蹋莊稼。豕，豬，指野豬。⑪掎　牽制。此謂把守。⑫衢　大路。⑬逸于莽　逃往草叢中。逸，逃。莽，草叢。⑭如馬　樣子像馬的野獸。⑮被　披。⑯駮　傳說中一種形狀像馬，能食虎豹的野獸。《山海經・西山經》：「有獸焉，其狀如馬，而白身黑尾，一角，虎爪牙，音如鼓音，其名曰駮。是食虎豹，可以禦兵。」⑰當　抵擋。⑱雷呴　謂吼聲如雷。呴，通「吼」。⑲攫　抓取。⑳噬　咬。㉑顱磔　頭顱碎裂。磔，分裂。㉒望諸君　戰國時名將樂毅的封號。《史記・樂毅列傳》：「樂毅知燕惠王之不善代之，畏誅，遂西降趙。趙封樂毅於觀津，號曰望諸君。」司馬貞索隱：「望諸，澤名，在齊。蓋趙有之，故號焉。」㉓入齊　燕昭王二十八年（西元前二八四年），樂毅曾率軍攻破齊國，連下七十餘城。㉔淖齒　原為楚將，後入齊為相。

【語　譯】齊湣王在攻佔燕國滅掉宋國以後，又征伐趙國侵犯魏國，南面與楚國為敵，西面與秦國絕交，向各諸侯國顯示威力，以求稱霸天下。趙國的平原君問齊人魯仲連：「齊湣王這樣做會成功嗎？」魯仲連笑著回答說：「成功嗎？可悲啊！我認為齊國只是一隻假老虎而已。」平原君又問：「為什麼這麼講？」魯仲連說道：「我聽說從前楚國有個遭受狐狸擾害的人，想盡各種方法去捕捉狐狸，但都沒有成功。有人教他說：『老虎是山林中的百獸之王，天下的野獸見了牠都嚇得喪魂失魄，伏地等死。』於是他讓人做了一隻假虎，蒙上虎皮，放在窗戶下。狐狸鑽了進來，撞見假虎，慘叫了一聲，倒地而斃。過了些日子，野豬在他的田地裡踐踏莊稼，於是他把假虎放在田邊的草叢中，並派他的兒子手持長戈把守在路旁。野豬跑到田裡，種田人大聲呼喊。野豬受了驚嚇便竄入草叢，遇見假虎後慌忙向路邊跑去，就在那裡被人捕獲。楚人十分高興，認為用假虎就可以降伏天下所有的野獸。當時，山野裡有一種像馬一樣的怪獸，楚人竟然披著虎皮去追趕牠。有人勸阻他說：『那是駮，真老虎尚且抵擋不了牠。你去，必定是鬥牠不過的。』楚人不聽，結果那頭像馬一樣的怪獸發出雷鳴般的吼聲衝了過來，抓住楚人張口就咬。楚人的頭顱被咬碎，喪了性命。如今的齊國就像是一隻假虎，而燕國和宋國就是那狐狸和野豬。如果齊國不知戒懼，一意孤行，諸侯國中難道就沒有像駮那樣的強手嗎？」

第二年，望諸君樂毅率領諸侯國的軍隊攻入齊國，齊湣王被淖齒殺掉了。

【研　析】楚人用蒙著虎皮的假虎來驚嚇狐狸，驅趕野豬，奏效後便以為用這種方法可以降伏一切野獸。但是，當他用假虎來對付駮時，卻被駮咬碎了頭顱。

這則寓言告訴我們，對事物必須作具體分析，採取不同的處理方法。因為，世界上的事物千差萬別，錯綜複雜，沒有固定的解決模式。抓到一劑藥方就以為能夠包治百病，必然產生失誤。

寫法上，本文於故事中間套故事，形象生動，寓意深刻。齊湣王就好比是那位迷信假虎的楚人，燕國與宋國則好比是狐狸與野豬。齊湣王「取燕滅宋」，「伐趙侵魏」後，自以為可以橫行天下，殊不知還有更為強大的諸侯國在後。因此，齊湣王最終被殺身亡，是符合事物發展內在的邏輯關係的。

二七　蟾蜍❶

蟾蜍游于泱瀼❷之澤，蚵蚾❸以其族❹見，喜其類己也，欲與俱入月，使鼀鼁❺呼之。問曰：「彼何食？」曰：「彼宅于月中，身棲桂樹之陰，餐泰和❻之淳精❼，吸風露之華滋❽，他無所食也。」蚵蚾曰：「若是，則予不能從矣。予處泱瀼之中，一日而三飽，予焉能從彼單棲于泬漻❾，枵其胃腸❿而吸飲風露乎？」問其食，不對。

鼁鼀復命⓫，使返而窺之，則方據溷⓬而食其蛆，鹽⓭糞汁而飲之，滿腹然後出，肭肭然⓮。鼁鼀返曰：「彼之食，溷蛆與糞汁也，不可一日無也，而焉能從子？」蟾蜍蹙頞⓯而咍⓰曰：「嗚呼！予何罪乎，而生與此物類也！」

【注釋】❶蟾蜍　俗稱癩蛤蟆。傳說月中有蟾蜍。❷泱瀼　水流動貌。❸蚵蚾　蟾蜍科動物，外表與蟾蜍相似。❹族　同族；同類。❺鼁鼀　一種形似蛤蟆的動物，居於陸地。❻泰和　即太和，古人指天地間陰陽衝和之氣。❼淳精　精華。❽華滋　潤澤。唐李白〈大獵賦〉：「誕金德之淳精兮，漱玉露之華滋。」❾沆漻　亦作「沆寥」。空曠晴朗的天空，此指清冷的月中。❿枵其胃腸　猶言餓肚子。枵，空。⓫復命　回報。⓬溷　廁所。⓭鹽　疑應作「盬」。吸飲。⓮肭肭然　吃飽飯後肚子鼓鼓的樣子。肭，肥軟貌，此指腹鼓。⓯蹙頞　皺著眉頭。⓰咍　譏笑。

【語譯】月宮中的蟾蜍下到水波盪漾的沼澤中遊玩，看見與自己同類的蚵蚾，喜愛牠與自己長得相似，想邀牠一起到月宮去，便派鼁鼀前去打招呼。蚵蚾問道：「蟾蜍在月宮裡吃什麼東西？」鼁鼀說：「牠住在月宮中，棲身於桂花樹蔭下，吃的是天地間陰陽衝和之氣，吸的是清風甘露的精華，別的什麼也不用吃了。」蚵蚾說：「如果是這樣的話，那我就不能跟從牠去了。我生活在水澤中，一日三餐都吃得飽飽的，怎麼能跟著牠單調乏味地棲息在空曠清冷的月宮中，光是餐風飲露，而使腹中空空呢？」鼁鼀問蚵蚾平時吃些什麼，蚵蚾不回答。

鼀䶂回去稟告蟾蜍，蟾蜍又派鼀䶂前去偷看蚵蚾吃什麼東西。正好看見蚵蚾在廁所裡吃蛆蟲，喝裡面的糞水，吃飽喝足後爬出來，大腹便便，一副心滿意足的樣子。鼀䶂返回稟報說：「蚵蚾吃的食物，是茅坑裡的蛆蟲和糞水，一天都不能缺少，怎麼能跟隨你到月宮去呢？」蟾蜍皺著眉頭譏笑說：「唉！我有什麼罪過啊，竟然與這麼骯髒的東西長成一般模樣！」

【研　析】文中的蟾蜍與蚵蚾，雖然外貌相似，但品行習性卻完全不同。一個棲息月宮，餐風飲露；一個廁身茅坑，以蛆蟲和糞水為食。一個清廉高潔，一個齷齪骯髒，是不能相依為伍、視為同類的。但蟾蜍一開始並未認識到這一點，欲邀蚵蚾俱入月宮。而當牠了解到蚵蚾的習性後，不由得發出「予何罪乎，而生與此物類也」的感歎。文章以蟾蜍比喻品行高潔之士，以蚵蚾比喻齷齪醜陋的小人，寄託著憤世嫉俗之意。寓言所表達的思想，在今天仍然具有借鑑意義：相似的外表之下，未必有共同的志向與情操。因此，只有那些真正的志同道合者，才能引以為同志。

二八　豺智

郁離子曰：「豺之智其出於庶獸❶者乎？嗚呼，豈獨獸哉，人之無知也亦不如之矣！故豺之力非虎敵❷也，而獨見焉則避，及其朋❸之來也，則相與掎角❹之。盡虎之力得一貑焉，未暇顧其後也，而掎之者至矣，虎雖猛，其奚❺以當之？長平之役❻，以四十萬之眾投戈甲而受死，惟其智之不如貑而已。」

【注釋】❶出於庶獸　超出眾獸。庶，眾多。❷敵　相當；匹敵。❸朋　同類。❹掎角　亦作「犄角」。牽制或夾擊敵方。語本《左傳・襄公十四年》「譬如捕鹿，晉人角之，諸戎掎之，與晉掊之」。孔穎達疏：「角之謂執其角也，掎之言戾其足也。」❺奚　何。❻長平之役　秦昭襄王四十七年（西元前二六〇年），秦將白起於長平（故址在今山西高平西北）大破趙軍，射殺趙將趙括，坑卒四十五萬，史稱「長平之役」。

【語譯】郁離子說：「貑的智慧超出一般的野獸嗎？唉，豈止是超出一般的野獸，即便是那些無知的人也不如牠啊！本來，一隻貑的力量是無法和老虎匹敵的，因此貑單獨遇見老虎時就遠遠避開；等到牠的同夥到了，就共同牽制和夾擊老虎。老虎用盡全力，只能對付一隻貑，沒有空暇顧及牠的背後。而貑群四面攻擊，老虎雖然兇猛，又怎麼能抵擋得住呢？長平之戰，趙國以四十萬大軍抵抗秦軍，卻丟戈棄甲活活受死，就是他們的才智不如貑啊！」

【研析】一隻貑的力量是無法與老虎抗衡的，因此，只能採取迴避戰術；而眾貑聚集在一起時就可以夾擊老虎，使老虎腹背受敵，疲於應付，陷入困境。針對不同的情況，採用不同的方式方法，是克敵致勝的法寶。趙括身為趙軍統帥，熟讀兵書，卻不知通權達變，只會紙上談兵，結果葬送了趙國四十萬大軍。從這點來說，人之無知，尚不如貑。本篇告訴我們，生搬硬套書本知識往往誤事，只有開啟腦筋，善於用智，靈活應對，才是解決實際問題的方法。

二九　玄豹❶

石羊先生謂郁離子曰：「嗚呼，世有欲蓋而彰，欲抑而揚，欲揜❷其明而播❸其聲者，不亦異乎？」

郁離子喟然❹嘆曰：「子不見夫南山❺之玄豹乎？其始也黯黯❻耳，人莫之知也。霧雨七日不下食，以澤其毛而成其文❼。文成矣，而復欲隱，何其蚩❽也！是故縣黎之玉❾，處頑石❿之中，而潛于幽谷⓫之底，其壽可以與天地俱也；無故而舒其光，使人矚而駭之，於是乎椎鑿來而扃鐍⓬發矣。桂樹之輪囷⓭詰樛⓮，與栲櫪⓯奚異，而斧斤尋之，不憚⓰阻遠者，何也？以其香之達也。故曰『欲人之不見，莫若昒⓱其明；欲人之不知，莫若瘖⓲其聲』。是故鸜鵒縶于能言⓳，蜩蠠獲于善鳴⓴；樗㉑以惡㉒而免割，甊㉓以苦而不烹。何不翳子之燁燁㉔，而返子之冥冥乎㉕？」

石羊先生悵然久之，曰：「惜乎！予聞之晚也。」

【注釋】❶玄豹　黑豹。玄，黑。❷揜　遮蔽。❸播　傳揚。❹喟然　歎息貌。❺南山　指終南山。在陝西西安南，為隱逸者居住之地。❻黯黯　淺黑色。❼霧雨二句　謂玄豹隱於霧雨之中，七日不吃食物，使其毛色光潤並形成花紋。語本《列女傳・陶答子妻》「南山有玄豹，霧雨七日而不下食者，何也？欲以澤其毛而成文章也，故藏而遠害」。文，同「紋」。❽蚩　癡貌。❾縣黎之玉　「縣黎」猶「懸黎」，美玉名。《戰國策・秦策三・范子因王稽入秦》：「臣聞周有砥厄，宋有結綠，梁有懸黎，楚有和璞，此四寶者，工之所失也，而為天下名器。」❿頑石　未經斧鑿的石塊。⓫幽谷　深谷。⓬扃鐍　門閂鎖鑰之類。扃，從外關閉門戶的門閂。鐍，箱子上安鎖的環狀物。借指鎖。⓭輪囷　盤曲貌。⓮詰樛　同「結樛」。糾繞在一起的樣子。⓯栲櫪　一種高大的常綠喬木，木材可供建築及製作器具。⓰不憚　不怕。⓱昒　昏昧；昏暗。⓲瘖　同「喑」。啞。⓳縶于能言　因能學人說話而被縶。縶，拴。⓴蜩蟗句　蟬因善於鳴叫而被捕獲。蜩蟗，蟬的別稱。㉑樗　木名，亦稱「臭椿」。㉒惡　指氣味不佳。㉓瓠　即王瓜，一名土瓜。葫蘆科草本植物。㉔翳子句　掩蓋你的光芒。翳，遮掩。燁燁，光耀貌。㉕返子句　返回到你的暗昧狀態。冥冥，昏暗。

【語　譯】石羊先生對郁離子說：「唉，世上竟有這樣的事：想掩蓋反而更加顯現，想抑制反而更加張揚，想遮蔽反而聲名遠播，這難道不是很奇怪的嗎？」

郁離子感歎地說：「你沒有看見終南山上的玄豹嗎？牠剛生下來的時候是淺黑色的，人們都不知道牠是豹子。霧雨天裡牠七天不吃東西，為的是潤澤牠的皮毛而生出黑色的斑紋。

斑紋生出來後，又想隱蔽起來，多麼愚蠢啊！所以，懸黎美玉埋在未經開鑿的石塊中，隱藏在幽深的山谷底下，它的壽命可與天地共長。而一旦無故放射出光芒，使人們見到它深感驚駭。於是，就有人把它開鑿出來並加鎖藏。桂樹枝幹盤曲纏結，與栲櫪的外形沒有什麼區別，但人們帶著利斧一路尋找，不怕路途阻隔山高水遠，為的是什麼呢？因為它的香味能夠傳播得很遠。因此『要想人家看不見，最好掩隱你的光芒；要想人家不知道，最好不要發出聲響』。所以，鸚鵡因能學人說話而被拘縶，蟬兒因善於鳴叫而被捕捉，而椿樹卻因氣味惡臭免遭砍伐，土瓜因味道苦澀不被人們煮食。為什麼不遮蔽你那耀眼的光芒，返回到往日的暗昧狀態呢？」

石羊先生惆悵了好一陣子，說道：「可惜啊，我聽到你這番話為時太晚了！」

【研　析】「嶢嶢者易折，皎皎者易污」，「木秀於林，風必摧之；行高於人，人必非之」，一個人特立獨行，鋒芒畢露，就會遭到周圍小人的嫉妒，甚至引來無端災禍。屈原「舉世皆濁我獨醒」，遭讒放逐，自沉汨羅；楊修賣弄小聰明，引起曹操嫉恨，招致殺身之禍……歷史上的例子不勝枚舉。本文以玄豹在霧雨中生成斑紋而不能復隱，以及懸黎之玉遭椎鑿、香桂之樹被砍伐、鸚鵡能言被縶、蜩蟲善鳴遭捕等一連串形象的比喻，說明生逢亂世，揚名播聲只能成為眾矢之的，帶來無窮禍患。文章又以樗樹、土瓜因氣味難聞味道苦澀而免遭割伐和烹食為例，說明「昒其明」，「瘖其聲」，隱居避世，不求聞達，才是遠害全身的處世良方。作者無疑受到莊子「無為」思想的影響，與積極入世的儒家學說相違背。但我們也應看到，在元末特定的歷史背景之下，這也是當時知識分子明哲保身的一種明智對策。

三〇　蟻垤❶

南山之隈❷有大木❸，群蟻萃焉❹。穿其中而積土其外，於是木朽而蟻日蕃❺，則分處其南北之柯❻。蟻之垤，瘯如❼也。

一日，野火至，其處南者走❽而北，處北者走而南，不能走者漸而遷于火所未至，已而俱爇❾無遺者。

【注釋】❶蟻垤　螞蟻做窩時堆積在穴外的小土堆。❷隈　山水彎曲隱蔽處。❸大木　大樹。❹萃焉　聚集在這裡。❺蕃　繁殖；生息。引申為增多。❻柯　樹木的枝幹。❼瘯如　叢集貌。瘯，同「蔟」。❽走　逃；跑。❾爇　點燃；焚燒。

【語譯】南山的山坳裡有一棵大樹，成群的螞蟻聚集在那裡。牠們鑽空了樹心，把做窩時挖出的土堆在巢穴的外面。於是，大樹逐漸腐朽而螞蟻日漸增多。螞蟻多了，就分住在大樹南北兩個枝幹中。蟻穴外的土堆一蔟一蔟的，分布在樹的周圍。

一天，野火燒來，住在南面枝幹上的螞蟻向北面逃跑，住在北面枝幹上的螞蟻向南面逃跑，不能逃的就遷移到野火暫時還沒有燒到的地方。最後，這群螞蟻全都被燒死了，沒有一隻存活下來。

【研　析】表面的繁盛之下往往潛伏著深層的危機。元朝的統治，就像是一棵內心被蛀空的大樹，腐朽乾枯，一旦野火燒來，頃刻之間，就會化為烏有。而附著在這棵樹上的螞蟻，也隨著這棵大樹的消亡而靡有遺者。本文以大樹比喻元王朝，以群蟻比喻依附於其上的權貴勢要，以野火比喻方興未艾的反元力量，可謂寓意深刻。

三一　賄❶亡

東南之美，有荊山❷之麝臍❸焉。荊人❹有逐麝者，麝急，則抉❺其臍投諸莽❻，逐者趨焉，麝因得以逸❼。令尹子文❽聞之，曰：「是獸也，而人有弗如之者，以賄亡其身以及其家，何其知❾之不如麝耶！」

【注　釋】❶賄　財物。此指貪圖錢財。❷荊山　在今湖北南漳西部，為漳水發源地。❸麝臍　借指麝香。雄麝的臍為麝香腺所在，因稱。麝，哺乳動物，形狀像鹿而小。能分泌麝香。通稱香獐子。❹荊人　楚人；

南人。荊為古代楚國的別稱。❺抉　剔取；剜出。❻莽　草叢。❼逸　逃脫。❽令尹子文　即鬬穀於菟，春秋時楚鬬伯比子，字子文。事成王為令尹。令尹，古官名，位同宰相。❾知　通「智」。

【語　譯】東南一帶最珍稀的東西是荊山出產的麝香。楚地的人捕麝，麝被追得危急時，就抉出肚臍裡的麝香，投棄在草叢中。捕鹿的人忙著尋找麝香，麝因此得以逃脫。

楚國的令尹子文聽說這件事後說：「這種野獸啊，連人都有不如牠的地方。世上總有那麼一些人，因為貪圖錢財而喪了性命並且牽連到家人，為什麼他們的智力還不如麝呢！」

【研　析】人最寶貴的東西是生命，因為生命只能得到一次，而金銀珠寶、萬貫錢財，都是身外之物，隨著人肉體的消失，這些財物也就失去了意義。但人們往往看不到這一點，奔走角逐於名利場中、黃白之間，並由此上演了一幕幕「人為財死，鳥為食亡」的悲劇。比如歷史上的和珅，弄權黷貨，拚命地斂聚錢財，但到頭來落得個籍沒家產下獄賜死的可悲下場。本文以麝在緊迫情況下抉棄麝香得以逃逸設喻，諷刺了那些貪財好貨，「以賄亡其身以及其家」的人。告誡世人，要自覺抵禦外界物欲的誘惑，珍愛生命，珍愛人生。

三二　惜鸛❶智

子游❷為武城宰❸。郭門❹之垤❺，有鸛遷其巢於墓門之表❻。墓門之老以告，曰：「鸛，知天將雨之鳥也❼，而驟遷其巢，邑其❽大水乎！」子游曰：「諾。」命邑人悉具舟❾以俟❿。居數日，水果大至。郭門之垤沒而雨不止，水且及于墓門之表，鸛之巢翹翹然⓫，徘徊長唳⓬，莫知其所處也。

子游曰：「悲哉！是亦有知⓭矣，惜乎其未遠也。」

【注釋】❶鸛　一種外形似鶴的長嘴鳥，生活在有水的地方。❷子游　孔子弟子，姓言，名偃，字子游。❸武城宰　武城的地方長官。武城，又名南武城，春秋魯地，故址在今山東費縣西南。宰，古代官吏的通稱。❹郭門　外城。❺垤　小土堆；小土山。❻墓門之表　墓門，墓道之門。表，即墓碑。❼鸛知二句　典本《文選》李善注引〈韓詩薛君章句〉：「天將雨而蟻出壅土，鸛鳥見之，長鳴而喜。」❽其　大概；或許。❾具舟　準備船隻。❿俟　等待。⓫翹翹然　危險貌。《詩經・豳風・鴟鴞》：「予室翹翹，風雨所漂搖。」⓬長唳　長鳴。唳，鳥類高亢地鳴叫。⓭知　同「智」。

【語譯】子游當武城邑長官的時候，外城小土坡上的鸛鳥把牠的巢遷移到了墓園的墓碑上。看守墓門的老人向子游稟報說：「鸛鳥是能夠預先知道天將要下雨的鳥，現在突然遷移牠的巢穴，或許武城要遭遇大水了。」

子游說：「是啊。」於是下令全城的居民都準備好船隻以防萬一。過了幾天，洪水果然來了。外城的小土坡被水淹沒，而雨仍然下個不停，眼看就要淹沒墓門前的石碑了，鸛鳥的巢穴岌岌可危，鸛鳥在巢邊上徘徊哀鳴，不知該把巢遷到何處去。

子游感歎地說：「可悲啊！鸛鳥也算是聰明的了，可惜牠的眼光還不夠長遠。」

【研析】鸛鳥預感到將有大雨降臨，把巢穴遷移到了墓碑的高處，但牠的失誤在於目光還不夠長遠。待到洪水暴漲，墓碑上的巢穴岌岌可危時，鸛鳥只能徘徊哀鳴，一籌莫展。

「人無遠慮，必有近憂」。這則寓言告訴我們：敷衍塞責，僅僅靠小聰明是遠遠不夠的。只有站得高，才能看得遠；只有未雨綢繆，預作安排，才能防患於未然。

寓言借鸛喻人，感歎那些像鸛鳥一樣看似聰明但智慮未遠的人，最後以一個「惜」字收束，浸潤了作者深深的惋惜之情。

三三　子僑包藏禍心

西郭子僑與公孫詭隨、涉虛❶，俱為微行❷。昏夜踰❸其鄰人之垣❹，鄰人惡之，坎❺其往來之涂❻而置溷❼焉。一夕又往，子僑先墮于溷，弗言，而招詭隨；詭隨從之墮，欲呼，子僑掩其口曰：「勿言。」俄而涉虛至，亦墮。子僑乃言曰：「我欲其無相咥❽也。」

君子謂西郭子僑非人也。己則不慎，自取污辱，而包藏禍心，以陷其友，其不仁甚矣！

【注　釋】❶西郭子僑句　西郭子僑、公孫詭隨、涉虛，皆虛構人物。❷微行　隱匿身分，便服出行。❸踰　同「逾」。翻越。❹垣　牆。❺坎　掘坑。❻涂　同「途」。道路。❼溷　污物；糞便。❽啞　笑；譏笑。

【語　譯】西郭子僑、公孫詭隨、涉虛三人一起暗中出行，黑夜裡總是從鄰居的牆上翻越而過，鄰居十分討厭他們，就在他們往來的路上挖了個坑，裡面放上糞便污物。一天夜裡，他們又從那裡經過。西郭子僑先跌到糞坑裡，他一聲不吭，反而催促公孫詭隨趕快過來。公孫詭隨跟著跌到糞坑裡，正要喊叫，西郭子僑一把捂住他的嘴說：「不要作聲。」不一會兒，涉虛趕到，也跌到糞坑裡，西郭子僑這才開口說：「我這樣做是為了不讓大家互相譏笑。」

君子談論起這件事說：西郭子僑也太沒有人品了，自己不小心跌到糞坑裡，那是自取污辱。但他卻包藏禍心去陷害自己的朋友，真是不仁義到了極點！

【研　析】朋友之道，貴在真誠，互相愛護，互相幫助，風雨同舟，生死與共。西郭子僑則不然，自己不小心跌到糞坑裡，不但不及時提醒朋友，反而誘使朋友也跌入糞坑，還煞有介事地辯解說，這樣做是為了「無相啞也」。這雖然是一件小事，還有那麼幾分好笑，但在笑過之後，會啟發人去思考，什麼樣的朋友才是真正的朋友。一個平時就心懷歹念、想法齷齪的人，在關鍵時刻，能夠挺身而出，拔刀相助嗎？能保證他不包藏禍心，落石下井嗎？這樣的人能引以為友嗎？

寓言以小喻大，對那些品格卑下的所謂「朋友」進行了辛辣的諷刺和鞭撻。

三四　救虎

蒼筤之山❶，溪水合流入于江，有道士築❷于其上以事佛，甚謹❸。一夕，山水大出，漂室廬❹塞溪而下，人騎木乘屋號呼求救者，聲相連也。道士具❺大舟，躬蓑笠❻，立水滸❼，督善水者繩以俟❽。人至，即投木索引之，所存活甚眾。

平旦❾，有獸身沒波濤中而浮其首，左右盼若求救者。道士曰：「是亦有生❿，必速救之。」舟者應言往，以木接上之，乃虎也。始則矇矇然⓫，坐而舐⓬其毛；比及⓭岸，則瞠目⓮眂⓯道士，躍而攫⓰之仆地。舟人奔救，道士得不死而重傷焉。

郁離子曰：「哀哉！是亦道士之過也。知其非人而救之，非道士之過乎？雖然，孔子曰『觀過，斯知仁矣⑰』，道士有焉。」

【注釋】❶蒼筤之山　意謂長滿青竹的山，是作者假託的山名。蒼筤，竹初生時的顏色，又指青竹。❷築　建造房屋。❸甚謹　謂事奉佛祖恭謹虔誠。❹室廬　房屋。❺具　準備。❻躬蓑笠　身披蓑衣，頭戴斗笠。躬，親自。❼水滸　水邊。❽繩以俟　拿著繩子等待。俟，等待。❾平旦　天剛亮時。❿有生　有生命之物。⓫矇矇然　糊塗不明貌。⓬舐　舔。⓭比及　等到。⓮瞠目　瞪大眼睛。⓯眂　視。⓰攫　抓取。⓱觀過二句　考察一個人所犯的過錯，就能夠知道他是個什麼樣的人。見《論語・里仁》。仁，同「人」。

【語譯】蒼筤山的溪水匯合在一起流入江中。有一個道士在山上修建房屋，奉佛修行，十分恭謹虔誠。一天晚上，山洪暴發，沖下的房屋塞滿水面，順溪而下。人們有的爬到樹上，有的登上屋頂，呼喊求救，響聲一片。道士準備了一條大船，親自披上蓑衣，頭戴斗笠，站在水岸邊，督促會游泳的人拿著繩索等候，看見有人被洪水沖下來，就將木板、繩索扔給他們，就這樣，救上來很多人。

第二天天亮的時候，發現有一隻野獸，身體淹沒在波濤中，僅僅露出頭部，左顧右盼，像是在尋求救助。道士說：「這也是一條生命啊，一定要趕快把牠救上來。」船上的人應聲前往，用木頭把牠搭救上船，原來是一隻老虎。起初老虎兩眼迷迷糊糊的，只顧坐在地上舔牠身上的毛。等到上了岸，瞪著兩隻眼睛看著道士；接著一躍而起，把道士撲倒在地。船上的人見此情形，趕緊奔上前去相救，道士才免於一死，但已受了重傷。

郁離子說：「可悲啊！這也就是道士的過錯了。明明知道牠不是人，卻偏要去救牠，難道不是道士的過錯嗎？但儘管如此，孔子說，『考察一個人所犯的過錯，就能夠知道他屬於哪一類的人』，由此看來，道士是有仁愛之心的。」

【研　析】嗜血噬人是虎的本性，道士忽略了這一點，對落入洪流的老虎動了憐憫之心，老虎得救了，自己卻陷入了危險之中。寓言告訴我們：對邪惡之徒講仁慈，結果往往被惡人所害，善良的人們應當切記！

本篇寫法頗為精到。寫洪水暴發的情形，「漂室廬塞溪而下，人騎木乘屋」，呼喊之聲相連，真是繪聲繪色，使人有如臨其境，如聞其聲之感。寫道士，寥寥數筆，形象凸現。如寫他「事佛，甚謹」，交代了虔誠的信仰；寫救虎時說，「是亦有生，必速救之」，表現了他的慈悲心懷；以孔子語「觀過，斯知仁矣」作結，進一步點明了他的性格特徵。而對老虎的描寫也十分傳神，栩栩如生。你看，先寫落入洪波中的老虎，浮其首左右顧盼，一副可憐兮兮的樣子；繼寫老虎被救上船，「始則矇矇然，坐而舐其毛」，尚有幾分可愛相；再寫老虎上岸後，恢復了體力，「則瞠目眡道士，躍而攫之仆地」，終於凶相畢露，現出了本來面目。

從思想內容方面來看，本篇與希臘寓言〈農夫與蛇〉有異曲同工之妙，與明代馬中錫的〈中山狼傳〉又如出一轍。或許，〈中山狼傳〉的創作正是在本篇的啟發下完成的。

三五 采藥

豢龍先生❶采藥于山，有老父坐石上，揖❷之不起，豢龍先生拱而立❸。頃之，老父仰而噓，俯而凝其神，玉如❹也。頷❺而笑曰：「子欲采藥乎？余亦采藥者也。今子雖采藥而未知藥也，知藥莫若我。」豢龍先生跪曰：「願受教。」老父曰：「坐！吾語子。中黃之山❻有藥焉，龍鱗而鳳葩❼，玉質而金英❽，宵納月彩❾，晨晞日精❿，宅厚坤以為家⓫，渫沆瀣之流縈⓬。其味不苦不酸，其性不熱不寒，淡如也，淳如也⓭，其名曰芝。得而服之，壽考以康⓮，百病不生，皞皞熙熙⓯，躋⓰于泰寧⓱，而五百年一遇之。太行之山⓲有草焉，丹荑⓳而紫蕤⓴，根如伏龍，葉如翠翹㉑，蔥蔥萋萋㉒，蔚茂以齊㉓，其名曰參。得而服之，老者耇㉔，少者壽，病者已㉕，尪者㉖起，而三百年一遇之。南條之山㉗有草焉，性溫而和，味芳以辛[28]，馥馥芬芬[29]，香氣襲人，其名曰朮[30]。得而服之，養精益神，救死扶生，去疾除根，瘴癘[31]莫干[32]，寢興[33]以安，而百年一遇之。岣嶁之山[34]有木焉，碧幹而瓊枝[35]，綠葉菁菁[36]，上拂穹青[37]，下臨層崖，霜雪灑之而不凝[38]，赤日過之而不炎，其馨菲菲[39]，其味如飴[40]，鬼魅畏之，避不敢窺，其名曰桂。煮而服之，可以袪[41]百邪，消毒淫[42]，扶陽抑陰，斂真歸元[43]。岷山之陰[44]有草焉，葉如翠旄[45]，根如南金[46]，味如人膽，稟性酷烈，不能容物，名曰黃良[47]。煮而服之，推去百惡，破癥解結[48]，無穢不滌，煩痾[49]毒熱[50]，一掃無迹，如司寇[51]之殛[52]殘賊。之二物也，有病乃服，無病者不服也。故有弗用，用必中。陰谷[53]有草，狀如黃精[54]，背陽而生，入口口裂，著肉肉潰，名曰鉤吻[55]。雲夢[56]之隰[57]有草，其狀如葵[58]，葉露滴人，流為瘡痍[59]，刻骨絕筋，名曰斷腸之草。之二草者，但有殺人之能，而無愈疾之功，吾子其慎擇之哉！無[60]求美弗得，而為形似者所誤。」

豢龍先生愀然61而悲，顧求62老人，已不知其所之矣。

【注釋】❶豢龍先生　假託人名。❷揖　拱手行禮。❸拱而立　兩手相合而立，以示敬重。《論語・微子》：「子路拱而立。」❹玉如　像玉一樣。指臉色潤澤有光。❺頷　點頭。❻中黃之山　疑為「中皇之山」，傳說中的山名。《山海經・西山經》：「又西三百里，曰中皇之山，其上多黃金，其下多蕙、棠。」❼鳳葩　像鳳凰一樣的花形。葩，花。❽金英　金屬的精華。❾宵納句　夜晚接納月亮的清輝。❿晨晞日精　早晨吸取太陽的精華。晞，曬。三國魏嵇康〈琴賦〉：「夕納景於虞淵兮，旦晞幹於九陽。」⓫宅厚坤句　謂以深厚的大地為家。宅，用作動詞。居住。坤，地。⓬澡沆瀣句　沐浴夜晚花間的露水。澡，沐浴。沆瀣，夜間的水氣、露水。榮，草木的花。⓭淡如二句　謂味淡而淳厚。如，猶「然」。⓮壽考以康　健康長壽。壽考，年高；長壽。⓯皞皞熙熙　心情舒暢、神態愉悅貌。⓰躋　達到。⓱泰寧　太平安寧。⓲太行之山　即太行山，在河南、山西兩省之間。⓳丹荑　紅色的嫩芽。荑，芽。⓴紫蕤　紫色的花朵。蕤，花下垂貌。㉑翠翹　翠色的長羽。翹，鳥尾羽毛。㉒葱葱萋萋　草木青翠繁茂貌。㉓蔚茂以齊　茂盛整齊。㉔耇　長壽。㉕已　止。指痊癒。㉖尫者　病重殘疾的人。㉗南條之山　即南條山脈，或稱南條荊山，綿亙於四川、陝西、湖南、江西諸省境內。主要山脈有岷山、巴山、衡山、廬山等。見《尚書・禹貢》。㉘辛　辣味。㉙馥馥芬芬　氣味芬芳濃烈。㉚朮　多年生草本。有白朮、蒼朮數種，根莖可入藥。㉛瘴癘　因感受瘴氣而生的疾病。亦泛指惡性瘧疾等病。㉜干　侵犯。㉝寢興　猶起臥。寢，睡覺。興，起床。㉞岣嶁之山　即衡山，因主峰岣嶁峰而名。在湖南衡陽北。㉟瓊枝　像玉一樣的枝幹。㊱菁菁　草木茂盛貌。㊲穹青　指青天。㊳不凝　不凍結。㊴菲菲　香氣濃烈。㊵飴　糖。㊶袪　消除。㊷毒淫　謂瘴氣浸淫。漢馬援〈武溪深行〉：「嗟哉武溪多毒淫。」㊸斂真歸元　謂聚斂歸存人體的精氣。真、元俱指人的精氣。

㊹岷山之陰　岷山的北面。岷山，在今四川、甘肅邊境。㊺翠毦　翠色的矟（矛頭）上的垂毛。毦，通「旄」。古代槊竿或旗竿頂上的毛飾。㊻南金　南方出產的銅。《詩・魯頌・泮水》：「元龜象齒，大賂南金。」毛傳：「南謂荊、揚也。」孔穎達疏：「金即銅也。」㊼黃良　即大黃。多年生草本，根莖可入藥。有攻積消滯，瀉火解毒之功效。㊽破癥解結　中醫認為人體氣血不暢，瘀結成疾。破解瘀結，使人氣脈通暢，即能祛病。㊾煩痾　擾人的疾病。㊿毒熱　毒氣熱疾。(51)司寇　主管刑獄的官員。(52)殛　誅殺。(53)陰谷　山的北面。(54)黃精　多年生草本，根莖可入藥，有補氣潤肺之功效。(55)鉤吻　又稱斷腸草、野葛、黃藤。有劇毒，可致人死命。中醫入藥。(56)雲夢　古大澤名。其範圍包括今洞庭湖在內。(57)隰　低濕的地方。(58)葵　即冬葵，古代常食用的一種蔬菜。(59)瘡痍　創傷。(60)無　通「勿」。(61)愀然　容色改變貌。(62)顧求　回頭尋找。

【語　譯】豢龍先生在山上採藥，見一位老人坐在石頭上，向他拱手行禮他也不起身，豢龍先生便兩手相合恭敬地站在一旁。過了一會兒，老人仰天長歎了一聲，又低下頭來凝神不動，面色潤澤，像玉一般。老人點頭笑著說：「你是想採藥嗎？我也是採藥的人呀。今天你雖採藥但卻並不認識藥，對藥草的了解你是不如我的。」豢龍先生跪拜說：「我願意接受您的指教。」老人說：「坐下來，我告訴你：中黃山上有一種藥草，像龍的鱗片，像鳳凰一樣的花形，有玉一般的質地，有金屬一般的光澤，夜裡接納月亮的清輝，早晨吸取太陽的精華。以深厚的大地為家，沐浴著夜晚花間的露水。它的味道不苦也不酸，它的藥性不熱也不寒，味淡而淳厚，它的名字叫靈芝。得到並服用它，就能健康長壽，百病不生，怡然自得，太平安寧。但這種草要五百年才能遇見一次。太行山上有一種草，紅色的嫩芽，紫色的花朵，根像臥龍，葉像鳥尾翠綠的羽毛，鬱鬱蔥蔥，茂盛整齊，它的名字叫參。得到並服用它，年老的人得以延年，年少的人得以長壽，患病的人可以袪病，病重殘疾的人能夠站立起來，但要三百年才能遇見一次。南條山上有一種草，藥性溫和，氣味芬芳而辛辣，馨香濃郁，沁人心脾，它的名字叫朮。得到並服用它，可以養精益神，救死扶生，去病除根，邪氣瘟疫不能染身，起臥平安，但要一百年才能遇見一次。岣嶁山上有一種樹，碧綠的樹幹，美玉般的枝條，綠葉蔥蘢茂盛。它上拂青天，下臨層崖，霜雪灑落在上面不凝凍，烈日曝曬也不枯萎。它的氣味芬芳，甘甜如飴。山裡的鬼魅都怕它，躲避而不敢窺視，它的名字叫桂樹。用來煎服，可以醫治各種病邪，清除瘴氣的浸淫，扶陽抑陰，聚斂人體的精氣。岷山的北面有一種草，葉子像矛頭上翠綠色的垂毛，根像南方出產的銅，味道像人的膽汁，藥性強烈，不能容物，名字叫黃良。煮後服用，能去除各種惡疾，破瘀解結，沒有不能滌清的污穢，任憑什麼麻煩的毒症熱疾，都能一掃無遺，不留痕跡，就如同司寇誅殺盜賊一般。這兩種藥草，有病才能服用，沒有病的人是不能服用的。所以，要麼不用；要用，就一定要對症施治。北面的山谷裡長著一種草，形狀像黃精，在背著太陽的地方生長。放入嘴中，嘴就開裂；沾著肌肉，肌肉就腐爛，名字叫鉤吻。雲夢澤低濕的地方有一種草，樣子像葵，葉子上的露水滴在人的身上，就會形成創傷，能把人的筋骨都腐蝕掉，名字叫斷魂草。這兩種藥草，只有致人死命的功能，而沒有治癒疾病的效用，你一定要謹慎地選擇啊！不要尋求美好的東西未得到，反而被那些形狀相似的東西所貽誤啊！」

聽了這番話，豢龍先生變得神情沮喪而悲傷，回過頭來再想向老人求教時，老人已不知了去向。

【研析】採藥看似容易，其實不然。採藥人必須對藥材的形狀、顏色、氣味、性能以及產地、生長情況等有全面的了解，做到爛熟於胸，有備而來，才能採到需要的藥材。本篇以採藥為喻，說明對事物的認識，不能停留在表面上，而應通過仔細觀察，分辨真偽異同，掌握本質特徵，這樣才能不「為形似者所誤」。

對人才的認識又何嘗不是這樣呢？有的人大智若愚，有的人大奸若忠，有的人外拙內秀，有的人華而不實。聽言信貌，不作深入細緻的了解與考察，就會被那些口是心非、表裡不一的人所蒙蔽；同時，也會錯失那些不善言詞但卻有真才實學的人才。從這點來說，選才與採藥，道理是一樣的。

本文具有賦體散文的特點，多用對偶、排比句式，層層鋪敘，顯得整飭而有條理。

三六　梓棘❶

梓謂棘曰：「爾何為乎修修❷而不揚，橚橚❸而無所容，幽樛❹於灌莽❺之中，翳❻朽籜❼而不見太陽，不已痗❽乎？吾幹竦穹崖❾，梢拂九陽❿，根入九陰⓫，日月過而留其暉，風雨會⓬而流其滋⓭。鵷鶵⓮翠鸞⓯，朝夕和鳴。暖靄⑯晴嵐⑰，山蒸澤烘⑱，結為祥雲⑲。五色⑳備象，八音㉑成聲，絢為文章㉒。抱日浮光，蔚兮若濯錦出蜀江㉓，粲兮若春葩曜都房㉔。是以匠石㉕見而愛之，期以為明堂㉖之棟梁。」

言既，棘倚風而嘯，振條而吟，曰：「美矣哉！吾聞之：冶容色者侮之招㉗，麗服飾者盜之招，多才能者忌之招。今子之美，冠群超倫㉘，名彰于時，泰運㉙未開，構廈無人，吾憂子之不得為明堂之棟梁，而翦為黃腸㉚，與腐肉同歸于冥冥之鄉㉛，雖欲見太陽，其可得乎？吾長不盈尋㉜，大不踰㉝指，扶疏㉞屈律㉟，不文不理㊱，天不畀㊲之以材，而賜之以刺，使人不敢樵㊳，禽不敢萃㊴。故雖無子之美，而亦無子之憂，則吾之所得多矣，吾又安所求哉？」

【注釋】❶梓棘　梓，一種落葉喬木，木質優良，可供建築及製作家具、樂器用。棘，即酸棗樹。又泛指有芒刺的灌木。❷修修　修長美好貌。❸橚橚　草木茂盛貌。❹幽樛　暗中纏結。樛，絞結；盤纏。❺灌莽　叢生的草木。❻翳　遮蔽。❼朽籜　腐爛的竹皮。籜，包在新竹外面的皮，即竹筍皮。❽痗　病；憂傷。⑨幹竦穹崖　樹木高聳於險峻的山崖。幹，樹幹。竦，聳立。穹，高大。⑩九陽　即太陽。指天的極高處。⑪九陰　指地的幽深處。⑫會　聚合。⑬滋　汁液。⑭鵷鶵　傳說中與鳳凰同類的鳥。《莊子·秋水》：「夫鵷鶵，發於南海而飛於北海，非梧桐不止，非練實不食，非醴泉不飲。」⑮翠鸞　翠色的鸞鳥。鸞，傳說中鳳凰一類的鳥。⑯靄　雲氣。⑰嵐　山林中的霧氣。⑱山蒸澤烘　山林和沼澤蒸發的水氣。烘，指太陽烘曬。⑲祥雲　祥瑞的雲彩。⑳五色　青、赤、白、黑、黃五種顏色。舊謂天瑞有五色雲。㉑八音　古代稱金、石、絲、竹、匏、土、革、木八種器樂。引申為樂器的統稱。㉒絢為文章　謂絢麗多彩。絢，多彩貌。文章，即文彩。㉓蔚兮句　蔚，華美。濯，漂洗。蜀江，指流經四川成都的錦江。相傳古代有名的蜀錦都在蜀江漂洗。㉔粲兮句　粲，燦爛。葩，花朵。曜，照耀。都房，大花房。宋玉〈九辯〉：「竊悲夫蕙華之曾敷兮，紛旖旎乎都房。」劉良注：「都，大也。房，花房也。」㉕匠石　古代有名的工匠。亦泛指能工巧匠。典出《莊子·徐无鬼》「郢人堊慢其鼻端，若蠅翼，使匠石斲之。匠石運斤成風，聽而斲之，盡堊而鼻不傷，郢人立不失容」。㉖明堂　古代帝王宣明政教的地方。㉗冶容色句　冶，過分修飾。容色，容貌姿色。招，招致。㉘超倫　超出同類。㉙泰運　大運；天運。㉚黃腸　稱柏木。柏木心黃，故稱。漢代帝王陵寢槨室四周多用柏木堆壘成框形結構。㉛冥冥之鄉　昏暗幽深處。指九泉之下。㉜盈尋　滿八尺。古代一尋為八尺。㉝踰　通「逾」。超過。㉞扶疎　枝葉繁茂紛披貌。㉟屈律　彎曲不展貌。㊱不文不理　不成紋理。㊲畀　給予。㊳樵　打柴。㊴萃　聚集。

【語　譯】梓樹對酸棗樹說：「你為什麼長得修長卻不揚拂你的枝條，枝葉茂盛卻沒有容身之地，纏結盤繞在幽暗的灌木叢中，在腐爛竹筍皮的遮蔽下不見陽光，這樣不是要生出病來嗎？你看我，樹幹挺拔聳立於高山懸崖之上，枝梢拂動天邊的太陽，根系扎在大地的深處，日月經過時留下它們的光輝，風雨交會時得到它們的滋潤。鵷雛和翠色的鸞鳥，朝夕為我和諧地鳴叫。晴日裡溫暖的雲霧，以及山上和湖沼中蒸發出的水氣，生成祥瑞的雲彩，五色繽紛，萬象畢具。各種器樂彙成悅耳動聽的聲音，一片絢麗多彩的景象。當我擁抱著太陽而顯現光輝時，華美豔麗，就像蜀江中漂洗過的錦緞；燦爛輝煌，如同花房裡光彩奪目的春葩。所以，能工巧匠見到我都非常喜愛，希望用我來做殿堂裡的棟梁。」

話音剛落，酸棗樹乘風呼嘯，振動枝條沉吟道：「真是太美了！我聽說，過分修飾容貌的人會招致侮辱，穿著華麗的人會引來盜竊，多才多藝的人會遭人嫉妒。如今你美麗超群，出類拔萃，無人能比，名聲顯揚於時。但是眼下時運不濟，沒有人來建造大廈，因此我擔憂你做不了明堂上的棟梁，反而會被截為墳室裡的棺木，與腐爛的屍體同歸於幽冥的地下，縱然想見到太陽的光輝，難道可能嗎？我雖然高不滿八尺，粗不到一指，枝條散亂，彎曲不展，沒有紋理，蒼天不讓我成材，反而給了我滿身的刺，使人不敢把我當作柴禾砍伐，鳥兒也不敢在我的身上聚集棲息。所以，我雖然沒有你那樣的美麗，可是也沒有你那樣的憂愁。這樣說來，我得到的已經夠多的了，我又怎敢有什麼奢求呢？」

【研　析】本文以擬人的手法，借用梓與棘兩棵樹的對話，表達了作者「期以為明堂之棟梁」而不得實現的憤慨，對元末社會的腐朽與黑暗進行了辛辣的諷刺。

文章分為兩個部分，前一部分，寫梓樹自我陶醉，沾沾自喜，視己為稀世之材，並對棘樹的處境表示憐憫。後一部分，一句「吾聞之」，轉入文章的主題。作者主要表達了兩層意思：一是「多才能者忌之招」。意在說明，官場傾軋，忌賢妒能，才能往往成為禍端。二是「泰運未開，構廈無人」。這是慨歎時運不濟，世無英主，元王朝已經走向末路。因此，即使是良材，也只能像黃腸木那樣，截為棺木，「與腐肉同歸于冥冥之鄉」。最後，作者以自我解嘲的口吻，訴述自己雖然不成材，但卻沒有被人砍伐的憂患，因此別無所求。表面看來，作者怡然自得，實際上，字裡行間，浸透了無法言喻的失落與痛楚。

本文語言典雅，音節鏗鏘，具有賦體散文的特點。如寫梓樹自我炫耀的一段，文字優美，比喻生動；寫棘樹「倚風而嘯，振條而吟」，寥寥數字，神態畢具，足見作者駕馭文字的功力。

三七 蟄父❶不仕

宋王欲使熊蟄父為司馬❷，熊蟄父辭。宋王謂杞離❸曰：「薄諸乎❹？吾將以為太宰❺。」杞離曰：「臣請試之。」

旦日❻，之熊蟄父氏，不遇，遇其僕于逵❼，為道王之意。其僕曰：「小人不能知也，然嘗聞之：南海之島人食蛇，北游于中國❽，腊❾蛇以為糧。之齊，齊人館❿之厚⓫，客喜，侑⓬主人以文鼪之修⓭，主人吐舌而走。客弗喻⓮，為其薄也，戒⓯皂臣⓰求王虺⓱以致之。今王與大夫無亦猶是與？」

杞離慚而退。

【注　釋】❶蟄父　人名。❷司馬　官名，掌軍旅之事。❸杞離　人名。❹薄諸乎　是嫌職位低嗎？薄，用作動詞，以之為薄。❺太宰　官名，輔佐帝王治理邦國。❻旦日　明日；第二天。❼逵　大路。❽中國指中原地區。❾腊　醃製。❿館　原指招待賓客的住房，引申為招待。⓫厚　優厚。⓬侑　酬報。⓭文鴃之修　風乾的蛇肉。文，謂長滿花紋。鴃，一種有毒的長蛇。修，同「脩」。肉乾。⓮喻　明白。⓯戒命令；派遣。⓰皂臣　奴僕。⓱王虺　王蛇；大蛇。

【語　譯】宋王想讓熊蟄父當司馬，熊蟄父推辭再三。宋王對杞離說：「他是嫌官職太低嗎？我打算任命他為太宰。」杞離說：「請讓我試探一下他的口氣吧。」

第二天，杞離到熊蟄父的府上拜訪，沒有見到他。在回來的路上碰到熊蟄父的僕人，就向熊蟄父的僕人說明了宋王的意思。熊蟄父的僕人說：「我不知道家主的意思，但我曾經聽過這樣的故事：住在南海島上的人喜歡吃蛇，他們北遊中原，帶著風乾的蛇肉作為口糧。到了齊國，齊人招待他們非常豐厚，客人十分高興，就選了一條風乾的花蛇作為禮物酬報主人。主人見蛇，嚇得吐舌而逃。南海的客人不明白是什麼緣故，還以為主人嫌禮物太輕了，就派僕人去找一條大蛇前去致謝。如今宋王和大夫您的做法不也跟南海人的做法一樣嗎？」

杞離聽後，慚愧地回去了。

【研 析】人各有志，不能強求。為了名利地位、高官厚祿，天底下多少人趨之若鶩；但也有人潔身自好，清心寡欲，對官職卻之猶恐不及，熊蟄父就是這樣一位不為權力所動的人。熊蟄父辭謝做官可能有其辭謝的道理，文章未作交代，但宋王的猜測實在太主觀了，作者正是通過這一點，對宋王思想上的迂腐和狹隘進行了諷刺，同時告訴我們，以己之心，度人之腹，難免會南轅北轍，貽人笑柄。

熊蟄父是一個什麼樣的人呢，文章不是通過正面敘述使人認識的，而是通過僕人之口，用南海人食蛇贈物作比喻，曲折地表現出他的秉性，揭示出他高潔的人品。作者行文的高妙之處，正在這似道未道之間。

三八 化鐵之術

郁離子學道于藐❶，乾羅子冥❷授化鐵為金之術，遂往入九折之山❸，得躍冶之鋼❹而鍊之。以左目取火于太陽，右目取水于太陰❺，驅役雷風，收拾鬼神，以集于黃中❻。渾渾肧肧❼，如珠在胎❽；焜焜❾熒熒❿，如日將升。仙人皆仰之矣，山鬼窺而栗⓫焉，嘯其徒謀之曰：「有怪，女⓬知之乎？若不早圖而待其成，悔無及矣。」乃使猱⓭與魒⓮撓之，百端⓯不能破。乃群號而訴諸帝⑯曰：「天生物而賦之形與性，壽、夭、貴、賤⑰，司命⑱掌之，弗可移也，夫是謂之天常⑲。今彼將以智奪之，以竊天權，弗可假⑳也。」帝怒，命方伯㉑宵鼓之以⿰犭龍鞟之鞴㉒，鐵躍弗可止，遂不能成金。

【注釋】❶藐　疑指藐姑射之山，神話中的山名。《莊子・逍遙遊》：「藐姑射之山有神人居焉，肌膚若冰雪，綽約若處子。」❷乾羅子冥　仙人名。❸九折之山　疑指四川的邛崍山，山有九折坂。據《華陽國志》，九折坂「岩阻迴曲，九折乃至」。又，浙江天台東北有九折峰。❹躍冶之鋼　即躍冶之金，謂能鍛造出優良器械的好鋼。躍冶，《莊子・大宗師》「今之大冶鑄金，金踊躍曰：『我且必為鏌鋣』」。冶，熔爐。❺太陰　指月亮。❻黃中　古代以五色配五方，黃色配土，土居中，故黃為中央正色，稱黃中。這裡指冶爐之中。❼渾渾肧肧　胚胎在母體內發育初期的渾沌景象。肧，「胚」的本字。❽如珠在胎　謂珍珠在蚌體內生長。❾焜焜　光明貌。❿熒熒　微光閃爍貌。⓫栗　戰慄；恐懼。⓬女　通「汝」。你；你們。⓭⿰犭喿　即山臊、山魈。《神異經・西荒經》：「西方深山中有人焉，身長尺餘，袒身捕蝦蟹，性不畏人，見人止宿，暮依其火，以覓蝦蟹。伺人不在，而盜人鹽以食蝦蟹，名曰山臊，其音自叫。」⓮⿰鬼㕣　同「魅」。鬼魅。⓯百端　百般。謂用盡所有辦法。⓰帝　天帝。⓱壽夭貴賤　指長壽、夭折、富貴、貧賤。⓲司命　掌管生命的神。⓳天常　天道。⓴假　寬容。㉑方伯　原指一方諸侯之長，此謂執掌一方之神。㉒⿰犭龍鞟之鞴　狗皮製作的風箱。⿰犭龍，多毛狗。鞟，去毛的皮。鞴，鼓風吹火的皮囊，即風箱。

【語　譯】郁離子在藐姑射山學道，乾羅子冥傳授給了他化鐵成金的法術，於是前往九折山，覓得好鋼進行冶煉。他用左眼從太陽那裡取來火種，又用右眼從月亮那裡取來水，驅使風雷，收拾鬼神，聚於冶爐之中。只見爐中渾渾沌沌，如同蚌體內正在生長的珍珠；明亮閃爍，猶如清晨即將昇起的太陽。仙人們都屏息仰視，而山鬼窺見了則渾身戰慄，呼喊著它的同夥謀劃說：「有妖作怪，你們知道嗎？如果不早作圖謀，等到它冶煉成功，後悔就來不及了。」於是派山魈和鬼魅前去阻撓，但山魈和鬼魅想盡各種方法都奈何他不得，它們只好成群悲號，向天帝訴說道：「蒼天生成萬物並賦予它們各種形狀和習性，長壽、夭折、富貴、貧賤，都是由天神掌握的，不可改變啊，這就叫做天道。現在有人想用智謀奪取它，從而竊得上天的權力，這是無法容忍的！」天帝聽了大怒，命令方伯用狗皮製成的風箱日夜不停地向爐內吹風。熔爐中的鐵水踊躍不止，因此不能凝固成金。

【研　析】郁離子學成了化鐵成金之術，又覓得躍冶之鋼，可以打造干將莫邪，看來，諸事皆備，成功是指日可待的事了。然而，山鬼卻不能容忍，它先是派魈和魅前去阻撓，在阻撓不成的情況下，又向天帝告狀，終使郁離子的希望成為泡影。本篇告訴我們，凡是美好的事物、創造性的變革，都會受到傳統勢力的敵視和破壞。因為這樣做「移天常」、「竊天權」，改變原有的格局，必將影響到統治者的既得利益，這是他們絕對不願意看到的。

文中的天帝是最高統治者的象徵，山鬼及魈、魅則是維護上層統治的奸臣和爪牙。文章在揭露了這些惡勢力的同時，也對良材不能得到合理使用流露出惋惜之情。

三九　石羊先生

石羊先生謂郁離子曰：「子不知予之憂乎？」郁離子曰：「何為其不知也？」曰：「何以知之？」曰：「周人有好姣服❶者，有不足於其心，則忸怩而不置，必易而後慊❷。一日，有所之，袂涅❸而弗知也，揚揚而趨，樂甚。其友半途而指之涅，則惋而嗟。攝而搔之❹，涅去而跡在，其心妯妯然❺，五步而六視，不成行而復❻。

「鄭子陽好其妻。其妻美而頷靨❼，蔽之以翟❽，三年未之見。一夕而褫❾其翟，見焉，則怏然❿不樂，申旦⓫而不寐⓬。其妻雖以翟蔽之，終不好矣。故陰谷⓭之木，生于嵌巖之下，終年不見日月之光而不怨者，不知天之有日月也。

「梧邱⓮之野，人種稻以為食，歲儲舊而待新，新未嘗不敢竭其舊。

旦日之畝⑮，視其禾皆穎而且栗⑯，喜而歸曰：『新可期矣！』則皆發其舊，與其人飽之。舊且盡而新未熟，不勝其觖望⑰，與其子及妻更往而迭視，蹊⑱其畝而禾愈青。是非禾之返青也，望之者切也。

「荊人有走虎而捐其子者⑲，以為虎已食之矣，弗求矣。人有見而告之曰：『爾子在，盍⑳速求之？』弗信。采薪者以歸，子之㉑。他日遇而爭之，其子弗識矣。

「趙王之太子病，召醫緩㉒，醫緩至，曰：『病革㉓矣，非萬金之藥弗可。』問之，曰：『是必得代之赭㉔，荊之玉㉕，岣嶁之沙㉖，禹同青蛉之空曾青㉗，崑崙之紫白英㉘，合浦之珠㉙，蜀之犀㉚，三韓之寶龜㉛，醫無閭㉜之珣、玕、琪㉝，合汞鉛而鍊之。一年而和，二年而成，三年而金粟㉞生，則取而埋諸土中，又三年而服之，斯可以起矣。』淳于公㉟聞而笑之曰：『誠哉，所謂「醫緩㊱」矣！』

「莊子之齊，見餓人而哀之。餓者從而求食，莊子曰：『吾已不食七日矣。』餓者吁㊲曰：『吾見過我者多矣，莫我哀也，哀我者惟夫子。向使㊳夫子不不食，其能哀我乎？』」

豢龍先生謂石羊子曰：「往予溯㊴于江十日，而風恆從西來，及還而沿又十日，而風恆從東來，從者恚㊵而泣。予唏㊶之曰：「天有風主，為予汝乎？何為泣也？」

【注　釋】❶好姣服　喜好漂亮的服裝。姣，美好。❷慊　滿足；愜意。❸袂涅　衣袖被弄髒。涅，原指黑泥，引申為污染、弄髒。❹攝而搔之　攝，拉；拎。搔，抓撓；用手指甲撓刮。❺妯妯然　擾動不安貌。❻復　返回。❼額黶　額頭上的黑痣。❽翟　長尾的野雞。此指翟羽。❾褫　解去；去除。❿怏然　悶悶不樂貌。⓫中旦　猶通宵，自夜達旦。⓬寐　睡覺。⓭陰谷　山北面的山谷。⓮梧邱　即梧丘，當路的高丘。《晏子春秋・雜下三》：「景公畋於梧丘。」吳則虞集釋引《釋名》「當塗曰梧丘」。⓯旦日之畝　旦日，原意為「明日」，此作「有一天」解。之，到。畝，田野。⓰穎而且栗　指禾苗吐穗且將結出顆粒。⓱觖望　不滿；抱怨。⓲蹊　路。指踐踏成路。⓳荊人句　荊人，稱楚人、南人。走虎，逃避老虎。捐，捨棄。⓴盍　何不。㉑子之　以之為子；把他當作兒子。㉒醫緩　春秋時秦國名醫，曾為晉景公醫治膏肓之疾。㉓革　病重；危急。㉔代之赭　代國的紅土。代，古國名，其地在今河北蔚縣。赭，紅土。㉕荊之玉　楚國的美玉。㉖岣嶁之沙　岣嶁山出產的硃砂。沙，指硃砂。岣嶁，衡山七十二峰之一，在湖南衡陽北，為衡山主峰，故衡山又名岣嶁山。㉗禹同句　禹同，或為地名。青蛉，古縣名，漢置，故址在今雲南大姚。空曾青，空青與曾青。空青，孔雀石的一種，隨銅礦生成，可作繪畫顏料，亦可入藥。《本草．空青》集解別錄曰：「銅精熏則生空青。」曾青，礦產名，色青，可作繪畫顏料，道士常用為煉丹的藥品。《南史．陶弘景傳》：「帝給黃金、硃砂、曾青、雄黃等物，後合飛丹，色如霜雪，服之體輕。」㉘紫白英　即白英，一種多年生草本植物。花白帶紫，有清熱解毒之藥效。㉙合浦之珠　合浦，古郡名，故址在今廣西合浦東北，其地海中盛產珍珠。晉葛洪《抱朴子．祛惑》：「凡探明珠，不於合浦之淵，不得驪龍之夜光也。」㉚犀　指犀牛角。可入藥，能清熱解毒。㉛三韓句　三韓，古地名，在今河北南部與河南北部地區。一說為朝鮮南部馬韓、辰韓、弁辰三地的合稱。寶龜，即龜。古人用龜甲占卜吉凶，故稱龜甲為寶龜。龜甲中醫可入藥。㉜醫無閭　即醫巫閭山，在遼寧北鎮西，山中盛產錦州石。㉝珣玗琪　美玉名。《爾雅．釋地九》：「東方之美者，有醫無閭之珣、玗、琪焉。」㉞金粟　指金丹。古代煉金石為丹藥，認為服用可以長生不老。㉟淳于公　人名。淳于，複姓。㊱醫緩　此指療效緩慢，諧秦國名醫醫緩之音，一語雙關。㊲吁　歎氣。㊳向使　假使；假令。㊴溯　逆水而上。㊵恚　怨恨。㊶唏　笑。

【語　譯】石羊先生對郁離子說：「你不知道我的憂慮吧？」郁離子答道：「為什麼說不知道呢？」石羊先生說：「你怎麼會知道？」郁離子回答：「周朝有個人喜歡華美的服飾，倘若穿的衣服不稱心，就覺得很彆扭，橫豎不舒服，必須換了合意的衣服後才滿意。一天，他要到某個地方去，衣袖被弄黑了還不知道，一路上興致很高。他的朋友在半途中看見了，指給他看衣服上的污點。他又是惋惜，又是歎息，拎起衣袖，用手指甲輕輕刮拭，污點是去除了但斑跡還在，心裡老大不舒坦，走五步路要看六下，因此沒有成行便返回了家。

「鄭子陽很喜愛他的妻子。他的妻子長得很美但是額頭上有顆黑痣，她就用野雞的羽毛把黑痣遮蔽起來，鄭子陽跟她在一起生活了三年都沒發現。一天晚上，鄭子陽揭去她額上的羽毛，看見了那顆黑痣，心中很是不快，悶悶不樂，一夜都未睡好覺。從這以後，即便他的妻子再用羽毛把額頭遮蔽起來，他總是覺得不好看。所以，山谷北面的樹木，生長在險峻的山崖下面，終年不見日月但從不抱怨，是因為這些樹木不知道天上還有日月存在啊。

「當路的高丘上有位農夫，以種水稻為生。每年都要把舊穀子貯存起來等待新穀登場，沒有嘗到新穀之前，是不敢吃盡舊穀子的。一天，他來到田裡，看見禾苗已經抽穗，即將結出顆粒，便高高興興地回到家中，說道：『很快就要收新穀了！』於是把舊穀子全部拿出來同家人飽餐。舊穀子快要吃完了而新穀子還沒有成熟，他心裡非常焦急並抱怨起來，與他的兒子、妻子輪流到田裡去看稻子，走的次數多了，田間踏出了一條小路，但稻子卻愈發青了。其實，並不是稻子由黃返青，而是他盼望稻穀成熟的心情太急切了。

「荊地有個人，因逃避老虎的傷害而丟棄了自己的兒子，他以為老虎已經把兒子吃了，於是不再尋找。有人見到了他的兒子，告訴他說：『你的兒子還在，為什麼不去找一找呢？』但這個人不肯相信。一個砍柴人把他的兒子帶回了家，當作自己的兒子撫養。過了些時日，那個荊人遇見了他的兒子，就和砍柴人爭執了起來，結果他的兒子已經不認識他了。

「趙王的太子生了病，召名醫醫緩治療。醫緩前來診視，說道：『病情危急，非用貴重的藥物不可。』問用什麼藥，醫緩說：『這病得用代地的紅土，荊地的玉石，岣嶁山的硃砂，禹同青蛉的銅礦砂，崑崙山上的紫白英，合浦的珍珠，蜀地的犀牛角，三韓的龜甲，豎巫閭山的玉石珣、玗、琪，摻和汞與鉛進行冶煉。一年而和，二年而成，三年而煉就金丹。然後把金丹埋進土裡，再經過三年而服用，這個病就可以治癒了。』淳于公聽了笑著對他說：『果然不錯，你真是人們所說的「醫緩」啊！』

「莊子到齊國，看見饑民就很憐憫他們。饑民跟著他要吃的，莊子說：『我已經七天沒有吃東西了。』饑民長歎一聲說：『我看見從我面前經過的人很多，但沒有一個人可憐我的，可憐我的人只有先生您。假使您不是七天沒有飯吃，還能可憐我嗎？』」

豢龍先生對石羊子說：「我曾經在江中逆流而上行走了十天，風總是從西邊颳來。等到回來的時候沿著江行走了十天，風又總是從東邊颳來，跟從我的人怨恨得哭泣，我笑著說：『天上的風是有主宰的，難道會專門為我和你颳嗎？為什麼要哭呢？』」

【研　析】「人生識字憂患始」，杞人憂天傾，屈子憂國亡，但石羊先生之憂憂在何處？文章未作交代，而是通過郁離子講述的一連串的故事來表達。

「好姣服」的周人和「好其妻」的鄭子陽，由於他們對美的追求在突然之間受到打擊，因此，或嗟歎，「其心妯妯然」；或不樂，「申旦而不寐」。他們的失落，在於把事物想得過於完美，一旦發現其中的不足，便難以接受。這是求美不得如願的憂愁。

梧邱之野人，以種稻為生，吃完了舊穀而新穀不繼，於是日夜企盼，以稻穀不熟為憂。醫緩則不然，他為趙太子治病，需煉丹三年，再將丹藥埋入地下三年，然後服用，不急不忙，悠哉悠哉，這樣豈不耽誤了治病？他們兩個人，一個操之過急，一個持之過緩，都不能正確地把握客觀事物。

荊人為躲避老虎的傷害而丟掉了自己的兒子，以為兒子為虎所食，始終不去尋找。等到遇見兒子時，兒子已被樵人領養，過面不認。他的憂患純粹是由自己的主觀偏見和不負責任造成的。

莊子憐憫挨餓之人，卻又無力去救濟人家，這是欲為而不得為之憂。

凡此種種，事與願違，皆不能遂人心意。

文章最後以夌龍先生的態度作結，告訴人們：不要為生活中的種種不順利而憂心忡忡，那樣的話只會平添煩惱，徒自傷悲。而應該用寬廣的胸懷，樂觀的精神對待生活中的一切，這才是正確的態度。

四〇　靈邱❶丈人

靈邱之丈人❷善養蜂，歲收蜜數百斛❸，蠟稱之❹，於是其富比封君❺焉。丈人卒，其子繼之，未期月❻，蜂有舉族❼去者，弗恤❽也。歲餘，去且半。又歲餘，盡去，其家遂貧。

陶朱公❾之齊，過而問焉，曰：「是何昔者之熇熇❿，而今日之涼涼也？」其鄰之叟對曰：「以蜂。」請問其故，對曰：「昔者丈人之養蜂也，園有廬，廬有守⑪，刳⑫木以為蜂之宮⑬，不罅不庮⑭。其置也，疏密有行，新舊有次，坐有方⑮，牖有鄉⑯，五五為伍⑰，一人司⑱之。視其生息⑲，調其暄寒⑳，鞏其構架，時其墐發㉑。蕃㉒則從之析㉓之，寡則與之裒㉔之，不使有二王也。去其蛛蟊㉕、蚍蜉㉖，彌其土蜂、蠅豹㉗，夏不烈日，冬不凝澌㉘，飄風㉙吹而不搖，淋雨沃而不潰㉚。其取蜜也，分其贏㉛而已矣，不竭其力也。於是故者安，新者息，丈人不出戶而收其利。今其子則不然矣，園廬不葺㉜，污穢不治，燥濕不調，啟閉無節，居處臲卼㉝，出入障礙，而蜂不樂其居矣。及其久也，蛅蟖㉞同其房而不知，螻螘㉟鑽其室而不禁，鷯鴞㊱掠之于白日，狐狸竊之于昏夜，莫之察也，取蜜而已，又焉得不涼涼也哉？」

陶朱公曰：「噫！二三子識之㊲，為國有民者㊳可以鑒矣。」

【注釋】❶靈邱　即靈丘，神仙所居之山。王褒〈九懷・蓄英〉：「玄鳥兮辭歸，飛翔兮靈丘。」王逸注：「悲鳴神山，奮羽翼也。」又，古代齊國邊境邑名。❷丈人　對老人的尊稱。❸斛　量器名。舊時以十斗為一斛。❹蠟稱之　指蜂蜜與蜂蠟數量相等。蠟，蜂蠟。稱，相等。❺封君　受有封邑的貴族。❻期月　一整月。❼舉族　指共居一窩的蜂群。❽恤　擔憂；憂慮。❾陶朱公　即春秋時越國大夫范蠡。范蠡在滅吳後棄官經商於陶（今山東曹縣，一說今山東定陶西北），稱陶朱公。❿熇熇　火勢旺盛貌。比喻事業興盛。⓫守　看守。指管理者。⓬剞　剖開；挖空。⓭宮　蜂房。⓮不罅不庮　罅，裂縫；縫隙。庮，朽木散發的臭氣。⓯坐有方　指蜂房坐落有一定的規則。方，方向。引申為規則。⓰牖有鄉　指蜂房的窗戶有一定的方向。牖，窗戶。鄉，同「向」。⓱五五為伍　古代軍事編制，以五人為一伍。此指將五五二十五個蜂箱編為一組。⓲司　管理；掌管。⓳生息　生長；繁殖。⓴喧寒　調冷暖。㉑時其墐發　按時封閉和打開蜂房的窗牖。時，及時；按時。墐，用泥塗塞。引申為封閉。發，開啟。㉒蕃　繁多。㉓析　分離。指分成兩個蜂群。㉔裒　聚合；合併。㉕蛛蝥　蜘蛛的別名。㉖蚍蜉　一種大螞蟻。㉗彌其句　彌，通「弭」。消滅。土蜂，俗名「馬蜂」。體圓而長，黑褐色，尾有毒針。蠅豹，又稱「蠅虎」，蜘蛛的一種。體小腿短，色白或灰，不結網。善捕食蒼蠅和其他小蟲。㉘凝澌　結冰。澌，同「凘」。解凍時流動的冰。㉙飄風　旋風；暴風。㉚淋雨句　淋雨，即「霖雨」，連綿不斷的大雨。沃，澆灌。漬，浸泡。㉛羸　通「贏」。多餘的。㉜葺　修理。㉝䑳䑳　動搖不安貌。㉞蛅蟖　一種毛蟲，大小如蠶，身上有五彩斑紋，毛有毒，俗稱「楊瘌子」。㉟螻螘　即「螻蟻」，螻蛄和螞蟻。泛指微小的生物。㊱鵁鴂　一種小鳥，喜食蜂蜜。㊲二三子句　二三子，猶言諸君、人們。識，通「志」。記住。㊳為國有民者　指國君、最高當權者。

【語　譯】靈邱的一位老人善於養蜂，每年能收穫蜂蜜數百斛，還可以收穫與之相當的蜂蠟。因此，他的財富比得上受有封邑的貴族。老人死後，他的兒子繼承了產業。不到一個月，蜜蜂就有整窩飛走的，但他的兒子無動於衷，一點也不擔憂。一年多的時間，蜜蜂飛走了一半；又過了一年多，蜜蜂全部飛走了，他家也就因此陷入貧困。

陶朱公到齊國去路過此地，問道：「是什麼原因過去興盛而現在卻冷冷清清呢？」鄰居一個老人回答說：「因為蜜蜂的緣故啊。」陶朱公請問其中的緣由，回答說：「從前老人養蜂時，園中有草屋，草屋有人管理。把木頭挖空了做成蜂箱，蜂箱沒有縫隙，也沒有朽木的臭味。那蜂房的安放有疏有密，都有一定的間距，新的舊的排列有序，坐落有一定的規則，蜂箱的安放有一定的方向。橫豎各五，編排成一組，由一個人管理。根據蜜蜂生長和繁殖的情況，調節蜂箱的冷暖，加固箱體的結構，按時泥封或者開啟蜂窗。蜜蜂繁殖過多時就分出一窩來養，蜜蜂數量減少時就補充一些進去，不讓一個蜂箱中出現兩個蜂王。去除那些蜘蛛和螞蟻，消滅那些馬蜂和蠅豹。夏天，不受烈日的曝曬；冬天，不使結冰上凍。狂風吹來不動搖，大雨澆灌不浸漬。取蜜時，只是取走那多餘的部分，而不把蜂蜜取盡。這樣，老蜂安居，新蜂繁衍，老人足不出戶就能夠坐收其利。而如今，他的兒子卻不是這樣，園中的房屋不加修葺，環境污穢了也不治理，乾濕不調節，開啟和關閉蜂箱沒有固定的時間，蜜蜂的居處動盪不定，出入蜂房障礙重重，蜜蜂都不樂意住在這樣的居所。等到時間一長，毛蟲潛入蜂房與蜜蜂同住他不知道，螻蛄和螞蟻鑽進去他也不加禁止。白天，鷂鴟來掠取食物；夜晚，狐狸來偷取蜂蜜，但他一點也覺察不到，只知道一個勁地取蜜而已，如此這般，怎能不冷清至此呢？」

陶朱公對左右說：「唉！你們要記住啊，治理國家統治百姓的人，應當以此為鑑。」

【研　析】創業艱難，守成更難。古往今來，多少殷實的家庭，由於子孫不肖，坐吃山空，家道中落，陷入貧困。本文正是由這一點有感而發的。靈邱老人勤於勞作，富比王侯貴族，但是他的兒子繼承產業後，不出三年，家境一落千丈。究其原因，是因為老人的兒子只知採蜜，不知飼養，破壞了蜜蜂生存和繁衍的環境，迫使蜜蜂紛紛外逃。因此，「昔者之熇熇，而今日之涼涼」，是不足為怪的。

對比手法的運用是本文的一個顯著特點。寫靈邱老人養蜂，「視其生息，調其暄寒，鞏其構架，時其墐發」。夏天，不使曝曬；冬天，不使結冰。飄風不搖，霖雨不漬，並時時提防蛛蝨土蜂等的侵擾。採蜜時，給蜜蜂留足食物，不竭其力。因此，蜜蜂安於居所，生息繁衍，蜂業自然興旺。老人之子則不然。他「園廬不葺，污穢不治，燥濕不調，啟閉無節」，蛄螻螘入其室，鷯鴞狐狸竊其食，蜜蜂「不樂其居」，蜂去巢空，便是情理中的事了。

文章結尾以一句「為國有民者可以鑒矣」，將議題由「治家」引向「治國」，應當說，這才是作者要表達的主旨。欲取之，必先與之，欲富國，必先養民，這是儒家的重要思想。孟子就曾說過，「制民之產」，使「黎民不饑不寒」，如此，方能「王天下」。又說：「保民而王，莫之能禦也。」（《孟子‧梁惠王上》）從表面上看，本文講的是養蜂之道，而實際上，是在總結治國御民的方法，作此理解，恐怕更加準確一些。

四一　刑赦

郁離子曰：「刑，威令❶也，其法至于殺，而生人❷之道存焉。赦，德令❸也，其意在乎生，而殺人之道存焉。《書》❹曰：『刑期于無刑❺。』又曰：『眚災肆赦❻，此先王之心也。』是故制刑，期于使民畏。刑有必行，民知犯之之必死也，則死者鮮❼矣。赦者所以矜❽蠢愚，宥❾過誤。知罪不避，而輒原❿焉，是啟僥幸之心而教人犯也；至于禍稔惡積⓫，不得已而誅之，是以恩為穽⓬也。然則赦令卒不可行與？曰：法有二：有古今之通禁，有一代之私禁。古今之通禁，惡逆也，殺人傷人及盜之類也，而釋勿治，是代之為賊也。一代之私禁，茶、鹽、錢、幣之類也，民無以為生而官不能恤⓭，於是乎有犯，雖難以為常，原情而貸⓮之可也。」

【注釋】❶威令　威嚴的法令。❷生人　使人活。❸德令　施捨恩德的法令。❹書　即《尚書》。又稱

《書經》，儒家經典之一。是我國上古歷史文獻和事跡的彙編。❺刑期于無刑　語出《尚書・虞書・大禹謨》。意思是有刑是希望達到無刑。❻眚災肆赦　語出《尚書・虞書・舜典》「眚災肆赦，怙終賊刑，欽哉欽哉，惟刑之恤哉」。眚災，因過失而造成災害。眚，過失。肆赦，猶緩刑、寬赦。肆，緩。❼鮮　少。❽矜　憐憫。❾宥　寬恕；原諒。❿輒原　擅自原諒。⓫禍稔惡積　謂長期作惡犯罪，罪孽深重。稔，原指莊稼成熟，引申為事物醞釀成熟。⓬穽　原指捕獸的陷坑，引申為陷阱、圈套。⓭恤　體恤；周濟。⓮貸　寬恕；饒恕。

【語　譯】郁離子說：「刑罰，是威嚴的法令。法令威嚴到了殺人的程度，救人存活的道理也就藏在其中了。赦免，是施捨恩德的法令，它的本意是使人活命，但其中也暗藏殺機。《書經》上說：『有刑是希望最終實現無刑。』又說：『寬赦那些因為過失而造成危害的人，這是先王的心願啊！』所以，制定刑律，是希望使百姓有所畏懼。有了刑律就一定要實行，百姓知道觸犯了刑律必定會被處死，那麼死的人就會很少。所謂寬赦，就是憐憫那些愚笨的人，原諒他們的過失與錯誤。知道犯罪是不能避開懲罰的，卻對罪犯擅自寬宥，這是啟發那些有僥倖心理的人唆使他們犯罪啊！等到他們犯罪過多、罪孽深重時，不得已而殺掉他們，這是把恩赦變成了陷阱。那麼，赦令最終就不能實行了嗎？回答是：法律有兩種類型：有自古至今的通禁，有一個朝代的私禁。自古至今的通禁，是為了制止作奸犯科，如殺人、傷人以及盜竊等等而制定的。如果對這些罪犯一味寬赦而不治罪，那無異於替他們作惡。一代的私禁，是針對茶、鹽、錢、幣等方面制定的。老百姓無法維持生計，而為官的又不能體恤他們，於是他們中間有的人就犯了法，雖然難以用常理去判斷，但根據實際情況對他們有所寬恕還是可以的。」

【研　析】法令是治國的根本，宋王安石說：「立善法於天下，則天下治；立善法於一國，則一國治。」（〈周公〉）但何為善法呢？本文告訴我們，合理地運用「刑」與「赦」，是其重要的方面。刑，體現的是法律的尊嚴。執法嚴峻，就能使人震駭與畏懼，它的目的是使人不去犯法，即文中所說的「期于無刑」。赦，講的是恩德，是懷柔之策，體現的是人性。恩威並施，刑赦兼具，方能建立起良好的社會秩序。但是，如果不分原則，一味寬宥犯罪分子，也是行不通的。過分的仁慈，實際上是對作惡者的縱容與唆使，這樣做既不利於社會，也不利於罪犯本人。其結果，是引誘人犯下更大的罪孽，把恩赦變成了陷阱。那麼，什麼樣的罪行能夠寬赦，什麼樣的罪行不可寬赦呢？作者認為：「通禁」之罪不可赦，「私禁」之罪則可赦。因為，「通禁」之罪性質惡劣，對社會危害極大，對其寬容，「是代之為賊」；而「私禁」之罪牽涉到「民無以為生而官不能恤」等多種原因，因此可以根據實際情況區別對待。

通觀全篇，作者以儒家經典為依據，以辯證的眼光看待「刑」與「赦」這組矛盾，分析其利弊得失，闡述掌握的尺度，邏輯嚴謹，觀點鮮明，即使在今天，仍然具有借鑑意義。

四二　賈人

濟陰❶之賈人，渡河而亡其舟，棲于浮苴❷之上，號焉。有漁者以舟往救之。未至，賈人急號曰：「我濟上之巨室❸也，能救我，予爾百金。」漁者載而升諸陸，則予十金。漁者曰：「向❹許百金，而今予十金，無乃❺不可乎！」賈人勃然作色曰：「若漁者也，一日之獲幾何？而驟得十金猶為不足乎？」漁者黯然❻而退。他日，賈人浮呂梁而下❼，舟薄❽于石又覆，而漁者在焉。人曰：「盍❾救諸？」漁者曰：「是許金而不酬者也。」艤❿而觀之，遂沒。

郁離子曰：「或稱賈人重財而輕命，始吾不信，而今知有之矣。張子房⓫謂漢王⓬曰：『秦將，賈人子，可啗也⓭。』抑所謂習與性成者與！此陶朱公之長子所以死其弟也⓮。孟子曰：『故術不可不慎也⓯。』信哉！」

【注釋】❶濟陰　濟水的南面。濟，水名。陰，古稱水的南面為陰。❷浮苴　浮草。苴，枯草。❸巨室　富豪人家。❹向　剛才。❺無乃　恐怕是。❻黯然　頹喪失望貌。❼浮呂梁而下　乘船從呂梁的懸絕處順流而下。浮，漂。引申為行船。呂梁，即呂梁洪，水名，在今江蘇徐州東南。有上下二洪，相去七里，巨石齒列，波濤洶湧。代指水流的懸絕處。《莊子．達生》：「孔子觀於呂梁，縣水三十仞，流沫四十里，黿鼉魚鼈之所不能游也。」❽薄　迫近。此指碰撞。❾盍　「何不」二字的合音。❿艤　將船靠岸。⓫張

子房　即張良，字子房，漢高祖劉邦謀臣，封留侯。⑫漢王　指劉邦。劉邦起兵，破咸陽，立為漢王。⑬秦將三句　《史記・留侯世家》：「沛公欲以兵二萬人擊秦嶢下軍。張良曰：『秦兵尚強，未可輕。臣聞其將屠者子，賈豎易動以利。願沛公且留壁，使人先行，為五萬人具食，益為張旗幟諸山上，為疑兵，令酈食其持重寶啗秦將。』秦將果畔。」啗，吃。引申為引誘。⑭陶朱公句　陶朱公，即春秋時越國謀臣范蠡。范蠡的長子因貪戀千金，致使其犯罪的弟弟被楚王處死。事見《史記・越王句踐世家》。⑮故術句　語出《孟子・公孫丑上》。

【語　譯】濟水的南面有一個商人，一次渡河翻了船，就站在河中的浮草上，哀號求救。有一個漁民用船去救他，還未靠近，商人焦急地喊道：「我是濟水一帶的大富翁，你如果能救我，我酬謝你一百兩銀子。」漁民把他救上船，登了岸，商人卻只給了十兩銀子。漁民說：「你剛才答應給一百兩銀子，現在卻只給十兩，恐怕說不過去吧。」商人臉色勃然大變，說：「你這樣一個打魚人，平時一天的收入能有多少？現在一下子就得到十兩銀子，你還不滿足嗎？」漁民失望地走了。後來這個商人乘船從水流的險絕處順流而下，船撞到礁石上傾覆了，正好那個漁民又在那裡。有人問漁民：「你為什麼不去救他呢？」漁民說：「這就是那個答應給一百兩銀子作為酬謝卻又不肯兌現的人。」說完，把船靠在岸邊，站在一旁觀看，商人終於沉入水中。

郁離子說：「有人說商人重財而輕命，過去我還不相信，現在才知道確有其人。張良曾經對漢王劉邦說過：『秦國的將領是商人子弟，可以用利益引誘他們。』所謂習慣與性情就是這樣形成的吧，這也就是范蠡的大兒子讓他弟弟去死的原因。孟子說：『對謀術不可以不謹慎對待。』確實如此啊！」

【研析】戰國時，吳起駐守西河，為樹立法令的威嚴，在南門外放了一根木頭，立下懸賞：「誰能把這根木頭扛到西門外，就賞賜給他上等的田地和住宅。」人們都不相信這是真的。有一個人說：「扛一根木頭並不費事，就讓我來試試吧，即使得不到獎賞也沒有什麼關係。」於是就把木頭扛到了西門外，吳起果然把田地住宅賞賜給了他。後來，吳起領兵攻城，下令道：「誰能最先登上城樓的，封他為大夫。」將士們個個奮勇爭先，一下子就把城池攻下了。事見《呂氏春秋》卷二五。一諾千金，是為人行事的準則，也是傳統美德。吳起重然諾，所以將士們願意為他效命。而文中的商人卻不然，他言而無信，重財輕命，終為食言付出了最慘痛的代價。

文章還引用張良和孟子的話，增強議論的力度，突出了守信的普遍意義。

四三　好禽諫

衛懿公❶好禽，見觝牛❷而悅之，祿❸其牧人如中士❹。寧子❺諫曰：「不可！牛之用在耕不在觝，觝其牛，耕必廢。耕，國之本也，其可廢乎？臣聞之，君人者❻不以欲妨民。」弗聽。於是衛牛之觝者，賈❼十倍於耕牛，牧牛者皆釋耕而教牴，農官弗能禁。

邶❽有馬，生駒不能走而善鳴，公又悅而納諸廄。寧子曰：「是妖也，君不寤❾，國必亡。夫馬，齊力❿者也，鳴非其事也。邦君⓫為天牧民⓬，設官分職，以任其事，廢事失職，厥有常刑，故非事之事，君不舉焉，杜⓭其源也。妖之興也，人實召之。自今以往，衛國必多不耕之夫、不織之婦矣。君必悔之！」又弗聽。

明年，狄⓮伐衛，衛侯⓯將登車，而御失其轡⓰；將戰，士皆不能執弓矢，遂敗于滎澤⓱，滅懿公。

【注釋】❶衛懿公　春秋時衛國國君，名赤，西元前六六八—前六六一年在位。好鶴，失信於國人，終為狄人所殺。❷觝牛　善於角鬥的牛。觝，用角頂、觸。❸祿　俸祿。用作動詞，給……俸祿。❹中士　古代諸侯置上、中、下士。中士俸祿倍於下士。《孟子・萬章下》：「上士倍中士，中士倍下士，下士與庶人在官者同祿，祿足以代其耕地。」❺寧子　即寧莊子，寧穆仲靜之子，名速，衛大夫。❻君人者　統治人的人，即國君。❼賈　通「價」。價格。❽邶　春秋時國名，後附庸於衛，其址在今河南湯陰東南。❾不寤　不醒悟。❿齊力　協力，指用於戰事。《爾雅・釋獸》：「戎事齊力，田獵齊足。」《義疏》：「戎事謂兵革戰伐之事，當齊其力以載干戈之屬。」⑪邦君　諸侯國的君主。⑫為天牧民　替天來治理百姓。⑬杜　杜絕。⑭狄　古代北方少數民族之一。⑮衛侯　指衛懿公。衛為侯爵之國。⑯轡　韁繩。⑰滎澤　古澤名，在今河南境內。

【語　譯】衛懿公好玩鳥獸，看見牛角鬥很高興，就發給牧牛人與中士一樣多的俸祿。寧子進諫說：「不可以這樣做！牛的用途是耕田而不是角鬥。用牛來角鬥，勢必造成耕地荒蕪。而農耕是國家的根本，怎能讓田地荒蕪呢？我聽說過這樣的話：當君主的不因為自己的私欲而妨礙百姓的利益。」衛懿公聽不進去。於是，衛國善於角鬥的牛，價格高出一般耕牛十倍。放牛的人紛紛放棄了耕作而去訓練鬥牛，管理農業的官員也沒有辦法禁止。

邶地有一匹馬生了馬駒，這馬駒不善奔跑卻善於嘶鳴，衛懿公又十分高興地把牠收養在內廄。寧子勸諫說：「這是怪物啊，君王如果不醒悟，國家必定滅亡。因為馬是用來作戰的，嘶鳴不是牠的職責。國君是替上天來管理百姓的，設置官員，安排職務，讓他們各任其事。如果把事情辦糟了，失了職，有一定的刑法來懲治他們。所以，不是他們該做的事，君主是不提倡的，為的是杜絕失職現象的發生。而怪異之事的出現，其實是人自己招致的。從今以後，那些不耕作的農夫、不織布的女子，在衛國必定會多起來，君王一定會為此而後悔的。」衛懿公還是聽不進去。

第二年，狄人征伐衛國。衛懿公準備登車應戰，駕車的人卻連韁繩也抓不住；將要交戰時，士兵都不能引弓射箭，結果在滎澤戰敗，狄人殺死了衛懿公。

【研析】牛的用途是耕作，馬的天職是征伐，耕與戰，在古代被視為立國之本、強國之路，而衛懿公卻醉心於聲色犬馬、尋歡作樂之中。他看重的是牛的角鬥、馬的嘶鳴，又給飼養者以優厚的待遇，將不善奔跑的馬匹收入內廄，造成衛國夫不耕、婦不織、「御失其轡」、「士皆不能執弓矢」的混亂局面，國力因此而削弱，最終招致兵敗國亡。寓言借衛懿公之事抨擊了那些「以欲妨民」的統治者，強調了重耕戰的思想。並以設官分職為例，說明君主應當竭力避免去做那些不該做的事情，以杜絕失職現象的發生。而一句「妖之興也，人實召之」，更具有警策意義，給人頗多啟示。

四四　五丁❶怒

髬彨❷問于赤羽雕❸曰：「盜日殺而日多，何也？」赤羽雕曰：「未也，而今方多耳！」髬彨曰：「何若是甚也？」赤羽雕曰：「乘子之車，循子之軌，天下之生❹，將盡為盜。」髬彨曰：「請聞之。」赤羽雕曰：「昔者蠪蚳❺暴於岷、嶓❻之間，蜀王使相回帥師伐之，畏弗進，作土門而壁❼焉。其士卒日食于民，民瘵弗堪❽。於是五丁鑿山，以出于江之源，擒聾蚔殺之。相回聞聾蚔之死也，毀壁而出，取其尸以為功，曰：『我之徒兵❾實殺之。』五丁怒，殺相回。排天彭而壅之江❿，江水逆流，覆王宮。王升木⓫而號，化為杜鵑⓬。今天下之治盜者，皆相回也。民不甘餧⓭肉于聾蚔也，能無洩五丁之怒者乎？」

【注釋】❶五丁　神話傳說中的五個力士。《藝文類聚》卷七引漢揚雄〈蜀王本紀〉：「天為蜀王生五丁力士，能獻山。秦王獻美女與蜀王，蜀王遣五丁迎女。見一大蛇入山穴中，五丁並引蛇，山崩，秦五女皆上山，化為石。」一說，「秦惠王欲伐楚而不知道，作五石牛，以金置尾下，言能屎金。蜀王負力，令五丁引之成道。」事見北魏酈道元《水經注．沔水》。❷髼彨　又作「髼髵」，猛獸發怒時鬃毛奮張貌。亦指猛獸。此借作人名。❸赤羽雕　紅色羽毛的雕。借作人名。❹生　生靈。指百姓。❺聾蚔　亦作「聾姪」、「聾蛭」。神話傳說中的獸名。《山海經．東山經》：「又南五百里，曰鳧麗之山……有獸焉，其狀如狐，而九尾、九首、虎爪，名曰聾姪。其音如嬰兒，是食人。」❻岷嶓　岷，岷山，位於四川北部。嶓，指嶓冢山，在陝西境內，漢水所出。❼壁　駐守；堅守營壘。❽民瘵句　老百姓不堪忍受其害。瘵，病，引申為受害。❾徒兵　步兵。此指將士。❿排天彭句　推倒天彭山而堵塞在長江中。排，推倒。天彭，山名，即四川境內的灌口山。《水經注》三三〈江水〉引《益州記》：「秦昭王以李冰為蜀守，冰見氐道縣有天彭山，兩山相對，其形如闕，謂之天彭門，亦曰天彭闕。」壅，堵塞。⓫升木　爬上樹。⓬杜鵑　鳥名，又名杜宇、子規。相傳為蜀王杜宇精魂所化。南朝宋鮑照〈擬行路難〉詩之六：「中有一鳥名杜鵑，言是古時蜀帝魂。其聲哀苦鳴不息，羽毛憔悴似人髡。」⓭餧　餵養。

【語　譯】髭彨向赤羽雕問道：「盜賊天天被殺卻天天增多，是什麼原因呢？」赤羽雕說：「並非這樣，只是到了今天盜賊才多起來的。」髭彨又問：「為什麼如此嚴重呢？」赤羽雕說：「乘上你的車子，沿著你的車轍行進，天下的百姓，都將成為盜賊。」髭彨說：「請把你的高見講給我聽聽。」赤羽雕說：「從前，蠪蚳在岷山和嶓冢山之間為非作歹，蜀王派相回率領軍隊討伐牠。但是相回膽怯，不敢前去作戰，便修築起土門，堅守在壁壘中不出來。他手下的士兵每天向老百姓索取糧食，老百姓痛苦不堪。於是，五個力士鑿開大山，把長江源頭的水放了出來，捉住蠪蚳並把牠殺了。相回聽說蠪蚳已死，就破壁而出，取了蠪蚳的屍體作為戰功，說：『是我的將士把牠殺死的。』五丁聽說後大怒，殺了相回，推倒天彭山，堵塞了長江，使得江水倒流，淹沒了王宮，蜀王只好爬到樹上哀號，變成了杜鵑鳥。如今天下治理盜賊的人都像相回一樣，老百姓不甘心成為蠪蚳的肉食，能不發出像五丁一樣的憤怒嗎？」

【研　析】「盜日殺而日多」，是一個反常的社會現象，寓言通過髭彨和赤羽雕兩個假託人物的對話，揭示了這一反常現象產生的根本原因，那就是社會黑暗，官員腐敗，「士卒日食于民，民瘵弗堪」。而老百姓一旦像五丁那樣發怒，封建統治的大廈便會在頃刻之間土崩瓦解，封建統治者也只能像蜀國的國君一樣，發出淒涼的悲號，退出歷史的舞臺。

「而今（盜賊）方多耳」一個「方」字，點明了作者抨擊的矛頭指的是元代社會。「五丁」既是神話傳說中的人物，又是民眾的代表，他們象徵著黑暗勢力統治下的正義力量。而作者筆下的相回，是一個為害百姓，畏縮怯戰，卻又貪天之功佔為己有的無恥小人。這樣的人物在封建官吏中比比皆是，因而具有一定的典型性。

四五　晉靈公❶好狗

晉靈公好狗，築狗圈于曲沃❷，衣之繡。嬖人❸屠岸賈❹因公之好也，則夸狗以悅公，公益尚狗。

一夕，狐入于絳宮❺，驚襄夫人❻，襄夫人怒。公使狗搏狐，弗勝。屠岸賈命虞人❼取他狐以獻，曰：「狗實獲狐。」公大喜，食狗以大夫之俎❽，下令國人曰：「有犯吾狗者，刖❾之。」於是國人皆畏狗。狗入市取羊、豕以食，飽則曳❿以歸屠岸賈氏，屠岸賈大獲。

大夫有欲言事者，不因屠岸賈，則狗群噬之。趙宣子⓫將諫，狗逆⓬而拒諸門，弗克入。他日，狗入苑食公羊，屠岸賈欺曰：「趙盾之狗也。」公怒，使殺趙盾，國人救之，宣子出奔秦。趙穿⓭因眾怒攻屠岸賈，殺之，遂弒⓮靈公于桃園。狗散走國中，國人悉擒而烹之。

君子曰：「甚矣！屠岸賈之為小人也。繩⑮狗以蠱⑯君，卒亡其身以及其君，寵安足恃哉！人之言曰『蠹蟲⑰食木，木盡則蟲死』，其如晉靈公之狗矣。」

【注釋】❶晉靈公　春秋時晉國國君，名夷皐。昏庸無道。曾從臺上彈人，觀其避丸。宰夫烹熊掌不熟，怒殺之。好養狗。《左傳．宣公二年》記載其欲以惡狗噬趙盾事。❷曲沃　地名。晉國都城，在今山西聞喜東北。❸嬖人　受寵幸的近臣。❹屠岸賈　晉靈公寵臣，景公時嘗為司寇。❺絳宮　原指傳說中神仙居住的宮殿，此指宮殿。❻襄夫人　晉襄公的夫人，晉靈公之母。❼虞人　掌管山澤苑囿的官員。❽食狗句　食，餵養。俎，古代祭祀或宴會時盛放牲體的禮器。古代禮制，不同地位的人，使用的禮器不同。❾刖　古代一種把腳砍掉的酷刑。❿曳　拖。⓫趙宣子　即趙盾，春秋時晉國執政。晉靈公十四年（西元前六二一年）避害出走。未出境，趙穿殺靈公於桃園，趙盾回來後擁立晉成公，繼續執政。卒諡宣子。⓬逆　迎。⓭趙穿　趙盾族弟，晉大夫。但據《史記．趙世家》，屠岸賈為晉景公時趙武（趙盾之孫）所殺。⓮弒　古代臣殺君稱弒。⓯繩　稱讚；誇獎。⓰蠱　迷惑；誘惑。⓱蠹蟲　蛀蟲。蠹，同「蠧」。

【語譯】晉靈公喜歡玩狗，在都城曲沃修築養狗的場地，給狗穿上華麗的衣服。寵臣屠岸賈迎合晉靈公的心意，常常誇獎狗，用以討好靈公，晉靈公因此更加看重狗了。

一天晚上，一隻狐狸闖進宮來，驚嚇了襄夫人，夫人大怒。晉靈公讓狗去搏擊狐狸，不能取勝。屠岸賈就叫管理山林園囿的官員把捉住的另一隻狐狸獻給靈公，說：「狗真的把狐狸逮住了。」晉靈公大喜，就用供大夫使用的禮器來餵養狗，並對國內民眾下令說：「有人膽敢侵犯我的狗，就砍掉他的腳！」於是，國人都害怕狗。狗竄入集市捕捉羊和豬吃，吃飽後又把獵物拖回去歸屠岸賈所有，屠岸賈因此大獲其利。

大夫中有想進宮言事的，如果不通過屠岸賈，他就放出群狗來咬人。有一次，趙盾要入宮進諫，狗迎面把他堵在門外，使他進不了宮。過了些天，狗闖入御苑吃了靈公的羊，屠岸賈欺騙靈公說：「這是趙盾的狗幹的。」靈公大怒，派人去殺趙盾。趙盾得到國人的救助，逃往秦國。大夫趙穿趁眾人憤怒之機，攻打屠岸賈，把他殺了，接著又在桃園殺了晉靈公。晉靈公豢養的狗在國內四處奔竄，都被人捉住煮熟吃了。

君子說：「太過分了啊，屠岸賈這個小人！他一個勁地讚揚狗來蠱惑國君，最終不僅自己喪了命，還連累到君主。一時的寵幸怎麼靠得住呢！人們常說，『蛀蟲吃樹木，樹木吃完了，蛀蟲也就完蛋了』，這和晉靈公的狗是一樣的。」

【研析】阿諛逢迎，投其所好，是卑劣小人的慣用伎倆。晉靈公好玩狗，屠岸賈便以讚美狗的方式來取悅靈公。人因狗得寵，狗仗人得勢，把好端端的一個國家搞得烏煙瘴氣。本篇揭示了這樣的道理：一是寵幸奸臣，聽信讒言，沉湎於聲色犬馬之中，必將自取滅亡，晉靈公就是一個典型的例子。二是獻媚進讒作惡多端的人，儘管一時得逞，趾高氣昂，但最終都不會有好結果。文中之狗，既是表面之狗，也是隱喻之狗。文章以犀利的筆觸，刻劃了屠岸賈這條晉靈公的不折不扣的走狗，把他的醜陋嘴臉刻劃得入木三分。而晉靈公的昏庸、愚昧，也把握得十分準確。最後引言「蠹蝕食木，木盡則蝕死」，進一步點明了文章的意旨。

四六 官舟

瓠里子❶自吳歸粵❷，相國❸使人送之，曰：「使自擇官舟以渡。」送者未至，於是舟泊于滸❹者以千數，瓠里子欲擇之而不能識。送者至，問之曰：「舟若是多也，惡乎❺擇？」對曰：「甚易也，但視其敝❻篷折櫓而破颿❼者，即官舟也。」從而得之。瓠里子仰天嘆曰：「今之治政，其亦以民為官民與？則愛之者鮮❽矣，宜其敝❾也。」

【注釋】❶瓠里子　假託人名。❷粵　古稱廣東、廣西為兩粵。亦專稱廣東為粵。❸相國　即宰相。❹滸　水邊。❺惡乎　何所；如何。❻敝　破舊。❼颿　「帆」的異體字。❽鮮　少。❾敝　窮困。

【語譯】瓠里子從吳地返回南粵，宰相派人送行，帶話說：「請他自己選乘一條官船回去吧。」送行的人還沒有到，而此時停泊在水邊的船隻有幾千條，瓠里子想自己挑選一條但不知道哪些是官船。等到送行的人來後，瓠里子問道：「船這麼多，怎麼挑選官船呢？」那人回答說：「這太容易了，只要看見那些舊篷斷櫓、船帆破爛的船隻，就是官船。」瓠里子按他的話去做，果然找到了官船。

瓠里子仰天長歎說：「如今治理國家的人，大概也是把百姓當作『官民』來對待的吧？那樣的話，對他們的愛護自然就很少，這就難怪他們的生活如此窘迫窮困哩。」

【研　析】歷代統治者總是標榜自己清正廉明，愛民如子，但實際上一個個巧取豪奪，中飽私囊，根本不把老百姓的死活放在心上，甚至連官家的船隻，他們也懶得修整，任其「敝篷折櫓而破颿」。寓言以「官舟」喻指「官民」，即百姓，揭露了當時政治的腐敗，人民備受剝削與壓迫，生活困頓不堪。文章字裡行間流露著作者深切的同情與強烈的不滿情緒。前後兩次用到「敝」字，一言船隻破舊，一言民生凋敝，各盡其妙。而元王朝的統治，不正是一隻檣傾楫摧的「官船」嗎？只要一遇上狂風暴雨，就會傾覆沉沒。

四七　雲夢田

楚王好安陵君❶，安陵君用事❷，景睢❸邀❹江乙❺使言于安陵君曰：「楚國多貧民，請以雲夢❻之田貸之耕以食，無使失所。」安陵君言于王而許之。他日，見景子，問其入❼之數。景子曰：「無之。」安陵君愕曰：「吾以子為利於王而言焉，乃以與人而為恩乎。」景睢失色而退，語其人曰：「國危矣！志利而忘民，危之道也。」

【注釋】❶安陵君　名纏，楚王倖臣。封於安陵，稱安陵君。見《戰國策‧楚一》。安陵，在今河南鄢城。❷用事　指當政。❸景睢　楚國大夫。❹邀　請求。❺江乙　又名江一、江尹。戰國時魏人，仕於楚。❻雲夢　古澤名。此指楚國的湖濱地區。❼入　指賦稅收入。

【語譯】楚王喜歡安陵君，安陵君因此當政。景睢請江乙帶信給安陵君說：「楚國有很多貧窮的百姓，請把雲夢一帶的田地租給他們耕種，讓他們有口飯吃，不要讓他們流離失所。」安陵君向楚王稟報了這個建議並得到了楚王的恩准。後來，安陵君見到景睢，便向他問起田賦徵收的數目。景睢回答說：「沒有收取賦稅啊！」安陵君十分驚訝，說：「我還以為你是在為楚王謀利才那樣建議的呢，原來你是把恩惠好處給了別人。」景睢聽後臉色大變，告退而回。他對周圍的人說：「國家危險了！執政者一心想著如何獲取利益而忘記了天下的百姓，這是一條危險的道路啊！」

【研析】大夫景睢看到國內百姓窮困，便建議朝廷把一些閑置的土地租給他們耕種，以避免他們因生活無著而流離失所。這本來是一件利國利民的好事，卻被安陵君理解為討好國君，別有所圖。寓言通過這一認識上的差距，諷刺了那些「以小人之心，度君子之腹」的佞臣，巧妙地揭示了楚國統治者「志利而忘民」的實質。古語云：「制國有常，利民為本。」《史記・趙世家》因為，只有百姓富裕了，國家才能富強；只有民心所向，國家才能安寧。而楚王和他的近臣只知道為自身謀利，難怪景睢要「失色而退」，悲歎：「國家危險了！」

四八 彌子瑕❶

衛靈公❷怒彌子瑕，抶❸出之。瑕懼，三日不敢入朝。公謂祝鮀❹曰：「瑕也懟❺乎？」子魚對曰：「無之。」公曰：「何謂無之？」子魚曰：「君不觀夫狗乎？夫狗依人以食者也，主人怒而抶之，嗥而逝❻；及其欲食也，葸葸然❼復來，忘其抶矣。今瑕，君狗也，仰❽於君以食者也，一朝不得於君，則一日之食曠❾焉，其何敢懟乎？」公曰：「然哉。」

【注釋】❶彌子瑕 衛靈公的寵臣。❷衛靈公 春秋時衛國國君。名元，衛獻公孫。西元前五三四年至前四九三年在位。❸抶 鞭打。❹祝鮀 衛國大夫，字子魚。❺懟 怨恨。❻逝 逃離；離去。❼葸葸然 畏懼貌。❽仰 依賴；仰仗。❾曠 落空。

【語　譯】衛靈公對彌子瑕發怒，用鞭子把他趕了出去。彌子瑕很害怕，三天不敢上朝。衛靈公對祝鮀說：「彌子瑕恨我了吧？」祝鮀答道：「沒有的事。」衛靈公問：「為什麼說不會恨我呢？」祝鮀說：「您沒有看見過狗嗎？狗是靠人才有食物吃的。主人發怒鞭打了牠，牠嗥叫著逃跑了，但等到牠想吃東西的時候，又畏畏縮縮地回來，忘了曾經挨過鞭子的事。如今的子瑕就是您養的狗，靠了您才有東西吃。一天從您這裡得不到食物，就要一天餓肚子，他哪裡敢恨您呢？」衛靈公說：「對啊。」

【研　析】狗依靠主人才能得到食物，奴才依仗主子才能耀武揚威。狗一天得不到食物就得餓一天的肚子，奴才一旦失去了主子就如同喪家之犬，惶惶不可終日。所以，即使狗被主人打斷了脊梁骨，也得搖著尾巴，向主人乞憐；即使奴才被主子鞭笞責罵，也得低三下四，頓首謝恩。兩者對象不同，但道理是一樣的，因為狗與主人、奴才與主子之間是一種依附與被依附的關係。本文雖然篇幅短小，但文字簡潔，含意深刻，以狗設喻，道明事理。語言運用上也十分生動，如寫狗遭主人鞭打後「嗥而逝；及其欲食也，葸葸然復來，忘其抶矣」，維妙維肖，逼真地刻劃出了狗奴才們的醜陋嘴臉。

四九　自瞽❶自聵❷

郁離子曰：「自瞽者樂言己之長，自聵者樂言人之短。樂言己之長者不知己，樂言人之短者不知人。不知己者無所見，不知人者無所聞。無見者謂之瞽，無聞者謂之聵。人有耳目，而見聞有所不及，恆患所以聰明❸之，猶懼其蔽塞也，而況於自瞽自聵乎？瞽且聵而以欺人曰：『予知且能。』然而不喪者，蔑❹之有也。」

【注釋】❶瞽　瞎眼。❷聵　耳聾。❸聰明　謂視聽敏銳。聽覺靈敏曰聰，視覺清晰曰明。❹蔑　無。

【語譯】郁離子說：「視而不見的人，喜歡說自己的長處；充耳不聞的人，喜歡說別人的短處。喜歡說自己長處，是因為他們對自己不了解；喜歡說別人的短處，是因為他們不了解別人。不能正確地看待自己，就什麼也看不見；不能正確地認識別人，就什麼也聽不進。什麼也看不見的人，稱之為瞎子；什麼也聽不見的人，稱之為聾子。人雖然有耳有眼，但所見所聞，還是有達不到的地方，所以，常想使耳朵聽起來更敏銳一點，眼睛看起來更清晰一點，總是擔心自己耳塞目蔽，更何況是那些自己把自己的眼睛蒙上、自己把自己的耳朵堵上的人呢？這種人不明事理，還騙人說：『我睿智，我能幹。』然而對他們來講，不失誤是從來沒有的事。」

【研　析】眼不明稱瞽，耳不聰稱聵，既瞽且聵，難辨視聽。然而，更有甚者的是那些自瞽自聵者。他們不能正確地看待自己，也不能正確地看待別人，塞耳蔽目，不明事理，還自欺欺人地說：「予知且能。」結果是沒有不失誤的。文章以自瞽自瞶比喻認識上的主觀偏見，形象而貼切。結構上層次分明：首先，指出自瞽自瞶者的特點是喜歡「言己之長」，「言人之短」；其次，指出自瞽自瞶必然導致「無所見」，「無所聞」；再次，以「人有耳目……猶懼其蔽塞也，而況於自瞽自瞶乎」反詰，進一步增強了寓言的論證力；最後指出，謬誤與失敗是自瞽自瞶者的必然結果。全文篇幅雖小，但層層推進，邏輯性很強。

五〇　自諱❶自矜❷

郁離子曰：「諱者，欺之媒❸乎；矜者，諂之宅❹乎。媒以招之，宅以納之，姦其不至乎？故舟必漏也而後水入焉，土必濕也而後苔生焉，姦人伺隙以圖進其身，奚暇為人國家計哉？故因其矜也而施之諂，因其諱也而投以欺，然後昭然❺知其為諂與欺而弗之拒也。繇是而貫❻，貫而後寵生焉。寵生慕，慕生效❼。夫姦人之得志於人國家也，一旦不能堪也，而況於慕效之相承乎？腐肉之致蠅，非特盡其肉而已也，蠅生蛆，而蛆復為蠅，蠅蛆相生而不窮，夫何以當之？是故君子之修慝辨惑❽，如良醫之治疾也，鍼其膏肓❾，絕其根源，然後邪淫❿不生。苟知諂與欺之能喪人心亡人國也，屏⓫其媒，壞其宅，姦者熄⓬矣。」

【注　釋】❶諱　隱瞞；諱忌。❷矜　驕傲；自以為是。❸欺之媒　欺騙的媒介。❹諂之宅　諂媚的居所。指阿諛奉承由此而生。❺昭然　明白貌。❻繇是句　繇，同「由」。貫，連續。指習以為常。❼效　仿效。❽修慝辨惑　清除邪惡，辨明疑惑。修，通「滌」。清洗。慝，邪惡。❾鍼其膏肓　鍼，同「針」。中醫治病的一種方法，用針刺入人體一定穴位以達到治療目的。膏肓，人體心下膈上的重要部位。後以病入膏肓形容病情嚴重，不可救治。❿邪淫　中醫指致病的因素，即風、寒、暑、濕、燥、火六淫邪氣。⓫屏　同「摒」。去除。⓬熄　止息。

【語　譯】郁離子說：「諱忌，是導致欺騙的媒介；驕矜，是諂媚生成的處所。有這種媒介的召喚，有這種處所的容納，奸邪之事不就降臨了麼？所以，船必定是先有漏縫，水才會進入艙中；土必定是先已濕潤，而後才會長出苔蘚。奸邪的人總是千方百計地尋找機會圖謀升官進爵，哪裡有閑功夫來為君主、為國家考慮問題呢？因此，由於當政者驕矜，奸惡的人就對他阿諛奉承；由於當政者好諱忌，奸惡的人就對他隱瞞欺騙。等到後來明明知道他們是在諂媚和欺騙，但已無法抗拒。由此而習以為常，習以為常後就會對他們寵幸有加，對他們寵幸有加就會使其他人產生羨慕之情，其他人產生了羨慕之情就會紛紛效仿。那些奸惡之徒受到君主和國家的器重而得志，有一個已經是很麻煩的事了，更何況從羨慕到效仿此類小人層出不窮呢？腐爛的肉招引蒼蠅，蒼蠅不僅僅噬盡肉而已，還生出蛆，蛆又變成蒼蠅，不斷繁殖，無窮無盡。用什麼方法才能阻擋牠們呢？所以，君子清除邪惡，辨明疑惑，就如同良醫治病一樣，針砭膏肓之處，斷絕致病的根源，然後邪淫之氣才不會產生。如果知道了諂媚與欺騙能喪失人心、滅亡國家，那就應該摒棄它的傳播媒介，毀壞它賴以棲身的處所，這樣一來，奸惡之徒就會自行消失了。」

【研　析】自諱者，不能正視客觀事實；自矜者，不能正確對待自己。其危害，不僅僅在於個人，還影響到社會風氣，涉及到國家安危。本篇運用一連串形象的比喻，闡述自諱自矜的弊端及除奸去害的方法。首先，以「欺之媒」、「諂之宅」，比喻諱者與矜者帶來的危害：因其招納，奸人頓至。其次，以「舟必漏也而後水入焉，土必濕也而後苔生焉」，比喻奸邪之徒是無孔不入的。他們為了達到「進其身」的目的，攀炎附勢，投其所好，無所不用其極。而自諱自矜者，為他們開了方便之門。第三，以腐肉致蠅，「蠅生蛆，而蛆復為蠅，蠅蛆相生而不窮」，比喻投機鑽營者由「寵生慕」，「慕生效」，奔走角逐，層出不窮所造成的惡果。這些人一旦當權，「奚暇為人國家計哉」，強調了問題的嚴重性。最後，以「君子之修慝辨惑，如良醫之治疾也，鍼其膏肓，絕其根源，然後邪淫不生」，比喻應當從根本上杜絕「諂與欺」滋生的土壤，「屏其媒，壞其宅」，使奸者熄，人心正，國家安寧，政治清明。全文以喻說理，環環相扣，言簡意賅，發人深思。

五一 祛蔽

瓠里子之艾❶，謂其大夫曰：「日君之左服❷病，獸人❸曰得生馬之血以飲之可起❹也。君之圉人❺使求僕之驂❻，僕難未與也。」大夫曰：「殺馬以活馬，非人情也，夫何敢？」瓠里子曰：「僕亦竊有疑焉。雖然，亦既知君之心矣，願因而有所請。僕聞有國者必以農耕而兵戰也。農與兵，孰非君之民哉？故兵不足則農無以為衛，農不足則兵無以為食。兵之與農猶足與手，不可以獨無也。今君之兵暴❼於農而君不禁，農與兵有訟❽，則農必左❾，耕者困矣，是見手而不見足也。今君之圉人，見君之不可無服，而不見僕之不可無驂也。昔者，陳胡公❿之元妃⓫大姬⓬好舞，於是宛邱⓭之人皆拔其桑而植柳，僕竊為君畏之。」

【注釋】❶艾　古地名，在今江西修水西。❷左服　古代一車駕四馬，中間的兩匹馬稱服。左服，指左邊的那匹服馬。❸獸人　掌管有關狩獵和供獻獸物的官員。《周禮·天官·獸人》：「獸人掌罟田獸，辨其名物，冬獻狼，夏獻麋……凡田獵者，掌其政令。」❹起　指痊癒。❺圉人　周代官名，掌管養馬放牧事宜。亦泛稱養馬的人。❻驂　古代一車駕三馬或四馬，兩邊的馬稱驂。❼暴　侵犯；欺凌。❽訟　訴訟；打官司。❾左　古代以右為貴，左，指處於下風。❿陳胡公　姓媯氏，名滿，舜後裔，古代陳國的開國君主。武王克商，求舜後，得滿。以元女太姬許其為妻，封於陳，稱陳胡公。⓫元妃　國君或諸侯的嫡妻。⓬大姬　即太姬，周武王長女。周為姬姓，古代女子以姓行。大，尊詞。《左傳·襄公二十五年》：「庸以元女大姬配胡公，而封諸陳，以備三恪。」杜預注：「元女，武王之長女。」⓭宛邱　即宛丘，春秋時陳國國都，故址在今河南淮陽。

【語　譯】鮑里子來到艾地，對那裡的大夫說：「國君車駕左邊的服馬病了，掌管狩獵的官員說：用活馬的血給牠喝了就可以痊癒。國君的養馬人派人來要殺我的驂馬取血，我很為難，沒有給他。」大夫說：「用殺死一匹馬的方式來救活一匹馬，太不近人情了，他怎麼敢這樣做？」鮑里子說：「我私下也感到疑惑。但即便如此，也了解國君的心思了。我願意借此機會向您請教一些看法：我聽說當國君的一定要有農民來耕種土地，有士兵來保衛疆域。農民和士兵，哪個不是國君的屬民呢？所以，士兵不足，就不能保衛農民安全生產；農民不足，士兵就得不到充足的糧食。士兵和農民好比是一個人的腳和手，缺一不可。如今，國君的士兵侵犯農民的利益而國君不加制止，農民和士兵發生訴訟，農民總是吃虧，種田人太難當了！這就好比是只看見手而看不見腳啊！現在，國君的養馬人只看到國君的車駕不可以沒有服馬，而看不到我的車駕同樣不可以沒有驂馬。從前，陳胡公的嫡妻大姬愛好跳舞，於是，宛丘一帶的人都把桑樹拔掉種上柳樹。我私下也是替國君擔憂這件事啊！」

【研 析】農耕與戰伐，在古代被視作強國之本，《商君書・農戰篇》開篇即云：「凡人主之所以勸民者，官爵也；國之所以興者，農戰也。」《漢書・食貨志上》引古語，「一夫不耕，或受之饑；一女不織，或受之寒」，同樣強調了農耕的重要性。本篇以「殺馬以活馬，非人情也」設喻，說明重兵輕農，縱兵侵農是極其錯誤的；又以手和腳的關係，說明兩者對人體來說同等重要，不可或缺。「今君之兵暴於農而君不禁，農與兵有訟，則農必左」，是一種「見手而不見足」的短視行為，其結果近則影響到軍民關係，遠則影響到國家安危。一句「有國者必以農耕而兵戰也」，點明重視耕戰的重要意義。篇尾以「陳胡公之元妃大姬好舞，於是宛邱之人皆拔其桑而植柳」，意謂重兵輕農的風氣不可長，此風一長，國之危矣，為執政者敲響了警鐘。

五二 宋王偃❶

宋王偃惡楚威王❷，好言楚之非。旦日❸視朝❹，必詆❺楚以為笑，且曰：「楚之不能若是❻，甚矣！吾其得楚乎？」群臣和之，如出一口。於是行旅❼之自楚適❽宋者，必構❾楚短以為容❿。國人、大夫傳以達于朝，狂而揚⑪，遂以楚為果不如宋，而先為其言者亦惑焉。於是謀伐楚，大夫華犨諫曰：「宋之非楚敵也舊⑫矣，猶犪牛⑬之於鼢鼠⑭也。使誠如王言，楚之力猶足以十宋，宋一楚十，十勝不足以敵⑮一敗，其可以國試⑯乎？」弗聽。遂起兵，敗楚師于潁⑰上，王益逞⑱。華犨復諫曰：「臣聞小之勝大也，幸其不吾虞⑲也。幸⑳不可常，勝不可恃㉑，兵不可玩㉒，敵不可侮㉓。侮小人且不可，況大國乎？今楚懼矣，而王益盈㉔。大懼小盈，禍其至矣！」王怒，華犨出奔齊。

明年，宋復伐楚。楚人伐敗之，遂滅宋。

【注釋】❶宋王偃 即宋康王戴偃，戰國時宋國國君。後齊、魏、楚伐宋，殺偃，三分其國。❷楚威王 楚惠王五世孫，名熊商，戰國時楚國國君。❸旦日 早晨。❹視朝 臨朝聽政。❺詆 毀謗。❻不能若是 猶如此無能。若是，像這樣。❼行旅 外出旅行之人。❽適 到……去。❾構 編造。❿以為容 用以取悅。容，媚悅。⓫狂而揚 誇大發揮。⓬舊 久。⓭犪牛 傳說中一種體格高大的野牛。⓮鼢鼠 一種體肥尾短的鼠類。⓯敵 抵得。⓰以國試 拿國家的安危去嘗試。⓱潁 水名。淮河最大的支流。流經安徽、河南地區。⓲逞 放縱；驕橫。⓳虞 準備；料想。⓴幸 同「倖」。僥倖。㉑恃 依仗。㉒玩 輕忽。

㉓侮　侮辱；輕慢。㉔盈　自滿；驕傲。

【語　譯】宋王偃厭惡楚威王，喜歡說楚國的壞話，早晨臨朝聽政，必定要詆毀楚國作為笑談，還說：「楚國像這樣腐敗無能，真是不可救藥！我豈不是能戰而勝之得到楚國了麼？」群臣隨聲附和，像是出於一人之口。於是，從楚國到宋國來的人，一定要編造一套詆毀楚國的話來取悅宋國。國人、大夫把這些話傳到朝廷，並誇大其詞，鬧得沸沸揚揚，一時大家都認為楚國真的不如宋國，就連先前編造謊言的人也感到迷惑了。於是，謀劃攻打楚國。大夫華犨勸諫說：「宋國不是楚國的對手，歷來如此，兩國的力量對比就像犪牛與鼩鼠一樣懸殊。就算是真如大王您說的那樣，楚國的力量還是足以抵得上十個宋國。宋為一，楚為十，就算戰勝楚國十次，都抵消不了宋國失敗一次。怎麼能拿國家的命運來做試驗冒險呢？」宋王偃不聽勸告，於是起兵，在潁水上打敗了楚國的軍隊，宋王因此更加驕橫了。華犨又勸諫說：「我聽說弱小的戰勝強大的，是僥倖於對方沒有防備。但僥倖的事情是不會經常發生的，一時的勝利也不可以自以為了不起，打仗的事不可以輕忽，對敵人不可以輕慢。輕慢小人尚且不可，更何況是對大國呢？現在楚國害怕了，而大王您卻過分自信。大國害怕，小國自滿，災禍就要來臨了！」宋王聽了大怒，華犨只好逃到齊國去了。

第二年，宋國再次征伐楚國，楚軍打敗了宋軍，接著把宋國滅亡了。

【研　析】不尊重客觀事實、夜郎自大的人是沒有不失敗的。宋國比之楚國，就像是鼩鼠比之犪牛，兩者力量懸殊，不可同日而語。但宋王偃看不到這一點，一個勁地詆毀楚國。旅人為了討好宋王，編造謊言，群臣隨聲附和，一時間好像楚國真的是搖搖欲墜，唾手可得，虛無飄渺的空中樓閣便這樣被構建了起來。《孫子兵法》中說：「知己知彼，百戰不殆。」宋王既不知己，又不知彼，利令智昏，不聽勸諫，發兵攻楚，僥倖獲勝之後，更加狂妄，不可一世，結果引火燒身，落得個兵敗國亡的可悲下場。這則寓言告訴我們：凡事要量力而行，按照客觀規律辦事，而不能憑主觀願望和不著邊際的傳言一意孤行。寓言還揭示了「幸不可常，勝不可恃，兵不可玩，敵不可侮」，驕盈必敗的道理，不僅在軍事上，在日常生活中也具有借鑑意義。

五三　越王❶

越王燕❷群臣，而言吳王夫差❸之亡也以殺子胥❹故，群臣未應。大夫子餘❺起而言曰：「臣嘗之❻東海矣，東海之若❼游于青渚❽，禺彊❾會焉，介鱗之從者以班❿，見夔⓫出，鼈延頸⓬而笑。夔曰：『爾何笑？』鼈曰：『吾笑爾之蹻躍⓭，而憂爾之踣⓮也。』夔曰：『我之蹻躍不猶爾之跛⓯乎？且我之用一，而爾用四，四猶不爾持⓰也，而笑我乎？故跂⓱

之則羸其骭⑱，曳⑲之則毀其腹，終日匍匐⑳，所行幾許？爾胡不自憂而憂我也？』今王殺大夫種㉑而走范蠡㉒，四方之士掉首㉓不敢南顧㉔，越無人矣！臣恐諸侯之笑王者在後也。」王默然。

【注釋】❶越王　指句踐，春秋末越國國君，西元前四九七年至前四六五年在位。其父允常曾為吳王闔閭所敗，句踐打敗闔閭雪其辱。闔閭子夫差又為其父復仇，大敗句踐。句踐求和，臥薪嘗膽，發憤圖強，並用范蠡、文種之策，最終攻滅吳國。❷燕　通「宴」。❸夫差　春秋末吳國國君。西元前四九五年至前四七三年在位。為越王句踐所敗。自剄死。❹子胥　即伍員，字子胥，吳國大臣。因屢諫夫差拒絕與越國議和並停止伐齊，被夫差賜劍自殺。❺子餘　越國大夫。❻之　往；到。❼若　海神名。《莊子・秋水》：「河伯始旋其面目，望洋向若而歎。」❽青渚　青色的洲渚。❾禺彊　又作「禺強」，北海海神名。《山海經・大荒北經》：「北海之渚中，有神，人面鳥身，珥兩青蛇，踐兩赤蛇，名曰禺彊。」❿介鱗句　介，指龜鱉一類有甲的水中動物。鱗，指魚一類有鱗的水中動物。班，依次排列。⓫夔　傳說中的獨腳怪獸。《山海經・大荒東經》：「東海中有流波山，入海七千里。其上有獸，狀如牛，蒼身而無角，一足，出入水則必風雨。其光如日月，其聲如雷，其名曰夔。」⓬延頸　伸長脖子。⓭蹻躍　指用一隻腳跳躍。蹻，不穩定貌。⓮踣　仆倒。⓯跳跛　緩緩爬行；蹩腳而行。⓰不爾持　即不持爾。指不能支撐其身體。⓱跂　通「蚑」。蟲行貌。⓲羸其骭　使小腿瘦弱。羸，瘦弱。骭，小腿。⓳曳　拖。⓴匍匐　指爬行。㉑大夫種　即文種，越國大夫，字少禽。越被吳擊敗後，種獻計句踐，賄賂吳太宰嚭，得免亡國。句踐歸國，授以國政。滅吳後，接范蠡來信，稱疾不朝。句踐聽信讒言，賜劍命種自殺。㉒走范蠡　迫使范蠡出走。范蠡，字少伯，越大夫。助越滅吳，稱上將軍。他深知句踐為人，「可與其患難，難與同安樂」，遂離越去齊，改名鴟夷子皮，任為相。後又至陶（今山東定陶西北），改稱陶朱公，以經商致富。㉓掉首　回頭。㉔不敢南顧　意謂不敢到越國來。南顧，向南面看，因越國在南方。

【語　譯】越王宴請群臣，席間談論起吳王夫差滅亡的緣故是因為殺了伍子胥，群臣聽了都不言語。大夫子餘站起身來，說道：「我曾經到過東海。東海的海神若出遊到青色洲渚，北海海神禺彊前來會見，魚鱉隨從在後，排列有序。見到夔獸出來時，鱉伸長脖子發笑。夔問：『你笑什麼？』鱉說：『我笑你用一隻腳跳躍的樣子，擔心你跌倒啊。』夔說：『我一隻腳跳躍不就像你蹩著腳爬行嗎？況且我只用一隻腳而你卻要用四隻腳，四隻腳都支撐不住你，為什麼還要笑話我呢？你本來踮著腳，小腿就軟弱無力；拖著腿走，就會磨破肚皮；一天到晚總是爬行，又能走多少路呢？你為什麼不擔憂自己反而擔憂起我來了呢？』如今大王您殺了文種大夫，又迫使范蠡離您而去，天下的賢能之士掉轉頭不敢向南面看，越國已無人可用了！我擔心諸侯笑話大王的時候還在後頭呢！」越王聽了，沉默不語。

【研　析】越王認為，吳國滅亡的原因是因為誅殺了大臣伍子胥，殊不知，自己的所作所為也與吳王無異。

據史書記載，越王句踐在范蠡、文種等大臣的幫助下忍辱負重，臥薪嘗膽，苦心經營了二十餘年，終於滅了吳國。但范蠡清楚越王是一個可與其患難，難與同安樂的人，便在功成之後，泛舟逃往別處。他在寫給文種的信中說：「飛鳥盡，良弓藏；狡兔死，走狗烹。你如果不及時離去，越王一定會加害於你。」文種不相信范蠡的話。後來越王果然派人送了一柄劍給文種，說：「你曾經教我七條計謀攻打吳國，我用了其中的三條就把吳國消滅了，剩下的四條請你帶到陰間去，替越國的祖先向吳國的祖先報仇吧！」文種被迫自殺。

本篇通過大夫子餘講述鱉笑話鼈的故事，揭示了越王句踐和吳王夫差在本質上是沒有區別的。五十步笑百步，是諷刺那些無視自己的錯誤卻嘲笑別人錯誤的人，而這句話用在越王句踐身上，是十分恰當的。

五四　即且❶

即且與蝘❷遇于疃❸，蝘褰首❹而逝❺，即且追之，蹁旋❻焉繞之，蝘迷其所如❼，則呀❽以待。即且攝❾其首，身弧屈而矢發❿，入其肮⓫，食其心，齧⓬其脅⓭，出其尻⓮，蝘死不知也。

他日行於煁⓯，見蛞蝓⓰，欲取之。蚿⓱謂之曰：「是小而毒，不可觸也。」即且怒曰：「甚矣，爾之欺予也！夫天下之至毒莫如蛇，而蛇之毒者又莫如蝘。蝘噬木⓲則木翳⓳，齧人獸則人獸斃，其烈猶火也。而吾入其肮，食其心，葅鮓⑳其腹腸，醉其血，而飽其膋㉑，三日而醒融融然㉒，夫何有於一寸之蜿蠕㉓乎？」

跂㉔其足而凌㉕之。蛞蝓舒舒㉖焉，曲直其角㉗，呴㉘其沫以俟之。即且黏而顛㉙，欲走，則足與須盡解解㉚，朒朒㉛而臥，為螘㉜所食。

【注　釋】❶即且　即「蝍蛆」，蜈蚣的別稱。❷蝁　一種劇毒的蝮蛇。❸疃　即「町疃」。田舍旁的空地，禽獸踐踏的地方。❹褰首　昂首；抬頭。❺逝　逃離。❻蹁旋　旋轉。❼所如　所往。❽呀　張口貌。❾攝　收縮。❿身弧屈句　指身體像弓一樣彎曲起來像箭一樣地射出。矢，箭，指毒刺。⓫肮　咽喉。⓬齧　咬。⓭膂　肥腸。⓮尻　臀部。⓯熚　火爐。⓰蛞蝓　即蜒蚰，俗名鼻涕蟲。形似去殼的蝸牛，能分泌黏液。⓱蚿　一種多足蟲名，有臭腺，俗稱香延子。⓲噬木　咬樹。⓳翳　通「殪」。樹木枯死。《詩經．大雅．皇矣》：「作之屏之，其菑其翳。」毛傳：「自斃為翳。」⓴葅鮓　謂魚肉醬。㉑膋　脂肪。㉒融融然　和樂恬適貌。㉓蜿蠕　像蛇一樣蠕動。蜿，同「蛇」。蠕，微動。㉔跂　踮起腳尖。㉕凌　通「陵」。侵犯。㉖舒舒　行動遲緩貌。㉗曲直其角　將牠的觸角彎曲又伸直。㉘呴　吹出。㉙顛　仆倒。㉚解解　溶解脫落。㉛朒朒　猶朐朒，蚯蚓一類的動物。此指像蚯蚓一樣彎曲。㉜螘　「蟻」的異體字。

【語　譯】蜈蚣和蝮蛇在田舍旁的空地上相遇，蝮蛇抬起頭就跑，蜈蚣追了上去，繞著牠旋轉追擊，不一會兒，蝮蛇就轉昏了頭不知所向，只好張大嘴等待敵手。蜈蚣收縮頭頸，身體彎得像一張弓，忽然箭一般地射出，鑽進蝮蛇的喉嚨，吃掉了牠的心臟，又啃食牠的肥腸，然後從牠的肛門鑽了出來。蝮蛇到死都不知道自己是怎麼死的。

有一天，蜈蚣來到爐竈邊，碰見了鼻涕蟲，想要捕捉牠。香延子對蜈蚣說：「你別看這東西很小，但有劇毒，是碰不得的。」蜈蚣發怒道：「你騙我也騙得太過分了！天底下最毒的東西莫過於蛇，而最毒的蛇又莫過於蝮蛇。蝮蛇咬樹木，樹木就會死去。咬了人和獸，人和獸就會斃命。牠的劇毒像烈火一般猛烈，可是我卻能鑽進牠的喉嚨，吃掉牠的心，把牠的肚腸當成魚肉醬，喝牠的血，飽食牠的脂肪，吃飽喝足之後，昏睡三天才醒過來，和樂舒適極了。而這不過是一條一寸來長的小蟲，算得了什麼呢？」

蜈蚣說著便踮起腳向鼻涕蟲進攻。鼻涕蟲從容不迫地將牠的觸角彎曲又伸直，吐出黏液等待蜈蚣。蜈蚣被黏液黏住跌倒在地。想要逃走，無奈腳與鬚都被黏液融解，牠蜷縮著身體躺在地上，最後被螞蟻吃掉了。

【研析】蜈蚣捕食了一條毒蛇，便目空一切，自以為天下無敵，結果被鼻涕蟲的黏液黏住，成了螞蟻的盤中餐。這則寓言啟示我們：取得了一些成績，或有了一點長處，千萬不能驕傲自滿。要知道，山外有山，天外有天，強中自有強中手。如果不能客觀地看待問題，栽跟頭的只會是自己。

文章以擬人的手法，賦予蜈蚣等小生靈以人的思想、性格與行為。寫法上頗為別致，如寫蜈蚣捕食蝮蛇，用了「追」、「繞」、「攝」、「發」、「入」、「食」、「齧」、「出」等一連串的動作，簡練而形象地表現了捕食的全部過程。寫蜈蚣不聽勸阻，自吹自擂，也極具表現力。通過「吾入其肮，食其心，葅鮓其腹腸，醉其血，而飽其膋，三日而醒融融然」的描寫，一個得意忘形的狂妄之徒的形象凸現紙面。最後寫這樣一個不可一世的傢伙為黏液所困，被小小的螞蟻所食，更增添了一分諷刺意味。

五五 術使❶

楚有養狙❷以為生者，楚人謂之狙公。旦日❸，必部分❹眾狙于庭，使老狙率以之山中，求草木之實，賦什一❺以自奉❻；或不給，則加鞭箠❼焉。群狙皆畏苦之，弗敢違也。

一日，有小狙謂眾狙曰：「山之果，公所樹❽與？」曰：「否也，天生也。」曰：「非公不得而取與？」曰：「否也，皆得而取也。」曰：「然則吾何假❾於彼，而為之役乎？」言未既，眾狙皆寤❿。其夕，相與⓫伺狙公之寢，破柵毀柙⓬取其積，相攜而入于林中，不復歸。狙公卒餒⓭而死。

郁離子曰：「世有以術使民而無道揆⑭者，其如狙公乎？惟其昏而未覺也。一旦有開之，其術窮矣。」

【注　釋】❶術使　使用權術。❷狙　獼猴。❸旦日　清晨。❹部分　安排；部署。❺賦什一　繳納十分之一。賦，徵收；繳納。什，通「十」。❻自奉　供奉自己。❼鞭箠　鞭打。❽樹　種植。❾假　依賴；憑藉。❿寤　醒悟。⓫相與　共同；一道。⓬柙　關野獸的木籠。⓭餒　飢餓。⓮道揆　準則；法度。《孟子．離婁上》：「上無道揆也，下無法守也。」朱熹集注：「道，義理也；揆，度也。道揆，謂以理義度量事物而制其宜。」

【語　譯】楚國有一個靠養獼猴為生的人，楚國人管他叫「狙公」。每天清晨，他都在庭院中向獼猴安排任務，讓老獼猴帶領牠們到山上去採摘草木的果實，並要這些獼猴交納其中的十分之一供自己享用。如果有不肯交納的，就用鞭子抽打，獼猴們都很害怕，不敢違抗。

一天，有隻小獼猴問眾猴：「山上的果樹都是狙公栽種的嗎？」大夥回答說：「不是的，是自然長出來的。」小獼猴又問：「除了狙公之外其他人就不能採摘嗎？」大夥說：「不是，誰都可以採摘。」小獼猴說：「那麼，我們何必要依賴他被他奴役呢？」小獼猴的話還沒說完，大夥猛然醒悟。那天晚上，獼猴們等狙公入睡以後，一起衝破柵欄，毀壞木籠，取走了狙公積存的果實，一起奔入樹林，不再回來了。最終，狙公因飢餓而死。

郁離子說：「世上那些依靠權術統治百姓而不講法度的人，不就像狙公一樣嗎？被統治者糊裡糊塗沒有覺醒時，他們那一套還能奏效，一旦有人開導他們，統治者的權術就無能為力了。」

【研　析】本篇通過狙公的故事，告誡統治階級，要按照先王的法度（如實行仁政，薄賦輕徭）來治理百姓，倘若採取野蠻的手段，橫徵暴斂，以權術馭民，一旦百姓覺醒了，奮起反抗，他們的末日也就來臨了。聯繫元代末年的社會現實，可以說，寓言的指向很明確。「相攜而入于林中」，不正是元末農民不堪忍受殘酷的剝削與壓迫，紛紛揭竿而起的真實寫照嗎？而狙公「卒餒而死」，則預示了殘暴統治的最終結局。文章用很小的篇幅，形象地敘述了眾猴從「皆畏苦之，弗敢違」，到「皆寤」，到「破柵毀柙」，走上反抗道路的全部過程。而在眾猴覺醒的過程中，先覺者不是那些足智多謀的老猴，而是一隻乳臭未乾的小狙。常言道，「自古英雄出少年」。正因為小狙年幼，思想上沒有框框，沒有陳腐的教條，敢於想眾猴所未想，所以最先覺悟。小狙提出的三個問題，既尖銳深刻，又帶有啟發性，足見其聰明睿智，善於思考。而如此構思，也正是作者不同凡響之處。

五六　無畏階禍❶

蒙人❷衣❸狻猊❹之皮以適壙❺，虎見之而走❻。謂❼虎為畏己也，返而矜❽，有大志。明日，服❾狐裘而往，復與虎遇，虎立而睨❿之。怒其不走也，叱⑪之，為虎所食。

邾婁子⑫泛于河，中流而溺⑬，水渦呴而出之⑭，得壺⑮以濟岸⑯，以為天祐己也，歸而不事魯，又不事齊。魯人伐而分其國，齊弗救。

君子曰：「無畏者，禍之本乎，惟有德可以受天祥⑰。祥不妄集，聖人實有之，猶內省⑱而懼，畏其不能勝也，而況敢自祥乎？非祥而以為祥，喪其心矣，其能免乎？」

【注　釋】❶階禍　招致禍患；惹禍。❷蒙人　蒙地的人。蒙，地名，即蒙澤，春秋時屬宋。在今河南商丘東北一帶。❸衣　穿。❹狻猊　古書中的猛獸，即獅子。《穆天子傳》卷一：「狻猊□野馬走五百里。」郭璞注：「狻猊，師子，亦食虎豹。」❺適壙　到曠野去。❻走　逃。❼謂　以為。❽矜　驕傲自大。❾服　穿著。❿睨　斜視。⓫叱　大聲呵斥。⓬邾婁子　指邾婁國國君。邾婁，即邾國，春秋時諸侯國名。邾子遷婁，故曰邾婁。《左傳・隱公元年》：「公及邾儀父盟於蔑。」楊伯峻注：「邾，國名，曹姓，……初都今曲阜縣東稍南，後都今鄒縣東南。」⓭溺　淹沒。⓮水渦句　謂從水的旋渦之中轉出來。呴，吐出。⓯壺　通「瓠」。葫蘆。《鶡冠子・學問》：「中河失船，一壺千金。」陸佃注：「壺，瓠也。佩之可以濟涉，南人謂之腰壺。」⓰濟岸　謂渡河抵岸。⓱天祥　上天所賜福祉。⓲內省　內心反省，查己有無過失。

【語　譯】蒙地有一個人身披獅子皮來到曠野，老虎看見他嚇得趕緊逃走。他認為老虎是害怕自己，回到家中，非常驕傲，自以為很了不起。第二天，他穿上狐皮衣來到曠野，又與老虎相遇。老虎停下來，斜著眼睛看他。他見老虎不逃跑，勃然發怒，大聲呵叱，結果被老虎吃掉了。

郲妻子乘船在河中漂游，到了河心失足沒入水中，不一會兒，旋渦又把他旋了出來，因為抓到一只葫蘆，得以漂渡上岸。郲妻子認為是蒼天有意保佑自己，歸來後，既不事奉魯國，又不事奉齊國。後來魯國發兵征伐，分裂他的國家，齊國袖手旁觀，不肯前來救助。

君子說：「膽大妄為是災禍的根源，惟有德行才能承受上天賜予的祥瑞。祥瑞是不會輕易出現的，只有聖人才配得上它。況且，聖人還時時反省憂懼，惟恐自己不能承受上天的恩賜，哪裡還敢妄想吉祥如意呢？不是祥瑞而自以為祥瑞，喪失了應有的理智，那怎麼能免遭災禍呢？」

【研　析】蒙人為虎所食，是因為他不了解老虎怕的是狻猊，非「畏己也」；郲妻子溺水得壺，本出於偶然，但他卻以為「天祐己也」。主觀臆想，無端驕矜，目中無人，是他們的共同特徵。本篇用這兩則小故事，說明了一個道理：膽大妄為，自不量力是招致災禍、自取滅亡的根源。作者提倡學習聖人「內省而懼」，謹慎行事的處世原則，具有積極意義。但同時又認為，「惟有德可以受天祥。祥不妄集，聖人實有之」，則是唯心的，應當摒棄。

五七　規姬獻❶

郁離子謂姬獻曰：「吾嘗游汝、泗❷之間，見叢祠❸焉，其中為天仙，其左右為鬼伯❹。天仙之祠，香燭之外無物，而鬼伯之祠，擊鐘烹羶❺，明膏火❻，窮晝夜。今子之庭，無雨、暘❼、寒、暑，皆如市❽，鵝、羊、鴨、雞之聲，啞嚄嘈囋❾，不得聞人語，吾隱❿子之不能為天仙而為鬼伯也。」

明年而敗于匏瓜之墟⓫，姬獻死焉。

【注釋】❶規姬獻　規，規勸；諫諍。姬獻，人名。❷汝泗　汝水與泗水，分別在河南與山東境內。❸叢祠　建在叢林中的神廟。❹鬼伯　猶鬼王、閻王。《樂府詩集・相和歌辭二・蒿里》：「鬼伯一何相催促，人命不得少踟躕。」❺擊鐘烹羶　形容祭祀場面。羶，原指羊的氣味，此泛指牛羊等祭品。❻膏火　照明用的油火。❼暘　日出；晴天。❽市　集市。❾啞嚄嘈囋　吵鬧嘈雜聲。嚄，驚歎聲。嘈囋，喧鬧；聲音雜亂。❿隱　傷痛；痛惜。⓫匏瓜之墟　假設地名。匏瓜，一種形似葫蘆的草本植物，老熟後可剖製成器具。《論語・陽貨》：「吾豈匏瓜也哉！焉能繫而不食？」後因喻未得仕用或無所作為。又指星名，古以天上星宿對應地上區域。

【語　譯】郁離子對姬獻說：「我曾經在汝水和泗水之間出遊，看見叢林中的神廟。中間的是天仙祠，左右兩邊的是鬼伯祠。天仙祠除了香燭之外，沒有其他的供品，而鬼伯祠中，撞鐘擊磬，陳設各式各樣的犧牲供品，燈燭通明，晝夜不斷。如今您的廳堂之中，不論是晴天還是雨天，也不論是寒冬還是酷暑，都熱鬧得像集市一般。鵝羊鴨雞的聲音，嘈雜成一片，連人的說話聲都聽不清楚。我痛惜您成不了天仙而將成為鬼伯了。」

第二年，姬獻果然在匏瓜之墟打了敗仗，死在那裡。

【研　析】天仙在虛無飄渺的空中，離凡人很遠；而鬼伯掌握著人的生死大權，彷彿時時都在身邊，令人恐懼。所以，天仙祠裡，一片冷落，而鬼伯祠中，熱鬧非凡，是不奇怪的。但文章的寓意，似乎並不在此。作者是以天仙比喻清官廉吏，以鬼伯比喻貪官污吏，通過祭祀神廟的描述，揭示了元代社會的通病，即賄賂公行，貪污成風。文章指出，貪贓受賄者是不會有好下場的，這些人做不了天仙而只能成為鬼伯，姬獻戰敗身死，便是其例子。文章還對那些整日發出「啞嚄嘈囋」之聲的奉承者予以辛辣的諷刺。正是他們的趨炎附勢、阿諛逢迎，使得世間「不得聞人語」，這也正是時代的悲哀。

五八 豢龍

有獻鯪鯉❶于商陵君❷者，以為龍焉。商陵君大悅，問其食，曰：「螘❸。」商陵君使豢❹而擾❺之。或曰：「是鯪鯉也，非龍也。」商陵君怒，抶❻之，於是左右皆懼，莫敢言非龍者，遂從而神之。

商陵君觀龍，龍卷屈如丸，倏❼而伸，左右皆佯驚❽，稱龍之神。商陵君又大悅。徙❾居之宮中，夜穴甓而逝❿。左右走報⓫曰：「龍用壯⓬，今果穿石去矣。」商陵君視其迹，則悼惜不已，乃養螘以伺，冀其復來也。

無何，天大雨，震電⓭，真龍出焉。商陵君謂為⓮豢龍來，矢⓯螘以邀之。龍怒，震其宮，商陵君死。

君子曰：「甚矣，商陵君之愚也！非龍而以為龍，及其見真龍也，則以鯪鯉之食待之，卒震以死，自取之也。」

【注釋】❶鯪鯉　即穿山甲。全身鱗甲，穴居，性好食蟻。明李時珍《本草綱目・鱗一・鯪鯉》：「其形肖鯉，穴陵而居，故曰鯪鯉，而俗稱為穿山甲。」❷商陵君　虛擬人名。❸螘　「蟻」的異體字。❹豢　飼養；餵養。❺擾　馴服。❻抶　鞭打。❼倏　「倏」的俗體。突然。❽佯驚　假裝吃驚的樣子。❾徙　遷移。❿穴甓而逝　謂穿透磚牆逃走了。穴，用作動詞，穿穴。甓，磚。逝，消失；逃走。⓫走報　奔走相告。此指跑來稟報。⓬用壯　謂依仗其強力。《易經・大壯》：「小人用壯，君子用罔，貞厲。」⓭震電　打雷閃電。⓮謂為　以為。⓯矢　陳獻；進獻。

【語譯】有人獻給商陵君一隻穿山甲，說是一條龍，商陵君非常高興。問牠吃什麼，那人說：「吃螞蟻。」商陵君便派人馴養牠。有一個人說：「這是一隻穿山甲，不是龍啊。」商陵君聽了大怒，用鞭子抽打這個人。於是，周圍的人都很害怕，沒有再敢說不是龍的。大家都跟著商陵君把穿山甲當神一樣供奉。

商陵君觀賞這條「龍」時，只見牠蜷曲著身體如一枚彈丸，突然間伸展開來，左右的人都裝作吃驚的樣子，稱讚「龍」的神奇。商陵君更加驚喜，把「龍」遷徙到宮中飼養。沒想到，牠在夜裡鑽破牆壁逃跑了。左右的人趕緊跑來稟報，說：「『龍』強壯無比，如今牠果然穿透石壁而去。」商陵君前往察看牠留下的痕跡，痛惜不已，就養了許多螞蟻，希望「龍」能夠再回來。

不久，天降大雨，雷電大作，一條真龍出現在天上。商陵君以為養的那條龍回來了，就把螞蟻拿出來進獻給牠。真龍見了大怒，震毀了宮殿，商陵君死於非命。

君子說：「商陵君太愚蠢了！不是龍卻以為是龍，等到見了真龍，卻用穿山甲吃的食物來招待牠，最終遭震擊而死，真是自找的啊！」

【研　析】葉公好龍的故事為大家所熟知。葉公鉤以寫龍，鑿以寫龍，屋室雕文以寫龍，但是，當真龍降臨時，卻嚇得喪魂失魄，六神無主。本篇雖與葉公好龍的情節不同，但表述的思想亦有共通之處。這就是不辨真偽，以假亂真，盲目喜好，最終必受其害。寫法上，以重墨寫商陵君的「愚」：他先是輕信人言，將穿山甲當作龍來飼養；後又自以為是，撻伐進言者，拒絕聽取真話；在穿山甲「穴甓而逝」以後，他親自「視其迹」，「悼惜不已」，並「養螘以伺」；而當真龍出現時，他「矢螘以邀」，真是愚昧到了極點，可以說他是一個不折不扣的昏君。而寫商陵君左右的人，由「懼」寫到「媚」；由「莫敢言非龍」，寫到「從而神之」，「左右皆佯驚」。「佯驚」兩字，寫足了這般小人拍馬逢迎、曲意討好之醜態，真是入木三分。

五九　蛇霧

冥谷❶之人畏日❷，恆❸穴土❹而居陰❺。有蛇焉，能作霧。謹事之❻，出入憑焉❼。於是，其國晝夜霧。巫紿❽之曰：「吾神已食日矣，日亡矣。」

遂信以為天無日也，乃盡廢其穴之居而處塏❾。

羲和氏❿之子之崦⓫過焉，謂之曰：「日不亡也。今子之所翳⓬者，霧也。霧之氛⓭可以晦⓮日景⓯，而焉能亡日？日與天同其久者也，惡乎亡⓰？吾聞之，陰不勝陽，妖不勝正。蛇，陰妖也，鬼神之所誥⓱，雷霆之所射⓲也，今乘天之用否而逞其姦，又因人之訛⓳以憑其妖⓴，妖其能久乎？夫穴，子之常居也，今以訛致妖而棄其常居，蛇死霧必散，日之赫㉑其可當乎？」

國人謀諸巫，巫恐洩其紿，遂沮㉒之。

未期月㉓，雷殺其蛇。蛇死而霧散，冥谷之人相呴而槁㉔。

【注釋】❶冥谷　幽深昏暗的山谷。❷畏日　害怕見到太陽。❸恆　一直。❹穴土　挖地洞。❺居陰　住在陰暗處。❻謹事之　小心謹慎地伺候牠。❼憑焉　任憑；聽之任之。❽紿　哄騙；欺騙。❾塏　乾燥的高地。❿羲和氏　神話傳說中的人物，帝俊妻。《山海經・大荒南經》：「東南海之外，甘水之間，有羲和之國。有女子名曰羲和，方浴日於甘淵。羲和者，帝俊之妻，生十日。」⓫崦　即「崦嵫」，山名。在甘肅天水西，神話傳說為日沒之處。⓬翳　遮掩。⓭氛　氣。⓮晦　昏暗。⓯日景　太陽光。景，通「影」。

⑯惡乎亡 怎麼會消亡呢？⑰詰 責問；追究。⑱射 擊。⑲訛 謠言。⑳憑其妖 憑藉牠興妖作怪。㉑赫 顯著；強烈。㉒沮 阻止。㉓期月 一整月。㉔相呴而槁 張嘴喘氣，因乾渴而枯槁。呴，噓氣。

【語 譯】冥谷中的人怕見太陽，長年在挖掘的陰暗洞穴裡居住。山裡有蛇，能噴出霧氣，人們小心謹慎地侍奉牠，聽任蛇進進出出，因此那地方晝夜霧氣沉沉。巫師欺騙人們說：「我的神已經把太陽給吃了，太陽已經不存在了。」於是大家都相信天上真的沒有太陽了，便都廢棄原來的洞穴搬到乾燥的高地上來居住。

義和氏的兒子到崦嵫山去經過那裡，對人們說：「太陽是不會消失的。如今遮掩你們的是霧氣，霧氣可以掩蓋太陽的光輝，但怎能使太陽消亡呢？太陽和天一樣的長久，怎麼會消亡呢？我聽說，陰不能戰勝陽，妖邪不能戰勝正義。蛇是陰邪的妖物，是鬼神所呵斥、雷霆所擊殺的對象。現在蛇趁蒼天暫時沒有顯威而逞牠的奸詐，又憑藉人的謠言而興妖作怪。妖異又怎能長久呢？洞穴，是你們長年居住的地方。現在，你們由於聽信了謠言而致使妖氣四起，又拋棄了長居的處所。一旦蛇死去，霧氣必定散開，你們能夠經受得住強烈的陽光嗎？」

聽了這番話，冥谷中的人去找巫師商量，巫師害怕自己的謊言被揭穿，便竭力加以阻止。不到一個月，雷電擊殺了蛇。蛇死之後，霧氣也就跟著散去。太陽出來了，冥谷中的人被曬烤得張口喘氣，最後都被曬乾了。

【研 析】輕信謠言、盲目行動而又不聽勸告的人，是沒有不吃苦頭的。這就像文中的冥谷之人，「信以為天無日也，乃盡廢其穴之居而處塏」，結果被熾烈的陽光曬得枯槁而死。

寓言還告訴我們：「陰不勝陽，妖不勝正」，妖魔作怪，只能猖獗一時，而不能得逞永久。陽光終究會驅散霧靄，衝破陰霾，發出燦爛的光芒。一切妖魔鬼怪，都會在赫赫的陽光之下現出原形，化為烏有。

六〇 采山❶得菌❷

粵❸人有采山而得菌，其大盈箱，其葉九成❹，其色如金，其光四炤❺。以歸，謂其妻子曰：「此所謂神芝❻者也，食之者仙。吾聞仙必有分❼，天不妄與也。人求弗能得，而吾得之，吾其仙矣！」乃沐浴❽齋❾三日而烹食之，入嚥❿而死。其子視之，曰：「吾聞得仙者必蛻其骸⓫，人為骸所累，故不得仙。今吾父蛻其骸矣，非死也。」乃食其餘，又死。於是同室之人皆食之而死。

郁離子曰：「今之求生而得死者，皆是之類乎。故張罔⓬以逐禽，使無所逃而獲，非不知而不避者也。設食而機⓭之，則其獲也，皆非知之而不避者也。南方有鳥，五采而象鳳，名曰『昭明⑭』，其性好亂，故出則天下起兵⑮。西方有獸，斑文⑯而象虎，名曰『騶虞⑰』，其性好仁，故出則天下偃兵⑱。其不知者莫不以為鳳與虎也。今天下之人，孰不曰予有知也。繇此觀之，遠矣！」

【注釋】❶采山　指在山上採藥。❷菌　即「蕈」，低等植物中的一類。有的能食用，有的有毒。❸粵　稱今廣東一帶。❹九成　九重；九層。❺炤　同「照」。❻神芝　即靈芝，一種真菌類藥物，有補神強身之功效，古人以為神草。晉張華《博物志》卷一：「名山生神芝不死之草，上芝為車馬之形，中芝為人形，下芝為六畜形。」❼分　緣分。❽沐浴　洗澡。古人於祭祀前沐浴更衣，以示虔誠。❾齋　齋戒。古人在祭祀前潔身清心，不吃葷腥，不飲酒。❿嚥　同「咽」。此指喉嚨。⓫蛻其骸　脫去人的形體。骸，人的形體。⓬罔　同「網」。⓭機　原指古代弩上發箭的工具，此用作動詞，指安置捕捉鳥獸的機關。⓮昭明　原指星名，《史記・天官書》：「昭明星，大而白，無角，乍上乍下。所出國，起兵，多變。」此借作鳥名。⓯起兵　指發生戰事。⓰斑文　斑色花紋。文，同「紋」。⓱騶虞　傳說中的義獸名。《詩經・召南・騶虞》：「於嗟乎騶虞。」毛傳：「騶虞，義獸也。白虎，黑文，不食生物，有至信之德則應之。」⓲偃兵　戰事平息。

【語譯】有一個廣東人在山上採藥採到了一株菌，個頭大得可以裝滿一個箱子。它的葉子分成九層，金黃顏色，光彩四射。廣東人把這株菌帶回家，對妻子和孩子說：「這就是人們常說的靈芝，吃了可以成仙。我聽說成仙是有緣分的，老天不會隨便給人靈芝，人們求拜都得不到而我卻得到了，我豈不是要成仙了麼！」於是沐浴更衣，齋戒三日後把菌煮熟吃了。誰知剛剛嚥下喉嚨，就斷了氣。他的兒子看到這種情形，說：「我聽說成仙的人一定要蛻去自己的軀體。平時，人們為自己的身軀所累，所以不能成仙。今天，我的父親蛻去軀殼羽化登仙，並不是死啊！」於是，他把剩下的菌給吃了，也跟著死了。一家人都因為吃了毒菌而喪命。

郁離子說：「如今一心求長生不老反而死去的人，都屬於這一類吧。本來張網是為了捕捉禽獸，使牠們無處可逃而被抓獲，並不是因為牠們不知躲避而為人所獲。投下食物並布上機關，所捉到的禽獸，都是那些全然無知而不知躲避的。南方有一種鳥，長著五彩的羽毛，樣子很像鳳凰，名字叫做『昭明』。牠的本性好動，所以，一旦牠出現，天下就發生戰爭。西方有一種野獸，長著有斑紋的皮毛，樣子很像老虎，名字叫做『騶虞』。牠的本性仁義，所以，一旦牠出現，天下的戰事就會止息。那些不知底細的人，沒有不把牠們當作鳳凰和老虎的。如今，天下的人，誰不誇耀自己具有才智呢，由此看來，他們離真正的有知還遠得很呢！」

【研　析】粵人採山得菌，以為靈芝，幻想成仙，誤食身亡。而其子認為，「得仙者必蛻其骸」，於是吃掉剩下的毒菌，也跟著死去了。通過這個悽慘的故事，作者諷刺了道家服食成仙的愚蠢做法，並闡述了知與無知的辯證關係。這裡，作者借用張網逐禽與設食誘捕兩個比喻，形象地說明：無所逃遁而被捕獲，是出於無奈；受利誘，不知躲避而誤入機關，是出於無知。對人來說，也是如此。有些災禍是無法躲避的，有些災禍則是由人的無知造成的。因此，能否保持清醒的認識，而不被假象迷惑，至關重要。但人們往往昧於事理，以愚昧為有知，就像文中所說的那樣，把「昭明」當作鳳凰，把「騶虞」當作老虎，還自詡曰：「吾有知也。」這正是那些自以為是者的可悲之處。

六一 枸櫞❶

梁王❷嗜果，使使者求諸吳。吳人予之橘，王食之美。他日又求焉，予之柑。王食之尤美，則意其猶有美者，未予也，甚❸使者聘于吳而密訪焉。

御兒❹之鄙人❺，有植枸櫞于庭者，其實大如瓜，使者見而愕之，曰：「美哉！煌煌❻乎柑不如矣。」求之，弗予。歸言于梁王。梁王曰：「吾固知❼吳人之靳❽也。」命使者以幣請之，朝而進之，薦❾而後嘗之。未畢一瓣，王舌縮而不能嚥，齒柔❿而不能咀⓫，𪖐鼻⓬顣頞⓭，以讓⓮使者。使者以誚⓯吳人，吳人曰：「吾國果之美者，橘與柑也。既皆以應王求，無以尚⑯矣。而王之求弗置⑰，使者又不詢⑱而觀諸其外美，宜乎所得之不稱所求也。夫木產于土，有土斯有木，於是乎果實生焉。果之所產不惟吳，王不遍索，而獨求之吳，吾恐枸櫞之日至，而終無適王口者也。」

【注釋】❶枸櫞　即「香櫞」。一種常綠喬木，果實長圓形，黃色，味苦，有芳香，可供觀賞。❷梁王　即魏王。戰國時魏國都大梁（今河南開封），故稱魏王為梁王。❸惎　啟發；教導。此作派遣解。❹禦兒　地名，在今浙江崇德東南。❺鄙人　居住在郊野的人，指農人。❻煌煌　色彩鮮明貌。❼固知　本來就知道。❽靳　小氣；吝嗇。❾薦　進獻祭品。此指用枸櫞來祭祀祖先。❿齒柔　指因食物過於酸澀而使牙齒發軟難於咀嚼。⓫咀　咀嚼。⓬齃鼻　擤鼻涕。⓭顣額　皺眉頭。顣，同「蹙」。⓮讓　責備。⓯誚　責問。⓰尚　超出；高出。⓱弗置　不止。⓲詢　問明情況。

【語譯】梁王喜歡吃水果，派使者向吳國索求。吳國人送給他橘子，梁王吃了覺得味道很好。後來又向吳國索求，吳國人送給他柑子，梁王吃了覺得味道更好。心裡想，吳國一定還有味道更美的水果沒有送給他，便派使者去吳國訪問並在那裡秘密察訪。

禦兒地區的郊外有一個農夫，在庭院裡種植香櫞，結的果實像瓜一樣大。使者見了十分驚訝，讚歎道：「好美啊！金燦燦的果實，柑子不如它呀！」使者向農夫索求，農夫不肯給他。使者回國後向梁王稟報了這事，梁王說：「我本來就知道吳國人是很吝嗇的。」於是派使者用錢去購買。使者買回後上朝獻給梁王。梁王將香櫞當作祭品祭祀後品嘗它的味道，還未吃完一瓣，就縮起舌頭不能下嚥，牙齒因酸澀而發軟，難以咀嚼，又擤鼻涕又皺眉頭地責備使者。

使者因這件事責問吳國人。吳國人說：「我國最好的水果就是橘子與柑子，都已經應要求進獻給梁王了，再沒有能勝過它們的了。而梁王的要求沒有止境，使者又不問明情況，只看香櫞的外表漂亮，因此，得到的與所要求的不相符合，也是情理中事。樹木生長在泥土中，有土地的地方就有樹木，於是就有果實。水果的產地不止限於吳國，梁王不到各地去尋求，而只在吳國尋覓，我擔心即便每天能得到像香櫞一樣的果品，而最終還是得不到適合梁王口味的水果啊！」

【研　析】梁王因尋求美味的水果鬧了一個不大不小的笑話，它的寓意是深刻的。首先，寓言告訴我們，主觀揣度不可取。梁王吃了吳國送來的橘子和柑子，不經調查，就認為吳國還有更加美味的水果沒有進獻，派人前去索求，犯了主觀主義的錯誤。其二，偏於一執，不見全體。誠如吳人所言，有土地的地方就有樹木，有樹木的地方就有水果，欲求天下美味，不能局限於一隅，而梁王只盯住吳國一地不放，以偏概全，自然難以遂願。第三，注重外表，忽略本質。使者見香櫞又大又漂亮，不加詢問，就認為一定比橘子和柑子更好，梁王也不仔細考察，便派人購買，結果事與願違，貽笑大方。可見，以外表取物是靠不住的。

其實，對人才的選拔又何嘗不是如此呢？如果帶著主觀成見，或局限於某個固定的範圍，聽言信貌，不看本質，是不能廣開才路，得到天下俊彥的。

六二 淳于獝❶入趙

公儀子❷為政❸於魏，魏人淳于獝以才智自薦。公儀子試而知其弗任❹也，退之。淳于獝之西河❺，西河守❻使人道❼而入諸趙，趙人以為將。

西河守謂公儀子曰：「是必疚趙❽矣，趙疚魏國之利也。」公儀子愀然❾不悅曰：「如大夫言，是魏國之恥也。昔者，由余❿，戎人⓫也。由余入秦，秦穆公用之。由余賢，秦人不敢輕戎。吾懼趙人之由是輕魏也。」

【注釋】❶淳于獝　假託人名。淳于為複姓。❷公儀子　假託人名。公儀為複姓，是魯國的同姓。❸為政　執政。❹弗任　不能擔當其任。❺西河　古地名。戰國時屬魏地，在今陝西東部黃河西岸地區。❻守　地方行政長官。❼道　引導。❽疚趙　使趙國受到損害。疚，原指久病，引申為損害、禍害。❾愀然　容色改變貌。❿由余　春秋時晉人，逃亡到戎。戎王聽說秦穆公賢德，派他入秦觀察。秦穆公和他交談，發現他德才卓具，因施離間計，迫使由余降秦，拜為上卿。穆公用其謀伐戎，遂霸西戎。⓫戎人　古代對西部少數民族的總稱。

【語 譯】公儀子在魏國執政，魏國人淳于獳以自己的才智毛遂自薦，公儀子測試後認為他不能勝任大事，就謝絕了他。淳于獳到了西河，西河太守派人把他引薦給趙國，趙國讓他做了將軍。

西河太守對公儀子說：「這樣一來必定對趙國不利。如果趙國受到損害，對魏國來說卻是有利的。」公儀子聽了這話陡然變色，很不愉快地說：「如果真像大夫您所說的那樣，這是魏國的恥辱。從前有個叫由余的人，是西戎人，他被派遣到秦國，秦穆公重用了他。因為由余賢良，秦人不敢小看戎人。我擔心趙國因為這件事情而小看了魏國。」

【研 析】淳于獳不是一個可用之才，把一個不堪重用的人推薦給鄰國，除了別有用心之外，是很難有合理的解釋的。寓言批評了那種以鄰為壑、損人利己的做法。指出，這樣做只會使鄰國看輕自己，最終受損的可能正是自己。

本文篇幅短小，但於寥寥數語之中，將人物形象烘托得十分鮮明。如寫公儀子稟公試才，「知其弗任也，退之」；在聽了西河守的一番話後，怫然變色，道出自己的擔憂。顯然，這是一位光明磊落的政治家形象。而西河守則不然，他明知淳于獳不堪重任，卻把他推薦給趙國；又因淳于獳得到趙國重用而暗自慶幸，認為趙國受損必然對魏國有利。這就使一個陰險狡詐的權謀家的形象凸現紙面。通過這兩種形象的對比，突出了文章的主旨，即為人要光明正大，不做有損國格人格的事情，這樣才會使對方尊重自己。

六三　泗濱美石

泗水❶之濱多美石。孟嘗君❷為薛公❸，使使者求之以幣❹。泗濱之人問曰：「君用是奚為哉？」使者對曰：「吾君封于薛，將崇❺宗廟之祀❻，製雅樂❼焉，微❽君之石，無以為之磬❾。使隸人❿敬請于下執事⓫，惟君圖之。」泗濱人大喜，告于其父老，齋戒⓬肅⓭使者，以車十乘⓮致石于孟嘗君。孟嘗君館⓯泗濱人而置石于外朝。

他日，下宮之碣闕⓰，孟嘗君命以其石為之。泗濱人辭⓱諸孟嘗君曰：「下邑⓲之石，天生而地成之。昔者，禹平水土⓳，命后夔⓴取而薦㉑之郊廟㉒，以諧八音㉓，眾聲依之，任土作貢㉔，定為方物㉕，要㉖之明神，不敢褻㉗也。君命使者來求于下邑曰『以崇宗廟之祀』，下邑之人畏君之威不敢不供，齋戒肅使者致于君。君以置諸外朝，未有定命，不敢以請。

今聞諸館人曰『將以為下宮之碣』，臣實不敢聞。」弗謝而走。諸侯之客聞之皆去。

於是秦與楚合謀伐齊。孟嘗君大恐，命駕趣謝客㉘，親御㉙泗濱人，迎石登諸廟，以為磬。諸侯之客聞之皆來，秦、楚之兵亦解。

君子曰：「國君之舉，不可以不慎也如是哉！孟嘗君失信于一石，天下之人疾㉚之，而況得罪于賢士哉？雖然，孟嘗君亦能補過者也，齊國復彊，不亦宜乎？」

【注釋】❶泗水　山東境內水名。❷孟嘗君　即田文，戰國時齊國貴族，號孟嘗君。門下有食客數千人，為「戰國四公子」之一。❸薛公　孟嘗君襲父爵，封於薛地（今山東滕縣東南），故稱薛公。❹求之以幣　即以幣求之。幣，錢幣。❺崇　尊崇。❻宗廟之祀　對祖先的祭祀。宗廟，古代帝王諸侯祭祀祖先的地方。❼雅樂　古代帝王祭祀天地、祖先及朝賀、宴享時所用的舞樂。其音樂中正平和，歌詞典雅純正，因稱雅樂。❽微　無；非。❾磬　古代打擊樂器。狀如曲尺，用玉、石或金屬製成，懸掛於架上，擊之則鳴。❿隸人　下人；僕人。此為自稱謙詞。⓫下執事　謂您手下辦事的人，用作對對方的敬稱。執事，侍從左右以供使令的人。⓬齋戒　古人在祭祀或舉行典禮前，沐浴潔身，不飲酒，不食葷腥，以示虔誠。⓭肅　拜揖。⓮乘　古代稱四馬一車為一乘。⓯館　使居住；安置。用作動詞。⓰下宮句　謂後宮缺柱腳石。下宮，後宮。碣，柱腳石。闕，通「缺」。⑰辭　責備；抱怨。⑱下邑　對自己所在地的謙稱。⑲禹平水土　指大禹治水事。⑳后夔　人名，相傳為舜的掌樂之官。㉑薦　進獻。㉒郊廟　古代帝王祭天地的郊宮和祭祖先的宗廟。㉓八音　金、石、絲、竹、匏、土、革、木八種不同材質樂器的總稱，後泛指音樂。㉔任土作貢　謂依據土地的具體情況，制定相應的田賦貢物。語出《尚書・禹貢序》「禹別九州，隨山濬川，任土作貢」。孔傳：「任其土地所有定其貢賦之差。」㉕方物　一方進貢的地產，即土產品。㉖要　通「邀」。㉗褻瀆；冒犯。㉘命駕句　命駕車趕緊去向賓客道歉。趣，趕快。謝，謝罪。㉙親御　親自駕車。㉚疾　厭惡；憎恨。

【語　譯】泗水岸邊盛產美石。孟嘗君受封薛地時，派使者帶了錢幣去那裡訪求。泗水邊上的人問道：「你們用這些石頭做什麼用啊？」使者回答說：「我們公子封在薛地，將在那裡崇奉祭祀之禮，製作典雅的樂曲，沒有你們這裡的美石，就不能製作磬。因此派我來麻煩您手下的辦事人，不知您尊意如何？」泗水邊的人聽了十分高興，向他們的父老稟報，然後沐浴齋戒，恭恭敬敬地拜揖使者，用十輛車子把美石送給孟嘗君。孟嘗君安排泗水邊的人住在賓館，將美石堆放在宮外。

一天，後宮缺少柱腳石，孟嘗君下令用那些美石充當。泗水邊的人責怪孟嘗君說：「敝鄉的石頭，是天地自然生成的。從前，大禹治平水土，命令后夔取來進獻給郊廟，製作成磬，用來和諧八音，使眾聲依附於它。當時，依據土地的出產，制定田賦貢物，將美石定為我們這裡的貢品。我們用它來供奉神靈，不敢有任何褻瀆。您派使者到敝鄉求石，說是要用它來崇奉宗廟的祭祀，我們敬畏您的威嚴，不敢不供給。為了表示隆重，還進行齋戒，拜揖使者，然後再進獻給您。而您把美石放在宮外，在沒有得到您明確指示之前，我們不敢有所請求。今天，聽館舍裡的人說，要拿它當後宮的柱腳石，我們實在不敢相信。」泗水邊的人不辭而別，各國來的客人聽說後也都紛紛離去。

由於這件事，秦國和楚國合謀討伐齊國。孟嘗君十分害怕，派人駕車趕緊前去追趕賓客，向他們道歉，並親自駕車載泗水邊的人回來；又將美石迎進宗廟，做成磬。各國的客人聽說後都紛紛返回，秦、楚兩國的兵患也解除了。

君子說：「國君的一舉一動是不能不慎重的，就像對待這件事情一樣。孟嘗君因為美石而失信於人，為天下人所憎惡，更何況是得罪了賢士呢？雖然如此，孟嘗君還算得上是一個知錯能改的人，齊國的再度強盛，不也是情理中的事嗎？」

【研　析】誠信是立國之本，孔子說：「人而無信，不知其可也。」（《論語．為政》）管子說：「誠信者，天下之結也。」（《管子．樞言》）本篇以孟嘗君失信於泗濱之人，使民生怨憤，國生禍事為例，說明取信於人的重要性。這既是儒家的基本思想，也是劉基的政治主張之一。

本文在寫法上，多方運用對比的手法：如孟嘗君向泗濱之人索求美石，申明是為了做磬；但得到美石後卻並不珍視，置之宮外，後又打算用作後宮的柱腳石，言而無信。寫泗濱之人，聽說齊國求石是為了「崇宗廟之祀」，便沐浴齋戒，熱情對待；而得知孟嘗君要拿美石作後宮的柱腳石時，便忿然發問，不辭而別，態度極其鮮明。各國賓客，因孟嘗君的舉動而作出前後不同的反應。秦、楚兩國，由「合謀伐齊」到「兵解」，也因孟嘗君的態度而及時調整對策。

通過這些描述，突出了寓言的主旨，增強了文章說服力。

寓言對孟嘗君知錯即改的做法作了充分的肯定，並從孟嘗君失信於一石之事談起，引申到為政者不能失信於天下賢士這樣一個議題，頗有啟發性。

六四　子餘知人

越王使其大夫子餘造舟，舟成，有賈人❶求掌為工❷，子餘弗用。賈人去之吳，因王孫率❸以見吳王，且言越大夫之不能用人也。他日，王孫率與之觀于江。颶❹作，江中之舟擾❺，則收指以示王孫率曰：「某且覆，某不覆。」無不如其言。王孫率大奇之，舉于吳王，以為舟正❻。

越人聞之，尤❼子餘。子餘曰：「吾非不知也，吾嘗與之處矣，是好夸而謂越國之人無己若者❽。吾聞好夸者恆是己❾，以來多訣❿；謂人莫若己者，必精于察人而闇⓫自察也。今吳用之，僨其事⓬者必是夫矣！」越人未之信。

未幾，吳伐楚，王使操餘皇⑬。浮五湖⑭而出三江⑮，迫⑯于扶胥⑰之口，沒焉⑱。越人乃服子餘之明，且曰：「使斯人弗試而死，則大夫受遺才之謗，雖咎繇⑲不能直之⑳矣。」

【注釋】❶賈人　商人。❷求掌為工　請求做管理船舶的主管。❸王孫率　吳國大夫。❹颶　颶風；破壞力極大的風。❺擾　紛亂。❻舟正　掌管船舶的官員。❼尤　責怪；埋怨。❽是好夸句　這就是那個好誇耀而自以為越國沒有比得上自己的人。無己若，「無若己」的倒裝。❾恆是己　總以為自己對。❿諛　阿諛奉承。⓫闇　昏昧；不明。⓬僨其事　敗事；壞事。⓭餘皇　即「艅艎」，吳王大艦名，後泛稱大船。⓮五湖　古代吳越地區的五個湖泊。亦稱太湖為五湖。⓯三江　所指不一，古人以三江統稱我國東南一帶的江河。《漢書．溝洫志》：「於吳，則通渠三江五湖。」⓰迫　近。⓱扶胥　地名，在今廣東番禺東南三江口。⓲沒焉　指軍隊在那裡覆沒。⓳咎繇　即皐陶，舜時賢臣，掌刑獄。咎，通「皐」。⓴直之　使之直。意謂使誹謗得到澄清。

【語譯】越王派大夫子餘監造船舶，船造成後，有一個商人請求做船隊的主管，子餘沒有任用他。商人離開越國到了吳國，通過王孫率的引薦見到吳王，並在見面時談到越國大夫不會使用人。一天，王孫率和商人一同去江邊察看，忽然颶風大作，江中的船隻亂作一團，商人指著船隻對王孫率說：「某某船將沉沒，某某船不會沉沒。」結果全被他說中了。王孫率非常驚奇，便把他舉薦給了吳王，吳王讓他做了管理船隻的官員。

越人聽說這件事後，紛紛責怪子餘錯失了人才。子餘說：「我並不是不了解他，我曾經和他共事過，他是一個好誇口的人，認為越國沒有一個人能比得上他。我聽說好誇口的人總認為自己正確，這樣，阿諛奉承的風氣就會滋長；說別人不如自己的人，必定精於觀察別人而對自己的不足毫無察覺。現在吳國重用他，將來壞事的必定也是他！」越國人聽後並不相信子餘的話。

不久，吳國討伐楚國，吳王派那個商人指揮一艘叫「餘皇」的大戰艦。大船過五湖，出三江，在駛近扶胥口的地方沉沒了。越國人這才佩服子餘有先見之明，並且說：「假如這個人沒有接受實戰的試驗就死去了，那麼子餘大夫將受到埋沒人才的誹謗，即使有皋陶那樣賢明的法官，也不能使他得到公正的評判啊！」

【研　析】當年，趙括紙上談兵，長平一戰，葬送了趙軍四十五萬精銳，趙國由此衰落。本文所述，與這一歷史有著共通之處，它告誡人們，察人識物，不能為表面現象所迷惑，而要由表及裡，深入本質。對那些目空一切、夸夸其談的人，千萬不能委以重任。否則，就會貽誤大事，重蹈歷史的覆轍。

文中的子餘，是一個善於識別人才的官員。然而，起初他並不為人們所認可，甚至遭到指責和非議。但他毫不動搖，斷言賈人好誇口而闇於自察，因此不可重用，重用必受其害。而事實證明，他的見解是多麼精闢！在寫法上，寓言並沒有用過多的語言描述賈人虛有其表的特徵，這就使人產生一個疑問，子餘的看法是否有道理呢？最後，由實戰打消了人們的疑惑，證明了子餘判斷的正確性。這種先設疑而後釋解的方法，在突出文章主題和塑造人物形象方面都收到很好的效果。

六五 不韋不智

越入寇❶，不韋避兵而走剡❷，貧無以治舍❸，徘徊于天姥❹之下，得大木❺而庥❻焉。安一夕，將斧其根以為薪❼。其妻止之曰：「吾無廬❽，而託是以庇身❾也。自吾之止於是也，驕陽赫而不吾灼❿，寒露零⓫而不吾凄⓬，飄風⓭揚而不吾漂⓮，雷雨晦冥⓯而不吾震撼，誰之力耶？吾當保之如赤子⓰，仰之如慈母，愛之如身體，猶懼其不蕃且殖⓱也，而況敢毀傷之乎？吾聞之：水泉縮⓲而潛魚⓳驚，霜鐘鳴⓴而巢鳥悲，畏夫川之竭、林之落也。魚鳥且然，而況於人乎？」

郁離子聞之曰：「哀哉，是夫也！而其知㉑不如一婦人也。嗚呼，豈獨不如一婦人哉，則亦鳥魚之不若矣！」

【注 釋】❶入寇 外敵入侵。❷不韋句 不韋，人名。避兵，躲避戰禍。走剡，逃到剡縣。剡，古縣名，在今浙江省嵊縣西南。❸治舍 建置房屋。❹天姥 山名，在今浙江新昌東。❺大木 大樹。❻庥 同「休」。止息；庇蔭。❼薪 柴火。❽廬 簡陋的房屋。❾庇身 安身。❿驕陽句 謂陽光熾烈但不能曬傷我。不吾灼，「不灼吾」的倒裝。下文「不吾凄」等句式同。灼，燒傷。⓫零 下落。⓬凄 寒冷。⓭飄風 旋風；暴風。⓮慄 同「栗」。因寒冷而發抖。⓯晦冥 昏暗。⓰赤子 初生的嬰兒。《書・康誥》：「若保赤子，惟民其康乂。」孔穎達疏：「子生赤色，故言赤子。」⓱蕃且殖 繁茂滋生。⓲縮 減少。⓳潛魚 深水中的魚。⓴霜鐘鳴 即鐘鳴。語本《山海經・中山經》「(豐山)有九鐘焉，是知霜鳴」。郭璞注：「霜降則鐘鳴，故言知也。」㉑知 見識。

【語 譯】越國被敵寇入侵，不韋躲避戰亂逃到剡縣，窮困潦倒無力建置房屋，徘徊在天姥山下，找到一棵大樹，在樹下安頓了下來。平安地過了一夜，不韋就要砍這棵大樹的樹根當柴燒，他的妻子阻止說：「我們沒有房子居住，靠著這棵大樹暫且得以安身。自從我們來到這裡，火辣辣的太陽曬不著我們，寒露落下來不感到淒冷，暴風撲面不致戰慄膽寒，雷雨大作、天昏地暗也不會使我們恐懼震駭。這一切，憑藉了誰的力量呢？我們應當像對待初生的嬰兒一樣保護這棵樹，像敬仰慈祥的母親一樣敬仰它，像愛護自己的身體一樣愛護它。就是這樣，還擔心它不枝繁葉茂，又怎敢去毀傷它呢？我聽說，泉水減少時，深水中的魚兒就會驚慌；聽到霜降時的鐘鳴聲，巢中的鳥兒就很悲傷。牠們是害怕水流乾涸、樹葉零落啊！魚和鳥尚且這樣，更何況是人呢？」

郁離子聽了這件事後說：「可悲啊，這個男人，他的見識竟然不如一個婦人。唉！又豈止是不如一個婦人，就連魚兒和鳥兒都不如啊！」

【研析】戰亂之中，不韋一家流離失所，得到一棵大樹的庇護，得以安身。但不韋卻要砍斷樹根，當作柴燒，自毀棲身之所，他的舉動受到了妻子的批評和阻止。

作者借用這對夫婦對待一棵大樹的態度說明：其一，受到恩惠，應當銘記不忘，決不能恩將仇報。其二，應當百倍珍惜和呵護自己賴以生存的環境（不論是社會的還是自然的），否則，受害的只會是自己。寓言以辛辣的筆調，諷刺了不韋的短視和愚蠢；同時，突出了不韋妻子的明智識理。寫一個婦人的見識超過男子，表現了劉基思想上的開明之處。

作者採用一連串排比的句式，加強文章的韻律感與說服力；並用「水泉縮而潛魚驚，霜鐘鳴而巢鳥悲」作比喻，告誡人們，對於可能出現的危機，應當未雨綢繆，有所警策。

六六 馮婦❶

東甌❷之人謂「火」為「虎」，其稱「火」與「虎」無別也。其國無陶冶❸，而覆屋以茅，故多火災，國人咸苦之。

海隅❹之賈人適❺晉，聞晉國有馮婦善搏虎，馮婦所在，則其邑無虎，歸以語東甌君❻。東甌君大喜，以馬十駟❼、玉二瑴❽、文錦❾十純❿，命賈人為行人⑪，求馮婦於晉。馮婦至，東甌君命駕虛左⑫，迎之于國門⑬外，共載而入，館于國中⑭，為上客。

明日，市⑮有火，國人奔告馮婦，馮婦攘臂⑯從國人出，求虎弗得。火迫⑰于宮肆⑱，國人擁馮婦以趨火，灼而死。於是賈人以妄⑲得罪，而馮婦死弗寤⑳。

【注釋】❶馮婦　相傳為春秋時晉國力士，善搏虎。《孟子・盡心下》：「晉人有馮婦者，善搏虎，卒為善士；則之野，有眾逐虎，虎負嵎，莫之敢攖；望見馮婦，趨而迎之，馮婦攘臂下車，眾皆悅之，其為士者笑之。」❷東甌　古地名，在今溫州及浙江南部沿海地區。又指古代越族的一支，相傳為越王句踐的後裔。❸陶冶　燒製陶器和冶煉金屬。❹海隅　海邊。❺適　往；到……去。❻東甌君　東甌地區的首領。相傳東甌族的首領搖助漢滅項羽，受封東海王。都東甌（今浙江溫州），俗稱東甌王。東甌君或指其人。❼馬十駟　馬四十匹。駟，古稱同駕一輛車的四匹馬。❽玉二瑴　白玉二雙。瑴，同「珏」。白玉一雙為一珏。❾文錦　有花紋的錦緞。❿純　匹。⓫行人　使者。⓬虛左　空出左邊的位子。古時以左為尊，故虛左以待上賓。⓭國門　國都的城門。⓮館于國中　住在國都的賓館中。館，用作動詞。⓯市　市場；集市。⓰攘臂　捋起袖子，露出胳膊，形容欲幹一場的樣子。⓱迫　逼近。⓲宮肆　宮殿附近的店鋪。⓳妄　虛假不實。⓴寤　醒悟。

【語譯】東甌這個地方的人把「火」念作「虎」，他們平時說話，「火」、「虎」不分。當時，他們國內還沒有製陶和冶煉的行業，蓋屋頂用的都是茅草，因此經常發生火災，人們都吃過火災的苦頭。

有一個海邊的商人到晉國去，聽說晉國有個叫馮婦的人善於打虎，馮婦所到之處就不會再有老虎。商人回來後把這件事告訴了東甌國君。東甌國君聽了大喜，就用四十匹馬、兩對白玉、十匹彩錦作禮物，任命商人為使者，到晉國去聘請馮婦。馮婦應邀到來。東甌國君下令駕上車馬，空出左邊貴賓的座位，親自在城門外迎接，又一起乘車進入賓館，把他當作國家的上賓款待。

第二天，集市上起了火，人們趕緊跑來告訴馮婦。馮婦捋袖伸臂跟著人們跑去，要找老虎搏鬥，但不見老虎蹤影。這時大火逼近宮殿附近的店鋪，人們簇擁著馮婦奔向大火，馮婦被火燒灼而死。於是，那個商人以說謊的罪名被問罪，而馮婦至死也沒有搞清楚是怎麼回事。

【研　析】由於方言的關係，東甌人「火」、「虎」兩字讀音不分，由此產生誤會。通過這個令人啼笑皆非的故事，說明做任何事情都必須認真對待，弄個一清二楚；如果糊裡糊塗，似是而非，必然鬧出笑話，甚至釀成大禍。

文中的商人，不打聽清楚東甌需要什麼樣的人才，便向東甌君積極推薦；而東甌君不加詢問，就把搏虎的英雄當作滅火的高手請入國內，真是風馬牛不相及。壯士馮婦，以為到東甌去是為了滅虎，大火起時，四處求虎弗得，結果被火燒死。他們的失誤有一個共同點，就是主觀臆斷，自以為是。由此而論，商人以妄得罪，馮婦至死弗寤，東甌君貽笑大方，其錯誤根源是一致的。

馮婦的故事，見於《孟子・盡心下》。劉基的改編，不僅使故事更加生動，而且賦予了新的意義。可以說，這是一篇古為今用、推陳出新的範文。

六七　燕文公❶求馬

燕文公之路馬❷死，或告之曰：「卑耳氏❸之馬良，請求之。」辭❹曰：「野馬也，不足以充君騶❺。」公使彊❻之，逃。蘇代❼之徒，欲以其馬售公，弗取。

巫閭大夫❽入言曰：「君求馬，將以駕乘輿也，何必近舍其所欲售，而遠取其不欲售者乎？」公曰：「吾惡夫自衒❾者。」對曰：「昔中行伯❿求婦于齊，高、鮑氏皆許之，謀諸叔向⓫，叔向曰：『娶婦所以承宗祧⓬，奉祭祀，不可苟⓭也，惟其賢而已。』今君之求馬，亦惟其良而已可也。昔者，堯讓天下於許由⓮，許由逃，堯弗強也，而卒得舜；寧戚⓯飯牛⓰

以自售⑰于齊桓公，桓公用之，而卒得管仲⑱。使堯不聽許由，何以得舜？桓公不用寧子，何以得管仲？君何固⑲焉？」

【注釋】❶燕文公　春秋時燕國國君。西元前五五四年至前五四九年在位。❷路馬　特指替君主駕車的馬。因君主之車名路車，故稱。《禮記・曲禮上》：「乘路馬，必朝服。」鄭玄注：「路馬，君之馬。」❸卑耳氏　指古代居住在卑耳山的少數民族。卑耳，山名，亦作「辟耳」，在今山西平陸西北。❹辭　謝絕。❺駟　古稱一輛車套四匹馬為駟。❻彊　通「強」。強迫。❼蘇代　戰國時縱橫家，蘇秦之弟。齊湣王末年遊說齊、燕兩國間，曾勸說燕昭王聯秦伐齊。❽巫閭大夫　假託人名。❾自衒　猶「自炫」。自我炫耀。❿中行伯　假託人名。中行為複姓。⓫叔向　即羊舌肸，春秋時晉國大夫，官至太傅。⓬承宗祧　延續宗廟香火，即傳宗接代。宗祧，宗廟。⓭苟　草率；隨便。⓮許由　傳說中的隱士。相傳堯讓以天下，不受，遁居潁水之陽箕山下。堯又召為九州長，由不願聞，洗耳於潁水之濱。事見《史記・伯夷列傳》。⓯寧戚　春秋時衛國人。相傳他飼牛於齊國東門外，乘齊桓公夜出時，扣牛角而歌，自薦於桓公。桓公用為客卿。⓰飯牛　餵牛。⓱自售　自我引薦。⓲管仲　名夷吾。春秋初期傑出政治家。齊桓公即位，任鮑叔牙為宰，鮑叔牙堅辭，推薦管仲為相。管仲銳意改革，幫助齊桓公成為春秋時期的第一個霸主。本篇言桓公因寧戚而得管仲，似與史實不符。⓳固　固執。

【語譯】燕文公用來駕車的馬死了，有人告訴他說：「卑耳氏的馬匹精良，您不妨向他們求取。」卑耳氏卻推辭說：「我們的馬都是野馬，不能充當君王的駕御。」燕文公派人強行索取，卑耳氏只好逃走了。蘇代一夥人想把他們的馬賣給燕文公，燕文公卻不要。

巫閭大夫進言道：「君王尋求馬匹是用來駕車的，何必捨棄那些就近打算賣給您的，卻一意索取那些不想出售的呢？」燕文公說：「我厭惡那種自賣自誇的人。」巫閭大夫說：「過去，中行伯向齊國求婚，高、鮑兩家都同意了。中行伯拿不定主意娶哪家的，便去找叔向幫他參謀。叔向說：『婚娶是為了傳宗接代、侍奉祭祀，馬虎不得。只要娶來的媳婦賢慧就行。』如今您求馬也只要考慮馬匹是否精良就可以了。從前，堯帝打算把天下禪讓給許由，許由聽說後逃跑了。堯帝並不強求他，最終得到了舜。寧戚餵牛時向齊桓公毛遂自薦，齊桓公錄用了他，最後得到了管仲。倘若堯帝不聽任許由，怎麼能得到舜？齊桓公不錄用寧戚，怎麼能得到管仲？君王您又何必固執己見呢？」

【研　析】本文批評了燕文公在求馬一事上的錯誤態度，指出，必須從實際出發，只要能夠「駕乘輿」，就不要問馬產在何地。如果守一成之規，固執己見，就會因人廢事，錯失天下良馬。

其實，文章何嘗是在講求馬，分明是在講求賢。中行伯擇婦，「惟其賢而已」；帝堯禪讓天下，最終得到舜；齊桓公錄用寧戚，由此覓得管仲。這些都說明，不拘一格地選拔人才，任人為賢，而不為那些虛浮不實的名聲所左右，是何等的重要！

以馬喻人的例子很多，唐代文學家韓愈在〈馬說〉一文中說：「世有伯樂，然後有千里馬。千里馬常有，而伯樂不常有。」作者明顯受了韓文的啟發，為我們講述了這樣一個深含哲理的故事。

六八 士蔿❶諫用虞臣

晉獻公❷滅虞❸，置其俘于下陽❹，使士蔿監焉。其大夫多逃，士蔿弗禁。

公聞之怒，召士蔿，讓❺之。士蔿對曰：「君以是為可以充吾國之用也夫？夫彼虞公❻之臣也，皆嘗任虞公之事矣，食虞公之祿，而立虞公之朝，聞❼虞公之政，虞亡不能救，虞公執❽而身隨之，君將焉用是為哉？」公曰：「吾懼其鄰國之之也❾。」士蔿笑曰：「若是，則臣滋惑矣。」公曰：「何哉？」士蔿曰：「往歲，臣之里有厲❿，卜之曰『叢為祟⓫』。於是集里之老幼，召巫覡⓬，具舟車，奉牲幣⓭，羞⓮桃茢⓯，男女以班⓰，舉叢而置諸衢⓱。東里之人，利其器物而收之，因得厲焉，死者且過半。故廢社⓲之土不可以塗宮室，棄出之婦不可以主中饋⓳，鬼神之所遺也。

今虞之賢臣，曰宮之奇⑳、百里奚㉑而已矣。宮之奇先虞公之亡，而以其族去，百里奚與於俘。則君既入之秦矣，其他奚取焉？而必欲置之，曰無使適鄰國。君實欲善鄰，則曰愛厥苗無遺莠㉒可也。今君坐不安，食不甘，繕甲兵㉓以睨四封㉔，無歲不征，豈有他哉，求吾欲也。敵釁㉕未生，無所用謀，如其弗欲，猶將納之，矧㉖自往焉？如其用諸，適吾願也，君何怒為？」

公曰：「善。」

【注釋】❶士蔿　字子輿，晉國大夫。❷晉獻公　春秋時晉國國君，名詭諸，武公子，文公父，西元前六七六年至前六五〇年在位。❸滅虞　西元前六五五年，晉國假道攻虢，回國途中滅虞。虞，周國名，姬姓，故址在今山西平陸東北六十里。❹下陽　虢國都城，故址在今山西平陸東北二十里。❺讓　責備。❻虞公　指虞國國君。❼聞　接受。❽執　拘捕；被捉拿。❾吾懼句　意謂擔心虞國大夫都逃到鄰國去。前一個「之」的意思是「到……去」，後一個「之」指鄰國。❿厲　通「癘」。瘟疫。⓫祟　鬼神作怪。⓬巫覡　古代稱女巫為巫，男巫為覡，合稱「巫覡」。亦泛指以裝神弄鬼替人祈禱為職業的巫師。⓭奉牲幣　供奉祭祀用的家畜與幣帛。⓮羞　進獻。⓯桃茢　桃杖與掃帚。古代用以辟邪除穢。桃杖，用桃木做的兵器。《周禮・夏官・戎右》：「贊牛耳桃茢。」鄭玄注：「桃，鬼所畏也。茢，掃帚，所以掃不祥。」⓰班依次排列。⑰衢　大路；四通八達的道路。⑱廢社　廢棄的社壇。社，社壇。古代封土為社，各栽種其土所宜之樹，以為祀社神之所在。⑲主中饋　主持家務。中饋，指家中供膳諸事。《易‧家人》：「無攸遂，在中饋。」孔穎達疏：「婦人之道……其所職，主在於家中饋食供祭而已。」⑳宮之奇　亦稱宮奇。春秋時虞國大夫。晉獻公十九年（西元前六五八年），晉以良馬、和璧向虞假道攻虢，虞君應允。宮力諫。不聽。後三年，晉又向虞假道攻虢，宮以「輔車相依，唇亡齒寒」勸諫。又不聽。因率族奔曹。三月後，晉滅虢，虞亦被攻滅。㉑百里奚　春秋時秦國大夫，字井伯。本為虞大夫，虞亡，被晉俘虜，作為陪嫁之臣送入秦國。後為楚人所執，被秦穆公以五張牡黑羊皮贖回，用為大夫，與蹇叔等共助穆公建立霸業。㉒薉　惡草。㉓繕甲兵　整治鎧甲和兵器，意謂備戰。㉔睨四封　窺視四面的鄰國。睨，斜視；窺看。封，疆界。㉕敵釁　敵人的挑釁。㉖矧　況且；何況。

【語　譯】晉獻公滅掉了虞國，把俘虜集中在虢國的都城下陽，派士蔿在那裡監管。那些被俘的大夫大多逃跑了，士蔿也不加阻止。

晉獻公聽說後非常惱怒，召來士蔿加以責問。士蔿回答說：「君王您認為這些人可以為我們國家所用嗎？他們都是虞國的大臣，都曾為虞公做過事，拿著虞公的俸祿，身在虞公的朝廷，聽從虞公的政令，但虞國滅亡卻不能相救，虞公被捉他們只會以身相隨，您要他們有什麼用？」晉獻公說：「我是怕他們去了鄰國啊。」士蔿笑著說：「如果這樣的話，那我就很疑惑了。」晉獻公說：「為什麼呢？」士蔿說：「往年，我們家鄉流行瘟疫，占卜的人說：『是這裡叢生的草木作怪。』於是聚集鄉裡的老老少少，召來男女巫師，準備了車輛和船隻，供起祭祀用的犧牲幣帛，進獻辟邪除穢的桃杖與掃帚，男女依次列隊，鏟除叢生的草木，放在大路上。東鄉的人貪圖小利，把那些器物都收羅去了，因此那裡流行起瘟疫來，死的人將近一半。所以說，廢棄社壇的泥土不可以用來塗抹宮殿的房屋，被休棄的婦人不可以讓她主持家政，這就是鬼神遺留之物不能用的原因。如今虞國的賢臣，只有宮之奇、百里奚而已。宮之奇在虞國滅亡之前已經出走，並且把他的族人也帶走了；百里奚當了俘虜，國君已經把他當作陪嫁送到秦國去了，其他的人還有什麼可取的呢？而君王您一定要安置他們，說是不使他們跑到鄰國去。如果您確實希望與鄰國為善，那就應該對他們說愛護那些有用的禾苗而不要留下惡草。如今君王您坐立不安，飲食不甘，修繕鎧甲兵器而窺視四方鄰國，沒有一年不征戰的，難道還有其他目的嗎，無非是為了滿足自己的欲望。敵人的挑釁還沒有發生，無處使用謀略。如果虞國的大夫沒有投奔鄰國的想法，我們還希望鄰國能夠收容他們，更何況是他們自己想去呢？如果鄰國錄用了他們，正合了我們的心願，君王您為何要發怒呢？」

晉獻公聽後說：「講得好！」

【研　析】春秋時期，列國相爭，逐年征戰，而各諸侯國之興衰無不與用人有關。齊桓公接受鮑叔牙的舉薦，不計前仇，任用出身低微而有治國才幹的管仲，改革內政，九合諸侯，成為春秋前期的霸主；秦穆公得謀臣百里奚、蹇叔、由余，擴地拓邊，國力大增；越王句踐重用文種、范蠡，十年生聚，十年教訓，終於滅吳，洗雪國破家亡、千里作俘之恥……用賢而強，成為當時的一條共同的規律，廣求天下賢才也就成了時尚。然而，晉獻公卻不懂求取人才的目的是為了用賢任能，而不是沽名釣譽。因此，只有把那些有真才實學的人招攬來，才有意義。而虞國的大夫，除了宮之奇、百里奚之外，都是一班庸碌無能之輩。他們「任虞公之事」，「食虞公之祿」，「立虞公之朝」，「聞虞公之政」，「虞亡不能救」，這樣的人，無補於國事，取之無益，只會壞事，何必擔心他們跑到鄭國會對自己構成威脅呢？本文以「叢為祟」的故事為喻，闡明了這一道理，使論點更具說服力。

六九　養鳥獸

郁離子曰：「鳥獸之與人非類也，人能擾❶而馴之，人亦何所不可為哉！鳥獸以山藪❷為家，而豢養于樊籠❸之中，非其情也，而卒能馴之者，使之得其所嗜好而無違也。今有養鳥獸而不能使之馴，則不食之以其心之所欲，處之以其性之所安，而加矯迫❹焉，則有死耳，烏乎其能馴之也？人與人為同類，其情為易通，非若鳥獸之無知也。而欲奪其所好，遺❺之以其所不好；絕其所欲，彊之以其所不欲，迫之而使從。其果心悅而誠服耶？其亦有所顧畏而不得已耶？若曰非心悅誠服而出不得已，乃欲使之治吾國、徇❻吾事，則堯、舜亦不能矣。」

【注釋】❶擾　馴服。❷山藪　山林與湖澤。❸樊籠　關鳥獸的籠子。❹矯迫　強迫。矯，將彎的東西弄直。❺遺　給予；贈送。❻徇　同「殉」。為某一目的而不惜獻身。

【語譯】郁離子說：「鳥獸和人不是同類，但人卻能馴養牠們並使牠們馴服，人還有什麼不能做到的呢！鳥獸本來是把山川湖澤作為生息之地的，把牠們關養在籠子裡，是不合牠們天性的。但人們最終能夠馴服牠們，原因就在於人們讓牠們得到牠們想要的東西而不是違背。如今，有的人豢養鳥獸卻不能使牠們馴服，就是因為不用鳥獸想吃的東西來餵養，不給合乎牠們習性的生活環境，相反採用強制的手段迫使牠們馴服，於是，一些鳥獸就被折磨死了。唉！這樣做怎麼能使鳥獸馴服呢？人和人是同類，人之間的性情是容易相通的，不像鳥獸那樣無知。但是，如果奪去他們所喜愛的，給他們所不喜愛的；斷絕他們想要得到的，強迫他們接受不想接受的，結果能使他們心悅誠服嗎？他們表面上的服從，還不是因為有所顧忌不得已而為之嗎？如果不是心悅誠服而是出於不得已，那麼，想使這樣的人治理好我們的國家，為我們的事業獻身，即便是堯、舜在世，也是做不到啊！」

【研析】馴養鳥獸，訣竅就在順其性情，滿足牠們對食物的欲望而加以馴化。治理國家也是一樣，必須順應民心，合乎民意，使人們心悅誠服而不是貌合神離。這樣，他們才樂於為國出力、甘願為國捐軀。常言道，水能載舟，也能覆舟，得民心者得天下，這就是治國之道。

如果「奪其所好，遺之以其所不好；絕其所欲，彊之以其所不欲」，只是憑藉權勢和武力，卻想獲得人們的擁戴，那無異於白日做夢。本文將養鳥獸與治國、用人聯繫起來，歸納出它們之間的共同性，實際上是向統治階級進諫，要重視民眾的意願，因為民心向背，關係到國家的興衰與安危。

七〇　蛩蛩駏虛❶

孫子自梁之齊❷，田忌❸郊迎❹之而師事❺焉。飲食必親啟，寢興❻必親問。孫子所喜，田忌亦喜之；孫子所不欲，田忌亦不欲也。

鄒奭❼謂孫子曰：「子知蛩蛩駏虛之與蟨❽乎？蛩蛩駏虛負蟨以走，為其能齧甘草以食己也，非憂其將為人獲而負之也。今子為蟨而田子蛩蛩駏虛也，子其識❾之？」

孫子曰：「諾。」

【注　釋】❶蛩蛩駏虛　又作「蛩蛩距虛」、「蛩蛩鉅虛」、「邛邛岠虛」。蛩蛩與駏虛為傳說中相類似而形影不離的二種異獸。一說為一獸。《呂氏春秋・不廣》：「北方有獸，名曰蹶，鼠前而兔後，趨則跲，走則顛，常為蛩蛩距虛取甘草以與之。蹶有患害也，蛩蛩距虛必負而走。」又，《山海經・海外北經》則云：「有素獸焉，狀如馬，名曰蛩蛩。」晉郭璞注：「即蛩蛩鉅虛也，一走百里。」❷孫子句　孫子，指孫臏。齊國人，孫武後代。與龐涓同學兵法於鬼谷子，遭龐忌妒，誑之魏國，處以臏刑，故稱孫臏。齊使者秘密載至齊國，齊威王任為軍師。西元前三四一年，大破魏軍於馬陵，名顯天下。梁，即魏。魏國都大梁，因稱。之，到。❸田忌　齊國大將，又稱田期、田期思。與孫臏先後在桂陵和馬陵戰敗魏國大軍。龐涓兵敗自殺。❹郊迎　出郊迎賓，以示隆重和尊敬。❺師事　謂以師禮相待。❻寢興　睡覺和起床。指起居。❼𧌒𧌒　即𧌒𧌒。戰國時齊人，以善辯聞名。❽蟨　獸名。《爾雅・釋地》：「西方有比肩獸焉，與邛邛岠虛比，為邛邛岠虛齧甘草，即有難，邛邛岠虛負而走，其名謂之蟨。」❾識　知道。

【語　譯】孫臏從大梁來到齊國，田忌到郊外迎接，把他當作老師侍奉，飲食必定親自啟告，起居必定親自過問。孫臏所喜歡的，田忌也喜歡；孫臏不願做的，田忌就不去做。

𧌒𧌒對孫臏說：「您知道蛩蛩駏虛與蟨的故事嗎？蛩蛩駏虛背著蟨跑，是因為蟨能噬咬甘美的草給自己吃，而不是擔心蟨被人抓住才背負牠的。現在您就像是蟨，而田忌就像是蛩蛩駏虛，您知道這個道理嗎？」

孫臏聽後說：「是啊。」

【研　析】蛩蛩駏虛載著蟨跑，並不是為了蟨的安全，而是為了吃到蟨為牠噬咬的甘草。一旦吃不到甘草，蛩蛩駏虛立刻就會把蟨從背上掀翻下來。田忌和孫臏的關係也是這樣：田忌利用孫臏的軍事才能，先後兩次打敗魏國大軍，迫使魏將龐涓在馬陵自刎，齊國勢力由此增強，田忌也借此鞏固和加強了自己的地位。本篇告訴我們，統治者所謂的禮賢下士，待如師禮，實際上都是出於利用，根本不是尊重知識、愛惜人才的緣故。

七一　致人之道❶

或問致人之道，郁離子曰：「道致賢，食致民，淵致魚，藪❷致獸，林致鳥，臭致蠅，利致賈❸。故善致物者，各以其所好致之，則天下無不可致者矣。是故不患其有所不至，而患其有所不安，能致而不能安，不如不致之無傷也。粵人有學致鬼者，三年得其術。於是壇❹其室之北隅以集鬼，鬼至而多，無以食，則相帥❺以為妖，聲聞于外。一夕，其人死而爇❻其室，鄰里莫不笑之。」

【注釋】❶致人之道　招致人才的方法。❷藪　水少而草木茂盛的湖澤。❸賈　商人。❹壇　土築的高臺。❺相帥　相率；相繼。❻爇　點燃；燃燒。

【語譯】有人請教招攬人才的方法，郁離子說：「道義可以招來賢士，食物可以招來百姓，深潭可以招來魚類，湖澤可以招來百獸，樹林可以招來眾鳥，氣味可以招來蒼蠅，利潤可以招來商人。善於招致物類的人，分別用對方喜好的東西招引他們，這樣，天下就沒有不能招致之物。所以說，不怕他們不來，就怕他們有感到不安的地方。倘若能夠招致他們但卻不能使他們安下心來，那還不如不招徠他們哩。粵地有個人學習招鬼的方法，三年時間學會了招鬼的法術。於是，他就在房屋的北角築起高臺，用以聚集鬼怪。鬼來了很多，沒有食物供給它們享用，鬼就相繼興妖作怪，聲音傳得很遠。一天晚上，那個招鬼的人死了，房屋也燒毀了，鄉鄰們沒有不笑話他的。」

【研　析】人才問題是劉基關注的焦點問題。本篇談論致人之道，即招攬人才的方法。作者認為，引才並不難，只要投其所好，「則天下無不可致者」。問題的癥結不在於是否「能致」，而在於是否「能安」，即是否能營造出適合於人才生存和發展的環境和氛圍，使其安心，用其所長，充分發揮他們的作用。如果不能做到這一點，那還不如不招徠人才，此乃文章的主旨。這一觀點，不僅在古代，在今天也具有積極的意義。寓言的後半部以粵人學習致鬼之術，鬼集而為妖為例，說明要選擇賢才而不是招徠鬼魅。鬼魅的欲望一旦得不到滿足，是要興妖作怪的。寓言諷刺的筆觸，無疑指向元代的選舉制度。

七二　韓垣干❶齊王

韓垣之齊，以策干齊王，王不用，韓垣怒出誹言❷，王聞而拘諸司寇❸，將殺之。

田無吾見，王以語之，田無吾曰：「臣聞娵萌學擾象而工❹。北之義渠❺，以擾象之術干義渠君，義渠君不答，退而誹諸館。館人曰：『非吾君之不聽子也，顧無所得象也。』娵萌赧❻而歸。醫胡之魏，見魏太子之神馳而氣不屬❼也，謂之曰：『太子病矣，不疾治❽且不可救。』太子怒，以為謗己也，使人刺醫胡。醫胡死，魏太子亦病以死。夫以策干人，不合而怨者非也。人有言不察，恚而讐之❾亦非也。臣聞之：江海不與坎井❿爭其清，雷霆不與蛙蚓鬬其聲。硜硜之夫⓫，何足殺哉？」

王乃釋韓垣。

【注釋】❶干　求取。❷誹言　毀謗的言語。❸司寇　官名，掌管刑獄、糾察等事。❹臣聞句　娵萌，人名。擾象，馴養大象。工，謂技術純熟。❺義渠　古代少數民族名，西戎之一。分布在岐山、涇水、漆水以北，今甘肅慶陽及涇川一帶，地近秦國。春秋時自稱為王。❻赧　因羞愧而臉紅。❼神馳句　謂精神頹靡，氣息不足。屬，連接。❽不疾治　不趕快治療。❾恚而讐之　怨恨他，把他當作仇敵。恚，怨恨。❿坎井　廢井；淺井。⓫硜硜之夫　見識短淺而又固執的人。硜硜，同「硜硜」。形容淺陋固執。《論語・

子路》：「言必信，行必果，硜硜然小人哉！」

【語　譯】韓垣來到齊國，以策略向齊王求職，齊王沒有錄用他。韓垣很生氣，便說了些誹謗齊王的話，齊王聽說後把韓垣交給主管刑獄的官員，並準備處死他。

田無吾朝見齊王，齊王對他講起這件事。田無吾說：「我聽說從前有個叫娵萠的人，學習的馴象技術很高明。他到了北方的義渠，憑馴象的本領向義渠君求職，義渠君沒有答應他。娵萠回到賓館，說起義渠君的壞話。賓館裡的人說：『不是我們君王不相信你的本領，只是我們這裡沒有大象啊。』娵萠羞愧而歸。醫胡到了魏國，看到魏太子神情恍惚，上氣不接下氣，就對他說：『殿下病得很重，不趕快治療將不可救藥。』太子大怒，認為是誹謗自己，派人殺了醫胡。醫胡死了以後，魏太子也因病而亡。那些憑藉計策謀略向人求職的人，不符合自己的心願就心生怨恨，是不對的；但對人家的話不加分析體察，怨恨仇視也是不對的。我聽說，江海不和淺井比水的清濁，雷霆不和青蛙、蚯蚓比聲音的高低。對那些淺陋固執的人，哪裡值得開殺戒呢？」

齊王聽了這番話，就釋放了韓垣。

【研　析】本篇一方面批評了韓垣求職不成，便心生怨恨，口出誹言的淺陋，另一方面也批評了齊王「人有言不察，恚而讐之」的狹隘，而重點是在後者。作者倡導國君應具備江海一般寬廣的胸懷，雷霆一般豪放的氣概，寬宏大量，大肚容人，不與「硜硜之夫」計較，這樣才能成就宏偉的事業。另外，從田無吾講述的兩個故事中，我們還可以得到這樣一些有益的啟示：娵萌雖然精通馴象的技術，但他來到沒有大象的義渠國，無所用其長，懷才不遇，空自嗟歎。它告訴我們，只有事先進行充分的調查研究，找準位置，才能有的放矢，達到預期的目的。魏太子聽不得別人的忠告，妄殺醫胡，則是對諱疾忌醫者的揭露和諷刺。這種人看似聰明，實際上愚蠢至極，到頭來，不僅害了別人也害了自己。

七三 噬❶狗

楚王問於陳軫❷曰：「寡人之待士也盡心矣，而四方之賢者不貺❸寡人，何也？」

陳子曰：「臣少嘗游燕❹，假館❺于燕市❻，左右皆列肆❼，惟東家甲❽焉。帳臥起居，飲食器用，無不備有，而客之之者，日不過一、二，或終日無一焉。問其故，則家有猛狗，聞人聲而出噬，非有左右之先容❾，則莫敢躡❿其庭。今王之門無亦有噬狗乎？此士所以艱其來⓫也。」

【注釋】❶噬　咬。❷陳軫　戰國時縱橫家，歷仕秦、楚。❸不貺　指不賞臉。❹燕　周代諸侯國，在今河北北部和遼寧西端一帶。❺假館　借用館舍。引申為旅居。❻燕市　指燕國的國都，在今北京城西南隅。❼列肆 成排的店鋪。❽甲 最好;第一。❾先容 本義為先加修飾,引申為事先介紹、關照。典出鄒陽〈於獄中上書自明〉「蟠木根柢,輪囷離奇,而為萬乘器者,何則?以左右先為之容也」。❿躡 踏。⓫艱其來 難於來。

【語 譯】楚王問陳軫道:「我對待士子也夠盡心的了,可是四方的賢士就是不肯到我這裡來,是怎麼回事呢?」

陳軫回答說:「我年輕時曾經出遊到燕國,寓居在燕市,旅館的左右都是店鋪,而以東邊的一家為最好。床帳等起居坐臥設施、飲食器皿等,無不具備,但到那裡去住的客人,每天不過一二個,有時,整天沒有一個人來。問起其中的緣故,原來這家店鋪裡有一條兇猛的狗,一聽見人的走動聲就出來咬人,要不是店裡的人先出來迎接,沒有人敢踏進他家的門庭。如今大王的門庭沒有人來,莫非也有咬人的狗在嗎?這就是賢士難來的原因了。」

【研 析】楚王欲招致天下賢才,不能遂願。陳軫以惡狗設喻,巧妙地回答了楚王的疑惑。其含意就是:要招徠四方人才,首先必須驅逐身邊的小人。因為有惡狗當道,就沒有人敢躡其門庭;有奸臣弄權,賢士們只能止足卻步。寓言沒有明指楚王身邊有無小人,避免了鋒芒過露可能帶來的種種不利,但其義自顯,可以說這是一個善諫的範例。

在寫法上,先寫楚王發問,以引起讀者的思索。而陳軫的回答,不是直接進行正面的說理,而是以講故事的方式展開,含蓄幽默,發人深省,大有春秋戰國間策士的詭諫之風。

七四 郤惡❶奔❷秦

秦楚交惡❸，楚左尹❹郤惡奔秦，極言楚國之非，秦王喜，欲以為五大夫❺。

陳軫❻曰：「臣之里有出妻❼而再嫁者，日與其後夫言前夫之非，意甚相得也。一日，又失愛于其後夫，而嫁于郭南❽之寓人❾，又言其後夫如昔者。其人為其後夫言之，後夫笑曰：『是所以語子者，猶前日之語我也。』今左尹自楚來，而極言楚國之非，若他日又得罪于王而之他國，則將移其所以訾❿楚者訾王矣。」

秦王繇是不用郤惡。

【注釋】❶郤惡　即郤宛。字子惡，楚國人。昭王時為左尹。❷奔　出奔；逃奔。❸交惡　互相憎恨仇視。❹左尹　春秋戰國時楚國最高長官令尹的副職。《左傳・宣公十一年》：「楚左尹子重侵宋。」❺五大夫　戰國時楚、魏、秦等國所設官職。❻陳軫　戰國時縱橫家，曾為楚大臣。❼出妻　被休棄的妻子。

❽郭南 城南。❾寓人 羈旅之人。❿訾 誹謗；說壞話。

【語 譯】秦楚兩國關係惡化，楚國的左尹郤惡投奔到了秦國，他竭力說楚國的壞話，秦王聽了很高興，想任命他為五大夫。

陳軫進諫說：「我的鄉里有個被夫家遺棄而又再嫁的女子，每天對她的丈夫說前夫的不是，說得很投機。後來，又失去了後夫的恩愛而嫁給在城南居住的外鄉人，她又像先前說前夫那樣說她後夫的壞話。那個外鄉人把她說的話向她的後夫說了，後夫笑著說：『她向你說的這些話，就像過去對我說的一樣。』如今左尹從楚國來，竭力說楚國的壞話；倘若日後又得罪了大王您而到了另外的國家，那麼他就會用詆毀楚國的那一套來詆毀大王您啊。」

秦王因此不用郤惡。

【研 析】朝三暮四，朝秦暮楚，毀謗舊主以邀寵新主，是佞臣們的慣用手法。他們沒有真才實學，專靠流言蜚語、拍馬逢迎取悅當政者，以乞得一杯殘羹，文中的郤惡就是這樣的一個投機分子。他利用秦楚關係惡化的機會，出奔至秦，大肆詆毀楚國，以博取秦王的好感。然而，古語說得好，「謠言止於智者」。陳軫的進諫一針見血，觸到了問題的實質，通過再嫁之婦詬言前夫這種類比的方式，把郤惡的醜陋嘴臉揭露得淋漓盡致。看來，秦王還是一個善於納諫的君主，聽了陳軫的一番話後，「繇是不用郤惡」。

選拔人才，應重在考察人的才能與品行，而不能被對方的夸夸其談所蒙蔽。對那些肆意說別人壞話的人，更應多一個心眼，因為，這樣的人往往是靠不住的。

七五　烏蜂

杞離謂熊蟄父曰：「子亦知有烏蜂乎？黃蜂殫❶其力以為蜜，烏蜂不能為蜜而惟食蜜。故將墐戶❷，其王使視蓄而計課❸，必盡逐其烏蜂，其不去者眾嚌❹而殺之。今居于朝者，無小大無不胝手瘃足❺以任王事，皆有益于楚國者也。而子獨遨以食❻，先星而臥❼，見日而未起，是無益于楚國者也，旦夕且計課，吾憂子之為烏蜂也。」

熊蟄父曰：「子不觀夫人之面乎？目與鼻、口皆日用之急，獨眉無所事，若可去也，然人皆有眉而子獨無眉，其可觀乎？以楚國之大，而不能容一遨以食之士，吾恐其為無眉之人，以貽❽觀者笑也。」

楚王聞之，益厚待熊蟄父。

【注釋】❶殫　竭盡。❷墐戶　用泥土塗塞門窗的縫隙。❸計課　計算、徵收賦稅。❹嚌　咬；傷害。

❺胝手瘃足　形容辛勤勞作。胝手，手掌上生老繭。瘃足，腳上生凍瘡。❻遨以食　謂閑遊而飽食。❼先星而臥　星星還沒出來就睡覺了。指睡得早。❽貽　致使；遺留。

【語　譯】杞離對熊蟄父說：「你也知道有一種烏蜂吧？黃蜂竭盡全力採花釀蜜，烏蜂不會釀蜜只會吃蜜。所以，黃蜂將蜂房的門用泥塗塞起來，蜂王派手下的蜂兒監視積貯的蜂蜜並作計算，堅決把那些不勞而食的烏蜂通通趕走；賴著不走的，黃蜂就群起攻之把牠們咬死。如今身居朝廷的人，不論官職是大是小，沒有一個不是手上磨起老繭，腳上生著凍瘡，辛勤勞作，盡力擔當王事的，他們都是楚國的有功之臣。而你獨自遊山玩水，飽食終日。星星還沒出來，你就安然入睡；太陽昇得很高了，你還沒有起床。你這樣一個對楚國沒有任何益處的人，一天到晚還在計算著課稅收入，我擔心你會變得像烏蜂一樣啊！」

熊蟄父說：「你沒有注意到人的臉龐嗎？眼睛和鼻子、嘴巴是每天都要用到的，惟獨眉毛用不到，你完全可以把它去掉啊。然而別人都有眉毛而惟獨你沒有，那樣好看嗎？憑著楚國這麼大，卻不能容下一個遊玩吃喝的士人，我擔心這就像沒有眉毛的人一樣，會成為別人的笑柄。」

楚王聽說了這番話，更加厚待熊蟄父。

【研　析】擔任著國家的官職，拿著國家的俸祿，就應該為國家辦事，正所謂「在其位，謀其事」。如果身居高位，無所事事，飽食終日，不勞而獲，豈不像文中的烏蜂一樣，自己不釀蜜卻搶吃黃蜂釀造的蜜汁？應該說，杞離對熊蟄父的指責並沒有錯。但寓言的主旨似乎並不在此，熊蟄父發表了一通巧舌如簧的議論，而楚王聽了這番議論以後，更加優待他，其中的寓意，發人思索。或是楚王認為熊蟄父並非等閑之輩，養士千日，用在一朝；或是楚王認為熊蟄父的名望、地位可以對楚國產生積極的影響，因此有意要打造一個海納百川，有容乃大的君主形象；或是楚王迂腐不實，錯把庸才當作俊彥……如此這般，讀者盡可以根據自己的想像去理解、發揮和詮釋，這正是本篇的獨到之處。

七六 議使中行說❶

漢八年，高皇帝❷崩❸，呂太后❹臨朝聽政。大臣患匈奴之強，將與為和親，議使者。太后惡宦者中行說，欲去之，故使往焉。

欒布❺諫曰：「陛下之所以使中行說者，不過以匈奴驕恣，必不能善待漢使，或留之則非我所惜，從而棄之耳。臣獨以為不便。夫使所以達主命，釋仇講好，決疑解紛，卑不可以屈國體❻，高不可以激敵恚❼，察變應機，以制事權❽。國之榮辱，己之休戚❾，非素所愛信，而知其忠且亮者，不可遣也。今中行說刑臣❿也，名不齒於國士，又陛下之所素惡。

夫素惡於君則不重其君，名不齒於國士則不重其身，臣懼其泄國情，而開敵釁也。」弗聽。

欒布退謂辟陽侯⓫曰：「子不力諫，北邊自此弗寧矣。昔鄭伯惡其大夫高克⓬，弗能去，而使帥師以禦狄⓭，次于河上⓮，久而不召，眾潰，高克奔陳⓯。《春秋》書曰：『鄭棄其師。』病⓰鄭伯也。今使說也如⓱匈奴，無乃棄說以及其介幣⓲乎？昔晉之敗于邲也，先縠實往楚師⓳，楚之敗于鄢陵也，苗賁皇實在晉⓴，此古人之僨車轍也㉑，上必悔之。」

【注釋】❶中行說　漢文帝時宦官。中行為複姓。中行說出使匈奴事見《史記·匈奴列傳》：「孝文皇帝（即漢文帝劉恆）復遣宗室女公主為單于閼氏，使宦者燕人中行說傅公主。說不欲行，漢彊使之。說曰：『必我行也，為漢患者。』」❷高皇帝　指漢高祖劉邦。❸崩　古稱帝王死為崩。❹呂太后　即呂雉。漢高祖后，惠帝母。劉邦死後，由她掌握實權。惠帝死後，臨朝聽政，分封呂氏為王侯，專朝十六年。❺欒布　西漢大臣。梁人，曾為梁王彭越大夫。後為劉邦所用，任都尉。文帝時，為燕相。吳楚七國叛亂，以功封侯。❻國體　國家的體統、體面。❼敵恚　敵人的憤怒。❽事權　原指軍事指揮上的妥善處置，此謂把握事物的發展變化。《淮南子·兵略訓》：「陳卒正，前行選，進退俱，什伍摶，前後不相干，受刃者少，傷敵者眾，此謂事權。」❾休戚　喜樂與憂愁。❿刑臣　此指受過宮刑的閹人，即宦官。⓫辟陽侯指審食其。審食其為漢沛人，以破項籍功封辟陽侯。幸於呂后，為左丞相。文帝立，免相卒。一說為淮南王長所殺。⑫昔鄭伯句　事見《左傳・閔公二年》「鄭人惡高克，使帥師次於河上，久而弗召。高克奔陳」。鄭伯，鄭文公。高克，鄭大夫。好利而不顧其君，文公惡之而不能遠，故使帥師而不召。⑬禦狄　抵禦狄人。狄，古代北方的一個少數民族。⑭次于河上　駐紮在黃河邊上。次，駐紮；停留。⑮陳　周諸侯國。建都宛丘（今河南淮陽）。⑯病　批評；指責。⑰如　到……去。⑱介幣　介，介珪，古代一種玉器。幣，貨幣；錢財。⑲昔晉之敗于邲二句　指晉楚邲之戰。西元前五九七年，楚伐鄭。晉派荀林父、士會、趙朔、先穀等率軍救鄭。由於幾個主要將領意見不合，中軍副帥先穀擅自率師渡過黃河，結果在邲（今河南滎陽東北）地遭楚軍襲擊而大敗。是為春秋戰國時著名戰役之一。事見《左傳・宣公十二年》。⑳楚之敗于鄢陵也二句　指晉楚鄢陵之戰。西元前五七五年，鄭叛晉與楚結盟，晉伐鄭，在鄢陵（今河南鄢陵西北）大敗楚軍。這是晉楚兩國為爭取小國歸附而爆發的一次爭霸戰爭。苗賁皇，楚令尹鬥椒之子。西元前六〇五年，楚共王殺鬥椒，苗賁皇逃奔晉國，晉以苗（今河南濟源西南）封之。由於苗賁皇熟悉楚國情況，因此在鄢陵之戰中起了重要作用。事見《左傳・成公十六年》。㉑此古人句　這是古人覆敗的車跡啊！意謂前車之鑑。僨，覆敗。車轍，車輪碾壓過的痕跡。

【語　譯】西漢八年，高祖劉邦去世，呂太后臨朝聽政。大臣們擔心強大的匈奴會帶來禍亂，提出與匈奴和親，為這事商議派誰擔任使者。太后討厭宦官中行說，想借此機會除掉他，因此打算派他前往。

大臣欒布勸諫說：「陛下之所以派中行說去，不過是認為匈奴驕橫，必定不會友好地對待漢使，或許會把中行說扣留下來。那樣的話，我朝不會感到惋惜，還可乘機把中行說拋棄掉。但我個人認為這樣做不妥。使者的使命是傳達君主的命令，釋解仇恨，修睦和好，消除疑難，排解糾紛。忍讓不可以屈辱國格，高傲不可以激起敵怒，隨機應變，掌握事物發展的主動權。這關係到國家的榮辱，個人的憂樂，因此，不是平日喜愛、信任並了解其忠誠而有氣節的人，是不能派遣的。如今，大家都知道中行說是受過宮刑的閹人，國家的賢士恥於提及他的名字，他向來又為陛下所厭惡。受陛下厭惡的人自然不會看重陛下委託的使命，名聲不重於國士的人就不會尊重自身的人格。我擔心他會洩露國家的機密，從而引起敵人的仇恨啊！」呂太后聽不進欒布的勸諫。

欒布退出後，對辟陽侯說：「你如果不努力進諫，北部邊境從此就不會有安寧的日子了。從前，鄭伯討厭他的大夫高克，沒有辦法把他除去，就派他統帥軍隊去抵禦狄人。軍隊駐紮在黃河邊上，長時間不召回，結果被擊潰，高克投奔了陳國。《春秋》中寫道：『鄭伯丟棄了他的軍隊。』錯誤在鄭伯身上啊。如今派中行說到匈奴去，不就是想丟棄中行說以及那一點貨幣財物嗎？從前晉軍在邲地被楚軍打敗，是因為先縠貿然率師擊楚。後來楚軍在鄢陵被晉軍擊潰，是因為楚國大夫苗賁皇投奔晉國（通過他，晉國掌握了楚軍的情況）。這些都是古人失敗的前車之鑑，太后一定會為她的做法後悔的。」

【研　析】使者又稱使節。節，指出使人所持的信符。鄭玄在解釋《周禮·地官·掌節》時說：「使節，使卿大夫聘於天子諸侯，行道所執之信也。」因為使者代表了國家的形象，肩負著「釋仇講好，決疑解紛，卑不可以屈國體，高不可以激敵恚，察變應機，以制事權」的使命，關係到國家的榮辱安危，因此，遣使歷來就是一件十分慎重的事。唐雎不辱使命，藺相如完璧歸趙，蘇武持節牧羊十九年不改其志，都是古代君主善於用人、使臣出色完成任務的範例。呂太后則不然，她以個人的好惡為標準，感情用事，準備將出使匈奴這樣一件重大的事情交給一個連自己都不信任的宦官中行說去完成，為的只是把一個不喜歡的人當作包袱那樣卸掉，完全沒有考慮到民族的尊嚴和國家的利益。文章通過晉楚邲之戰和鄢陵之戰的歷史教訓，說明用人不當和被敵方掌握內情必定會貽誤大事，造成嚴重的後果。啟發當權者，要以國事為重，知人善任，否則將後悔莫及。

七七　論相

楚王❶患其令尹❷蔿呂臣❸之不能，欲去之，訪于宜申❹。宜申曰：「未可。」王曰：「何故？」

宜申曰：「令尹楚相也，國之大事，莫大乎置相，弗可輕也。今王欲去其相，必先擇夫間之者❺，有乃可耳！」王蹙然❻曰：「令尹之不足以相楚國，不惟諸大夫及國人知之，鬼神亦實知之，大夫獨以為未可，寡人惑焉。」宜申曰：「不然。臣之里有巨室，梁蠹且壓，將易之，召匠爾❼，匠爾曰：『梁實蠹不可以不易，然必先得材焉，不則未可也。』其人不能堪，乃召他匠，束群小木以易之。其年冬十有一月，大雨雪，梁折而屋圮❽。今令尹雖不能，而承其祖父之餘❾，國人與之素矣。而楚國之新臣弱，未有間者，此臣之所以曰未可也。」

【注　釋】❶楚王　指楚成王。❷令尹　戰國時楚國官名，掌軍政大權。❸蔿呂臣　楚大夫，即《左傳・僖公二十七年》晉楚城濮之戰中的叔伯。城濮之戰失利後，任為令尹。❹宜申　鬥宜申，又稱司馬子西，城濮之戰中，擔任楚左軍統帥。❺間之者　代替他的人。❻蹙然　愁眉不展貌。❼匠爾　指古代名匠王爾，李善注引《淮南子》「王爾無所錯其剞劂」。匠爾或指其人。❽圮　倒坍。❾餘　餘續；餘業。

【語　譯】楚王擔憂令尹蔿呂臣不能勝任其職，想撤換他，向大臣宜申徵詢意見。宜申說：「不可。」楚王問：「為什麼呢？」

宜申說：「令尹是楚國的宰相。國家的大事，沒有比任命宰相更為重要的了，不可以輕易變換。如今，大王想撤去蔿呂臣的相位，必須事先選擇好接替他的人。有了合適的人選，方可考慮此事。」楚王皺著眉頭說：「令尹沒有能力輔佐楚國，不僅各位大夫及老百姓知道，就是鬼神也是知道的，但只有你認為不可撤除他的職務，我感到很困惑。」宜申說：「事情並非如此。我的家鄉有一個大戶，他家的房梁被蟲蛀得快要倒塌了，想要更換，於是召請工匠爾。爾說：『房梁確實蛀蝕得不可不換了，但是，必須事先準備好替換的材料，不然，是沒法換的。』那家大戶等不及，便去請別的工匠，將小木料捆紮起來充當房梁替換了原來的梁。那年的冬十一月，下起了大雪，房梁承受不住，結果，大梁折斷了，房屋也倒塌了。如今的令尹雖然不夠稱職，但他承續了祖輩和父輩的餘威，百姓對他都很熟悉，而楚國的新臣力量還很薄弱，沒有能力接替他，這就是我之所以說不可撤掉他的原因。」

【研析】人才是國家的根本，而身居「一人之下，萬人之上」的宰相就顯得更加重要了，因為他擔負著綜理國家政務，輔佐君王安邦治國平天下的重任。宰相不勝任，事關國計民生，事關社稷安危，自然不可等閒視之。但欲換相，必須先擇良才，就像要替換被蟲蝕的房梁，必須事先準備好梁柱一樣。倘若以小木充當棟梁，敷衍了事，到頭來勢必梁折牆傾，不可收拾。本文以房屋換梁設喻，講述了人才任用上的一條基本原則，即與其隨意任免，輕舉妄動，不如暫時維持現狀，待條件成熟後再擇機而行。其實，這一原則在其他領域裡也同樣適用。

七八　捕鼠

趙人患鼠，乞❶貓于中山❷，中山人予之。貓善捕鼠及雞，月餘，鼠盡而其雞亦盡。

其子患之，告其父曰：「盍去諸❸？」其父曰：「是非若所知也，吾之患在鼠，不在乎無雞。夫有鼠則竊吾食，毀吾衣，穿吾垣墉❹，壞傷吾器用，吾將饑寒焉。不病❺於無雞乎？無雞者弗食雞則已耳，去饑寒猶遠，若之何而去夫貓也？」

【注釋】❶乞 尋求。❷中山 周諸侯國。在今河北定縣一帶。❸盍去諸 為什麼不把牠趕走呢？盍，何不。❹垣墉 牆壁。《尚書‧梓材》：「若作室家，既勤垣墉，惟其塗塈茨。」❺病 危害。

【語譯】趙國有個人擔心老鼠為害，就向中山國求貓，中山國人給了他一隻貓。這隻貓善於捕捉老鼠和雞，一個多月下來，老鼠被捉盡了，而他家的雞也被吃光了。

他的兒子擔憂這事，就對他父親說：「為什麼不把貓趕走呢？」他父親說：「這你就不懂了。我擔心的是老鼠，而不在於有沒有雞。有老鼠，就會偷吃我的糧食，毀壞我的衣服，鑽透我的牆壁，損壞我的器具，那樣的話，我就要挨餓受凍，這不是比沒有雞更可怕嗎？沒有雞，不吃雞就是了，離饑寒交迫還遠著呢，為什麼要趕走貓呢？」

【研析】責全求備，追求完美，是人的天性。但天下之事，往往難以遂人心願。趙人患鼠求貓，貓至，「鼠盡而其雞亦盡」，這就產生了矛盾。如何處理這一矛盾呢？寓言告訴我們，要抓住主要癥結，分清輕重緩急，權衡利弊得失，在不能盡善盡美、兼而顧之的情況下，必須有所取捨，因為有失才有得。鼠患為災，影響到人的生計；無雞，頂多是不吃雞而已。因此，丟卒保車，把貓留下來，無疑是明智的選擇。這篇文章用一個淺顯的故事，闡述了一個富含哲理的思想，閃爍著辯證思維的光芒。這一道理，在選擇和使用人才，以及在稽查考核官員方面同樣適用。從中，也可以看出劉基進步的社會政治觀。

七九　使貪

客有短❶吳起❷於魏武侯❸者，曰：「吳起貪❹，不可用也。」武侯疏❺吳起。

公子成入見曰：「君奚為❻疏吳起也？」武侯曰：「人言起貪，寡人是以不樂焉。」公子成❼曰：「君過❽矣，夫起之能，天下之士莫先焉。惟其貪也，是以來事君，不然君豈能臣之❾哉？且君自以為與殷湯❿、周武王⓫孰賢？務光⓬、伯夷⓭天下之不貪者也，湯不能臣務光，武王不能臣伯夷，今有不貪如二人者，其肯⓮為君臣乎？今君之國，東距⓯齊，南距楚，北距韓、趙，西有虎狼之秦，君獨以四戰⑯之地處其中，而彼五國頓兵⑰坐視，不敢窺魏者何哉？以魏國有吳起以為將也。周《詩》有之曰：『赳赳武夫，公侯干城⑱。』吳起是也。君若念社稷⑲，惟起所願好而予之，使起足其欲而無他求，坐威⑳魏國之師，所失甚小，所得甚大。乃欲使之飯糲茹蔬㉑被短褐步走以供使令㉒，起必去之。起去，而天下之如起者，卻行㉓不入大梁㉔，君之國空矣。臣竊為君憂之。」

武侯曰：「善。」復進㉕吳起。

【注釋】❶短　說壞話。❷吳起　戰國時魏人，著名軍事家。初在魯為將，繼至魏，率軍擊秦，攻佔五城，被任為西河郡守。後遭讒奔楚，輔佐悼王，實行變法。悼王死後，貴族叛亂，被殺。❸魏武侯　文侯子，名擊。❹吳起貪　謂吳起貪功名。《史記·孫子吳起列傳》記載，魏相李克曾說：「起貪而好色。」唐司馬貞云：「起本家累千金，破產求仕，非實貪也；蓋言貪者，是貪榮名耳。」❺疎　疏遠。❻奚為　為什麼。❼公子成　魏文侯之弟，名成，即魏成子。曾任文侯之相。❽過　錯了。❾臣之　使之為臣。❿殷湯　即成湯，商朝的建立者。⓫周武王　文王之子，西周王朝的建立者。⓬務光　夏時人。傳說湯克桀，欲將天下讓給他。他負石自沉蓼水，既而隱去。⓭伯夷　商末孤竹君長子。初孤竹君以次子叔齊為繼承人，孤竹君死後，叔齊讓位，伯夷不受。二人同出走至周。武王滅商後，他與叔齊逃到首陽山，不食周粟而死。

⓮其肯　同「豈肯」。⓯距　同「拒」。⓰四戰　指四面受敵。⓱頓兵　屯兵。⓲赳赳武夫二句　雄赳赳的武士，保衛著公侯像一道強固的屏障。語出《詩經・周南・兔罝》。赳赳，勇武貌。干城，據聞一多《通義》「公侯干城之『干』，則『閈』之省……『閈』亦訓『垣』」。垣有屏障之義。⓳社稷　指國家。⓴威懾；震懾。㉑飯糲茹蔬　形容生活清苦。飯和茹，都是吃的意思。糲，粗糧。㉒被短褐句　被，披。短褐，粗布短衣。古代貧賤者或僮豎之服。步走，步行。㉓卻行　後退。㉔大梁　魏國都城，即今河南開封。㉕進　進用；任用。

【語　譯】賓客中有一個人在魏武侯面前說吳起的壞話，說：「吳起貪圖功名，不可重用。」武侯因此疏遠了吳起。

公子成進見說：「君王為什麼要疏遠吳起呢？」武侯說：「有人說吳起太貪功了，所以我不喜歡他。」公子成說：「君王錯了！吳起的才幹，天下的士人沒有一個能比得上的。正因為他貪功，所以才來侍奉您。不然的話，您怎麼能得到他做您的臣屬呢？再說，君王自認為與商湯、周武王相比，誰更賢明呢？務光、伯夷，是天下沒有貪欲的人，但商湯不能用務光為臣，周武王不能用伯夷為臣。如果今天有像他們兩位那樣沒有貪欲的人在世，難道肯當您的臣屬嗎？當今君王統治的魏國，東面要對付齊國，南面要對付楚國，北面要對付韓國與趙國，西面有如狼似虎的秦國，您獨自處在四面包圍之中。而那五個國家屯集重兵，虎視眈眈，但又不敢輕易進犯魏國，原因何在呢？就是因為魏國有吳起做大將啊！《詩經・周南》上有這樣的詩句，『猛勇武夫雄赳赳，捍衛公侯作屏障』，指的就是吳起這樣的大將。國君如果以國家利益為重，只要是吳起想要的和喜好的，您就盡可能地滿足他，使吳起的欲望得到滿足而沒有其他要求，您就可以坐著等待他殲滅五國的軍隊。這樣，失去的很少，而得到的卻很多。倘若您讓他吃粗糧蔬菜，穿粗布短衣，徒步行走以供驅使，那麼，吳起必定離開魏國。一旦吳起離去，天下像吳起一樣有才能的人就會望而卻步，不到國都大梁來，君王的國家就沒有人可用了。我私下替您擔憂啊！」

武侯說：「講得好！」於是重新重用吳起。

【研　析】吳起是戰國時期傑出的軍事家，與孫子並稱孫吳。但即便是這樣的名將，也會招致非議，可見人言可畏。本文以公子成進諫的形式，提出了一個如何正確對待人才、使用人才的問題。因為人無完人，金無足赤，如果以小疵掩大瑜，因噎廢食，就會貽誤大事。對於那些有非凡才能的人，更應該不拘一格，大膽使用。這樣才能充分發揮他們的作用，成就宏偉的事業。

劉基長於說理，本篇行文充分展示了這一特點：公子成進諫，首先是單刀直入，一句「君過矣」，亮明了觀點，引起讀者的注意。然後，正面肯定吳起的才能，「天下之士莫先焉」。再次，分析吳起所謂的「貪」並非不可取，「惟其貪也，是以來事君」。接下來，強調吳起在魏國的重要作用，「彼五國頓兵坐視，不敢窺魏者何哉？以魏國有吳起以為將也」。再下來，分析使用吳起的方法和益處，即滿足吳起的欲望使他無生他意，這樣，就可以「坐威魏國之師」，「所失甚小，所得甚大」。同時又指出，如果疏遠了吳起，不僅會使吳起離魏而去，還會使天下之士寒心，「卻行不入大梁，君之國空」，造成嚴重的後果。最後說明，自己完全是替魏王著想。縱觀全篇，層層剖析，絲絲入扣，說理透徹，邏輯性很強。同時，語氣委婉，使對方容易接受。可以說，這是古代的一篇優秀諫文。

八〇 去蠹

郁離子疾，病氣菀❶痰結，將嗀❷之。

或曰：「痰，榮❸也，是養人者也。人無榮則中❹乾，中乾則死，弗可嗀也。」

郁離子曰：「吁，吾子過❺哉！吾聞夫養人者津❻也，醫家者所謂榮也，今而化為痰，是榮賊也，則非養人者也。夫天之生人，參地而為三❼，為其能贊❽化育❾也，一朝而化為賊，其能贊天地之化育乎？是故俞跗❿、扁鵲⓫之為醫也，浣胃滌腸⓬，絕去病根，而阽⓭死者生。舜、禹、成湯、周文王之為君也，誅四凶⓮，戮防風⓯，勦昆吾⓰，放夏桀⓱，戡黎伐崇⓲，而天下之亂載寧⓳。其將容諸乎？容之無益，以戕人⓴也。故蟲果生也，蟲成而果潰，自我而離焉。非我已，其能㉑養我乎？弗去，是殖賊㉒以待戕也。從子之教，吾其不遠潰矣。」

【注釋】❶菀　鬱結；積滯。❷嗀　嘔吐。❸榮　中醫指人體的營養作用或血液循環功能的一個方面。❹中　指身體內部。❺過　錯。❻津　體液。《靈樞經・決氣》：「腠理發泄，汗出溱溱，是謂津。」❼參地句　指天與人，加上地而成為三。參，並列。❽贊　助。❾化育　化生長育。《禮記・中庸》：「能盡物之性則可以贊天地之化育，可以贊天地之化育則可以與天地參矣。」❿俞跗　黃帝時名醫。⓫扁鵲　戰國時名醫。⓬浣胃滌腸　猶洗滌胃腸。浣，洗。⓭阽　臨近危險。⓮四凶　相傳為堯舜時代四個惡名昭著的部族首領。《左傳・文公十八年》：「舜臣堯，賓於四門，流四凶族渾敦、窮奇、檮杌、饕餮，投諸四裔，以禦魑魅。是以堯崩而天下如一，同心戴舜以為天子，以其舉十六相，去四凶也。」⓯戮防風　指誅殺防風，陳屍示眾事。戮，殺；陳屍示眾。防風，古代傳說中的部落酋長名。《國語・魯語下》：「丘聞之，昔禹致群神於會稽之山，防風氏後至，禹殺而戮之。」韋昭注：「防風，汪芒氏之君名也。」⓰昆吾　夏的同盟部落，其地在今河南許昌東南，為商湯所滅。⓱放夏桀　放逐夏桀。湯滅夏後，桀被流放到南巢（今安徽巢縣東北）而死。⓲戡黎伐崇　戡，攻克；平定。黎，古國名，其地在今山西黎城，後為周文王所滅。崇，古國名，其地在今陝西西安灃水西岸一帶，亦為周文王所滅。⓳載寧　始得安寧。載，始。⓴戕人　害人。㉑其能　豈能。㉒殖賊　滋生敵賊。

【語譯】郁離子生了病，病氣積滯而成為痰，想要咳吐。

有人對他說：「痰是人體的營養成分，是滋養人的東西啊。人沒有了它，身體就會乾枯；

身體乾枯，人就會死去。所以，不能吐掉啊！」

郁離子說：「唉，你錯了！我聽說滋養人的東西是津液，也就是醫生所說的使人生命旺盛的精血。而今化作了痰，這是有害於身體的敵賊，而不是滋養人體的東西。上天造就了人，天、人加上地成為三才。人能夠幫助自然萬物生長化育，而人體內的積滯一旦化為有害之物，還能有助於天地的化育嗎？所以，俞跗、扁鵲行醫時，洗滌病人的胃腸，去除病根，使生命垂危的人得以復生。舜、禹、成湯、周文王當君主時，誅滅四凶，殺戮防風，剿滅昆吾，流放夏桀，戡定黎國，征伐崇國，天下開始由動亂走向安寧。難道能寬容他們嗎？寬容了他們不僅無益，還會留下禍害。所以，蟲子在果實中生長，蟲子長成了果實也就潰爛了。我離我的身體而去，已經不是我了，痰還能滋養我嗎？不把痰吐出來，無異於讓敵賊滋生，坐以待斃。如果接受了你的指教，我離死亡大概也就不遠了。」

【研　析】痰是人體的一種分泌液，在正常的情況下分泌很少，但在肺部和呼吸道發生病變時就會增多，並含有多種致病細菌，這是一個基本的常識。人生了病，要不要把痰吐掉？本文從這樣一個普通的問題生發開去，說明了一個道理，就是：對有害之物必須堅決清除，否則不僅無益，還會造成危害。

為闡明這一觀點，首先，文章借郁離子之口指出，痰並不是提供營養、有益於人體的「滎」，而是「滎」之賊，是「非養人者也」，是人體的廢物。接著，強調人的天職是「贊天地之化育」，並以古代名醫俞跗、扁鵲和聖賢君主舜、禹、成湯、周文王為例，點明治病宜絕病根，除惡務必除本的道理。然後，以蟲生在果實之中，蟲成而果潰設喻，表達了不將害人之物清除乾淨，無異於「殖賊以待戕」的觀點。最後，以反問作結，進一步增強了文章的說服力。

八一　螇螰❶

智伯❷圍趙襄子❸于晉陽❹，使人謂其守❺曰：「若能以城降，吾當使若子及孫世世保之。」

守者對曰：「昔者中牟之郭圮❻，有螇螰墮于河，沫擁之以旋，其翅拍拍，螜❼見而憐之，游而負之及陸，謂螜曰：『吾與子百年無相忘也。』螜振羽大笑曰：『若冬春之不知也❽，而能百年無忘我乎？』今晉國惟無人而壅❾，女以天盈❿，盈而恃⓫之，是壅禍⓬也。壅禍恃盈以蠆尾⓭于人，天實厭之。晉陽朝亡，女必夕死，死，予不寒⓮，猶及見之，其何有於子及孫？」

是夕，智伯為韓魏所殺。

【注 釋】❶螇螰 蟬的一種，即螅蛄。體短，吻長，雄性腹部下有發音器官，鳴聲不息。郭璞注《爾雅・釋蟲》：「即蝭蟧也，一名螅蛄，齊人呼螇螰。」❷智伯 即知瑤，一作荀瑤，又稱知伯。春秋末戰國初晉人，知罃玄孫。晉六卿中勢力最大的一家。西元前四五三年，脅迫魏桓子駒、韓康子虎攻打趙襄子。襄子固守晉陽，歲餘不下。後趙襄子私與魏、韓合謀，殺智伯於軍中，三分其地。❸趙襄子 即趙無恤，或作趙毋恤。晉大夫，趙鞅之子。卒諡襄。❹晉陽 地名，故址在今山西太原南晉源鎮。❺守 守臣；地方長官。❻昔者句 中牟，古邑名，故址在今河南鶴壁西。郭，外城。圮，倒塌。❼螿 同「螢」。即螻蛄。一種昆蟲，善掘土，晝伏夜出，吃植物嫩莖，俗稱土狗子。晉崔豹《古今注・魚蟲》：「螻蛄一名天螻，一名螿，一名碩鼠，有五能而不成伎術。」❽若冬春句 螅蛄生命短促，春生而夏死，夏生而秋死。《莊子・逍遙遊》：「朝菌不知晦朔，螅蛄不知春秋。」❾壅 蔽塞。❿女以天盈 你因為天時而強大。女，通「汝」。盈，充滿，指勢力強大。⓫恃 憑藉；依仗。⓬壅禍 謂釀成禍患。壅，積聚。⓭蠆尾 蠍子一類毒蟲的尾部。蠆尾末端有毒鉤，比喻毒之所在。⓮予不寒 我的屍骨未寒。予，我。

【語 譯】智伯在晉陽城包圍了趙襄子，派人對守城的官員說：「如果你能舉城投降，我可以使你及你的子孫世世代代保有這座城池。」

守城的官員回答說：「從前，中牟的城牆倒塌了，有一隻螇螰掉到河裡，水沫簇擁著牠直打轉，牠用翅膀不停地拍打掙扎。螻蛄看見了，動了憐憫之心，就游過去背著牠上了岸。螇螰感激地對螻蛄說：『我們之間的這番情義，我一百年也不會忘記！』螻蛄振翅大笑說：『你的生命短暫得連什麼是冬天什麼是春天都不知道，又怎麼能一百年都不忘記我呢？』如今，晉國因為缺少將士而被圍困。你依仗著天然的有利條件，驕橫無忌，實際上是惹禍上身。

惹禍上身，自恃強大，就像是用蠆尾螫人，連上天都厭惡這樣做。一旦晉陽城被攻破，早上城破，晚上你就會被殺死。我的屍骨未寒，還可以見到你的下場，你又怎麼能夠對我的子孫後代作保證呢？」

就在這天晚上，智伯被韓、魏兩家殺死了。

【研析】趙、韓、魏三家聯合起來翦滅智伯是戰國初年發生的一件大事，並為以後三家分晉奠定了基礎，其事詳見《史記・趙世家》。本篇以這一歷史事件為素材，諷刺了那些缺乏自知之明的狂妄之徒。

蟪蛄的生命短促，只知夏秋，不知冬春，卻大言不慚地對螻蛄說：「吾與子百年無相忘也。」可笑得令人心酸，而這正是智伯一類貌似強大實則虛弱的人物的絕好寫照。智伯朝不保夕，卻還要以「世世保之」為誘餌勸守臣投降，這與蟪蛄的愚昧並無兩樣。這篇寓言還告訴我們，依仗一時的勢力，驕傲自滿，橫行無忌，遲早是要栽跟頭的。驕盈必敗，是為無數歷史事實證明了的真理。

八二　德量

郁離子曰：「人之度量相越❶也，其猶江海之於瀸泉❷乎？瀸泉之微，積而至于海，無以尚❸之矣，而海亦不自知其大也。惟其不自知其大也，故其納不已，而天下之大莫加焉。聖人之為德亦若是而已矣。是故汧泉❹納瀸泉，池納汧泉，溝納池，澮❺納溝，谿納澮，川納谿，澤納川，江河納澤，而歸諸海。故天子海也，公、侯、卿、大夫江河也，川澤也，庶官❻谿澮之類，而萬民皆瀸泉也。瀸泉之於海，其相去也不亦大縣絕❼矣乎？而其勢必趨焉，其志之感，情之達，如氣至而蟲鳴❽也，如雨來而礎潤❾也。君人者惟德與量俱，而後天下莫不歸焉。德以收之，量以容之，德不廣不能使人來，量不宏不能使人安。故量小而思納大者禍也。汋谷之鱦❿不可以陵⓫洪濤，蒿樊之鴽⓬不可以御飄風⓭。大不如海而欲以納江河，難哉！」

【注釋】❶相越　猶相去。《史記・司馬相如列傳》：「人之度量相越，豈不遠哉！」❷瀸泉　時有時無的泉水。《爾雅・釋水》：「泉一見一否為瀸。」❸尚　超過。❹汧泉　泉水停滯積聚之處。❺澮　田間排水道。❻庶官　眾官；百官。❼大縣絕　猶太懸殊。❽如氣至句　如節氣到了昆蟲就會鳴叫一般。❾如雨來句　句式與上句同。礎，梁柱下面的石墩。❿汋谷之鱦　山谷中的小魚。汋谷，有水流的山谷。鱦，小魚。《孔子家語・屈節》：「魚之大者名為鱄，吾大夫愛之；其小者名為鱦，吾大夫欲長之。」⓫陵超越。⑫蒿樊之鴽　蒿，蒿草。樊，籬笆。鴽，鵪鶉之類的小鳥。⑬飄風　旋風；暴風。

【語　譯】郁離子說：「人的器量相互間的差距甚遠，不就像長江大海比之於時斷時續的泉水嗎？泉水雖小，但匯集在一起流入大海，沒有什麼能夠超過它。而大海也不知道自己有多大，由於不知道自己有多大，因此容納不止。於是，天下沒有比它更大的了。聖人的德行，也就像這大海一樣。所以，積聚的泉水容納時斷時續的水流，池塘容納積聚的泉水，水溝容納池水，水渠容納溝水，溪流容納渠水，川流容納溪流，湖澤容納川流，江河容納湖澤，最終歸於大海。由此而論，天子就是大海；公、侯、卿、大夫就是江、河、川、澤；普通官吏就是溪流、溝渠；老百姓就是時斷時續的小泉。小泉比之於大海，相差不是太懸殊了嗎？但它的趨勢必定流向大海。它感奮的志向，曠達的情懷，就像節氣到來時蟲兒發出鳴叫、天降大雨時礎石濕潤一樣出於自然。做君王的同時具備了德行和器量，天下的人就不會有不歸順的。用德行招攬人心，用器量容納他們。德行不廣，不能感召人們歸順；器量不寬宏，不能使人心安定。所以，器量狹小卻想包容天下，就會造成災禍。山谷裡的小魚不能凌駕於洪濤之上，蒿草籬笆上的小鳥不能抵禦住暴風，沒有海那樣大的容量卻想接納江河，實在是太難了啊！」

【研　析】古語云：「海不辭水，故能成其大；山不辭土石，故能成其高；明主不厭人，故能成其眾。」（《管子・形勢解》）作為領袖人物，只有具備了美好的德行和海一般的胸懷，不因成見，不計前嫌，不拘一格，唯才是舉，才能組織起浩浩蕩蕩的大軍，成就宏偉的事業。

本文論述的雖然是一個陳舊的話題，但由於運用了一連串形象的比喻，給人耳目一新的感覺。文章還分析了德與量、德量與人心的關係，認為「德以收之，量以容之，德不廣不能使人來，量不宏不能使人安」，君人者只有同時具備了仁德與器量，才會為人心所向，「天下莫不歸焉」。文章最後以「大不如海而欲以納江河，難哉」作結，實際上表達了對元代統治階級的失望之情。

八三　髽❶辮失笑

介葛盧❷髽，白狄❸辮，皆朝于魯，遇于沈猶氏❹之衢❺，相睨❻而失笑。從者歸而語諸館，交訾❼焉。魯人使執渠略❽與蛣蜣❾以示之，弗喻。

公山弗狃❿欲伐季氏⓫，問於冉有⓬，冉有曰：「盍召仲尼⓭？」公山弗狃使召仲尼。或謂其人曰：「子之從夫子也，粲衣而鑿食⓮，今將恆其故而豐其新矣，而召仲尼焉，至必授之政，將繩子以纆⓯，子其悔哉！」乃陰嗾⓰使者易其禮，仲尼不至。

將起師，冉有曰：「盍聞諸公乎？」弗聽。遂以費人攻季氏問昭公焉⑰。師入，驚公宮⑱，季桓子挾公以登臺⑲，使行人⑳辭㉑諸費人曰：「先君之事，先大夫有之，雖然盟主實有命，今斯㉒之事君惟謹。君惠僂渥㉓，蔑有㉔二命，二三子㉕不念魯國，不謀于君，而怫㉖臨以兵，其若君與社稷何？且吾聞之：鳶㉗不嚇烏，袒裼不責夷踞㉘。惟二三子圖之。」費人曳㉙戈而走，公山弗狃出奔齊㉚。

君子曰：「公山之伐季氏也，其猶介葛盧之咻㉛狄乎？雖欲召仲尼，卒蒙㉜于其人而弗果㉝，其無成也宜哉。」

【注釋】❶髽　梳在頭兩旁的髮髻，亦稱髽髻。❷介葛盧　春秋時介國國君，僖公二十九年朝於魯，能通牛語。❸白狄　部落名。生活在陝西延安、山西介休一帶，後遷入河北。此指白狄部落的首領。❹沈猶氏　即沈猶，春秋時魯人，以販羊為業。《荀子・儒效》：「仲尼將為魯司寇，沈猶氏不敢朝飲其羊。」❺衢　大路。❻睨　斜視。❼交訾　交相非議。訾，非議；說人的短處。❽渠略　蟲名，即蜉蝣。一種生命極短的蟲子。蘇軾〈前赤壁賦〉：「寄蜉蝣於天地，渺滄海之一粟。」❾蛣蜣　昆蟲名。背有堅甲，全身暗黑色，喜食糞土，並能摶成球。❿公山弗狃　亦作「公山不狃」，戰國時魯國人。原為季氏家臣，不得意於季氏，投靠陽虎。陽虎欲廢三桓，公山弗狃叛季氏，率費邑人襲魯，兵敗逃齊。事見《左傳・定公八年》。⓫季氏　即春秋魯季孫氏。魯自文公以後，季氏世執國政，權勢日重，公室日卑。後其家臣陽虎擅權，季氏始衰。⓬冉有　即冉求，字子有，春秋時魯人。孔子弟子。曾為季氏家臣。⓭盍召仲尼　為何不把孔子請來呢？仲尼，孔子的字。⓮粲衣句　穿上鮮豔的衣服，吃著上等的精米。粲，鮮豔。鑿，舂糙米為精米。⓯繩子以纆　謂用規矩法度相約束。纆，又作「墨」，木工用的墨線。⓰陰嗾　暗中唆使。嗾，指使狗時口中發出的聲音，引申為教唆、指使人做壞事。⓱遂以句　費人，費地人。費指春秋時魯邑，在今山東費縣西北。問，問罪。昭公，魯昭公。但此時昭公已死，魯定公在位，所述有誤。⓲公宮　君王的宮殿。⓳季桓子句　季桓子，即季孫斯，季平子之子。定公時執政為上卿。挾，挾持。登臺，登上高臺，此指季氏武子臺。據《左傳・定公十二年》：「公與三子（指季孫、叔孫、孟孫）入於季氏之宮，登武子之臺。」顧祖禹《方輿紀要》：「季武子臺在曲阜城東北五里。」⓴行人　官名。掌朝覲聘問的官員。後亦為使者的通稱。㉑辭　責備。㉒斯　指季孫斯。㉓君惠句　惠，恩賜。優渥，優厚；待遇好。㉔蔑有　沒有。㉕二三子　幾個人；諸位。㉖佛　通「悖」。悖逆；違背。㉗鳶　鷙鳥。俗稱老鷹、鴟鷹。㉘袒裼句　袒裼，又作襢裼。脫去上衣，裸露肢體。《詩經・鄭風・大叔于田》：「襢裼暴虎，獻於公所。」夷踞，兩腿伸直張開坐地貌。形容隨便，不拘禮節。㉙曳　拖著。㉚出奔齊　據《左傳・定公十二年》：「費人北。國人追之，敗諸姑蔑。二子（公山弗狃、叔孫輒）奔齊。」㉛咻　噓氣聲。含有譏笑之意。㉜蒙　蒙蔽。㉝弗果　沒有實現。

【語　譯】介國國君葛盧頭兩邊盤著髮髻，白狄部落的首領梳著一頭辮子，他們都去魯國朝拜，在沈猶氏宅第旁的大街上相遇了。二人斜著眼睛打量對方，都忍不住笑出聲來。隨從們回到賓館後談論起此事，說長道短，互相非議。魯國人聽說後送來蜉蝣和蛣蜣讓他們看，他們看了都不明白是什麼意思。

這時，公山弗狃正準備討伐季氏，向孔子的弟子冉有徵詢意見。冉有說：「為什麼不去召請仲尼呢？」公山弗狃便派人去請仲尼。有人對派去的使者說：「你跟隨公山弗狃這麼多年，穿的是鮮豔的衣服，吃的是精細的糧食，穩固地保持原有的生活並不斷提高待遇。而一旦召來仲尼，他必定教給公山弗狃執政的辦法，到時用法規來束縛你，你不會後悔嗎！」於是，暗中唆使使者更換了聘禮，結果仲尼沒有來成。

將要起兵時，冉有說：「為什麼不聽聽昭公的意見呢？」公山弗狃根本聽不進去。於是用費地的人攻打季氏，向魯昭公問罪。軍隊攻入後，驚動了整個宮殿，季桓子挾持著昭公登上武子臺，並派使者責備費人說：「冒犯君主的事情，先前的大夫也曾有這樣做過的。雖然如此，但君王畢竟是盟主，握有權命，今天的事情你們尤其要謹慎對待。君王對你們恩惠豐厚，只有君王能調動你們，沒有第二個人有這樣的權力。那幾個傢伙不為魯國著想，不與君主商量，就悖逆妄為，兵臨城下，他們想把君主和國家怎麼樣？況且我聽說：鴟鷹不會被烏鴉嚇住，袒臂露體的人不會在乎舉止隨便不拘禮節的人的責怪，諸位認真考慮吧！」於是，費人拖著兵器逃走了。眼看大勢已去，公山弗狃只好逃奔到齊國。

君子說：「公山弗狃討伐季氏，不也就像介葛盧嘲笑白狄首領一樣嗎？雖然公山弗狃想召請仲尼，但最終被他的使者蒙蔽而未能如願，他的不成功也就是理所當然的了。」

【研　析】公山弗狃襲魯事，見《左傳・定公十二年》。講的是費邑宰公山弗狃率領費人襲擊魯國國都，魯定公和季孫等三個人躲進季氏的宮室，登上武子臺。費人攻臺不下，戰敗而逃，公山弗狃出奔齊國。這一段歷史，成了劉基筆下的創作素材。作者以介葛盧嘲笑白狄部落首領設喻，通過公山弗狃討伐季氏的歷史事件，諷刺了那些看不到自身不足卻又喜好攻擊別人的人。寓言把讀者帶入歷史之中，卻又不拘泥於歷史。文中公山弗狃召請孔子，使者私易其禮，導致「仲尼不至」一節純屬虛構，但寫得活靈活現。作者將公山弗狃的失敗歸結於這一點，是沒有根據的。

八四 淳于髡論燕畔

齊人伐燕，取其財而俘其民，王朝而受俘❶，喜見於色，謂其大夫曰：「寡人之伐燕，不戮一人焉，雖湯、武❷亦若是而已矣。」大夫皆頓首❸賀。

已而燕人畔❹，王怒曰：「吾之於燕民盡心焉，一朝而畔，寡人德不足為與？」

淳于髡❺仰天大笑，王怪而問之，對曰：「臣鄰之富叟疾，使巫禱于神，神告之曰：『若能活物萬，吾當為若請于帝，去爾疾，錫❻爾壽。』

富叟曰：『諾。』乃使人蒐于山，羅⑦于林，罾⑧于澤，得羽毛⑨鱗介⑩之生者萬，言于神而放之。罔罟⑪所及，鎩翅⑫而滅足者，嘈嘈聒聒⑬，蔽野揜⑭谷。明日而富叟死，其子往泣于巫曰：『神亦有迋⑮乎？』問之，以實對，巫笑曰：『有是哉？是女實自迋，非神迋女也。』今燕之君臣相為不道⑯，而民無故⑰也。君伐而取其財，遷⑱其居，冤號之聲訇殷⑲天地，鬼神無所依歸，帝怒不可解矣，而曰不戮一人焉。夫人饑則死，凍則死，不必皆以鋒刃，而後謂之殺之也。周《詩》⑳曰：『樹怨以為德㉑。』君實有焉，而以尤㉒燕民，非臣之所知也。」

【注釋】❶受俘　指受俘禮，古代戰勝國舉行的一種禮儀。先把所獲俘虜獻於宗廟社稷，稱獻俘禮；再由皇帝接受戰俘，稱受俘禮。❷湯武　商湯、周武王。古代賢明君主。❸頓首　叩頭。❹畔　同「叛」。❺淳于髡　戰國齊人。滑稽善辯，數使諸侯，未曾屈辱。齊威王時任大夫。❻錫　賜予。❼羅　張網捕鳥。❽罾　魚網。此指撒網捕魚。❾羽毛　泛指鳥禽。❿鱗介　泛指魚鱉類動物。⓫罔罟　捕魚與捕鳥的工具。罔，同「網」。罟，魚網。⓬鎩翅　折斷翅膀。鎩，折斷；傷殘。⓭嘈嘈聒聒　嘈雜吵鬧聲。⓮揜　同「掩」。遮沒；遮蔽。⓯迋　通「誑」。欺騙。⓰不道　無道；胡作非為。⓱無故　猶無辜。⓲遷　調放逐。⑲訇殷 形容聲音很大。訇，大聲。殷，雷聲；震動聲。⑳周詩 即《詩經》。因其為周代詩歌，故稱。㉑樹怨以為德 語出《詩經・大雅・蕩》。原句為「斂怨以為德」，意思是積斂了怨仇反而自以為是德行。㉒尤 責怪；埋怨。

【語譯】齊人討伐燕國，掠取了燕國的財物並俘虜燕國的百姓。齊王坐朝舉行受俘禮，按捺不住喜悅的心情。他得意地對身邊的大夫說：「我討伐燕國，不殺戮一個人，即使商湯、周武王在世，也不過如此而已。」大夫們都上前叩頭相賀。

不久，燕人叛逃，齊王大怒，說：「我對燕國百姓也是夠仁至義盡的了，而他們一個早上的工夫就叛逃了，難道說是我的仁德還不夠嗎？」

淳于髡仰面朝天大笑起來。齊王感到很奇怪，就問他為什麼發笑。淳于髡回答說：「我的鄰里有一個有錢的老頭病了，請巫師向神禱告。神告訴他說：『你如果能夠救活一萬個生靈，我就為你向天帝請求，去除你的疾病，賜給你長壽。』有錢的老頭答應道：『好。』於是，他派人上山四處尋找，在樹林中張網，在池澤裡撒網，捉住鳥禽魚蝦之類的生靈數以萬計，他向神稟報後把牠們全都放生了。那些被網繩纏及，傷了翅膀，折了腿腳的生靈，哀鳴嘈聒，漫山遍野。第二天，有錢的老頭死去了。他的兒子去找巫師，哭著說：『難道神也會騙人嗎？』巫師問他是怎麼回事，他就把前後經過照實說了。巫師苦笑著說：『有這種事嗎？是你自己在欺騙自己，並非是神在欺騙你啊！』如今燕國的君臣昏庸無道，但百姓是無辜的。您討伐燕國並掠奪他們的財物，遷移他們的居所，冤號之聲，鋪天蓋地，連鬼神都沒有躲避的地方，天帝的怒氣不可排解，而你卻說沒有殺戮一個人。人飢餓了就會死亡，挨凍也會死亡，不一定都要動用鋒刃之後才叫殺戮。《詩經》中說：『積斂了怨仇反自以為是德行。』君王您確實有這樣的失誤，但您卻責怪燕國的百姓，這是臣下所不理解的。」

【研析】戰爭帶來的災難，不僅表現在戰時的生靈塗炭、白骨丘山上，還在於它對生產的破壞和對社會生活造成的影響。人民流離失所，骨肉離散，饑寒交迫，同樣是一把鋒利的寶劍，時時吞噬著無數無辜的生命。這正如文中所說的，「夫人饑則死，凍則死，不必皆以鋒刃，而後謂之殺之也」。齊人征伐燕國，掠其財物，俘其民眾，罪惡滔天，齊王卻自詡「不戮一人」，仁德可以肩比商湯、周武王，真不知天下還有「羞恥」二字。本篇通過淳于髡講述的富叟的故事，將統治階級假仁義的虛偽面目揭露得淋漓盡致。寓言最後引用《詩經》中的話「樹怨以為德」，點明了齊王錯誤的實質，進一步增強了文章的諷諭力量。

八五　造物❶無心

郁離子曰：「嗚呼，天下之亂也，天亦無如之何矣！夫天下之物，動者、植者、足者、翼者、毛者、倮者❷，蟣蟣❸如也，沸如❹也，蓁如❺也，森如❻也，出出而不窮❼，連連而不絕，莫非天之生也？則天之好生亦盡其力矣。盡其力以生之，又盡其力以殲之，不亦勞且病❽哉？其生也非一朝，而其殲也在頃刻，天若能如之何而為之，則亦不誠甚矣！」

【注　釋】❶造物　古人以為萬物為天所造，故稱天為造物。❷倮者　指沒有羽毛、鱗甲蔽身的動物。倮，同「裸」。赤體。❸䯨䯨　和睦相處貌；簇聚貌。❹沸如　水騰湧貌。❺莘如　草林茂盛貌。❻森如　樹木叢生繁密貌。❼出出句　猶層出不窮。出出，連續出現。❽病　困乏。

【語　譯】郁離子說：「唉，天下大亂，上天也無能為力啊！天下的萬物，包括動物，植物，用腳行走的，用翅膀飛翔的，遍體長毛的，渾身赤裸的，牠們和睦相聚，如同翻騰的沸水，茂盛的草木，繁密的叢林，不斷生長，層出不窮，綿延不絕，它們哪一樣不是上天造就的？上天也算是盡了力了。竭盡全力創造萬物，又竭盡全力毀滅它們，不是十分辛勞又荒唐的事嗎？萬物生長絕非一朝一夕的事，而毀滅它們卻只在頃刻之間。倘若上天能夠制止天下的動亂卻不去制止，那就太不真誠了。」

【研　析】人類不斷地創造財富，創造文明，卻又不斷地毀滅財富，毀滅文明。從秦始皇焚書坑儒，禁言《詩》、《書》，到元代統治階級扼殺人才，摧殘文明，歷史的悲劇不斷地重演。作者通過責問上蒼的形式，對這種「盡其力以生之，又盡其力以殲之」的現象進行了無情的譴責與鞭撻。因此，與其說是談天，不如說是言世言人。劉基生逢元末亂世，不能夠治國安邦平天下，只有把希望寄託在上蒼之上。寓言所透露的，正是這種鬱鬱不得解的苦悶心情。

八六　秦醫

楚令尹❶病內結區霿❷，得秦醫而愈，乃言于王，令國人有疾不得之他醫。無何❸，楚大疫❹，凡疾之之秦醫者，皆死，於是國人悉往齊求醫。令尹怒，將執之。

子良❺曰：「不可。夫人之病而服藥也，為其能救己也。是故辛螫❻澀苦之劑，碱砭❼熨灼❽之毒，莫不忍而受之，為其苦短而樂長也。今秦醫之為方❾也，不師古人而以臆❿，謂岐伯⓫、俞跗⓬為不足法，謂《素問》⓭、《難經》⓮為不足究也。故其所用，無非搜洩酷毒之物⓯，鉤吻⓰戟喉之草，葷心暈腦⓱，入口如鋒，胸腸刮割，彌日達夕⓲，肝膽決裂，故病去而身從之，不如死之速也。吾聞之：擇禍莫若輕⓳，人之情也。今令尹不求諸草茅⑳之言，而圖利其所愛，其若天道何？吾得死於楚國，幸也㉑。」

【注釋】❶令尹　楚國最高行政長官，職位相當於宰相。❷內結區霿　內心鬱結，頭昏腦脹。區霿，昏昧。《漢書・五行志下之上》：「貌言視聽，以心為主，四者皆失，則區霿無識。」❸無何　不久。❹疫癘　瘟疫。❺子良　楚國大夫稱子良的有二位：一為公子去疾，春秋時鄭人，因鄭為楚所敗求和，入質於楚，曾任楚國司馬；一為楚人，官上柱國，楚懷王、楚頃襄王時人。《左傳・宣公四年》中同時提到令尹與子良，其子良是指公子去疾。❻辛螫　辛辣。❼碱砭　同「鍼砭」、「針砭」。將砭石製成石針，用來治病，即針灸療法。❽熨灼　熨，熱敷，中醫用布包裹炒熱的藥物熱熨病者患處的一種療法。灼，炙，中醫以艾炷熏灼人體穴位的一種療法。❾為方　指治療方法。❿臆　臆想；主觀推測。⓫岐伯　相傳為黃帝時的名醫。今所傳《黃帝內經》，即戰國秦漢時醫家託名黃帝與岐伯論醫之作。⓬俞跗　又稱俞拊，相傳為黃帝時的名醫。《漢書・藝文志》：「太古有岐伯、俞拊，中世有扁鵲、秦和，蓋論病以及國，原診以知政。」⓭素問　古代醫書，與《靈樞》合稱《內經》。是一部彙集各家醫論，著重論述基礎理論的中醫學名著。⓮難經　古代醫書，又名《黃帝八十一難經》，相傳為戰國時名醫扁鵲所作。⓯搜洩句　指解毒之藥。搜，清除；消除。洩，排出。酷毒，巨毒。⓰鉤吻　又稱斷腸草、野葛、黃藤等。常綠灌木，纏繞莖，種子有毒，中醫入藥。⓱葷心暈腦　謂藥物的強烈氣味使人頭暈目眩。⓲彌日達夕　從早到晚；整日整夜。⓳擇禍句　謂災禍如果不能避免，就應當選擇程度輕一些的。語出《國語・晉語六》「擇福莫若重，擇禍莫若輕」。⓴草茅　稱在野未出仕的人；平民。㉑吾得二句　我能夠死在楚國，就是幸運的了。意謂寧可死在楚國，也不找秦醫治病。

【語　譯】楚國的令尹得了病，胸中鬱結，頭昏腦脹，請秦國的醫生來治好了病。他把這件事報告給了楚王，下令國人凡是患病的都要請秦國的醫生診治，不准請其他的醫生。

不久，楚國爆發了大瘟疫，染病的人，凡是到秦國醫生那裡求治的，都死掉了，於是，國人全都到齊國去求醫。令尹大怒，準備捉拿這些病人。

子良說：「不能這樣做。人生了病就得服藥，因為藥物能夠救人性命。所以，不管是辛辣苦澀的藥劑，還是針灸熱敷的煎熬，沒有不願忍受的，因為短暫的痛苦可以換取長久的安樂。如今，秦醫的藥方，不師法古人而僅憑主觀臆斷。說什麼岐伯、俞跗等名醫不值得效法，《素問》、《難經》等醫典不值得研究，而他們所使用的，無非是一些散發劇毒的藥物，一些鉤吻戟喉的野草，熏得人頭暈目眩，入口像吞噬刀刃一般難以下嚥，服下後刮胸割腸，從早到晚，肝膽都要破裂了。因此，疾病去除了，身體也就跟著毀滅了。這樣，還不如快一點死去的好！我聽說：如果不能避免災禍，就選擇那些損傷程度輕一些的，這是人之常情啊。如今，令尹不聽取百姓的意見，只為他所喜愛的人圖謀利益，把天道置於何地？我能夠死在楚國，就是幸運的事了。」

【研　析】講求實效，一切按客觀規律辦事，是人們處理問題時應當遵循的一條基本原則。楚國的令尹則不然，因為秦國的醫生治好了他的病，他就認為秦國的醫生最好，命令國人一旦生了病，一律要找秦國的醫生就診。結果，患上瘟疫的楚人，凡是去找秦醫治療的，都死去了。

真理要由實踐來檢驗。秦醫治好令尹的病，只能說明秦醫能夠醫治令尹所患的病，而不能說明秦醫能夠包治百病。患上瘟疫的楚人，經秦醫治療後「皆死」，說明了秦醫並不擅長治療瘟疫，道理是很清楚的。但令尹卻要向那些不去秦醫處就診的國人問罪，通過這一情節，充分揭露了統治者的主觀偏私、固執專橫和草菅人命的本質。

作為醫生，不能治病救人反而貽誤人命，原因就在於他不去鑽研醫學知識，不吸取前人的經驗教訓，不針對不同的病情對症下藥，僅憑主觀臆斷，一味地使用猛藥，是難以奏效的。如果將治病當作治國來理解，那麼，本篇的主旨意味深長。

八七　大人不為不情

郁離子曰：「膏粱❶可以易豆羹❷，狐貉❸可以奪縕絮❹，民情之常也。是故膏粱不足，豆羹可也；狐貉不足，縕絮可也。野鳥繫于籠中而馴者以食也。籠中之不如山藪❺，入其籠者知之。

「有童子側木檠❻而設食以誘鼠，多獲鼠。一夕，逸❼其一，遂不復獲鼠。今使持槲葉之衣❽，麥麧❾之餅，而招于市曰：『捨爾室，捐❿而服，而來與我共此。』則雖其子亦走而避矣。是故不情⓫之事，大人⓬不為(ㄨㄟˊ)之(ㄓ)。」

【注　釋】❶膏粱　肥美的食物。膏，脂肪。粱，即粟，通稱穀子，其品質優良者稱粱。❷豆羹　用豆熬成的糊狀食品。❸狐貉　指用狐狸和貉子皮做的服飾皮具。貉，一種外形似狐的毛皮獸，其毛深厚溫滑，可為裘服。❹縕絮　亂麻舊絮。泛指粗陋的衣物。❺山藪　山林與湖澤。❻側木檠　指架起捕鼠的裝置。側，傾斜。木檠，木製的燈架。❼逸　逃跑；逃逸。❽槲葉之衣　用槲樹葉編製的衣服。槲，一種落葉喬木。❾麥麮　麥糠裡的粗屑。泛指粗食。❿捐　捨棄。⓫不情　不合情理。⓬大人　德行高尚的人。

【語　譯】郁離子說：「有了精美的食物就替換豆製的湯羹，有了狐貉裘服就脫去粗衣舊絮，這是人之常情啊。所以，只有在精美食物不足的情況下，人才會食用豆羹；在狐貉裘服不足的情況下，人才會去穿粗衣舊絮。野鳥關在籠子裡，只有馴服了的才肯進食。在籠中不如在山林湖澤裡自由自在，這是在牠們被關入籠後才知道的。

「有一個小孩，架起一個傾斜的支架，放了食餌誘捕老鼠，捕獲了很多的老鼠。一天晚上，其中的一隻老鼠逃跑了，於是就再也捕捉不到老鼠了。而今，如果有人拿著槲樹葉子做的衣服、粗糠做的餅，在集市上大聲招呼說：『拋棄你的房屋，捨棄你的衣物，來和我們共同生活吧！』那麼，即使是他的兒子也要逃走，躲得遠遠的。所以說，不合情理的事情，有德行的人是不會做的。」

【研　析】美酒佳肴，錦衣裘服，安逸舒適的生活，這些都是人們嚮往的。這種嚮往反映了人之常情，無可厚非。撇下美食而吃粗糠，捨棄輕裘而衣樹葉，是傻子也不願意做的事情。所以，做任何事情都必須順乎事理，合乎人情。悖理逆情，為人難以接受；而為人難以接受的事情，總是做不好的。本文以野鳥、老鼠設譬，說明動物尚知趨利避害，追求適合於自己的生活，更何況是萬物之靈的人呢？文章最後歸納，「是故不情之事，大人不為之」，實際上是勸誡統治階級，凡事要順應民心，符合民意，認為這才是治國之道。

八八　荀卿論三祥

楚王好祥❶，有獻白烏、白鸜鵒❷、木連理❸者，群臣皆賀。荀卿❹不來，王召而謂之曰：「寡人不佞❺，幸賴先君之遺德，群臣輯睦❻，四鄙❼無事，鬼神鑒格❽而降之祥，大夫獨不喜焉，願聞其故。」荀卿對曰：「臣少嘗受教於師矣。王之所謂祥者，非臣之所謂祥也。臣聞王者之祥有三：聖人為上，豐年次之，鳳凰、麒麟為下。而可以為祥可以為妖者，不與焉。故凡物之殊形詭色❾，而無益於民用者，皆可以謂之祥，可以謂之妖者也。是故先王之思治其國也，見一物之非常，必省❿其政。以為祥與，則必自省曰：『吾何德以來之？』若果有之，則益勉其未至；無則反躬自勵，畏其僭⓫也，畏其易福而為禍也。以為妖與，則必自省曰：『吾何戾⓬以致之？』若果有之，不待旦⓭而改之；無則夙夜祗惕⓮，檢視聽之所不及，畏其蔽⓯也，畏其有隱慝⓰而人莫之知也。夫如是，故祥不空來，而妖虛其應。今三閭大夫放死于湘⓱，鄢、郢、夷陵皆舉于秦⓲，耕夫牧子⓳莫不荷戈以拒秦，老弱餽餉⓴，水旱相仍㉑，饑饉㉒無蓄，雖有鳳凰、麒麟日集于郊，無補楚國之罅漏㉓，而況於易色之鳥，亂常之木乎？王如不省㉔，楚國危矣。」

王不寤㉕，荀卿乃退於蘭陵㉖，楚遂不振以亡。

【注釋】❶好祥　喜好吉祥之物。❷鸜鵒　又作「鴝鵒」，鳥名，俗稱八哥。❸木連理　猶「連理枝」。兩棵樹的枝幹連生一起，舊時視作祥瑞之兆。❹荀卿　即荀況，又稱孫卿，戰國時趙人。傑出思想家。戰國後期儒家學派的代表人物。❺不佞　沒有才能。謙詞。❻輯睦　和睦。《管子・五輔》：「和協輯睦，以備寇戎。」❼四鄙　四境。❽鑒格　審察匡正。❾殊形詭色　猶奇形怪狀，光怪陸離。❿省　察看；檢查。⓫僭　超越本分；差失。⓬戾　罪。⓭待旦　等到天明。⓮夙夜祗惕　夙夜，早晚。祗惕，敬畏；戒懼。⑮蔽　蒙蔽；不明。⑯慝　邪惡。⑰三閭大夫句　指屈原被流放到湘、沅地區，後投汨羅自沉之事。三閭大夫，官名，屈原曾任此職。放，流放；放逐。⑱鄢郢句　鄢，鄢陵，春秋楚國的別都，在今湖北宜城西南。郢，楚國的都城，在今湖北江陵西北。春秋楚文王定都於郢，惠王之初曾遷都於鄢。夷陵，古地名，在今湖北江陵宜昌東南。皆舉于秦，都被秦軍攻佔。西元前二七八年，上述三地皆為秦將白起所陷。⑲牧子　放牧的人；牧童。⑳餽餉　運送糧餉。㉑相仍　相繼發生。㉒饑饉　災荒。《爾雅·釋天》：「穀不熟為饑，蔬不熟為饉。」㉓罅漏　裂縫和漏穴。㉔不省　不明白；不領悟。㉕寤　醒悟。㉖蘭陵　古邑名，在今山東蒼山西南。荀子由齊至楚，得春申君信任，任為蘭陵令。春申君死後，荀卿廢，遂家於蘭陵，著書數萬言而卒。

【語　譯】楚王喜好吉祥之物，於是，有人給他獻上白烏鴉、白八哥和連理枝，大臣們都前來祝賀，惟獨荀況沒有來。楚王召見荀況並對他說：「我沒有什麼才智，有幸承蒙先君的遺德，群臣和睦，四境安寧，連鬼神查究後也降下祥瑞之物，但大夫您卻不高興，我想聽聽其中的緣故。」荀況回答說：「我年少時曾接受老師的教誨。君王您所謂的吉祥物，並不是我所理解的吉祥物。我聽說君王的祥瑞之事有這樣三件：得到聖人為上，豐收年景為次，出現鳳凰和麒麟為下。而那些可以認為是吉祥也可以認為不是吉祥的事物，不包括在上述祥瑞之事以內。所以說，凡是奇形怪狀、光怪陸離而不利於百姓所用的，都可以說它是吉祥物，也可以視它為妖孽。所以先王在考慮治理國家時，看見一種異常之物，必定要審視自己執政的情況。認為是吉祥的徵兆，就必定自我反省，說：『我有何功德，而使天降祥瑞呢？』如若真有德行，就更加勉勵自己去完成那些還不夠圓滿的事情；如果德行尚有欠缺，就反躬自省，自我勉勵，擔心祥瑞的降臨超越了本分，害怕它變福而為禍。認為是妖孽的徵兆，就必定自我反省，說：『我犯了什麼罪孽，而招致它的降臨呢？』如果真有罪孽，就馬上改掉它，決不等到第二天；如果並未犯有過失，就早晚小心戒懼，檢查自己還有什麼看不見聽不到的地方，擔心受到蒙蔽，擔心有隱藏的邪惡而不為人所知。正因為這樣，祥瑞就不會憑空降臨，而不祥的應驗就會落空。如今，三閭大夫屈原被流放而死於湘地，鄢、郢、夷陵等地都被秦軍佔領了，農夫、牧童沒有一個不拿起武器抵抗秦軍的，老年病弱的人忙著運送軍糧，而水災、旱災相繼發生，饑荒連年，沒有貯存的糧食。即使每天有鳳凰和麒麟聚集在郊外，也不能填補楚國的缺漏，更何況是變色的鳥禽、改變了正常形態的樹木呢？君王您如果不省悟，楚國就危險了！」

楚王並未醒悟。於是，荀況隱退到蘭陵，楚國未能振興而最終滅亡了。

【研　析】受認知水平的局限，古人往往將命運歸之於天意，而統治階級出於自身利益的需要，又總是利用所謂的天意來為自己服務。於是，嘉禾芝草，祥麟瑞鳳，乃至白色的八哥，連理的樹木，都被視為吉祥之物。統治者一則用它們來麻醉自己，一則用它們來愚弄人民。本篇借用楚王好祥之事，揭露了統治階級的愚昧與昏庸。文中指出，判斷祥與妖的標準是看其是否有益於『民用』。認為在出現異常情況時，更應反躬自省，自勉自勵，夙夜祗惕，去塞除蔽。否則，一味迷信所謂的祥瑞，祈求上蒼賜福，而不去認認真真地省察政事，保境安民，富國強兵，結果只會是削國折兵，趨於滅亡。寓言借楚國不用賢臣國運日衰的歷史，影射了當時朝政的黑暗，表達了作者的民本思想。

八九　齊伐燕

齊伐燕，用田子❶之謀，通往來，禁侵掠，釋其俘而弔❷其民，燕人皆爭歸之矣。

燕王患之，蘇厲❸曰：「齊王非能行仁義者，必有人教之也。臣知齊王急近功❹而多猜，不能安受教；其將士又皆貪，不能長受禁❺。請以計中之。」

乃陰❻使人道❼齊師，要❽降者於途，掠其婦人而奪其財，於是降者皆畏，弗敢進。乃使間❾招亡民❿，亡民首鼠⓫，齊將士久欲掠而憚禁⓬，則因民之首鼠，而言于王曰：「燕人叛。」齊王見降者之弗來也，果大信之，下令盡收拘降民之家。田子諫，不聽，將士因而縱掠⓭，燕人遂不復思降齊。

【注　釋】❶田子　指田忌，又稱田期、田思期，戰國時齊國大將。❷弔　祭奠死者或對遭喪事及不幸者給予慰問。❸蘇厲　戰國時洛陽人，著名策士蘇代之弟，習縱橫之術。曾因燕質子於齊而求見齊王。齊王怨蘇秦，欲囚蘇厲，燕質子為謝，遂委質為齊臣。❹急近功　猶急功近利。急於求得眼前的功績。❺長受禁　長期忍受禁令的約束。❻陰　暗中。❼道　取道；經過。❽要　攔阻；截擊。《孟子・公孫丑下》：「使數人要於路。」❾間　乘機。❿亡民　逃亡的百姓。⓫首鼠　躊躇；遲疑不決。⓬憚禁　畏懼觸犯禁令。⓭縱掠　肆意掠奪。

【語　譯】齊國討伐燕國，採用田忌的謀略，保持兩國間的往來，禁止侵佔和掠奪財物，釋放俘虜並慰問那些家庭遭遇喪事或不幸的百姓，這樣一來，燕國人都爭相歸附齊國。

燕王對這種狀況很是擔心，蘇厲說：「齊王並不是一個能行仁義的人，必定有人在背後教他這樣做。我了解齊王的為人，急功近利並且多猜忌，不會安心接受別人的指教。他的將士又都很貪婪，不能長時間接受禁令的約束，請將計就計擊破他們的計謀。」

於是，暗地裡派人取道齊師，在途中攔擊投降齊國的燕人，搶佔婦女並掠奪他們的財產。這樣一來，投降齊國的燕人都很害怕，不敢前行。燕國乘機招收逃亡的百姓，百姓們拿不定主意，首鼠兩端。齊國的將士早就想搶掠財物但又害怕觸犯了禁令，就以百姓遲疑不決為由，向齊王稟報說：「燕人背叛了。」齊王見投降的燕人遲遲不來，果真相信了他們的話，下令悉數沒收降民的財產，拘留他們的家屬。田忌勸齊王不要這樣做，齊王聽不進去。齊國的將士乘機肆意掠奪，燕國的百姓從此也就不再想投降齊國了。

【研　析】兩國相爭，勝利的天平總是偏向有謀略的一方。齊國伐燕，不大肆殺戮和搶掠，而是通往來，釋戰俘，慰問百姓，其目的只有一個，就是招撫降民，收攬人心，這是致燕國於死地的最厲害的一招，難怪燕王深以為憂。策士蘇厲看到「齊王急近功而多猜」，「其將士又皆貪，不能長受禁」的弱點，建議燕王「以計中之」，齊王果然上當。結果，齊國將士縱意掠奪，「燕人遂不復思降齊」。寓言採用對比的手法，講述了兩種謀略的不同結果，說明，合乎民情順乎民意才能得人心；得人心者才能得到民眾的擁護，取得事業的成功。反之，侵民擾民，只會使人心渙散，眾叛親離，最終為民眾所唾棄。文章雖然講的是歷史故事，但諷諭現實的意義是十分明顯的。

九〇 任己者術窮

郁離子曰：「善疑人者，人亦疑之；善防人者，人亦防之。善疑人者，必不足於信；善防人者，必不足於智。知人之疑己而弗舍者，必其有所存也；知人之防己而不避者，必其有所倚❶也。夫天下之人，焉得盡疑而盡防之哉？智不足以知賢否，信不足以弭❷欺詐，然後睢睢❸焉，惟恐人以我之所以處人者處我也，於是不任人而專任己。於是謀者隱，識者避，哲者愚，巧者拙，廉者匿❹，而圓曲頑鄙之士來矣❺。圓曲頑鄙之士盈于前，而疑與防愈急，至於術窮而身憤❻，愈悔其防與疑之不足，不亦痛哉！」

【注釋】❶倚　憑恃；倚仗。❷弭　消除。❸睢睢　仰視貌。《漢書・五行志中之下》：「萬眾睢睢，驚怪連日。」顏師古注：「睢睢，仰目視貌也。」❹匿　躲避；隱藏。❺圓曲句　圓，圓滑。曲，曲意逢迎。頑，頑鈍。鄙，鄙陋；庸俗。❻身憤　自我怨恨。

【語　譯】郁離子說：「喜好猜疑別人的人，別人也猜疑他；喜好提防別人的人，別人也提防他。喜好猜疑別人的人，必定不能得到別人的信任；喜好提防別人的人，必定不會比別人更有智謀。知道別人對自己產生了猜疑卻還執著於某事而不肯捨棄的，必定有其不肯捨棄的理由；知道別人提防自己卻不加躲避的，必定是覺得自己有可以倚恃的所在。天下的人，怎麼能夠一一猜疑又一一提防得住呢？智慧不足以識別賢與不賢，誠信不足以消除爾虞我詐，然後仰天而視，惟恐人家用自己對待別人的方法來對待自己，於是不相信別人只相信自己。這樣一來，有智謀的人隱退了，有見識的人躲避了，明哲的人扮作愚昧，靈巧的人裝成笨拙，廉潔的人藏匿不露，而那些圓滑世故、曲意逢迎、頑鈍鄙俗之徒紛至沓來。這些小人充斥於眼前，猜疑與提防的心理就越發嚴重，以至於心術用盡而自我怨憤，更加懷疑自己提防與猜疑得還不夠，這樣下去，不是令人很痛心嗎！」

【研 析】推心置腹，開誠布公，嚴於律己，寬於待人，是建立良好人際關係的基礎。唐代韓愈說：「古之君子，其責己也重以周，其待人也輕以約。重以周，故不怠；輕以約，故人樂為善。」（〈原毀〉）因為，只有尊重與善待別人，投之以桃，別人才會尊重與善待你，報之以李。反之，如果對人處處設防，疑神疑鬼，只會引起人家的反感。要知道，「慢人者，人亦慢之」（明馮夢龍《東周列國志》第五十二回），此乃人之常情。本文批評了那種不相信別人只相信自己的「善疑」、「善防」之人，指出，「術窮而身憤」，眾叛親離，落落寡歡，是必然的結果。寫法上則偏重於議論，生動形象似嫌不足。

九一 論史

郁離子曰：「嗚呼，吾今而後知以訐為直❶者之為天下後世害不少也。夫天之生人，不恆❷得堯、舜、禹、湯、文王以為之君，然後及其次焉，豈得已哉？如漢之高祖，唐之太宗，所謂間世❸之英，不易得也，皆傳數百年，天下之生❹賴之以安，民物蕃昌❺，蠻夷嚮風❻，文物典章❼可觀，其功不細。乃必搜其失，而斥之以自夸大，使後世之人舉以為詞曰：『若是者亦足以受天命，一九有❽？』則不師其長，而效其短，是豈非以訐為直者之流害哉？」

或曰：「史，直筆❾也，有其事則直書之，天下之公也，夫奚訐？」

郁離子曰：「是儒生之常言，而非孔子之訓也。孔子作《春秋》為賢者諱，故齊桓、晉文皆錄其功，非私❿之也，以其功足以使人慕。錄其功而不揚其罪，慮人之疑之，立教之道也。故《詩》、《書》皆孔子所刪⓫，其於商、周之盛王⓬，存其頌美而已矣。」

【注釋】❶以訐為直　把揭人之短視作坦率與正直。訐，揭發別人的隱私或攻擊別人的短處。❷不恆　不固定；不總是。❸間世　隔代。❹生　蒼生；百姓。❺民物蕃昌　民物，泛指人民和萬物。蕃昌，繁榮昌盛。❻蠻夷嚮風　蠻夷，泛指邊遠地區的少數民族。嚮風，聞風相從。❼典章　制度法令等的統稱。❽一九有　統一天下。一，統一。九有，九州，即天下。❾直筆　謂據事實記載。❿私　偏袒；偏私。⓫刪　刪定。據傳孔子刪定《易》、《詩》、《書》、《禮》、《樂》、《春秋》等六部經書。⓬盛王　盛世有德的帝王。《禮記‧祭義》：「虞、夏、殷、周，天下之盛王也。」

【語譯】郁離子說：「唉，我從今而後知道，把揭人之短視作坦率正直的做法給天下和後世帶來的危害可不小啊。上天養育人，不可能總是得到像堯、舜、禹、商湯、周文王那樣的聖人來當國君，後來的就比他們差了一等，難道就再也得不到聖君了嗎？如漢代的高祖，唐代的太宗，這些所謂隔世才出現的英主，也是不容易得到的。這些王朝都傳了數百年，天下的百姓依賴他們而過著安定的生活，社會繁榮昌盛，邊遠地區的民族聞風相從，禮樂法令制度燦然可觀，他們的功勞並不小。但有人卻一定要搜尋他們的過失，指責他們並把事實誇大，這就使後世的人列舉其事說：『像這樣的人也能受命於天而統一天下嗎？』於是，人們不學習他們的長處，只效仿他們的短處，這不正是那種把揭人之短視作坦率正直的做法帶來的流弊與危害嗎？」

或許有人會說：「歷史應秉筆直書，如實記載，這才是天下的公理，哪裡需要揭人之短呢？」郁離子說：「這是讀書人的老生常談，而不是孔子的訓誡。孔子作《春秋》，替賢者諱飾。所以，寫到齊桓公、晉文公時，記錄的全是他們的功績。這並不是孔子對他們抱有私心，而是因為他們的功績足以使人仰慕。記錄他們的功績而不宣揚他們的過失，是擔心人們可能對他們產生懷疑，這是立教的宗旨。所以，《詩經》、《尚書》都是孔子刪訂的，涉及到商朝、周朝的盛世君王，只是保存了頌揚讚美的言辭而已。」

【研　析】秉筆直書，不隱惡，不虛美，是史家的優良傳統，被稱之為史筆。《左傳・襄公二十五年》中記載了這樣一個事件：齊莊公與大夫崔杼的妻子通姦，崔杼懷恨在心殺了莊公。負責記載史事的太史在竹簡上寫道：「崔杼弒其君。」崔杼大怒，便把太史殺了。太史的弟弟接替其兄的職務，作了同樣的記載，崔杼又把他殺了。太史的小弟接任，仍然這樣寫，崔杼只好作罷。但本篇卻以「孔子作《春秋》為賢者諱」為由，主張對賢者「錄其功而不揚其罪」，其主旨耐人思索。劉基的意思，恐怕也不完全是強調要對尊者、賢者的過失一味地加以掩飾，而是說，要警惕那些刻意揭人隱私攻人之短的人，他們往往抓住一個人的某些缺點或過失肆意誇張，大肆撻伐，造成人們思想上的混亂，使人「不師其長，而效其短」。因此，寫史時如何落筆，是很講究的。

卷下

九二 天地之盜❶

郁離子曰：「人，天地之盜也。天地善生，盜之者無禁，惟聖人為能知盜，執其權，用其力，攘其功❷，而歸諸己，非徒發其藏，取其物而已也。庶人❸不知焉，不能執其權，用其力；而遏其機❹，逆其氣，暴夭其生息❺，使天地無所施其功。則其出也匱，而盜斯窮矣。故上古之善盜者，莫伏羲❻、神農氏❼若也。惇其典❽，庸❾其禮，操天地之心以作之君❿，則既奪其權而執之矣，於是教民以盜其力以為吾用。春而種，秋而收，逐其時而利其生；高而宮⓫，卑⓬而池，水而舟，風而帆，曲取之無遺焉。而天地之生愈滋，庶民之用愈足。故曰惟聖人為能知盜，執其權，用其力，非徒取其物，發其藏而已也。惟天地之善生而後能容焉，非聖人之善盜，而各以其所欲取之，則物盡而藏竭，天地亦無如之何矣。是故天地之盜息，而人之盜起，不極不止也。然則，何以制之？曰：遏其人盜，而通其為天地之盜，斯可矣。」

【注　釋】❶天地之盜　謂向大自然索取。盜，劫掠。❷攘其功　竊取它的功勞。攘，竊取；侵奪。❸庶人　普通人；平民。❹遏其機　遏制它的生機。❺暴夭句　暴夭，損傷；摧殘。生息，生殖繁衍。❻伏羲　伏羲氏，古代傳說中的三皇之一。相傳他始畫八卦，教民漁獵、畜牧。❼神農氏　傳說中的上古帝王，亦稱炎帝。始教民為耒耜，務農業，故稱神農氏。又傳他曾嘗百草，發現藥材。❽惇其典　篤守法則。❾庸　用。❿作之君　謂作天地的主宰。⓫高而宮　高處建造宮室。宮，用作動詞，指建造宮室。以下句式同。⓬卑　低窪之處。

【語　譯】郁離子說：「人是天地間萬物的劫掠者。天地善於化育萬物，對取用者不加禁止，但只有聖人才知道如何取用它，把握取用的權柄，利用它自身的力量，剝奪它的功勞歸為己有，而不僅僅是發掘它的物藏，索取它的財物就算完了。一般的人不知道這些，不能把握取用的權柄，不能利用它自身的力量，反而遏制萬物的生機，違背自然的氣息，摧殘它們的生息繁衍，使天地不能發揮其作用。這樣一來，天地間的出產就會減少，而對它們的取用就會因物藏匱乏而終止。所以，上古善於向自然界索取的人，沒有能和伏羲、神農氏相比的了。篤守法則，採用禮儀，掌握天地的規律而作它們的主宰，剝奪其權力並管理它們。於是，教育百姓利用自然的力量而為己用。春天耕種，秋天收穫，順應時令的變化以利於萬物的生長。高處建造宮殿，低處修築池塘，有水則行舟，起風則揚帆，廣泛地取用，無所遺漏。而天地化育萬物越多，百姓的物用也就越富足。所以說，只有聖人才知道怎樣取用萬物，把握取用的權柄，利用它自身的力量，而不僅僅是索取它的財物，發掘它的收藏而已。只有天地才善於生成萬物，然後人們才能在天地間容身。如果不是像聖人那樣善於取用萬物，而是按照人們各自的欲望來索取，那麼，就會財物用盡而物藏枯竭，天地也就無能為力了。所以說，對天地萬物的索取一旦停止，人與人之間的劫掠就會興起，而且無休無止，沒有終結的時候。那麼，用什麼方法制止這種情況的發生呢？回答是：遏制人與人之間的劫掠，而使他們共同作天地的取用者，這樣就可以制止了。」

【研　析】自從盤古開天闢地以來，天地就不知疲倦地運行，春去秋來，寒暑易節，化育萬物，惠澤生靈，把它無盡的寶藏和物產奉獻給了人類，而人類也正是依靠大自然的慷慨賜予才得以生存並發展的。因此，只有充分利用好自然，積極發展生產，休養生息，「春而種，秋而收」，勿失其時；「高而宮，卑而池」，因勢利導，才能強國富民。而伏羲與神農氏，便是善於利用自然，「知盜」與「善盜」的明君的代表。在對古代聖賢讚揚的同時，作者又抨擊了那些「各以其所欲取之」的當權者。指出，暴殄天物必然導致「物盡而藏竭」；「物盡而藏竭」，必然加劇人與人之間對財富的爭奪。而解決這一矛盾的方法只有一個，那就是，「遏其人盜，而通其為天地之盜」。即遏制人與人之間的劫掠，發展生產，共同向大自然索取財富。元代末年，統治階級橫徵暴斂，階級矛盾、民族矛盾激化，劉基有感於黑暗的社會現實，通過寓言的形式，表達了渴望薄賦輕徭、與民生息的民主政治思想。

九三　治圃

公儀子❶謂魯穆公❷曰：「君知圃人❸之為圃乎？沃其壤，平其畦❹，通其風日，疏其水潦❺，而施藝植❻焉。窊隆❼乾濕各隨其物產之宜，時而樹之❽，無有違也。蔬成而後擷❾之，相其豐瘠❿，取其多而培其寡，不傷其根，擷已而溉，蔬忘其擷⓫，於是庖日充⓬，而圃不匱⓭。今君之有司⓮取諸民不度⓯，知取而不知培之，其生幾何，而入于官者⓰倍焉。君之圃匱也已，臣竊為君憂之。」

【注釋】❶公儀子　即公儀休，戰國時魯人。穆公時為相，奉法循禮，無所變更。曾以自己食祿而廢棄家中菜圃，燒毀布機，辭退織婦。❷魯穆公　戰國時魯國國君，名顯，或名不衍。西元前四〇七至前三七五年在位。❸圃人　種植蔬菜、花果的人。❹畦　指園圃間排列整齊的長形地塊。❺水潦　雨後積水。❻藝植　猶「種植」。藝，種。唐王維〈寄荊州張丞相詩〉：「方將與農圃，藝植老丘園。」❼窊隆　地勢高低。窊，低窪。隆，高起。❽時而樹之　按照時令種植。樹，種植；栽培。❾擷　採摘。❿相其豐瘠　相，看；觀察。豐，多；茂盛。瘠，少；貧瘠。⓫蔬忘其擷　疑有誤。似當為「溉忌其擷」，即在灌溉時，切忌再行採摘。⓬庖日充　廚房裡的菜蔬愈來愈多。庖，廚房。充，充足。⓭匱　缺乏。⓮有司　有關官吏。古代設官分職，各有專司，故稱。⓯不度　沒有節制。度，限度。⓰入于官者　輸入官府的。

【語　譯】公儀子對魯穆公說：「您知道種菜的人是怎樣管理菜園的嗎？使其土壤肥沃，畦地平整，通風透光，疏導積水，精心種植。窪地、高地、乾地、濕地，隨其特點，各自栽種適宜的作物。按照時令，勿使違背。蔬菜長成之後，採摘時要根據它的長勢，採摘那些長得茂盛的而培育那些長得瘦弱的，注意不要損傷了它們的根系。摘完之後馬上進行灌溉，灌溉時，切忌再行採摘。於是，廚房裡的菜肴每天都很充足，菜園裡的蔬菜也採不完。如今，您手下的官吏向百姓索取無度，只知榨取而不知讓他們休養生息。供他們維持生計的能有多少，而上繳給官府的賦稅卻成倍地增加。你經營的『園圃』已經匱乏，我私下替您擔憂啊！」

【研　析】如何治理國家，古人作過各種形象的比喻。《老子·第六十章》云「治大國若烹小鮮」，將治國比作烹飪；唐太宗則云「治大國猶如栽樹，本根不搖，則枝葉茂榮」（唐吳兢《貞觀政要·政體》），將治國比作栽樹；本文則將治國比作農人治理園圃，匠心獨運，別出新意。

農人治圃，必須施肥平畦，疏導積水，適時栽種，精心培植，這就跟治理國家一樣。因為只有愛民惜民，與民休息，百姓富裕了，安居樂業了，生產才能發展，國庫才能充實，基業才能鞏固。反之，橫徵暴斂，殘酷掠奪，「取諸民不度，知取而不知培之」，結果必然是民力凋弊，怨聲載道，這是國家衰亡和覆滅的徵兆啊！

九四　羋叔❶課最

楚使羋叔為尹❷，課上最❸，楚王大悅，譝❹諸朝。

孫叔敖❺仰天大笑，三噎而三頓❻。楚王不懌❼，曰：「令尹有不足於寡人與？盍❽教之而廷恥❾寡人？竊為令尹不取也。」孫叔敖對曰：「臣之里人❿有洿池⓫以為利者，吳行人⓬過楚，見其魚鼈之牣⓭也，謂之曰：『我善漁。』臣之里人喜，為之具罟⓮、舟檝⓯，資其行⓰，則趨而之其池，曰：『我於是乎漁。』臣之里人蹙然⓱曰：『吾惟子能取江湖之魚以益我也，若是，則吾固有之矣，而焉用子為哉？』今楚國之民，莫非王民矣，羋叔之尹申⓲也，不聞有令政以來鄰國之民⓳，而多取諸王之固有以最其課，是剜王之股以啖王⑳也。則王之左右皆能之矣，不惟是夫也。今王朝群臣而譝之，群臣不佞㉑，由是而度㉒王心，則相率而慕效之，以為敵國驅㉓，是社稷之憂也。」

楚王曰：「善哉。」乃黜㉔芈叔，下令國中曰：「下邑㉕之大夫，有效芈叔剝吾民以最課者，服上刑㉖。」

楚人大悅，三年而伯諸侯㉗。

【注釋】❶芈叔　芈為春秋時楚國祖先的族姓。據《通志．氏族略》：楚大夫芈尹，申無宇之後。❷尹　行政長官。❸課上最　徵收賦稅最多。課，指徵收賦稅。❹譝　稱譽。❺孫叔敖　即蔿敖，春秋時楚國大夫，蔿氏，字叔敖。官令尹。邲之戰，佐楚莊王，大勝晉軍。興修水利，有政績。曾三為令尹而不喜，三罷之而不憂。❻三噎句　謂笑得喘不過氣來。❼不懌　不高興。❽盍　何不。❾廷恥　在朝廷上羞辱。❿里人　鄰里；同鄉。⓫洿池　水塘。《孟子．梁惠王上》：「數罟不入洿池，魚鼈不可勝食也。」⓬行人　掌管朝覲聘問之事的官員；使者。⓭牣　盈滿；充塞。《詩．大雅．靈臺》：「王在靈沼，於牣魚躍。」⓮具罔罟　具，準備。罔罟，漁獵的網具，此指魚網。《易經．繫辭下》：「作結繩而為罔罟，以佃以漁。」⓯舟檝　同「舟楫」。泛指船隻。⓰資其行　資助出行的費用，即供其盤纏。⓱蹙然　愁眉不展貌。⓲尹申　謂作申地的行政長官。「尹」作動詞用。申，古國名，春秋初為楚文王所滅，故址在今河南南陽。⓳令

政句 令政，好的政績；善政。來，招致。以來鄰國之民，即使鄰國之民來。⑳剜王之股以啖王 股，大腿。啖，給人吃。㉑不佞 不才；不賢。㉒度 揣摩；猜測。㉓敵國驅 調將百姓驅往敵國。㉔黜 罷免。㉕下邑 國都以外的城邑。㉖上刑 重刑；極刑。㉗伯諸侯 稱霸諸侯。伯，通「霸」。

【語譯】楚王派芈叔擔任地方長官，他徵收的賦稅最多，楚王非常高興，在朝廷上稱讚他。

令尹孫叔敖仰天大笑，幾次笑得岔了氣。楚王很不高興地說：「令尹看我有什麼做得不對的地方嗎？為什麼不加指教，卻在朝廷上當面羞辱我？我認為令尹這樣做並不可取。」孫叔敖回答說：「我的鄉里有一個依靠池塘出產贏利的人。一次，吳國的使者路過楚國，看見他的池塘中滿是魚鱉，就對他說：『我善於捕魚。』那位鄉人很高興，就為使者準備了魚網和船隻，並資助給他盤纏。這位使者卻跑到鄉人的池塘邊，說：『我就在這裡捕魚。』我的那位鄉人皺起眉頭說：『我還以為你能捕獲江河湖澤裡的魚來為我增加收益呢。如果在這裡捕魚，這本來就是我的魚，哪裡用得著你來捕呢？』如今楚國的百姓都是您的臣民。芈叔擔任申地的行政長官，沒聽說用善政招引來鄰國的百姓，卻從大王您固有的財物中多加索取以顯示繳收到的賦稅最多，這樣做無異於剜大王腿上的肉給大王您吃啊。這是大王左右的人都能做到的，不只是他才能做到啊。今天，大王在朝廷上對群臣讚譽他，顯得大臣們無才無能。由此，大臣們揣度大王的心思，相繼仿效芈叔的做法，這樣做無異於受敵國的驅使，這是國家的憂患所在啊！」

楚王聽了，說：「講得好啊！」於是，罷免了芈叔，並下令全國：「各地的大夫，如有效法芈叔剝削百姓而徵收賦稅最多的，要受到最嚴厲的懲處。」

楚國的百姓欣喜異常，僅僅三年的時間，楚國就稱霸諸侯國了。

【研　析】寬民力，安民心，富民用，是古代賢明君主的治國方略。因為，民為國之本，本固則國強。本篇通過孫叔敖對芈叔「課上最」的議論，諷諭了元代的社會現實，闡明了與民休息的重要性。元代的賦稅，在繼承唐、宋、金制度的基礎上變本加利。例如，元代普遍實行夏秋兩稅制，稅額大致超出南宋的百分之五十。稅糧的種類也十分繁多，除正額外，每石加鼠耗三升，分例四升。元代的斗尺又比南宋的大出許多。有時候，除了徵收當年的賦稅外，還要追徵往年的、或是預徵明後年的賦稅。繁重的賦役，使得老百姓不堪重負，破家蕩產者，比比皆是。而一些地方官吏為了所謂的政績，竭盡全力搜括民脂民膏，以所謂的政績，換取晉升的資本。文中的芈叔雖是戰國時的楚人，但何嘗不是元代地方官吏的象徵呢？而孫叔敖則是一位勇於進諫又善於進諫的諍臣，他將課民重稅比作「剜王之股以啖王」，指出，這是一種「以為敵國驅」的危險行為，是很有警策意義的。

九五　道術

艾大夫曰：「民不可使佚❶也，民佚則不可使❷也。故恆有事以勤之，則易治矣。」

郁離子曰：「是術也，非先王之道也。先王之使民也，義而公❸，時而度❹，同其欲，不隱其情，故民之從之也如手足之從心，而奚恃於術❺乎？今子之民知畏而不知慕，知免而不知競❻，而子之所用者無非掊克之吏❼，所行者無非朝四暮三❽之術也。子以為人不知之，而不知人皆知之也。故子以是施諸民，民亦以是應諸子，上下之情交隱矣。子徒見其貌之合，而不知其中之離也；見其外而不察其心者也。故自喜以是為得計，而不思惡勞欲逸，人志所同。是故先王之養民也，聚其所欲，而勿施其所惡，今子反之，庸非罔乎❾？上罔下則不親，下罔上則不孫❿，不孫不親，亂之蘊也。《詩》云：『彼其之子，邦之司直⓫。』子為司直，乃不循先王之舊章⓬而以罔教，僕實不敢與聞。」

大夫雖慚，弗能改也。

【注釋】❶佚　通「逸」。安閑。❷使　役使；使喚。❸義而公　施以仁義，待之公正。❹時而度　不時地度量自己的所作所為是否合宜。❺奚恃於術　奚，哪裡。恃，憑恃；依仗。術，特指君主控制和使用臣民的權術、手段。❻知免句　免，免除，引申為逃避。競，角逐；競爭。❼掊克之吏　猶貪官污吏。掊克，聚斂；搜括。《詩經‧大雅‧蕩》：「曾是彊禦，曾是掊克。」朱熹集傳：「掊克，聚斂之臣也。」❽朝四暮三　猶朝三暮四。《莊子‧齊物論》：「狙公賦芧，曰：『朝三而莫四。』眾狙皆怒。曰：『然則朝四而莫三。』眾狙皆悅。」指以欺詐之術蒙騙人。❾庸非句　庸非，豈非；難道不是。罔，欺騙；蒙蔽。❿不孫　不遜；不順。《尚書‧舜典》：「百姓不親，五品不遜(百姓不相親愛，五倫之教乖離不順)。」孔傳：「遜，順也。」⓫彼其二句　出自《詩經‧鄭風‧羔裘》。邦，古代諸侯的封國，泛指國家。司直，謂主持直道的人。司，主。⓬舊章　昔日的典章制度。

【語　譯】艾大夫說：「不能讓老百姓太安閑了，老百姓太安閑就難以役使。所以，要使他們總是忙忙碌碌地有事做，這樣就容易治理了。」

郁離子說：「這種手段，不是先王所採用的。先王治理百姓，靠的是仁義和公正，不時測度自己的所作所為是否合宜，想百姓之所想，從不隱瞞實情，所以，百姓服從他，就像手和腳服從心的調配一樣，哪裡需要依仗什麼謀術呢？如今，你的百姓只知道畏懼而不知道敬慕，只知道免除而不知道競爭。而你所使用的，無非是一班貪官污吏；所施行的，無非是朝三暮四的騙人伎倆。你以為人家不知道，卻不知人家全都很清楚。所以說，你用這種方法對待百姓，百姓也會用這種方法對付你，這樣一來，上下的內情就互相隱瞞了。你能看到的僅是外表的融合，卻不知內心早就離散，這就是只看外表，而不能體察內心的結果。心中竊喜，自以為得計，而不想一想厭惡勞動、追求安逸是人的共同心理。所以，先王養育百姓的方法是充分滿足他們的願望，而不強迫他們接受他們所厭惡的。如今，你反其道而行之，豈不是欺騙百姓嗎？上欺下，就不親近；下欺上，就不恭順。不恭順不親近，禍亂由此而蘊積。《詩經》上說：『他這樣的人，稱得上是堅挺的柱石。』你身為國家主持直道的官員，卻不遵循先王的章法而用欺詐的手法說教，我實在不敢聽命。」

聽了這番話，艾大夫雖感慚愧，但卻未能改正。

【研析】本篇論述的是如何治理民眾的問題。作者認為，治民之道在於仁義公正，不時反躬自省，想民眾之所想，急民眾之所急，而不是玩弄什麼謀術。作為當政者，尤其不能任用那些貪贓枉法的「掊克之吏」，不能用「朝四暮三」之類的騙人把戲來愚弄百姓。否則，只會使民心渙散，貌合神離，「上罔下則不親，下罔上則不孫」，長此以往，國家就會產生禍亂。作者讚賞古代聖君「聚其所欲，而勿施其所惡」的「養民」方法，表現了一種察民情，順民意的民主思想，具有積極的意義。但他同時又認為「惡勞欲逸，人志所同」，則是對勞動人民的偏見。先秦論辯，常引用《詩經》中的詩句作為理論依據，因有「不學《詩》，無以言」之說。本篇巧妙地引用《詩經．鄭風．羔裘》中的話語，十分貼切。

九六　畏懷

郁離子謂艾大夫曰：「子以為以力毒人❶而人不言怨者，其畏威也乎？懷德❷也乎？」大夫曰：「亦畏威而已矣。」郁離子曰：「吾始以為夫子莫之知也，而今而後知夫子非莫之知也。夫子以鉤距擿民隱❸，羅其財以供公，非得已也。夫子之心，人知之也，而夫子之所任❹，則非能以夫子之心為心者也❺，是以民免而弗子懷❻也。《詩》云：『小東大東，杼軸其空❼。』又曰：『東人之子，職勞不來❽；西人之子，粲粲衣服❾；舟人之子，熊羆是裘❿；私人之子，百僚是試⓫。』今茲備矣而民不言，是怨不在口而在腹也。《詩》云：『中心藏之，何日忘之⓬？』若藥之在礮，未有火以發之也。夫子而今知之矣，能無虞⓭乎？」

【注釋】❶毒人　役使人。❷懷德　感念恩德。❸以鉤距句　鉤距，亦作「鉤拒」，古代的一種兵器。此用作盤詰探究之意。《墨子．備穴》：「為鐵鉤距長四尺者，財自足，穴徹，以鉤客穴。」擿，揭發。隱，隱秘。❹任　職責；責任。❺則非句　不能按照你的心意去做，指職責與心意相違背。❻弗子懷　猶「弗懷子」，不感恩於你。❼小東二句　語出《詩經．小雅．大東》，是東方諸侯國臣民怨諷周王室的詩歌。以下「東人之子」八句，亦出此詩篇。小東大東，指東方大、小諸國；一說大、小謂賦斂之多少，言其政偏，失砥矢之道。杼軸，織布機上管經緯的兩個部件，即梭子和機軸。杼軸其空，謂機上一無所有，均被搜括一空。❽東人二句　東人，東方諸國之人。職，專主其事。來，同「徠」。慰勞。職勞不來，謂專事勞作而不加撫慰。❾西人二句　西人，指西周王朝的貴族。粲粲，衣服鮮豔貌。東人勞苦而不見撫慰，西人衣服黼麗而逸豫，言政偏甚。❿舟人二句　舟人，即周人。舟人之子，指周世臣之子孫。羆，一種似熊而大於熊的野獸。裘，皮衣。或謂「裘」當作「求」。熊羆是裘，意謂周人失去地位後，只好以打獵為生。⓫私人二句　私人，指貴族，謂周衰群小用事。一說「私人」指私家皂隸之屬。百僚，百官。試，用。⓬中心二句　語出《詩經・小雅・隰桑》，意謂銘記在心，永誌不忘。中心，猶言心中。礮，同「炮」。⓭無虞　沒有憂患。

【語　譯】郁離子對艾大夫說：「您認為用暴力役使百姓而百姓不發怨言的原因，是他們害怕威勢呢？還是感恩懷德呢？」艾大夫說：「不過是害怕威勢罷了。」郁離子說：「開始我還以為您不明白這個道理哩，從今而後我知道你並不是不明白。你想方設法盤查百姓的隱情，搜羅他們的財物用來充公，但這也是出於不得已吧。您的心情大家是可以理解的，可是您的職責，又使您不能按照您的心意去做。所以，即使百姓能夠免除賦役，他們也不會對您感恩懷德。《詩經》上說：『貢賦重重的東方各國，布機上的梭軸空空。』又說：『東國的人啊，事事勞苦不加撫慰。西京的人啊，衣冠楚楚服飾鮮潔。周朝世臣的子孫啊，穿著皮裘打獵為生。達官貴人的子弟啊，個個都有一官半職。』如今，詩中所說的各種情況都存在，可是百姓卻不敢說，這是怨恨不放在嘴上而藏在心裡啊！正如《詩經》上說的：『深深地藏在心裡，哪一天能夠忘記？』這就像火藥已經裝在砲膛裡，只是還沒有點火引發它而已。今天，既然您已經明白了這個道理，還能沒有憂慮嗎？」

【研　析】「以力毒人」，以淫威壓服民眾，是不能保持長久的。閱讀本篇，不禁使人想起《國語》中「召公諫厲王弭謗」的故事：周厲王殘暴無道，為了壓制民眾的反抗，派衛國的巫者暗中監視敢於指責他的人，一經巫者告密，就加以殺戮。於是，國人都不敢隨便說話。召公進諫說：「這是阻止民眾說話啊！阻止民眾說話，它的危害勝過堵塞川流。堵塞川流，一旦堤壩崩潰，傷人必多。」但是厲王聽不進去。結果，三年之後，終於爆發反抗，國民推翻了厲王的統治，將他放逐到了彘地。所以說，使人畏懼，並不能使人心服。怨不在口必在腹，腹生怨憤，猶如火藥在膛，只要一星半點火種，就能將其引爆，還有比這更可怕的嗎？寓言引用《詩經・小雅・大東》中的詩句，揭露了統治階級對人民的殘酷壓迫。一句「今茲備矣」，又將抨擊的矛頭指向元代社會，寓言的戰鬥性在這裡得到了充分的體現。篇名「畏懷」二字，則表明了作者嚮往推翻暴政、以德治國的理想。

九七 種樹喻

韓非子❶為政于韓且❷十年，韓貴人❸死于法者無完家，於是韓多曠官❹。王謂公叔曰：「寡人欲用人，而韓之群臣舉無足官者❺，若之何哉？」

公叔對曰：「王知夫種樹乎？臣家國東郊❻，世業❼種樹。樹之材者，松、柟、栝、栢❽可以為棟梁，種之必三、五十年而後成。其下者為檉柳❾、樸樕❿，種之則生，不過為薪⓫。故以日計之，則棟梁之利緩而薪之利速；

以歲計之，則薪之利一而棟梁之利百。臣俱種之，世享其利，是以富甲於韓國。臣鄰之寠叟⑫，急慕而思效之，植松、栝不能三年，不待其成而輒伐之，以為常，僅足其朝夕食，無餘也。今君之用人也，不待其老成，至於不克負荷⑬而輒以法戕⑭之，棟梁之材竭矣！一朝而屋壞，臣恐束薪⑮不足以支之也。」

【注釋】①韓非子　即韓非，戰國末期傑出思想家。建議韓王變法圖強，未被採納，乃發憤著書。著有《說難》、《孤憤》、《五蠹》等，得秦王政的重視，被邀至秦。不久遭陷害自殺。韓非為政於韓，係作者虛構。②且　將近。③貴人　顯貴的人，指世胄貴族。④曠官　空著的官職。⑤舉無句　謂全都不堪勝任做官。舉，全；遍。⑥家國東郊　家住在國都東郊。家，用作動詞。⑦世業　世代從事。⑧柟栝栢　皆樹名。柟，即楠樹。栝，即檜樹。柟、栝，都是優質樹種。栢，「柏」的俗字。⑨檉柳　又稱觀音柳、西河柳、紅柳。一種小柳樹，枝幹可編製籮筐。⑩樸樕　叢木；小樹。《詩・召南・野有死麕》：「林有樸樕，野有死鹿。」毛傳：「樸樕，小木也。」⑪薪　柴火。⑫寠叟　貧窮老人。⑬不克負荷　謂不能勝任。不克，不能。⑭戕　殺害；傷害。⑮束薪　紮成捆的柴木。

【語譯】韓非子在韓國從政將近十年，韓國的貴族死於違法的不可勝數，以致沒留下一家是完整的，因此，韓國的許多官職空缺著。韓王對公叔說：「我想選用人才，可是韓國的大臣們沒有可堪任用的，你看怎麼辦？」

公叔回答說：「大王知道種樹的道理嗎？我住在國都的東郊，世代以植樹為業。樹中成材的有松、楠、檜、柏，這些樹可以用來作棟梁，種下後必定要三五十年才能長成。那下等的樹有樫柳、樸樕之類，一種就活，不過只能當作燒火用的木柴。所以，如果以天數來計算的話，種植棟梁之材的樹木獲利緩慢而種植燒柴的樹木獲利迅速；如果以年來計算的話，那麼，種植燒柴的樹木獲利為一，而種植棟梁之材的樹木獲利為百。這兩種樹我都栽種，世世代代享受其利，所以，我是韓國最富有的。我的鄰居中有一個貧窮的老頭，非常羨慕我並急切地想模仿。他種植松樹、檜樹不滿三年，不等到成材就常常砍伐它們，但所獲僅僅能夠早晚餬口，沒有任何的剩餘。如今君王的用人方法也是這樣，不等到人才鍛鍊成熟就想委以重託，甚至因他們不能勝任重任而對他們嚴加法辦，這樣一來，棟梁之材枯竭了。一旦屋宇毀壞，我擔心就是用成捆的柴木也不能把它支撐起來啊！」

【研　析】古語云：「一年之計，莫如樹穀；十年之計，莫如樹木；終身之計，莫如樹人。」《管子‧權修》人才關係到國家的興衰成敗，不可等閑視之。本篇以種樹為喻，說明對人才的培養和使用要有長遠計畫，不可急於求成，這就像種植樹木一樣，「不待其成而輒伐之」，就會致其夭折；要量才選錄，使人才各得所宜，而不能盲目任用，使其因「不克負荷」而遭到傷害。人的才能不同，有堪負大任的，也有只能辦理庶務的，這就像樹木有棟梁之材，也有薪火之材一樣。棟梁之材需經過數十年的培育方能成功，而薪火之材指日則可長成。作者認為，要兼顧長遠利益和近期利益，棟梁之材和薪火之材兼而種之，各盡其用，這樣便可富家強國。

本篇取譬恰當，說理透徹，頗具說服力。

九八 智力

郁離子曰：「虎之力，於人不啻❶倍也。虎利其爪牙而人無之，又倍其力焉，則人之食於虎也無怪矣。然虎之食人不恆見❷，而虎之皮人常寢處之❸，何哉？虎用力，人用智，虎自用其爪牙，而人用物。故力之用一，而智之用百。爪牙之用各一，而物之用百，以一敵百，雖猛不必勝。故人之為虎食者，有智與物而不能用者也。是故天下之用力而不用智，與自用而不用人者，皆虎之類也。其為人獲而寢處其皮也，何足怪哉？」

【注釋】❶不啻　不止。❷不恆見　不常見。❸寢處之　指睡在其（虎皮）上。

【語譯】郁離子說：「老虎的力量比人大了不止一倍，老虎有鋒利的爪子和牙齒而人沒有，這又使牠的力量倍增，如此說來，人被老虎吃掉也就不足為怪了。但老虎吃人的事情不常見，而虎皮卻常常被人鋪在身下用來坐臥，這是什麼原因呢？因為老虎用的是力量，而人用的是智慧。老虎只會用自己的利爪和牙齒，而人善於使用工具。力量的作用好比是一，智慧的作用則為百；利爪和牙齒的作用好比是一，工具的作用則為百。以一擋百，雖然勇猛，但不一定能取勝。所以，人被老虎吃掉，完全是因為他們沒有運用自己的智慧和使用工具的緣故。因此，天下那些只知用力而不知用智，以及那些只知用自己的力量而不知借用別人力量的人，都與老虎為同一類型。由此看來，老虎被人捕獲而牠的皮被人用作墊褥，又有什麼值得大驚小怪的呢？」

【研 析】古語云：「人生處萬類，知識最為賢。」（唐韓愈〈謝自然〉詩）人為萬物之靈，是因為人具有高等智商，掌握知識，善假於物。因此，雖然老虎有著銳利的爪子和牙齒，凶猛異常，卻只能成為獵物，為人所獲，成為人們居處的皮褥與坐墊。本文通過虎與人的比較，說明了才智的重要性，用智勝於用力百倍。但作者的用意又不止於此，而是進一步地指出，「天下之用力而不用智，與自用而不用人者」，都屬虎之類，是難逃失敗的命運的，這就將歷史故事與現實的用人政策緊密地聯繫在了一起，具有鮮明的針對性。

九九 省敵❶

郁離子曰：「善戰者省敵，不善戰者益敵❷。省敵者昌，益敵者亡。夫欲取人之國，則彼國之人皆我敵❸也，故善省敵者不使人我敵。湯、武之所以無敵者，以我之敵敵敵❹也。惟天下至仁❺為能以我之敵敵敵，是故敵不敵❻而天下服。」

【注釋】❶省敵　使敵人削弱。省，減少；削弱。❷益敵　使敵人增強。益，加多；增強。❸我敵　以我為敵。❹以我句　謂用我的敵人去抵抗敵人。❺至仁　最大的仁德。❻敵不敵　敵人不再成為敵人。

【語譯】郁離子說：「善戰的人能使敵人削弱，不善戰的人卻使敵人增強。使敵人削弱自己就會變得強大，使敵人增強自己就會趨於滅亡。要奪取別國，那麼，那個國家的人就都成了我的敵人。所以，善於削弱敵人的人就要不使人家與我為敵。成湯、周武王之所以無敵於天下，就在於他們善於利用自己的敵人去抵抗敵人啊。只有天下最具仁德的人才能用自己的敵人去抵抗敵人。因此，敵人不再成為敵人而天下就被降服了。」

【研析】樹敵過多會使自己處於孤立境地，所以，智者總是盡量避免與人為敵。他們或化敵為友，化干戈為玉帛；或借用他人的力量為我所用，「以敵敵之」，兵不血刃，而大功告成。古語云「百戰百勝，非善之善者也；不戰而屈人之兵，善之善者也」（《孫子・謀攻》），這真是一語中的。作者認為，古代聖賢之所以能夠無敵於天下，是因為他們善於「省敵」，即善於化解和削弱敵對力量，而惟有具備仁德品質的君主才能做到這一點。這就說明了一個道理，以仁德治理天下才能得到人民的擁護，才是所向無敵的。

一〇〇　聚天下者猶的❶

郁離子曰：「水赴壑，鳥赴林，蠅赴臭❷，不驅而自至者也，而奚以召之哉？利者，眾之所逐；名者，眾之所爭；而德者，眾之所歸也。是皆足以聚天下者也。故聚天下者，其猶的乎？夫的也者，眾矢之所射，眾志之所集也。堯、舜以仁義為的，而天下之善聚焉。收天下之所爭逐者，為之均之，不使其爭逐也；及其至也，九州來同❸，四夷鄉風❹，穆穆雍雍❺，以入于其的之中。桀、紂以淫欲為的，而天下之不善聚焉。收天下之所爭逐者，私諸其人；及其窮❻也，諸侯百姓相與操弓注矢❼，的其躬❽而射之。是故不能仁義而為天下的者，禍也。故秦之未帝❾也，天下莫強焉；及其吞六國而一位號❿，不過再世⓫，匹夫呼而與之爭⓬，天下並起和之，莫不以秦為辭者⓭，的所在也。陳涉先起而先亡⓮，以其先自王⓯以為秦兵之的也。故曰：不為事先動而輒隨者，不為的而已矣。昔者，秦攻韓上黨⓰，上黨之守馮亭⓱以上黨歸于趙，趙人受之，是以有長平之敗⓲，趙國幾亡。夫秦之所欲取者上黨也，兵之所加不選其韓與趙也，惟上黨之所在耳。介山⓳之草木何罪而焚乎？子推⓴之所在也。是故辭禍㉑有道，辭其的㉒而已矣。」

【注　釋】❶猶的　猶如箭靶。的，箭靶的中心，比喻目標。❷臭　氣味；穢惡之氣。❸九州來同　謂國家統一。九州，古分中國為九州，後以九州泛指天下。同，統一。❹四夷鄉風　謂各族仰慕。四夷，四方的少數民族。鄉風，猶向風，仰慕之意。《南史・梁紀中・武帝下》：「於是四方郡國，莫不向風。」❺穆穆雍雍　恭敬和睦貌。穆穆，端莊恭敬。雍雍，鳥和鳴聲，取和諧之義。❻窮　極；盡。指其積惡過多陷入絕境。❼注矢　射箭。❽的其躬　謂以其身為目標。躬，身。❾未帝　未稱帝。指尚未統一全國。❿一位號　統一爵位與名號。指統一全國。⓫再世　兩代。⓬匹夫句　此指陳勝、吳廣起義。匹夫，平民百姓。

⑬為辭者　為譴責的對象。⑭陳涉先起句　謂陳涉最早起義最先身亡。陳涉於西元前二〇九年起義，西元前二〇八年即為秦將章邯所破被殺。⑮王　稱王。⑯上黨　戰國韓地。秦併天下，置上黨郡，其地在今山西長治北。⑰馮亭　韓上黨守臣。秦攻上黨，絕太行道，韓不能守，馮投趙，趙封馮為華陽君，與趙將括拒秦，戰死於長平。⑱長平之敗　戰國時秦將白起大敗趙括軍於長平，坑殺趙降卒四十餘萬。《史記・趙世家》：「七年，廉頗免而趙括代將。秦人圍趙括，趙括以軍降，卒四十餘萬皆坑之。王悔不聽趙豹之計，故有長平之禍焉。」長平，古城名，故址在今山西高平西北。⑲介山　又稱綿山，在山西介休東南，因春秋時晉介子推隱居於此，故名介山。⑳子推　即介子推，春秋晉人。從晉公子重耳（文公）出亡，歷經各國，凡十九年。重耳還國為君，賞從亡者，介子推不言祿，與母隱於綿山而終。相傳晉文公曾放火逼他出山，終不從而被燒死。㉑辭禍　避開禍害。㉒辭其的　避免成為目標。

【語　譯】郁離子說：「水流奔向溝壑，鳥兒飛往樹林，蒼蠅追逐腐臭，不用驅使，它們自然而然地會去，哪裡用得著召喚呢？有利的事情，眾人競相追逐；有名的事情，眾人爭奪不止；而有仁德的事情，則是眾望所歸。這些都是能夠聚集天下人的事情啊。所以，能聚集天下人的事情，大概就像是箭靶的中心吧？箭靶的中心，是眾箭射擊的目標，是眾心集聚的所在。堯、舜把仁義當作目標，而天下的善事都聚集在他們那裡。收集天下所有爭逐的利益，把它們均分，使天下人不再爭逐。到了那個時候，九州同來歸順，四方聞風仰慕，恭敬和睦，進入了仁義的目標之中。桀、紂把淫欲當作目標，而天下不善的事情都聚集在他們那裡。收羅天下所有爭逐的利益，私分給人，等到分盡的時候，諸侯百姓就會爭相操弓射箭，向桀、紂自身造成的目標攻擊。所以，不能把仁義作為天下目標的人，是天下的禍害。秦還沒有稱帝的時候，天下沒有比它更強大的了。等到它吞併六國，統一天下，沒有超過兩代，黎民百姓就振臂而呼，與秦爭奪天下。而天下豪傑群起響應，無人不把秦王朝當作譴責的對象，這是因為暴秦是目標所在。陳涉最先起義而最先敗亡，是因為他最先稱王而成為秦軍進攻的目標。所以說，不做事變的先行者而尾隨其後，就不會成為攻擊的目標。從前，秦軍攻打韓國的上黨，上黨守臣馮亭把上黨獻給趙國，趙國接受了，因此而有長平之戰的失敗，趙國幾乎滅亡。秦國想要得到的是上黨這個地方，所以兵火相加，並不在於其地屬於韓國還是趙國，只是針對上黨罷了。介山的草木有何罪過卻遭焚毀？只因介子推隱居在那個地方。所以，避開禍害的辦法，就是不要成為眾矢之的而已。」

【研　析】得人心者得天下，而要贏得人心，必須有聚集人心的善政。作者認為，「聚天下者，其猶的」，以仁德治理國家，順應民心，符合民意，眾望所歸，歷史上堯、舜，便是其典範。反之，像桀、紂那樣，縱欲享樂，殘暴不仁，最後只會成為眾矢之的，是難逃覆滅的命運的。作者由此得出結論，「不能仁義而為天下的者，禍也」。作者還指出，一旦成為天下人關注的目標是十分危險的，因為樹高招風，出頭的椽子先爛；而隱秘不露，韜光養晦，才能保得平安，最終獲得成功。本文以史實為依據，比喻貼切，說理透徹，但將致禍之因歸之於「的」之所在，而不對事物作本質性的分析和探求，是不夠全面的。

一〇一 田璆論救楚

秦惡楚而善於齊。王翦❶帥師伐楚，田璆❷謂齊王曰：「盍❸救諸？」齊王曰：「秦王與吾交善，而救楚，是絕秦也。」鄒克曰：「楚非秦敵也，必亡。不如起師以助秦，猶可以為德而固其交。」田璆曰：「不然。秦，虎狼也。天下之彊國❹六，秦已取其四，所存者齊與楚❺耳。譬如摘果，先近而後遠，其所未取者，力未至也，其能終留之乎？今秦豈誠惡楚而愛齊也？齊楚若合，猶足以敵秦。以地言之，則楚近而齊遠，遠交而近攻，秦之宿計❻也。故將伐楚，先善齊以絕其援，然後專其力於楚。楚亡，齊其能獨存乎？諺有之曰：『攢矢❼而折之，不若分而折之之易也。』此秦之已效❽計也。楚國朝亡，齊必夕亡。」

秦果滅楚，而遂伐齊，滅之❾。

【注釋】❶王翦　戰國末秦人，始皇時為將，定趙、燕、薊諸地。伐楚，李信謂用兵不過二十萬，翦請兵六十萬，始皇以為怯，用信。信敗，遂用翦。❷田璆　與下文鄒克，皆虛擬人物。❸盍　何不。❹彊國　強國。❺秦已取其四二句　秦滅六國順序是：韓、魏、楚、趙、燕、齊。本文所述與史實不符，取其大意而已。❻宿計　一向採用的計策。❼攢矢　將箭束聚在一起。攢，聚集。❽已效　已經效驗。❾滅楚二句　秦王政二十四年（西元前二二三年），王翦等攻楚，楚亡。兩年後，滅齊，秦統一天下。

【語譯】秦國敵視楚國而對齊國友善。秦將王翦率軍征伐楚國，田璆對齊王說：「為什麼不去救援楚國呢？」齊王說：「秦王和我國友好往來，如果援救楚國，就會斷絕和秦國的友好關係。」鄒克說：「楚國不是秦國的對手，必定滅亡。不如發兵援助秦軍，還可以有德於秦而鞏固同秦國的關係。」田璆說：「不能這樣做！秦國是虎狼之國。天下的強國有六個，秦國已經吞併了其中的四個，剩下的只有齊國和楚國了。這就好比摘果子，先摘近的而後摘遠的。那些沒有摘取的，是因為力量一時還達不到，難道會永久保留嗎？現在，秦國果真是憎惡楚國而友善齊國嗎？如果齊國和楚國聯合起來，還足以抗拒秦國。以地理位置而論，楚國離秦國近而齊國離秦國遠，遠交近攻，是秦國一貫採用的策略。所以，秦國要征伐楚國，必定會先同齊國修好關係以斷絕齊國對楚國的援助，然後才能集中力量專門對付楚國。一旦楚國滅亡了，齊國難道還能單獨存在嗎？有句諺語說得好：『把箭束聚在一起折斷它，不如分開折斷來得容易。』秦國所實施的，正是它已經獲得成效的策略。楚國在早上滅亡，齊國一定會在晚上滅亡。」

秦國果然先滅了楚國，緊接著討伐齊國，滅亡了齊國。

【研　析】戰國七雄中，秦國憑藉崤山、函谷關的天險和雍州雄厚的資源，又經過商鞅變法，「內立法度，務耕織，修守戰之備，外連衡而鬥諸侯」，勢力最大。當是時，張儀遊說六國共同事奉秦國，蘇秦則遊說六國聯合抗拒秦國，稱為連衡、合縱。但六國各自考慮自身的利益，忍辱求和，賂敵苟安，「合縱」成為一句空話。秦國採取遠交近攻的策略，攻城掠地，六國被先後兼併。北宋時的蘇洵曾總結六國滅亡的教訓，寫了一篇〈六國論〉，指出：「六國破滅，非兵不利，戰不善，弊在賂秦。」又指出：「齊人未嘗賂秦，終繼五國遷滅，何哉？與嬴而不助五國也。五國既喪，齊亦不免矣。」可謂一語中的。本文以這段歷史為背景，通過寓言的形式說明：輔車相依，脣亡齒寒，在強大的敵人面前，弱小者只有聯合起來，奮力抗爭，才有出路；否則，是逃不脫被各個擊破的厄運的。

一〇二　九頭鳥❶

孽搖之虛❷有鳥焉，一身而九頭。得食，則八頭皆爭，呀然❸而相銜❹，灑血飛毛，食不得入咽，而九頭皆傷。海鳧❺觀而笑之曰：「而❻胡不思❼九口之食同歸于一腹乎，而奚其爭也？」

【注　釋】❶九頭鳥　傳說中的不祥怪鳥。《太平御覽》卷九二七引晉魚豢《三國典略》：「齊後園有九頭鳥見，色赤，似鴨，而九頭皆鳴。」後用以比喻奸猾之人。❷孽搖之虛　孽搖，傳說中的山名，含有妖孽禍害之意。《山海經・大荒東經》：「大荒之中，有山名孽搖䫨羝。」虛，同「墟」。山丘。❸呀然　張口貌。❹銜　含在嘴裡。指用嘴咬。❺海鳧　一種海鳥。傳說海鳧出，天下亂。《晉書・張華傳》：「惠帝中，人有得鳥毛長三丈，以示華。華見，慘然曰：『此謂海鳧毛也，出則天下亂矣。』」❻而　通「爾」。你；你們。❼胡不思　為何不想一想。

【語　譯】孽搖山上有一種鳥，一個身體上長了九個頭，只要一個頭得到食物，八個頭都來爭奪，張著嘴「呀呀」地叫喚，相互銜逐，直爭得鮮血四濺，羽毛折落。即使搶到食物也無法下嚥，九個頭都弄得傷痕累累。海鳧看見了，笑話牠說：「你們怎麼不想一想，九張嘴吃下的食物還不是都進入一個肚子嗎，為什麼要爭得你死我活呢？」

【研　析】個體利益是融合在總體利益之中的，失去了總體利益，個體利益也就成了無源之水、無本之木而不復存在。九頭鳥九頭所食本歸於一體，但九頭相爭不肯相讓，弄得九頭皆傷，食不果腹。寓言形象地諷刺了那些不識大體、不知維護共同利益而盲目爭鬥、自相殘害的愚蠢行為，將一個淺顯的道理形象地展示在讀者面前，具有普遍的教育意義。

一〇三　琴弦

晉平公❶作琴，大弦與小弦同，使師曠❷調之，終日而不能成聲，公恠❸之。師曠曰：「夫琴，大弦為君，小弦為臣，大小異能❹，合而成聲，無相奪倫❺，陰陽❻乃和。今君同之，失其統❼矣，夫豈瞽師❽所能調哉？」

【注　釋】❶晉平公　晉悼公之子，名彪，春秋時晉國國君，卒諡平。西元前五五七至前五三二年在位。❷師曠　春秋時晉國著名的盲樂師。字子野，晉國人。❸恠　「怪」的異體字。❹異能　功用不同。❺奪倫　失其倫次。《尚書．舜典》：「八音克諧，無相奪倫。」孔穎達傳：「倫，理也。八音能諧，理不錯奪。」此指改變其功用。❻陰陽　指樂律。古代音樂，將聲分為陰陽兩類。《周禮．春官．大師》：「掌六律六同，以合陰陽之聲。陽聲：黃鍾、大蔟、姑洗、蕤賓、夷則、無射。陰聲：大呂、應鍾、南呂、函鍾、小呂、夾鍾。」❼統　體統。引申為規則。❽瞽師　盲樂師。師曠為盲人，此其自謂。

【語　譯】晉平公製了一張琴，大弦和小弦一般粗細，讓師曠調弦，師曠調了一整天也調不出和諧的音調，晉平公因此責怪他。師曠說：「琴的大弦好比是國君，小弦好比是臣子，大弦小弦的功用不同，配合起來才能發出美妙的聲音；不違反定制，陰陽之聲才能和諧。如今您把琴弦做成大小一樣，沒有了定規，這哪是我一個瞎子樂師能夠調理好的呢？」

【研　析】琴有定規，就像國有定制，「大弦為君，小弦為臣」，發揮各自的功用，就能彈奏出美妙的樂曲。本篇原意是要說明，上下有別，尊卑有序，不可僭越。失其倫次，就失去了和諧與體統。推而廣之，事物有其自身的特點和規律，混淆相互間的區別，不按照客觀規律辦事，是永遠行不通的。

一〇四　多疑不如獨決

無支祈❶與河伯❷鬬，以天吳❸為元帥，相抑氏❹副之，江疑❺乘雲，列缺❻御雷，泰逢❼起風，薄號❽行雨，蛟、鱓、鰐、鯪❾激波濤，而前驅者三百朋❿，遂北至于碣石⓫，東及呂梁⓬。

河伯大駭，欲走，靈姑胥⓭止之曰：「不如且戰，不捷而走，未晚也。」乃謀元帥。靈姑胥曰：「贔屓⓮可。」河伯曰：「天吳八首八足，而相抑氏九頭，實佐之；雷、風、雨、雲之神，各專其能，以衛中堅⓯；蛟、鼉、鰐、鯪，莫不尾劍口鑿⓰，鱗鋒鬣鍔⓱，掉首⓲摧山，撻鬐倒淵⓳，而豈贔屓所敢當哉？」靈姑胥曰：「此臣之所以舉贔屓也。夫將，以一身統三軍者也。三軍之耳目齊于一人，故耳齊則聰⓴，目齊則明，心齊則一，萬夫一力，天下無敵。今天吳之頭八，而副之者又九其頭。臣聞人心之神，聚于耳目。目多則視惑，耳多則聽惑，今以二將之心而御其耳目六十有八，則已不能無惑矣；加以雲、雷、風、雨之師，各負其能，而畢欲逞焉，其孰能一之？故惟顓頊為足以當之。顓頊之冥冥㉑，不可以智誘威脅而謀激也，而其志有必至，破之必矣。」乃使顓頊帥九夔㉒以伐之，大捷。

故曰：眾志之多疑，不如一心之獨決也。

【注釋】❶無支祈　又作無支奇、無支祁，古代傳說中淮水水怪名。《太平御覽》卷八八引《淮地記》：「禹治水，止桐柏山，乃獲淮渦水神，名曰無支奇。」❷河伯　傳說中的黃河水神。姓馮名夷，溺於河而被天帝封為水神。❸天吳　傳說中的水神。《山海經‧海外東經》：「朝陽之谷，神曰天吳，是為水伯……其為獸也，八首八面，八足八尾，皆青黃。」❹相抑氏　即相繇，古神話中人名，傳說為共工之臣。《山海經‧大荒北經》：「共工之神名曰相繇，九首蛇身，自環，食於九土。其所歍所尼，即為源澤，不辛乃苦，百獸莫能處。禹湮洪水，殺相繇。」❺江疑　指雲神。《山海經‧西次三經》：「符惕之山，其上多棕南，下多金玉。江疑居之。是山也，多怪雨，風雲之所出也。」❻列缺　閃電。此指雷神。❼泰逢　神名。《山海經‧中山經》：「又東二十里，曰和山……吉神泰逢司之。其狀如人而虎尾，是好居於萯山之陽，出入有光。泰逢神動天地氣也。」此指風神。❽薄號　即蓱號，又稱蓱翳，古代傳說中的雨師名。《楚辭・天問》：「蓱號起雨。」漢王逸注：「蓱，蓱翳，雨師名也……言雨師呼號，則雲起而雨下。」❾蛟鱓鰐鯪　蛟，傳說中一種能發水的龍。鱓，同「鼉」。揚子鱷。鰐，亦作鱷，鱷魚。鯪，傳說中的一種怪魚。《楚辭・天問》：「鯪魚何所？」洪興祖補注：「西海中近列姑射山，有鯪魚，人面，人手，魚身，見則風濤起。」一說鯪魚能吞舟。❿朋　臨時組成的群體。⓫碣石　山名，在今河北昌黎北。⓬呂梁　山名，在今山西境內。⓭靈姑胥　疑即靈胥，指春秋吳伍子胥。相傳伍子胥死後被封為濤神。⓮贔屓　龜的一種，力大可負重。李時珍《本草綱目・介部一》：「贔屓者，有力貌，今碑趺象之。」⓯中堅　軍隊中最堅強的部分。⓰口鑿　口如鑿子，形容嘴之尖利。⓱鬣鍔　謂魚脊猶如劍刃。鬣，魚脊。鍔，刀刃。⓲掉首　搖擺頭。⓳揵鬐倒淵　拱起背脊，翻動深淵。揵，舉。鬐，指魚鰭。⓴聰　聽力靈敏。㉑冥冥　精誠；專默。㉒九夔　九，言其多。夔，傳說中的獸名。《山海經・大荒東經》：「東海中有流波山，入海七千里，其上有獸，狀如牛，蒼身而無角，一足，出入水則必風雨，其光如日月，其聲如雷，其名曰夔。」

【語　譯】無支祈與河伯相鬥，命天吳為元帥，相抑氏為副帥，江疑駕雲，列缺司雷，泰逢興風，薄號行雨，蛟、鱓、鰐、鯪等激盪波濤，在前面開路的有三百群之多，向北攻到碣石，向東攻到呂梁。

見此陣勢，河伯大為驚恐，想逃跑，靈姑胥勸阻他說：「不如暫且一戰，不勝再逃也不遲。」於是，商議元帥的人選。靈姑胥說：「贔屓可以擔當此任。」河伯說：「天吳有八個頭八隻腳，還有長著九個頭的相抑氏輔佐。雷神、風神、雨神、雲神各以自己的專能保衛著中軍統帥；蛟、鱓、鰐、鯪，沒有一個不長著劍一般的尾巴、鑿子一般的利嘴，鱗和脊也鋒利得像刀刃，搖搖頭就能摧毀山峰，拱起背脊就能翻動深淵，豈是贔屓能夠抵擋的？」靈姑胥回答說：「這正是我推薦贔屓的原因啊。將帥，以一身統帥三軍。三軍的耳目集中於一人。因此，耳朵集中聽覺就敏銳，眼睛集中視覺就明亮，萬眾一心目標就一致，力往一處使，就能天下無敵。而今，天吳有八個腦袋，而輔佐他的人又有九個頭。我聽說人的心神聚集於耳目，眼睛多了就視覺迷惑，耳朵多了就聽覺迷惑，如今用二個統帥的心智去駕馭六十八個耳目，那是不可能不產生疑惑的。加上雲神、雷神、風神、雨神率領的軍隊，各自依仗自己的本領逞能，誰能把祂們統一起來呢？所以，只有贔屓才足以抵擋祂們。贔屓專默精誠，不可以誘惑或威逼牠，而應用計謀激勵牠。牠懷有一定要達到目的的志向，破敵取勝是必然的。」於是，河伯派贔屓率領九夔迎敵，結果，大獲全勝。

所以說，眾心多疑，不如一心獨斷好啊。

【研　析】領軍之要，在於號令統一，如果命出多門，各行其是，必成一盤散沙。本篇強調了軍事上主帥的主導地位與決定作用。贔屓胸懷大志，用心專默，這就具備了領軍作戰的基本素質，因此，勝利的天平才會向牠傾斜；而天吳八首八足，相抑氏九頭，雷神、風神、雨神、雲神各負其能，蛟、鱓、鰐、鮫不可一世，看似兵精將強，其實，目多視惑，耳多聽惑，「以二將之心而御其耳目六十有八」，怎能捏合成團，又怎能統一指揮呢？所以，最終失敗了也是情理中事。「眾志之多疑，不如一心之獨決」，本文的這一個主旨不僅適用於軍事上，也適用於其他方面。

想像奇詭、格調宏肆，兼具《莊子》行文的風格，是本篇行文的基本特色。如寫天吳率軍征伐河伯一段，極意鋪張，繪聲繪色。靈姑胥勸諫一段，見解精闢，析理透徹。全文用對話的形式，以主要篇幅分析雙方將帥的優劣，而寫贔屓率師獲捷，僅一句帶過，表現了剪裁上的不凡功力。

一〇五　射道

常羊❶學射于屠龍子朱❷。屠龍子朱曰：「若欲聞射道❸乎？楚王田❹于雲夢❺，使虞人❻起禽❼而射之。禽發，鹿出于王左，麋❽交于王右，王引弓欲射，有鵠❾拂王旃❿而過，翼若垂雲⓫，王注矢⓬于弓，不知其所射。養叔⓭進曰：『臣之射也，置一葉于百步之外而射之，十發而十中；如使置十葉焉，則中不中非臣所能必⓮矣。』」

【注釋】❶常羊　假託人名。❷屠龍子朱　屠龍，《莊子・列禦寇》：「朱泙漫學屠龍於支離益，單千金之家，三年技成，而無所用其巧。」後因指高超技藝或高超而無用的技藝。屠龍子朱，由此典故假託而成的人名。❸射道　射箭的方法、道理。❹田　通「畋」。打獵。❺雲夢　古澤名，其地跨今湖北長江南北。❻虞人　古代掌管山澤的官員。❼起禽　驚起禽獸。❽麋　麋鹿，似鹿而大。❾鵠　天鵝。❿旃　純赤色的曲柄旗。古代帝王出行時旗仗中的一種。⓫翼若垂雲　比喻翅膀之大。語出《莊子．逍遙遊》：「怒而飛，其翼若垂天之雲。」翼，翅膀。⓬注矢　把箭搭在弓上。⓭養叔　指養由基，春秋時楚國善射者。⓮必　一定。

【語　譯】常羊向屠龍子朱學習射箭的技藝，屠龍子朱說：「你想知道射箭的方法嗎？從前，楚王在雲夢打獵，讓看管山林的官員驚起禽獸來射殺牠們。禽獸跑出來時，鹿出現在楚王的左邊，麋出現在楚王的右邊，楚王拉開弓正要射時，一隻天鵝又從楚王的旃旄上掠過，翅膀大得像天上垂下的雲朵。楚王把箭搭在弓上，一時間不知該射哪裡是好。養叔進言說：『我射箭，把一片樹葉放在百步之外，十發十中；如果放上十片樹葉，那麼，射得中射不中就不能肯定了。』」

【研　析】古語云「不一則不專，不專則不能」（宋蘇軾〈應制舉上兩制書〉）。學習貴在專一，心無旁騖。鍥而不舍，堅持不懈，終會有所成就。反之，三心二意，心猿意馬，就像本篇中的楚王一樣，左顧右盼，「不知其所射」，是不可能真正學到本領的。

本篇取譬恰當，寓意深刻，與《孟子．告子上．學弈》一文有異曲同工之妙。

一〇六　一志❶

郁離子曰：「多能者鮮❷精，多慮者鮮決。故志不一則厖❸，厖則散，散則潰潰然❹，罔知❺其所定。是故明生于一❻，禽鳥之無知，而能知人之所不知者，一也。人為物之靈而多欲以昏之❼，反禽鳥之不如，養其枝而枯其根❽者也。嗚呼！人能一其心，何不如之有哉？」

【注釋】❶一志　心志專一。❷鮮　少。❸厖　亂；雜。❹潰潰然　錯亂貌。❺罔知　不知。❻明生于一　明智由專一而生。❼多欲以昏之　因多種欲望而昏昧糊塗。❽養其枝句　意謂捨本求末。

【語譯】郁離子說：「多能的人很少會在某一方面專精，多慮的人很少會有果斷的決定，所以，心志不專一就會雜亂無章，雜亂無章精力就會分散，精力分散就會昏昏然不知道要做些什麼。因此，明智出於專一。禽鳥雖然不具備人的智慧，卻能在某一方面掌握人所不具備的知識。人為萬物之靈，但由於欲望過多而昏昧迷惑，反而連禽鳥都不如，這就像是培養樹的枝條卻讓它的根系枯死一樣的愚蠢啊。唉！如果人能夠一心一意地做事情，還有什麼做不成的呢？」

【研析】本文與上一篇所表達的思想有某些相似之處。

人的精力有限，與其四面出擊，徒勞無功，不如用心專一，精於一技。君子有所為，有所不為；有所不為，才能有所為。宋代朱熹說過：「君子之學，不為則已，為則必要其成，故常百倍其功。」（《四書集注・中庸二十章》）當你確定一個奮鬥目標以後，一定要集中精力，孜孜以求，有一種不達目的，決不罷休的決心，而不要讓過多的欲望干擾了自己的志向。本文篇幅雖短，但寫法上多次採用對比的手法，如從正面強調「一志」的益處，又從反面指出「多欲」的弊病；議論人的昏昧時，以禽鳥作為對照物，並提出反問。這些，都增強了寓言的說服力。

一〇七　知止

粵工善為舟，越王用之良，命廩人❶給上食❷，粵之治舟者宗之❸。歲餘，言于越王曰：「臣不惟能造舟，而又能操舟。」王信之。雋李之役❹，風于五湖❺，溺焉，越人皆憐之。郁離子曰：「是畫蛇而為之足者❻之類也。人無問智愚，惟知止則功完而不毀，故以子胥❼之賢而不免焉。夫子胥之入吳也，圖報其父兄之讎而已矣。及其入郢而鞭平王❽，足矣，夫復何求哉？乃不去，而沉其身❾，不知止也。」

【注釋】❶廩人　管理官府糧倉的人。❷上食　上等飯菜。❸宗之　尊崇他。宗，尊崇；尊重。❹雋李之役　槜李一戰。雋李，即槜李，古地名，其址在今浙江嘉興西南。《左傳・定公十四年》：「於越敗吳於檇李。」❺風于五湖　風，被風吹；受風。五湖，指太湖。❻畫蛇句　猶畫蛇添足。比喻多此一舉，弄巧成拙。❼子胥　即伍子胥。名員，春秋時楚人。入吳，為大夫。❽子胥之入吳三句　子胥父奢兄尚為楚平王所殺，子胥奔吳後，輔佐吳王伐楚，五戰入郢，掘楚平王墓，鞭屍三百，以報父兄之仇。郢，楚國國都。❾沉其身　吳敗越，越王句踐請和，吳王夫差許之。子胥勸諫，不聽。太宰嚭進讒，夫差便賜劍命子胥自刎。子胥對他的舍人說：「抉吾眼，懸吳東門之上，以觀越寇之入滅吳也。」夫差聽說後大怒，取子胥屍，盛以鴟夷革，浮之江中。後九年，越滅吳。

【語譯】粵地的工匠善於造船，越王選用其中一位出色的，命令管理糧倉的人供給他上等的飯菜，粵地來的造船工匠都很尊崇他。一年以後，這位工匠對越王說：「我不僅會造船，還會駕船。」越王相信了他的話。檇李之戰時，他駕駛的船隻在太湖遇上了大風，他溺水而死，越人都很憐憫他。郁離子說：「他就屬於畫蛇添足一類的人啊！人不論聰明還是愚笨，只要懂得適可而止，就可以成就功業而不自我毀滅。不然的話，即使像伍子胥那樣賢明的人也不能倖免於難。伍子胥投奔吳國，只不過是為了替他的父兄報仇而已。等到吳國的軍隊攻入楚都郢並掘墓鞭笞楚平王的屍體，這也就夠了，還有什麼不滿足的呢？但他卻不肯離開吳國，以至於沉沒其身，這就是不懂得適可而止啊！」

【研析】「知止」是道家的思想，老子說：「知止不殆，可以長久。」（《老子・第四十四章》）就是說，做什麼事情都有個限度，懂得適可而止，就可以避免因一意孤行而帶來的危險，保得長久無虞。本篇由粵工逞能、溺於太湖之事說起，進而感歎伍子胥為父兄復仇後不知隱退，終於釀成身死沉江的悲劇，意在說明「惟知止則功完而不毀」這一主旨。因為，任何事物只要把握不當都會走向反面，尤其是在一個人春風得意的時候，更要小心謹慎，保持清醒的頭腦，切忌鋒芒太露，肆意妄為，否則，是遲早會摔跟頭的。當然，知止不是半途而廢，不是無所作為，而應是在科學分析基礎上的合理抉擇，它折射出古代哲人辯證思維的光芒。

一〇八 專心

郁離子曰：「水鴞❶翔而大風作，穴蟻徙而陰雨零❷，豈其知之獨覺哉？惟其所願欲莫切於飽與安也，故孜孜❸以候之。氣將來而必知，惟其心之專也。是故知暵潦❹者莫如農，知水草者莫如馬，知寒暑者莫如蟲。故以刖守闇❺，以瞽❻聽樂，取其專也。魯人有善言《易》❼者，百家之訓詁疏義❽無不誦而記之，命之卜❾，則不中❿。吳有醫，與之譚脈證必折⓫，而請其治疾無不愈者。故曰：誠則明矣。水鴞之知風，穴蟻之知雨，誠也。」

【注釋】❶水鴞　鷗的別名。《說文・鳥部》：「鷗，水鴞也。」❷零　雨徐徐而下。❸孜孜　努力不懈。❹暵潦　旱澇。暵，乾旱。潦，同「澇」。雨水成災。❺以刖守閽　用砍掉腳的人去守門。刖，古代一種砍掉腳的酷刑。閽，宮門。❻瞽　盲人。❼易　《周易》，古代卜筮之書，儒家經典之一。❽訓詁疏義　訓詁，對古書字句作解釋。疏義，疏通和闡發文義。❾卜　占卜。❿不中　不準。⓫與之句　與他談論脈象必定說不清楚。譚，同「談」。證，同「症」。折，屈，指說不清。

【語　譯】郁離子說：「水鴞飛翔就要起大風，螞蟻搬家就會陰雨綿綿，難道這些動物有獨特的感覺能夠預知事情的發生嗎？只因牠們想要得到的沒有比飽食和安寧更迫切的了，因此孜孜以求，默默等候。氣候變化必定能夠預知，是因為牠們用心專一的緣故。所以說，知道旱澇災情的，莫如農夫；了解水草優劣的，莫如馬匹；感知寒暑變化的，莫如昆蟲。因此，用被砍了腳的人看守宮門，讓盲人掌管音樂，都是利用他們心思專一的長處。魯國有個善於講解《易經》的人，百家對《易經》字句的解釋、意義的疏通闡發，無一不誦讀牢記，但是，讓他占卜，他卻占卜不準。吳國有個醫生，與他談論脈症他說不清楚，但是讓他治病卻沒有治不好的。所以說：志誠，心就明晰。水鴞能預知颳風，螞蟻能預知下雨，都是用心專一的結果。」

【研　析】做什麼事情都要用心專一。本篇從禽鳥、昆蟲談到家畜，從農夫、刖者、盲人談到學者、醫家，用一連串的比喻說明專則誠、誠則明的道理。強調真誠與專一，是儒家一貫的思想，如孟子云：「是故誠者，天之道也；思誠者，人之道也。」（《孟子・離婁上》）宋蘇洵云：「專於其所及而及之，則其及必精。」（〈明論〉）縱觀古今，凡是做出傑出貢獻的，無一不是那些用心專一者：司馬遷因替李陵辯護，慘遭宮刑，但他「隱忍苟活」，把一腔熱血和全部精力都傾注到編纂史書上，「究天人之際，通古今之變，成一家之言」，完成了我國第一部紀傳體通史《史記》；曹雪芹遭遇家族興衰的巨變，窮困潦倒，但他沉浸於文學創作之中，「披閱十載，增刪五次」，終於寫成了《紅樓夢》這部巨著，藏之名山，傳之後世，成為中華文化寶藏中一顆璀璨的明珠。可見，認準方向，堅持不懈，精益求精，孜孜以求，就一定能取得成功。

一〇九　主一不亂

屠龍子與都黎弈❶，都黎數敗。館人❷憐而助之，又敗。觀者皆愕，胥助焉❸。從者請已❹，曰：「吾聞寡不敵眾，彼方鳩群知❺，吾憂子之不勝以圮❻前勞也。」屠龍子弗應，坐而弈如故。都黎乃大敗不能支，助者相顧皆失色，執子以詬❼。使復之，俱弗敢矣。從者喜曰：「神矣哉，夫子之弈也！」屠龍子曰：「未也。子不觀夫鬬獸乎？夫獸，虎為猛。今以虎鬬虎，則獨虎之不勝多虎也明矣；以狐鬬虎，則雖千狐，其能勝一虎哉？多，愈見其自亂也。昔者六國合從❽以擯❾秦，辯士❿之為秦者以連衡⓫喻之，六國果不勝，如辯士言。今者之弈，猶是也。吾嘗行于野，見兩頭之蛇，其首一東而一西，二首相掣⓬，終日不能離其處，吾觀而悲焉。故為巨室者⓭，工雖多，必有大匠焉，非其畫不敢裁⓮也；操巨舟者，人雖多，必有舵師焉，非其指不敢行也。故視聽專而事不僨⓯，是故四海之民聽于一君則定，百萬之師聽于一將則勝。《易》曰：『長子帥師，弟子輿尸，凶⓰。』《詩》曰：『如彼築室于道謀，是用不潰于成⓱。』雖使弈秋⓲為之，猶當敗也，而況非弈秋者乎？吾何惴⓳焉？」

【注釋】❶屠龍子句　屠龍子、都黎，皆虛構人名。弈，下棋。❷館人　管理館舍的人。❸胥助焉　全都幫助他。胥，全；都。❹已　停止。❺鳩群知　集中眾人的智慧。鳩，聚集。知，通「智」。❻圮　毀壞；毀棄。❼詬　辱罵。❽合從　即「合縱」。戰國時，蘇秦遊說六國諸侯聯合拒秦，因秦在西方，六國地處南北，故稱合縱。❾擯　排斥。引申為抗拒。❿辯士　能言善辯之士；遊說之士。⓫連衡　戰國時張儀遊說六國共同事奉秦國稱連衡。與合縱相對。⓬掣　牽引。⓭為巨室者　指建造大屋。⓮裁　決定。⓯僨　敗壞。⓰長子三句　語出《周易・師卦》「長子帥師，弟子輿尸，貞凶」。帥師，統帥軍隊。弟子，指次子。輿尸，以車運屍。凶，凶兆。⑰如彼二句　出自《詩經・小雅・小旻》。築室，造房子。道謀，同路人商量。不潰於成，不能成功。⑱弈秋　古代的下棋高手。⑲惴　害怕；恐懼。

【語　譯】屠龍子和都黎下棋，都黎接連輸了幾盤。館人同情他，在一旁相助，又輸了。四周看棋的人都感到驚訝，全都來幫助都黎。屠龍子的隨從請求停止下棋，說：「我聽說寡不敵眾。他們正集中眾人的智慧，我擔心您不能取勝，反而前功盡棄。」屠龍子不吭聲，坐著不動，照舊下他的棋，而都黎依然大敗，不能抵擋。幫助都黎的人面面相覷，都變了臉色，拿著棋子叫罵。屠龍子請他們再下，沒有一個人敢出來應戰。屠龍子的隨從高興地說：「神奇啊，您下的棋！」屠龍子說：「談不上神奇。你看過鬥獸嗎？野獸中間，老虎是最為兇猛的。今天，如果用老虎與老虎相鬥，一隻老虎是鬥不過多隻老虎的，這個道理很明白。如果用狐狸來鬥老虎，即使有一千隻狐狸，又怎能勝過一隻老虎呢？多了只會自亂陣腳。從前，六國通過合縱來抗拒秦國，辯士遊說秦國採用連衡的方法各個擊破，六國果然不勝，正如辯士所說的那樣。今日下棋，就像這件事一樣啊。我曾經在野外行走，看見一條長著兩個頭的蛇，一個頭向東，一個頭向西，相互牽拽，始終離不開原地。見此情形，我感到很悲哀。所以，要建造大的屋宇，工人很多，必須有一個大的工匠帶領，沒有他的籌劃不敢作出決定；駕駛大的船隻，水手很多，必須有一個舵手，沒有他的指引不敢航行。因此，看到聽到的一致，事情就不會敗壞。四海的百姓聽從一個君主的命令，天下就會安定；百萬軍隊聽從一個將領的指揮，作戰就能勝利。《易經》上說：『長子做全軍的統帥，次子不服統帥戰敗載屍而歸，占問的結果是凶險。』《詩經》上說：『如果同路人去商量如何建築房屋，房屋永遠不會蓋成。』假如這樣的話，即使讓弈秋那樣的高手來下棋，也是要失敗的，何況不是弈秋呢？我為什麼要害怕呢？」

【研　析】這則寓言闡述了兩層意思：一是力量對比必須在同一等級內進行。在同一等級內，數量多的勝過數量少的；反之，則不起作用。如老虎與狐狸，即使一千隻狐狸也敵不過一隻老虎。二是成功的關鍵在於統一指揮，統一行動。如果眾心不一，令出多門，即使人多勢眾，也是無濟於事的。如戰國時的六國，聯合起來，力量遠遠勝過秦國，但各國都從自己的利益出發，無法形成合縱之勢，終被秦國各個擊破。本文通過屠龍子下棋的故事，將上述兩層意思有機地揉合在一起，並落實到「主一不亂」乃為勝利之本這一主旨上，小則對學藝，大則對治國，都是有啟迪意義的。

但劉基在強調質的關鍵作用時，忽略了量的重要性，看不到質和量在一定條件下是會互相轉化的，這是本文的不足之處。

一一〇　虞孚

虞孚問治生於計然先生❶，得種漆之術。三年樹成而割之❷，得漆數百斛❸，將載而鬻❹諸吳。其妻之兄謂之曰：「吾常於吳商，知吳人尚飾❺，多漆工，漆於吳為上貨。吾見賣漆者煮漆葉之膏以和漆，其利倍而人弗知也。」虞孚聞之喜，如其言，取漆葉煮為膏，亦數百甕❻，與其漆俱載以入于吳。時吳與越惡，越賈❼不通，吳人方艱漆❽。吳儈❾聞有漆，喜而逆❿諸郊，道⓫以入吳國，勞而舍⓬諸私館⓭。視其漆，甚良也，約旦夕⓮以金幣來取漆。虞孚大喜，夜取漆葉之膏和其漆以俟⓯。及期，吳儈至，視漆之封識⓰新，疑之，謂虞孚請改約。期二十日至，則其漆皆敗⓱矣。

虞孚不能歸，遂丐⓲而死于吳。

【注釋】❶虞孚句　虞孚，虛構人名。治生，謀生之道。計然先生，春秋時越國人，一名計研。善經營治生。傳說范蠡曾拜他為師，治產至鉅萬。❷割之　指割漆。❸斛　容量單位。古代以十斗為一斛，南宋後改五斗為一斛。❹鬻　賣。❺尚飾　喜好裝飾。❻甕　同「瓮」。一種口小腹大的陶製容器。❼賈　商人。❽艱漆　謂漆的供應困難。❾儈　買賣的經紀人。❿逆　迎接。⓫道　同「導」。引導。⓬舍　使居住；安置。⓭私館　古時他國使者私自寄宿於卿大夫士之家稱私館。引申為卿大夫的住宅。《禮記・曾子問》：「孔子曰：『善乎問之也！自卿大夫士之家曰私館。』」孔穎達疏：「私館者，謂非君命所使，私相停舍謂之私館。」⑭旦夕　早與晚，比喻短時間內。⑮俟　等待。⑯封識　封條。識，標記。⑰敗　壞。⑱丐　指行丐，要飯。

【語　譯】虞孚向計然先生請教謀生之道，學到了種植漆樹的技術。三年以後，漆樹長成，虞孚開始割漆，得到幾百斛漆，準備運到吳國去賣。他妻子的哥哥對他說：「我經常到吳國經商，了解吳國人很喜歡裝飾，漆工很多，漆在吳國是上等商品。我看見賣漆的人把漆葉熬成膏，摻和在漆裡面，利潤可以提高一倍，而買的人一點也不知道。」虞孚聽了很高興，照他所說，取來漆葉熬成膏，也有幾百斛，和漆裝在一起運往吳國。當時吳國與越國關係惡化，越國的商人不能往吳國通商，吳國人正愁沒有漆用。吳國有個商人聽說有漆賣，就很高興地到郊外迎接，把虞孚帶入吳國，慇勤款待，安置在私館裡。吳國商人看那漆，果然質量上乘，於是約定很快就帶錢來買。虞孚高興極了，夜裡取來漆葉膏和在漆裡面，等候吳國商人前來取貨。吳國商人如期而至，但他發現漆甕上的封條已換成了新的，便起了疑心，對虞孚說要改變約期。二十天約期到時，虞孚的漆全部變質了。

這樣一來，虞孚血本無歸，回不了家鄉，淪落為乞丐，客死在吳國。

【研　析】誠信是為人之本，也是經商之道。舊時的商鋪，常在店堂寫上「童叟無欺」的字樣。因為，作為商家，只有取得顧客的信任，才有立足的根基。失去了誠信，見利忘義，唯利是圖，只顧眼前利益，不作長遠打算，遲早是要失去顧客、失去市場的。

本篇以虞孚在漆中摻假謀利，結果被人識破，弄得血本無歸，困死異國為喻，揭露了不法商人的奸詐與狡猾。告誡人們，不遵守誠實經營的信條，不按照商業規則辦事，投機取巧，弄虛作假，是要自食惡果的。

一一一 虎貙

若石❶隱于冥山之陰❷，有虎恆蹲以窺其藩❸。若石帥❹其人晝夜警，日出而殷鉦❺，日入而燎煇❻，宵則振鐸❼以望，植棘樹墉❽，坎❾山谷以守。卒歲，虎不能有獲。

一日而虎死，若石大喜，自以為虎死無毒己❿者矣，於是弛其機⓫，撤其備，垣⓬壞而不修，藩決⓭而不理。無何，有貙⓮逐麋⓯來，止其室之隈⓰，聞其牛、羊、豕之聲而入食焉。若石不知其為貙也，叱之不走，投之以塊⓱。貙人立⓲而爪之，斃。

君子謂若石知一而不知二，宜其及也⓳。

【注釋】❶若石　虛構人名。❷陰　指山的北面。❸藩　籬笆。❹帥　率領；帶領。❺殷鉦　敲擊鐘之類的器具。殷，震動。鉦，古代的一種樂器，用銅製成，形似鐘而狹長，有柄，擊之發聲，行軍時用以節制步伐。❻燎煇　謂點火。燎，點燃。煇，同「輝」。火光。❼振鐸　搖鈴。鐸，古代一種有舌的大鈴。❽植棘樹墉　栽上酸棗樹，砌起圍牆。棘，即酸棗樹，一種枝上有刺的落葉灌木或喬木。墉，牆。❾坎　用作動詞。挖坑；挖陷阱。❿毒己　害己。⓫弛其機　鬆開捕獸的弩機。機，古代弓弩上的發動機關。⓬垣　矮牆。也泛指牆。⓭決　決口。⓮貙　傳說中一種體形大如狗，花紋如狐狸的野獸。《爾雅・釋獸》：「貙，似狸。」郭璞注：「今貙虎也，大如狗，文如狸。」⓯麇　麇鹿。⓰隈　角落。⓱塊　石塊；土塊。⓲人立　像人一樣站立。⓳宜其句　謂其遭遇也是情理中的事。宜，應當。

【語　譯】若石在冥山的北面隱居，有一隻老虎常常蹲著向他家的籬笆牆窺視。若石領著家人日夜警戒，日出時，敲擊鉦具響聲四起；日落後，點燃柴禾火光照人；深夜裡，搖動鈴鐺四下巡望。又種上荊棘，砌上圍牆，在山中挖坑開塹，以作防範。整整一年時間，老虎沒有捕獲到任何牲畜。

一天，老虎死了，若石十分高興，認為老虎一死，便不再會有危害自家的野獸了。於是，鬆開弩機，撤除防備的設施，牆壞了不修理，籬笆破了也不修補。不久，有一隻貙追趕麇鹿來到他家房屋的拐角處，聽見圈裡牛、羊、豬的聲音就跑進去捕食。若石不知是貙，叱喝牠不走，就向牠投擲石塊。貙像人一樣站立起來，用爪子把他抓死了。

君子說：若石只知其一，不知其二，落得這樣的下場也是很自然的事。

【研　析】若石只知道虎能傷人，不知道貙也能傷人，因此，當貙到來時，「叱之不走，投之以塊」，被貙所傷而丟了性命。古語云：「凡事豫則立，不豫則廢。」（《禮記・中庸》）這則寓言告訴我們：要保證自身的安全，就必須時時提高警惕，常備不懈。當一種隱患被消除後，還要提防其他隱患的出現。如果像文中的若石那樣，「弛其機，撤其備，垣壞而不修，藩決而不理」，麻痺大意，疏於防範，就可能在陰溝裡翻船，到死還不知道是怎麼死的。

一一二 山居夜狸❶

郁離子居山，夜有狸取其雞，追之弗及。明日，從者擭❷其入之所以雞，狸來而縶焉，身縲❸而口足猶在雞，且掠❹且奪之，至死弗肯舍也。郁離子嘆曰：「人之死貨利者❺，其亦猶是也夫。宋人有為邑而以賂致訟者❻，士師鞫之❼，隱弗承；掠焉，隱如故。吏謂之曰：『承則罪有數，不承則掠死，胡不擇其輕？』終弗承以死。且死，呼其子，私之曰：『善保若貨❽，是吾以死易之者。』人皆笑之，則亦與狸奚異焉❾？」

【注釋】❶狸　山貓；野貓。❷擭　裝有機關的捕獸木籠。此作動詞用，指安放木籠。❸縲　原指捆綁犯人用的黑色繩索，引申為捆綁。❹掠　打。❺死貨利者　因貪圖錢財而死的人。貨利，貨物財利。❻為邑句　為邑，當邑令、縣令。以賂致訟，因收受賄賂而導致訴訟。❼士師句　士師，古代執掌禁令刑獄的官員。鞫之，審問他。❽若貨　你的財物。❾奚異焉　有什麼區別。

【語　譯】郁離子住在山上，夜裡有一隻山貓跑來偷吃他家的雞，追捕牠，沒有捉住。第二天，他的僕人在山貓出入的地方安置了一只捕獸的籠子，放上雞作為誘餌。到夜裡，山貓果然來了，被捉住。牠的身體雖然被捆綁住了，但牠的嘴還咬著、爪子還抓著雞不放。人們一邊打牠一邊奪雞，而山貓至死不肯鬆開。

郁離子歎息說：「那些因貪圖財利而死的人，大概也像這隻山貓一樣吧。宋國有一個縣官因收受賄賂而招致官司，掌管司法的官員審問他，他隱瞞不說。拷打他，他仍然不說。官吏勸他說：『承認了，罪名是有限的；不承認的話，就會被打死。你為什麼不選擇受害輕的呢？』但他始終不肯承認而被處死。臨死時，他召喚兒子說：『妥善保管好那些財物，那是我用命換來的！』人們都嘲笑他，而他與這隻山貓又有什麼區別呢？」

【研　析】珍肴美饈，萬貫家財，都是身外之物，生不帶來，死不帶走，和寶貴的生命相比，都不值得一提。但是，為物欲所誘，從動物到人類，從古代到今天，總是不斷地上演「人為財死，鳥為食亡」的悲劇。寓言中的山貓，被捉後至死不肯鬆開雞；宋國的邑令，為保住財物，寧可去死也不願承認受賄的事實。殊不知，「皮之不存，毛之焉附」？寓言緊緊抓住兩者的共同特點——貪婪與愚昧，用類比的手法，諷刺了世上那些「死貨利者」，真是入木三分。

一一三 蹶叔❶三悔

蹶叔好自信而喜違人言。田于龜陰❷，取其原為稻，而隰❸為粱。其友謂之曰：「粱喜亢❹，稻喜濕，而子反之，失其性❺矣，其何以能獲？」弗聽。積十稔❻而倉無儲，乃視于其友之田，莫不如所言以獲，乃拜曰：「予知悔矣！」

既而商于汶上❼，必相貨之急于時者趨之，無所往而不與人爭。比得而趨者畢至，輒不獲市❽。其友又謂之曰：「善賈者❾收人所不爭，時來利必倍，此白圭❿之所以富也。」弗聽。又十年而大困，復思其言而拜曰：「予今而後，不敢不悔矣！」

他日，以舶⓫入于海，要⓬其友與偕⓭，則汎濫而東，臨于巨淵⓮。其友曰：「是歸墟⓯也，往且不可復。」又弗聽，則入于大壑之中，九年得化鯤之濤⑯，噓⑰之以還。比還而髮盡白，形如枯腊⑱，人無識之者。乃再拜稽首⑲，以謝其友，仰天而矢⑳之曰：「予所弗悔者有如日！」其友笑曰：「悔則悔矣，夫何及乎？」

人謂蹶叔三悔以沒齒㉑，不如不悔之無憂也。

【注　釋】❶蹶叔　虛構人名。❷田于龜陰　在龜山的北面種田。龜山，在今山東新泰西南。陰，古以山之北為陰。❸隰　低窪潮濕處。❹亢　高地。❺性　習性。❻十稔　十年。稔，古代穀物一年成熟一次，稱一稔，故稱一年為一稔。❼汶上　汶水的北面，泛指春秋戰國時的齊國之地。❽獲市　得到市場。❾善賈者　善於做買賣的人。❿白圭　戰國時周人。善經營，採用「人棄我取，人取我與」的方法：五穀成熟時，收進糧食，出售絲漆；蠶繭出產時，收進帛絮，出售糧食。並認為，經商須掌握時機，運用智慧，如伊尹、呂尚之謀，孫、吳用兵，商鞅行法。⓫舶　大船。⓬要　同「邀」。⓭與偕　一同前往。⓮巨淵　大潭，指深海。⓯歸墟　傳說為海中無底之谷，眾水匯聚之處。《列子・湯問》：「渤海之東，不知幾億萬里，有大壑焉，實惟無底之谷，其下無底，名曰歸墟。」⓰化鯤之濤　鵬鳥乘風疾飛時激起的波濤。典出《莊子・逍遙遊》「北冥有魚，其名為鯤。鯤之大，不知其幾千里也？化而為鳥，其名為鵬」。化鯤，指由鯤變化成的鵬鳥。⓱噓　吹氣。此指吹動。⓲枯腊　形容身體乾癟瘦弱。枯，乾柴。腊，乾肉。⓳稽首　叩頭。⓴矢　通「誓」。發誓。㉑沒齒　年老；終身。

【語　譯】蹶叔過於自信又總是不聽別人的勸告。他在龜山的北面種田，選擇在高地上種水稻，在低濕處種高粱。他的朋友對他說：「高粱性喜生長在高地上，稻子性喜生長在低濕處，而你弄反了，違背了它們的習性，又怎麼能有收穫呢？」他不聽。這樣種了十年，糧倉裡沒有一點儲存。他到朋友的田裡去看，凡是獲得好收成的，沒有一個不是像他朋友所說的那樣的。於是，他拱手相拜，對朋友說：「我知道錯了，十分後悔。」

不久，他來到汶水的北面經商，總是看那貨物緊缺時才趕緊進貨，所到之處，沒有不跟人家相爭的。而等到他把貨物買到手時，做生意的人全都來了，因此總是沒有市場。他的朋友又對他說：「善於經商的人收進別人不爭著進的貨，等到時機到來時必定獲得雙倍的利潤，這就是白圭致富的原因。」他不聽。又過了十年，他深陷困境，回過頭來想想朋友的勸告，拜見朋友說：「我從今而後，一定不做後悔的事了！」

一天，他駕船入海，邀請他的朋友一起去。於是漂流向東，臨近一個巨大的深淵。他的朋友說：「這是歸墟，去了就回不來了。」他又不聽，駕船駛入海的深處，直到九年之後，借助鵬鳥乘風疾飛時激起的波濤，才被吹了回來。等到回來時，頭髮全白了，樣子就像風乾的臘肉，沒有人能認識他。於是他再次叩頭拜謝他的朋友，對天發誓說：「我一定悔改，有天日為證！」他的朋友笑著說：「悔是悔了，可怎麼來得及呢？」

人們說，蹶叔三次後悔直到年老，不如不做悔恨的事而沒有憂慮來得好啊。

【研　析】人生的道路從來就不是平坦的，挫折和失敗總是伴隨著我們，這並沒有什麼可怕。人非聖賢，孰能無過？只要能從失敗中吸取教訓，從頭開始，成功之路就在腳下。但是，有些人的可悲就在於盲目自信，一意孤行，從來聽不進別人的勸告，不按照客觀規律辦事，因此，一而再、再而三地犯錯誤，又一而再、再而三地後悔，直到年老，終其一生。

常言道，「千金難買早知道，世上不賣後悔藥」。捶胸頓足，追悔莫及是沒有用處的。要想不犯錯誤或少犯錯誤，虛心聽取別人的意見，冷靜分析，擇善而從，恐怕是一種比較有效的方法。

寫法上，本文先總敘，交代蹶叔性格上的缺陷「好自信而喜違人言」；接著，用三個具體的事例加以說明，層層深入；最後，以「人謂『蹶叔三悔以沒齒，不如不悔之無憂』」作結，托出了寓言的主旨。

一一四　詬食

齊人有好詬食者❶，每食必詬其僕，至壞器投匕箸❷，無空日。館人厭之，忍弗言。將行，贈之以狗，曰：「是能逐禽，不腆❸以贈子。」行二十里而食，食而召狗與之食。狗嗥而後食，且食而且嗥。主人詬于上，而狗嗥于下，每食必如之。一日，其僕失笑❹，然後覺❺。

郁離子曰：「夫人必自侮，而後人侮之❻。」又曰：「飲食之人，則人賤之❼，斯人之謂矣❽。」

【注釋】❶好詬食者　好在吃飯時罵人的人。詬，辱罵。❷匕箸　匕，勺、匙之類的用具。箸，筷子。❸不腆　謂禮物不豐厚。腆，厚。❹失笑　不由自主地發笑。❺覺　覺醒；察覺。❻夫人必自侮二句　語出《孟子・離婁上》。原句：「夫人必自侮，然後人侮之。」意思是，一個人必定是自己先有了招致侮辱的言行，然後別人才會侮辱他。❼飲食二句　語出《孟子・告子上》。意思是：只是講究飲食而不注意品德修養的人，人們是要鄙視他的。❽斯人句　就是說這樣的人吧。斯人，這種人。

【語譯】齊國有個人喜歡在吃飯的時候罵人，每次進餐時總是辱罵他的僕人，甚至毀壞器皿，扔勺子，摔筷子，沒有一天不是這樣。館舍裡的人都很討厭他，只是忍著性子不說罷了。他要離開時，館人送給他一條狗，說：「這條狗能驅逐禽獸，算不上什麼珍貴的禮物，送給你聊表心意而已。」這個齊人走了二十里後停下來吃飯，吃飯時召喚狗與他一起吃。這條狗先是一陣嚎叫，然後進食，一邊吃一邊嚎叫。主人在上面罵，狗在下面叫，每餐如此。一天吃飯時，他的僕人忍不住笑出聲來，他才察覺到笑的緣故。

郁離子說：「一個人必定是自己先有了招致侮辱的言行，然後別人才會侮辱他。」又說：「只是講究飲食而不注意品德修養的人，是要被人鄙視的。這個齊人正是這種人吧。」

【研析】你敬我一尺，我敬你一丈，只有對人尊重，人家才會尊重你；反之，出言不遜，隨意謾罵，必然引起人家的反感，到頭來被人鄙夷，反受其侮。本文通過齊人每食必詬其僕的故事，嘲弄了那些鄙俗蠻橫的主子。用「狗與之食……主人詬于上，而狗嗥于下」來形容就餐時的情形，於滑稽可笑之中，寓含諷諭。主人與狗，何其相似乃爾。

語言舉止文明與否反映了一個人的素養。孔子說：「文質彬彬，然後君子。」（《論語・雍也》）韓愈說：「古之君子，其責己也重以周，其待人也輕以約。」（〈原毀〉）謙恭待人，是古人一貫強調的為人之道，而在現代文明社會，要建立良好的社會風氣與人際關係，更需要講文明，講禮貌。這既是對別人的尊重，也是對自己的尊重。

一一五　玄石好酒

黔中❶仕于齊，以好賄❷黜而困❸，謂豢龍先生❹曰：「小人今而痛懲于賄❺矣，惟先生憐而進之。」又黜。豢龍先生曰：「昔者，玄石❻好酒，為酒困，五臟熏灼，肌骨蒸煮如裂，百藥不能救，三日而後釋，謂其人曰：『吾今而後知酒可以喪人❼也，吾不敢復飲矣。』居不能閱月❽，同飲❾至，曰：『試嘗之。』始而三爵❿止，明日而五之，又明日十之，又明日而大釂⓫，忘其欲死矣。故貓不能無食魚，雞不能無食蟲，犬不能無食臭，性之所躭⓬，不能絕也。」

【注　釋】❶黔中　虛構人名。❷好賄　喜好收受賄賂。❸黜而困　被免官而處於困境。黜，貶降；罷退。❹豢龍先生　虛構人名。❺痛懲于賄　深切地認識到收受賄賂的害處。痛懲，深切警戒。❻玄石　傳說中的古代知酒者，劉姓。相傳曾於中山酤得千日酒，一醉而千日始醒。事見晉張華《博物志》卷五。❼喪人　害死人。❽閱月　滿月。❾同飲　一同喝酒的人；酒友。❿爵　古代的一種酒器。⓫大釂　指毫無節制地喝酒。釂，把杯中酒飲盡。⓬躭　同「耽」。迷戀；酷嗜。

【語　譯】黔中在齊國做官，因為收受賄賂而被撤去職務陷於困境，他對豢龍先生說：「今天我深深地痛悔過去收受賄賂的事情，願先生憐憫我而向上面推薦一下吧。」後來他又被撤職。豢龍先生說：「從前，玄石好喝酒，整天沉溺於酒，五臟被酒熏灼，肌肉骨骼被酒蒸煮得像開裂一般。一次喝醉了酒，什麼藥也解不了，直到三天以後才醒來。他對人說：『從今而後，我知道酒可以致人死命，我不敢再這樣喝了。』過了不到一個月，酒友來了，對他說：『試著嘗一點點吧。』開始時，喝了三杯就止住不喝了；第二天，喝了五杯；又過一天，喝了十杯；再過一天，喝得酩酊大醉，完全忘記了從前醉死時的情形。所以說，貓不能不吃魚，雞不能不吃蟲，狗不能不吃屎，性之嗜好，是不能改變的。」

【研　析】江山易改，本性難移，這就像貓改不了吃魚，狗改不了吃屎一樣，人一旦養成惡習，改正起來是很困難的。因此，對那些品行不端犯有前科的人，要特別小心，特別留意，不要被他們信誓旦旦的言辭和表面現象所迷惑，輕易地相信他們。

文中的黔中，是貪官污吏的代表。這些貪官污吏即便受到懲處，一時如落水之狗，可憐兮兮，但只要時機成熟，又會故技重演，魚肉百姓。寓言借用張華《博物志》中玄石醉酒的故事，說明「性之所軌，不能絕也」。元代社會，貪污受賄成風，就像一個嗜酒如命的酒徒，是無法改掉惡習的。

一一六 句章❶野人❷

句章之野人，翳❸其藩以草，聞唶唶❹之聲，發之而得雉❺，則又翳之，冀❻其重獲也。明日往聆❼焉，唶唶之聲如初，發之而得蛇，傷其手以斃。

郁離子曰：「是事之小，而可以為大戒者也。天下有非望之福，亦有非望之禍。小人不知禍福之相倚伏❽也，則儌幸以為常。是故失意之事，恆生於其所得意，惟其見利而不見害，知存而不知亡也。」

【注釋】❶句章 古縣名，其地在今浙江省餘姚縣東南。❷野人 指農人。❸翳 遮蔽。❹唶唶 象聲詞，鳥鳴聲。❺雉　野雞。❻冀　希望。❼聆　聽。❽禍福句　語出《老子・第五十八章》「禍兮福之所倚，福兮禍之所伏」。倚伏，互相依存。

【語　譯】句章有一個農夫，用草遮蔽他家的籬笆時，聽見「喈喈」的叫聲，撥開草，捉到一隻野雞。於是他把草照原樣掩蓋好，希望能再次捉到野雞。第二天，他前往那處籬笆，聽到「喈喈」的聲音如故，撥開草，抓到的卻是一條蛇。他的手被蛇咬傷，因此中毒身亡。

郁離子說：「這件事情雖小，但可作為大事的鑑戒。天下有意想不到的福氣，也有意想不到的災禍。小人是不知道禍和福是相互依存相互轉化的，他們把僥倖的事情當作常規來看待。所以，在他們得意的時候，總是發生失意的事。這是因為他們只看到有利的一面而看不到其中的危害，只知道存在而不知道消亡的緣故啊。」

【研　析】幸運之事不會永遠伴隨一個人。得意時，往往潛伏著失意的危機；順境，或許正是逆境的前奏。文中的句章野人，偶然從草叢中捉到一隻野雞，便以為還會有同樣的好事等著他。結果，被蛇咬傷，送了性命。他的失誤，就在於心存僥倖，放鬆警惕，「惟其見利而不見害，知存而不知亡」。

「禍兮福之所倚，福兮禍之所伏」，是老子思想的重要組成部分，充滿了辯證法。本文以寓言的形式，為這一思想作了形象的詮釋。

一一七　犁冥

犁冥❶之梁父❷之山，得瑪瑙❸焉，以為美玉而售之。人曰：「是瑪瑙也，石之似玉者也。若以玉價售，徒貽❹人笑，且卒不克售❺，胡❻不實之？雖不足爾欲，售矣。」弗信，則抱而入海。將之燕，適海有怪濤，舟師大怖，遍索于舟之人，曰：「是必舟有寶，而龍欲之耳。有則亟❼獻之，無惜。惜，胥沒❽矣！」犁冥拊膺❾而哭，問其故，曰：「余實有重寶，今將獻之，不能不悲耳！」索而視之，瑪瑙也。舟師啞然❿，忘其怖而笑曰：「龍宮無子，不能識此寶也。」

【注釋】❶犁冥　虛構人名。❷梁父　山名，亦作「梁甫」，泰山腳下的一座小山，古代皇帝常在此山辟基祭奠山川。❸瑪瑙　礦物名。可製器皿及裝飾品。❹貽　致使；留給。❺卒不克售　最終不能售出。克，能夠。❻胡　為什麼。❼亟　趕緊。❽胥沒　全都被淹沒。胥，全。❾拊膺　捶胸，表示哀痛或悲憤。膺，胸。❿啞然　驚異難言貌。

【語　譯】犁冥到梁父山，得到一塊瑪瑙，他以為是美玉而要將它出售。有人對他說：「這是瑪瑙，是一種像玉的石頭。如果照玉的價格出售，白白被人笑話，而最終是賣不出去的，為什麼不按照實際情況出售呢？雖然不能滿足你的願望，但卻是能賣出去的啊。」犁冥不聽。他抱著瑪瑙渡海，將到燕國時，碰到海上掀起狂濤，船主大驚，找遍了船上的每個人，求助說：「船上必定有寶物，龍王想要得到它。如果誰有的話，趕快獻出來，不要捨不得啊。捨不得的話，全船的人都會被淹沒。」犁冥捶胸大哭。大家問他為什麼哭，他回答說：「我確實有珍寶啊，現在卻要把它獻出來，不能不悲傷呀！」大家請他拿出來看看，原來是一塊瑪瑙。船主十分驚訝，一時竟忘記了害怕，笑著說：「龍宮裡沒有你這樣的人，是不能識別你的寶物的。」

【研　析】視瑪瑙為美玉，一心想賣個好價錢，在別人指出這只是塊普通材質的礦物之後還不相信，犁冥的固執可見一斑。但文章並未至此而止，而是把故事繼續向前推進：在遭遇驚濤駭浪、命懸一線的時刻，犁冥因要獻出這一「寶物」而捶胸頓足，悲痛欲絕，令人啼笑皆非。難怪舟師一時竟「忘其怖」，譏諷說：「龍宮無子，不能識此寶也。」

世上有以頑石為美玉者，也有視珍珠為瓦礫者，「鼎鐺玉石，金塊珠礫」便是最形象的比喻。本篇告訴我們，要透過表象，看清事物的本質。在重視人才的今天，寓言啟示我們，要有一雙識人的慧眼，既不被道貌岸然、巧舌如簧的假象所蒙蔽，也不要埋沒了那些有真知灼見、真才實學的人才。

一一八　姑蘇❶圍

姑蘇之城圍，吳王❷使太宰伯嚭❸發民以戰，民詬曰：「王日飲而不虞寇❹，使我至于此，乃弗自省❺，而驅予戰。戰而死，父母妻子皆無所託；幸而勝敵，又不云予功。其奚以戰？」

太宰嚭以告王，請行賞，王悋❻不發。請許以大夫之秩❼，王顧有難色。王孫雄❽曰：「姑許之，寇退，與不與在我。」王乃使太宰嚭布令❾。

或曰：「王好詐，必誑我。」國人亦曰：「姑許之，寇至，戰不戰在我。」

於是王乘城❿，鴟夷子皮⓫虎躍⓬而鼓之，薄諸閶闔之門⓭，吳人不戰。太宰嚭帥左右扶王以登臺請成⓮，弗許。王伏劍⓯，泰伯之國⓰遂亡。

【注釋】❶姑蘇　春秋時吳國都城，即今江蘇蘇州。❷吳王　指夫差。❸伯嚭　楚大夫伯州犁孫，出奔吳，以功封太宰。善逢迎。吳破越後，受越賄賂，許越媾和，並屢進讒言，譖殺伍子胥。吳亡後，降越為臣。一說為越王句踐所殺。❹不虞寇　不作抵禦入侵的準備。虞，思慮。❺自省　自我反省。❻悋　同「吝」。吝嗇。❼秩　俸祿。❽王孫雄　吳國大夫。王孫，複姓。❾布令　發布命令。❿乘城　登上城牆。⓫鴟夷子皮　春秋越范蠡的號。《史記・越王句踐世家》：「范蠡浮海出齊，變姓名，自謂鴟夷子皮，耕於海畔，苦身戮力，父子治產。」司馬貞索隱：「范蠡自謂也。蓋以吳王殺子胥而盛以鴟夷，今蠡自以有罪，故為號也。韋昭曰：『鴟夷，革囊也。』或曰生牛皮也。」⓬虎躍　像老虎一樣躍起。⓭薄諸句　薄，逼近。閶闔之門，宮門或京都城門。此指姑蘇城的西門。⓮扶王句　扶夫差登上姑蘇臺。姑蘇臺在姑蘇山上，相傳吳王為西施所築。《國語・越語下》：「吳王登姑蘇臺以避越軍。」請成，請求講和。⓯伏劍　以劍自刎。⓰泰伯之國　指吳國。泰伯，一作太伯，周太王長子、文王兄。因太王欲立幼子季歷，他和弟弟仲雍同奔梅里（今無錫東南），斷髮文身，成為當地君長。其後人建立吳國。

【語譯】姑蘇（蘇州）城被圍困，吳王令太宰伯嚭發動百姓參戰，百姓們罵道：「大王只知道每天飲酒而不考慮怎樣抵禦敵寇，使我們國家落入如此境地，他不去反省自己，卻要驅使我們去作戰。如果我們戰死，父母、妻子、兒女都無依無靠；即使僥倖戰勝了敵人，又不會說是我們的功勞，為什麼要去參戰呢？」

太宰伯嚭將這些議論稟報給吳王，請求給予獎賞，吳王捨不得，沉默不語。請求給有功者以大夫官職，吳王面有難色。王孫雄說：「暫且答應他們好了，等打敗了敵寇，給不給全在我們。」吳王就讓太宰伯嚭發布命令。

有人說：「吳王好欺詐人，這回肯定是在哄騙我們。」國人也說：「暫且答應他，等敵人來了，戰與不戰全在我們。」

於是吳王登上城樓，鴟夷子皮像虎一般躍起擂動戰鼓。這時敵人逼近宮門，吳人不去迎戰。太宰伯嚭帶領左右的人扶著吳王登上姑蘇臺請求講和，對方不答應。吳王以劍自刎，吳國就這樣滅亡了。

【研析】誠信是一個人安身立命的根本，也是一個國家精誠團結的基石。吳王沉湎於淫逸安樂之中，靠欺詐之術治理國家，難怪人民離心離德。你看，統治者想的是「姑許之，寇退，與不與在我」；百姓想的是「姑許之，寇至，戰不戰在我」。演出的是一場「以其人之道，還治其人之身」的滑稽戲。然而，這樣的國家何以立國，這樣的民眾何以禦敵？結果，強盛的吳國走向滅亡。

得民心者得天下，是一條顛撲不破的真理。水能載舟、亦能覆舟，無數歷史事實證明，任何強大的政權，一旦失去民眾的支持，都會在短期內土崩瓦解。秦王朝、元帝國，曾經是那樣不可一世，但曾幾何時，便為人民起義的烽煙所淹沒。歷史的教訓，不值得今人借鑑嗎？

一一九　鄗人學蓋

鄭之鄗人學為蓋❶，三年藝成而大旱，蓋無所用，乃棄而為桔槔❷。又三年藝成而大雨，桔槔無所用，則又還為蓋焉。未幾而盜起，民盡改戎服❸，鮮有用蓋者。欲學為兵❹，則老矣。

郁離子見而嗟❺之曰：「是殆類漢之老郎與❻？然老與少非人之所能為也，天也。藝事❼由己之學，雖失時在命，而不可盡謂非己也。故粤有善農者❽，鑿田以種稻，三年皆傷于澇，人謂之宜洩水以樹黍❾，弗對，而仍其舊。其年乃大旱，連三歲，計其獲，則償所歉而贏❿焉。故曰，『旱斯具舟，熱斯具裘⓫』，天下之名言也。」

【注釋】❶鄭之鄙人句　鄭，春秋國名，在今河南新鄭地區。鄙人，居住在郊野的人。蓋，遮陽障雨的用具。指車蓋或傘蓋。❷桔槔　井上的汲水工具。在井旁架上設一槓桿，一端繫汲器，一端綁石塊等重物，用不大的力量即可將水提起。《莊子・天運》：「且子獨不見夫桔槔者乎？引之則俯，舍之則仰。」❸戎服　軍服。借指從軍。❹為兵　製造兵器。❺嗟　歎息。❻殆類句　殆，大概；恐怕。類，像；類似。漢之老郎，漢代的老郎官。《漢武故事》：「顏駟，不知何許人，漢文帝時為郎。至武帝，嘗輦過郎署，見駟厖眉皓髮，問曰：『叟何時為郎，何其老也？』對曰：『臣文帝時為郎。文帝好文，而臣好武。至景帝，好美，而臣貌醜。陛下即位，好少，而臣已老。是以三世不遇，故老於郎署。』上感其言，擢拜會稽都尉。」❼藝事　技藝。❽善農者　善於種田的人。❾黍　黍子，碾成的米稱粘黃米。❿贏　贏餘；獲利。⓫旱斯二句　行旱路時準備船隻，天熱時準備裘衣，意謂及早作好準備。語出《國語・越語上》「賈人夏則資皮，冬則資絺，旱則資舟，水則資車，以待乏也」。

【語 譯】鄭國有一個住在郊野的人學做雨具，三年學成了手藝，碰上天大旱，雨具沒有用處，於是他放棄做雨具改學做汲水工具。又過了三年學成了手藝，碰上連續大雨，汲水工具沒有用處，於是他再回過頭來做雨具。不久，盜賊興起，老百姓都被徵去打仗，很少有人要使用雨具的。他想學做兵器，可是已經老了。

郁離子見到他，歎息說：「這怕是像漢朝的那個老郎官了吧？然而老與少並不是人的意志所能改變的，這是自然的規律。各種技藝是自己通過學習得來的，雖然碰不上時機是天命，但也不可以說自己一點責任也沒有。過去，粵地有一個善於耕作的農民，開墾土地種植水稻，連續三年都遭受澇災。有人勸他排去水種植黍子，他不聽，仍舊種水稻。這一年大旱，又連續旱了三年，計算一下他的收成，除去抵償以往歉收的外，還有盈餘。所以說，『乾旱時準備好船隻，天熱時準備好裘衣』，這是天下的名言啊。」

【研 析】古語云：凡事豫則立，不豫則廢。做任何事情，都要有前瞻性，未雨綢繆，早作安排。而要做到這一點，就必須對事物有深入細緻的了解，對其發展有準確明晰的判斷。文中的鄙人，學藝無定，藝成無所用，就是因為對市場的發展和需求缺乏清醒的認識，跟在時尚的後面亦步亦趨，因此總是慢了節拍，錯過了好時機，就像漢代的郎官顏駟那樣，三世不遇，直至年老。文章最後以粵地的一位「善農者」為例，說明只要是認準了的事情，就要堅持下去，不要輕言放棄。當然，這種「認準」是建立在科學認識的基礎之上的。認準目標，經過不懈的努力，就一定會獲得成功。

一二○ 世農❶易業

狐邱之野人世農，農田之入儉❷，恆思❸易其業，而未有加於農者。其舅之子騶于邑大夫❹，歸而華其衣，見而企❺焉，遂棄農而往為騶。其主曰：「汝自欲耳，余弗女逐也❻，三年而不返，則汝之田與廬❼，吾當使他人營之，無悔也。」跽❽而辭曰：「唯。」越三年，而其所事者物故❾，欲復歸，而田與廬皆易人矣。故主憐而召之，而其同里皆疾❿其亡故而違常也，遂恧⓫不敢復而塗殍⓬焉。

或以語郁離子，郁離子曰：「古稱良農不為水旱輟耕⓭，良賈不以折閱廢市⓮，正謂此也。吳人有養猿于籠十年，憐而放之，信宿⓯而輒歸，曰：『未遠乎？』舁⓰而舍諸大谷。猿久籠而忘其習，遂無所得食，鳴而死。是以古人慎失業也。」

【注釋】❶世農 世世代代務農。❷入儉 收入少。❸恆思 總是想。❹騶于邑大夫 指為邑中大夫駕車。騶，古代掌管養馬並負責駕車的人。❺企 羨慕。❻余弗女逐也 「余弗逐女也」的倒裝。意思是：不是我要趕你走。女，同「汝」。❼廬 房屋。❽跽 雙膝跪地上身體挺直貌，表示恭敬。❾物故 死亡。❿疾 憎恨；厭惡。⓫恧 慚愧。⓬塗殍 餓死在路上。塗，通「途」。殍，餓死。⓭輟耕 停止耕作。⓮良賈句 良賈，善做買賣的人。折閱，虧本。廢市，停止交易。⓯信宿 連宿兩夜。⓰舁 抬。

【語譯】狐邱的郊野有一個世代務農的人，因為農田的收入微薄，總是想變換他的職業，但苦於沒有比務農收入多的事做。他舅舅的兒子給邑大夫掌管車馬，回家時穿著華麗的衣服，他看了十分羨慕，於是就棄農去做管理車馬的差役。他的主人說：「這是你自己要去，不是我攆你走。如果三年之內不能回來，那麼，你耕種的田地和住的房屋我就要給別人管理了，你可不要後悔啊！」農人長跪在地，辭謝說：「是。」過了三年，他侍奉的主人死了，他想再回去務農，但那耕地和房屋都變換人了。舊主人可憐他想召他回去，但他的鄰里們都憎惡他丟棄舊業而違背常理，他因此感到慚愧不能回去而餓死在路途上。

有人對郁離子談起這件事，郁離子說：「古語說，好的農夫不因為水旱災害而停止耕作；善做買賣的人不因為一時的虧本而廢止交易，說的正是這個道理。吳地有個人在籠子裡養猿猴，養了十年，後來產生了憐憫之心，就把牠給放了。過了兩夜，猿猴跑了回來。這個人想，是放得不夠遠吧？於是抬著猿猴把牠放到了大山谷中。猿猴長久關在籠子裡，已經遺忘了習性，於是無處覓得食物，哀鳴而死。所以，古人總是很謹慎地對待失業的事情。」

【研析】南人習水，北人善騎，久居溫柔富貴鄉中的人不知為謀生操勞，長期豢養的寵物喪失了在自然環境下覓食的能力，所有這些，都是環境使然。聰明的人對自己有清醒的認識，不好高騖遠，不見異思遷，一切從實際出發，一步一個腳印。因此，他們謹慎地對待長期從事的職業，不憑一時的衝動，去做那些自己並不擅長的事情，以避免日後弄巧成拙，反而失去了原有的立足之地。「良農不為水旱輟耕，良賈不以折閱廢市」，這兩句話啟示我們，不要因一時的挫折而氣餒，不要以一時的優劣論短長，只要是適合於自己的工作，持之以恆，鍥而不舍，就一定能做出成績，實現自己人生的價值。

一二一　多疑難與共事

郁離子曰：「多疑之人不可與共事，徼倖❶之人不可與定國。多疑之人其心離❷，其敗也以擾❸；徼倖之人其心汰❹，其敗也以忽❺。夫惟其多疑也，而後逢迎之夫❻集焉；惟其徼倖也，而後亡忌憚之夫❼集焉。逢迎之夫，道其猜而揜其明❽；亡忌憚之夫，盈其欺而厲其暴❾。然後益❿疑其所不當疑，而決其所不當決。敗而後悔，奚及哉？」

【注釋】❶徼倖　同「僥倖」。企求非分。《莊子・在宥》：「此以人之國僥倖也。」陸德明釋文：「僥倖，求利不止之貌。」❷離　分散；分離。❸擾　紛擾。❹汰　通「泰」。驕奢。❺忽　疏忽大意。❻逢迎之夫　奉承的人。❼亡忌憚之夫　無所顧忌的人。亡，通「無」。❽道其猜句　揣摩其心意而迎合奉承，使其蒙蔽而不明事理。道，順從；揣摩。猜，猜測。揜，同「掩」。遮蔽。❾盈其欲句　使其欲望膨脹，暴戾行為變本加厲。盈，使……過多。厲，使……強烈。盈、厲，皆作使動用法。❿益　更加。

【語譯】郁離子說：「多疑的人，不可與他一同共事；企求非分的人，不可與他安邦定國。多疑的人，心思離散，他的失敗是因為干擾太多；企求非分的人，內心驕縱，他的失敗是因為疏忽大意。由於他多疑，拍馬逢迎的人就會接踵而至；由於他企求非分，肆無忌憚的人就會紛至沓來。阿諛奉承之徒，揣摩他的心意曲意奉承，遮蔽了他的明智；肆無忌憚之徒，助長他的欲望加劇他的暴戾。這樣一來，他就更加懷疑那些不該懷疑的事情，決定那些不該決定的事情，等到失敗了再後悔，又怎麼來得及呢？」

【研析】人際交往以坦誠為本，如果互相猜忌，疑心生暗鬼；或是想入非非，企求非分，是很難相處的，更不要說是共謀大業了。作者有感於此，開篇便以「多疑之人不可與共事，徼倖之人不可與定國」兩句點明了文章的主旨。接著，分析了「多疑」之人與「徼倖」之人各自的缺點：一是「離」與「擾」，一是「汰」與「忽」。如果與這樣的人為伍，「逢迎之夫」、「亡忌憚之夫」將紛至沓來，從而遮蔽人的明智，助長人的暴戾，影響人的決斷，造成嚴重的後果，因此，是不能與他們共事的。

文章先立論，後論證，條分縷析，環環相扣，邏輯性很強。

一二二 天道❶

盜子❷問於郁離子曰：「天道好善而惡惡，然乎？」曰：「然。」曰：「然則天下之生❸，善者宜多而惡者宜少矣。今天下之飛者，烏鳶❹多而鳳凰少，豈鳳凰惡而烏鳶善乎？天下之走者，豺狼多而麒麟❺少，豈麒麟惡而豺狼善乎？天下之植者，荊棘多而稻粱少，豈稻粱惡而荊棘善乎？天下之火食而豎立者❻，姦宄❼多而仁義少，豈仁義惡而姦宄善乎？將❽人之所謂惡者，天以為善乎？人之所謂善者，天以為惡乎？抑天不能制物之命❾，而聽從其自善惡乎？將善者可欺，惡者可畏，而天亦有所吐茹❿乎？自古至今，亂日常多而治日常少；君子與小人爭，則小人之勝常多而君子之勝常少：何天道之好善惡惡而若是戾⓫乎？」郁離子不對。盜子退，謂其徒曰：「甚矣，君子之私⓬於天也！而今也辭窮於予矣。」

【注　釋】❶天道　天理；天意。❷盜子　虛構人名。❸生　生靈。❹烏鳶　烏鴉與老鷹。鳶，鷙鳥，俗稱鷂鷹、老鷹。❺麒麟　古代傳說中的一種形狀像鹿，全身長有鱗甲的獨角獸。古人以為仁獸、瑞獸。❻火食句　吃熟食直立行走的，指人。火食，熟食。❼姦宄　邪惡奸詐、違法作亂的人。❽將　還是；抑或。❾制物之命　掌握萬物的命運。制，控制；掌握。❿吐茹　猶吐剛茹柔。吐出硬的，吃下軟的，比喻欺軟怕硬。語本《詩・大雅・烝民》「人亦有言，柔則茹之，剛則吐之。維仲山甫，柔亦不茹，剛亦不吐。不侮矜寡，不畏彊禦」。⓫戾　違背事理。⓬私　偏袒。

【語　譯】盜子向郁離子問道：「天道喜好善行而憎惡邪惡，是這樣嗎？」郁離子回答說：「是的。」盜子又問：「既然如此，天下的生靈，應該是好的多壞的少了。而如今天下的飛禽，烏鴉與老鷹多而鳳凰少，難道是鳳凰惡而烏鴉老鷹善嗎？天下的走獸，豺狼多而麒麟少，難道是麒麟惡而豺狼善嗎？天下的植物，荊棘多而稻粱少，難道是稻粱惡而荊棘善嗎？天下吃熟食直立行走的人，奸詐的多而仁義的少，難道是仁義惡而奸詐善嗎？還是人們認為是惡的，上天卻認為是善的，人們認為是善的，上天卻認為是惡的呢？或者是天不能掌握事物的命運，而聽憑它們各自為善為惡呢？還是行善的好欺負，為惡的令人畏懼，而天也欺軟怕硬呢？從古到今，混亂的日子多而治平的日子少；君子與小人相爭，小人取勝的多而君子取勝的少。為什麼上天對待善與惡如此地違背情理呢？」郁離子不回答。盜子退出後對他的生徒說：「太過分了，所謂的君子也這樣袒護天道！如今，他對我的質問也理屈詞窮了。」

【研　析】遠在二千多年前，屈原寫過一篇長達三百五十餘句的詩歌〈天問〉，被後人稱為天下奇文。奇在何處？獨在一「問」字上。屈子之問，遠涉宇宙洪荒、天地鬼神、上古傳說、三代興亡，近及山川地貌、世事人情，可謂無所不疑，無所不問。當其時，楚國權臣當政，昏君無道，國家岌岌可危，屈原按捺不住內心的憤懣與焦慮，叩天而問，陳事見理，表現出對國家前途強烈的憂患意識和對當權者的失望與憤慨。而本篇，作者同樣運用問話的形式，揭露了烏鳶滿天，豺狼當道，荊棘遍野，姦宄橫行的元代社會的黑暗現實；對「亂日常多而治日常少」，「小人之勝常多而君子之勝常少」的反常現象進行了譴責；對乖戾的天道發出一連串措詞激烈的責問。可以說，這與屈原的〈天問〉有著異曲同工之妙。在封建社會，「盜」是統治者對農民起義軍的蔑稱，而寓言以「盜子」問話的形式展開，表明了作者的立場和觀點。劉基後來參加元末人民抗暴的大軍，從本篇來看，他的思想基礎由來已久。

一二三 繭絲

郁離子曰：「蠶吐絲而為繭以自衛也，卒以亨其身，而其所以賈禍❶者，乃其所自作以自衛之物也。蠶亦愚矣哉！蠶不能自育，而託於人以育也，託人以育其生，則竭其力、戕❷其身以為人用也弗過。人奪物之所自衛者為己用，又戕其生而弗之恤❸矣，而曰天生物以養人。人何厚，物何薄也？人能財成天地之道，輔相天地之宜❹，以育天下之物，則其奪諸物以自用也亦弗過。不能財成天地之道，輔相天地之宜，蚩蚩焉❺與物同行❻，而曰天地之生物以養我也，則其獲罪於天地也大矣。」

【注　釋】❶賈禍　招致災禍。❷戕　殘害。❸弗之恤　「弗恤之」的倒裝。謂不加顧念憐憫。弗，不。恤，顧恤。❹財成二句　出自《周易・泰》：「《象》曰：天地交，泰，后以財成天地之道，輔相天地之宜，以左右民。」意思是：《象辭》說：天地交感，是泰卦的卦象，裁度天地運行的規律，輔助天地的造化，從而支配天下萬民。財，通「裁」。裁成，順承天意，加以裁度而完成。天地之道，指自然規律。輔相，輔助。宜，物得其所為宜，引申為合適、適應。❺蚩蚩焉　惑亂貌。❻同行　同列。

【語　譯】郁離子說：「蠶吐絲結成繭是用來保護自己的，但最終牠的身軀還是被烹煮了，而招致災禍的原因，正是牠自己所作的用來自衛的繭啊。蠶也是夠愚蠢的了！蠶不能夠撫育自己的後代，只好託付給人來撫育。託付給人以完成撫育後代的事，那麼竭盡牠全部的力量，毀傷牠的身體而被人享用，也不算過分。人剝奪動物用來自衛的東西而為己所用，又殘害牠們的生命不加體恤，反而說天生萬物就是用來養育人的。為什麼人受到的待遇如此豐厚而萬物受到的卻如此刻薄呢？人能夠裁度天地運行的規律，輔助天地的造化，以化育天下之物，那麼，他剝奪萬物而供自己享用也就不為過了。如果人不能夠裁度天地運行的規律，輔助天地的造化，迷惑茫然而與生物一般，卻說天地生成萬物就是用來養育我的，那麼，他在天地間所犯的罪孽也就大了。」

【研析】人為萬物之靈，人與動物最大的區別，就在於人能製造工具，善假於物；能順應並改造自然，讓自然為我所用。本文闡發《周易・泰》中關於「《象》曰：天地交，泰，后以財成天地之道，輔相天地之宜，以左右民」的思想，指出，人如果能夠裁度天地運行的規律，輔助天地的造化，化育萬物，那麼，以天下之物為我所用，並不為過。反之，如果一味地「奪物之所自衛者為己用」，認為天地之物生來就是「養人」的，索取無度，結果只能是耗盡自然資源而成為歷史的罪人。這一觀點既是對中國傳統的以農為本思想的發揮，也是對元代統治者橫徵暴斂政策的抨擊，具有積極的意義。本篇對現代社會也不無啟迪作用：一是人類必須遵循自然規律，「得其時，百骸理；動其機，萬化安」（《陰符經》），不論在經濟活動中還是在其他活動中都必須按照規律辦事。二是人生天地之間，衣食住行，無不取之於物。而取物有道，如果只知劫掠，不知培植，到頭來必然資源枯竭，坐吃山空。比如，一些地方亂採亂伐，破壞了生態平衡，已嚴重威脅到人類的生存環境。因此，處理好人與自然的關係，合理開發與利用，是一件刻不容緩的事情。

一二四　東陵侯[1]

東陵侯既廢，過[2]司馬季主[3]而卜[4]焉。季主曰：「君侯何卜也？」

東陵侯曰：「久臥者思起，久蟄[5]者思啟[6]，久懣[7]者思嚏[8]。吾聞之畜極則洩⑨，閟極則達⑩，熱極則風，壅⑪極則通。一冬一春，靡⑫屈不伸；一起一伏，無往不復。僕竊有疑，願受教焉。」季主曰：「若是，則君侯已喻⑬之矣，又何卜為？」東陵侯曰：「僕未究其奧也，願先生卒⑭教之。」季主乃言曰：「嗚呼！天道何親？惟德之親；鬼神何靈？因人而靈。夫蓍⑮，枯草也；龜⑯，枯骨也。物也。人，靈於物者也，何不自聽⑰而聽於物乎？且君侯何不思昔者也？有昔者，必有今日。是故碎瓦頹垣⑱，昔日之歌樓舞館也；荒榛斷梗⑲，昔日之瓊蕤玉樹⑳也；露蛩風蟬㉑，昔日之鳳笙龍笛㉒也；鬼燐螢火，昔日之金釭華燭㉓也；秋荼春薺㉔，昔日之象白駝峰㉕也；丹楓白荻㉖，昔日之蜀錦齊紈㉗也。昔日之所無，今日有之不為過；昔日之所有，今日無之不為不足。是故一晝一夜，華㉘開者謝；一秋一春，物故者新㉙。激湍之下必有深潭，高丘之下必有浚谷㉚，君侯亦知之矣，何以卜為？」

【注　釋】❶東陵侯　即召平，秦廣陵人，封東陵侯。秦亡，為布衣，種瓜長安城東。呂后誅韓信後，高祖拜蕭和為相國，益封五千戶。平說何辭讓封賞，出私財佐軍，以避高祖之忌。❷過　拜訪。❸司馬季主　漢初楚人，通《易》，善黃老之術，賣卜於長安。賈誼遊長安卜肆，曾向季主求教。❹卜　占卜，古時一種迷信活動。❺蟄　動物冬眠，潛伏起來不食不動。此指隱居。❻啟　原指啟蟄，即動物冬眠後蘇醒活動，此指人隱居後又想出仕。❼懣　煩悶。❽嚏　打噴嚏。❾畜極句　畜，通「蓄」。蓄積。洩，同「泄」。泄漏；排泄。❿閟極句　閟，關閉；阻隔。達，通暢；通達。⓫壅　堵塞。⓬靡　沒有。⓭喻　明白。⓮卒　盡；都。⓯蓍　蓍草，一種多年生草本植物，古人用它的莖占卜。⓰龜　龜甲，此泛指甲骨，即龜甲和獸骨，古人占卜時用火將其灼烤，根據甲骨的裂紋推測吉凶禍福。⓱自聽　猶自信。⓲頹垣　倒塌的牆。頹，倒塌。垣，矮牆。⓳荒榛斷梗　形容荒廢、淒涼。榛，草木叢生貌。梗，植物的直莖。⓴瓊蕤玉樹　形容花木華美。瓊蕤，像美玉一樣的花。蕤，花朵下垂貌。㉑露蛬風蟬　寒露、秋風中蟋蟀和知了的鳴叫聲。蛬，同「蛩」。蟋蟀的別稱。蟬，知了。㉒鳳笙龍笛　形容樂曲像龍吟鳳鳴一般美妙。㉓金釭華燭　華美閃亮的油燈和蠟燭。釭，油燈。㉔秋荼春薺　秋天的苦菜，春天的薺菜。荼，一種苦菜。《詩經・邶風・谷風》：「誰謂荼苦，其甘如薺。」㉕象白駝峰　象白，指象脂。張協〈七命〉：「髦殘象白。」劉良注：「白謂脂也，亦猶熊白也。」駝峰，駱駝背上的肉峰。兩者皆為名貴菜肴。㉖丹楓白荻　紅色的楓葉，白色的蘆花。指粗劣的紡織品。荻，蘆花。㉗蜀錦齊紈　蜀地出產的錦緞，齊地出產的細絹。蜀，四川一帶。齊，山東一帶。紈，細絹。㉘華　通「花」。㉙物故者新　舊的事物可以更新。故，舊。㉚浚谷　深谷。

【語　譯】東陵侯被廢之後，拜訪司馬季主並請求他為自己占卜。季主問：「君侯占卜什麼呢？」東陵君說：「長期臥床的人想起床，長久蟄伏的動物想啟蟄，長時間氣悶的人想打噴嚏。我聽說，蓄積過多就要排泄，關閉過緊就求暢達，炎熱過甚就要起風，堵塞過嚴就求疏通。一冬一春，沒有屈就沒有伸；一起一伏，沒有去就沒有回。我私下裡感到疑惑，願先生賜教。」季主說：「如果是這樣，那麼君侯已經明白了，為何還要占卜呢？」東陵君說：「我還不能深究其中的奧秘，願先生毫無保留地指教。」季主於是說：「唉，天道親近什麼？只有德行受到它的親近；鬼神為何靈驗？因為人而靈驗。那蓍草，只是枯草；那龜甲，只是枯骨，它們都是物啊。人比萬物都要靈，為什麼不聽信自己卻要聽信物呢？再說，君侯為什麼不想想從前的事情？有從前，必定有今天。所以，破碎的瓦片，倒塌的牆垣，正是從前的歌樓舞館；荒蕪的樹叢，斷裂的枝幹，正是從前的瓊枝玉樹；寒露下的蟋蟀和秋風中的知了的叫聲，正是從前笙笛發出的龍吟鳳鳴；鬼燐和螢火，正是從前華麗的油燈和蠟燭；秋天的苦菜，春天的薺菜，正是從前美味的象脂和駝峰；紅色的楓葉，白色的蘆花，正是從前蜀地的錦緞和齊地的細絹。從前沒有的，今天有了不算過分；從前有的，今天沒有了也不為不足。所以說，一晝一夜，盛開的鮮花會凋謝；一秋一春，陳舊的事物可更新。激流的下面必然有深潭，高山的下面必然有深谷，這些道理，君侯也是知道的，為什麼還要占卜呢？」

【研　析】本篇圍繞占卜這一議題，闡述了作者對人事興廢的基本觀點，充滿哲理。寓言主要包含兩層意思：

第一層，指出人是萬物之靈，人應當相信自己，而不能聽信於物。文中借季主之口說：「鬼神何靈？因人而靈。夫蓍，枯草也；龜，枯骨也。物也。人，靈於物者也，何不自聽而聽於物乎？」這些論述較具科學、理性，在那個時代是難能可貴的。作者同時認為，要真正掌握自己的命運，只有靠自己，靠加強自身的道德修養：「天道何親？惟德之親」，將德行視作為人處事的最高準則，是具有積極意義的。

第二層，論述了盛衰榮枯、萬象更新的規律，這種規律不論在自然界還是在人類社會都是永恆的。因此，淡看人事的滄桑變化，抱著「昔日之所無，今日有之不為過；昔日之所有，今日無之不為不足」的態度對待人生，對待仕途中的昇遷謫貶、逆順起伏，才能調整好自己的心態，擺正自己的位置。

文章駢散結合，大量採用排偶的句式，如「碎瓦頹垣，昔日之歌樓舞館也；荒榛斷梗，昔日之瓊蕤玉樹也；露蛬風蟬，昔日之鳳笙龍笛也；鬼燐螢火，昔日之金釭華燭也……」，顯得整飭而又綺麗，帶有一種韻律的美感。可以說，這是劉基寓言中思想性、藝術性俱佳的一篇作品。

一二五　情為欲使

郁離子曰：「氣者，道之毒藥也；情者，性之鋒刃也。知其為毒藥、鋒刃而憑之❶以行者，欲使之也。嗚呼！天與人，神靈者也，而皆不能不為欲所使，使氣與情得以逞其能，而性與道反隨其所如往❷。造化❸至此，亦幾乎窮矣！」

【注釋】❶憑之　任之；任憑它。❷所如往　猶所往。❸造化　自然界的創造者，亦指自然。

【語譯】郁離子說：「氣是道的毒藥，情是性的鋒刃。知道它們是毒藥和鋒刃，卻聽憑它們任意橫行，是欲望驅使的結果。唉！天和人是神靈啊，但都不能不受欲望的驅使，使得氣與情恣意逞能，而性與道反隨著它們行進。大自然的創造者到了這等地步，也幾乎是日暮途窮了。」

【研析】《老子・第十二章》說：「五色令人目盲，五音令人耳聾，五味令人口爽，馳騁畋獵令人心發狂，難得之貨令人行妨。」人一旦為欲望驅使，就會喪失理智，利令智昏，什麼道德情操，什麼正義真理，什麼親情友誼，什麼法律法規，一概丟之腦後，一律視如敝屣。因此，老子主張「少私寡欲」，諸葛亮告誡外甥：「夫志當存高遠，慕先賢，絕情欲，棄疑滯，使庶幾之志，揭然有所存，惻然有所感。」本文以「毒藥」和「鋒刃」比喻「氣」與「情」，指出「欲望」是致使「氣」與「情」作怪的罪魁禍首。在今天，這一觀點仍然具有很強的借鑑意義。

一二六　枯荷履雪

郁離子見披枯荷而履雪者❶，惻然❷而悲、涓然❸而泣之沾其袖。從者曰：「夫子奚悲也？」郁離子曰：「吾悲若人④之阽死⑤而莫能恤⑥也。」從者曰：「夫子之志則大矣，然非夫子之任也，夫子何悲焉？夫子過矣！」郁離子曰：「若不聞伊尹⑦乎？伊尹者，古之聖人也，思天下有一夫不被其澤⑧，則其心愧恥若撻于市⑨。彼人，我亦人也。彼能，而我不能，寧⑩無悲乎？」從者曰：「若是，則夫子誠過⑪矣！伊尹得湯而相之⑫。湯以七十里之國為政⑬于天下，有人民焉，有兵甲⑭焉，而用之執征伐之權，以為天下君，而伊尹為之師。故得志而弗為，伊尹恥之⑮。今夫子羈旅⑯也，伊尹之事非夫子之任也，夫子何為而悲哉？且吾聞之：民，天之赤子⑰也，死生休戚⑱，天實司之⑲。譬人之有牛羊，心誠愛之，則必為之求善牧⑳矣。今天下之牧無能善者，夫子雖知牧，天弗使牧也，夫子雖悲之，若之何哉？」退而歌曰：「彼岡有桐兮，此澤有荷；葉不庇其根兮，嗟嗟㉑奈何？」

郁離子歸，絕口不談世事。

【注　釋】❶披枯荷句　披著枯萎的荷葉在雪地中行走的人。披枯荷，形容衣衫襤褸。履，行走。❷惻然　哀憐貌；悲傷貌。❸涓然　哭泣貌。❹若人　那個人。❺阽死　即將死去。阽，臨近；即將。❻恤　體恤；憐憫。❼伊尹　一名摯，商初大臣。原為有莘氏女陪嫁之臣，相湯伐桀，建立商朝。孟子稱為聖之任者。❽不被其澤　沒有受到他的恩澤。被，受。澤，雨露，引申為恩澤、恩德。❾撻于市　在大庭廣眾下受鞭撻。市，集市。❿寧　難道。⓫誠過　確實過錯。⓬相之　指做商湯的宰相。⓭為政　執政。⓮兵甲　指軍隊。⓯恥之　以之為恥。⓰羈旅　寄居異鄉。⓱赤子　初生的嬰兒，古人用指百姓。⓲休戚　喜悅與悲哀。⓳司之　管理他。⓴善牧　指善於畜牧的人。㉑嗟嗟　歎詞，表示感慨。

【語　譯】郁離子看見一個披著枯萎的荷葉在雪地裡行走的人，淒然神傷，流下眼淚，沾濕了衣袖。隨從的人說：「先生您為什麼這樣悲傷啊？」郁離子說：「我悲傷那個人快要死去卻不能體恤他。」隨從說：「先生您的志向是遠大的，然而這不是您職責範圍內的事啊，先生為什麼要這樣悲傷呢？先生想得太多了吧。」郁離子說：「你沒有聽說過伊尹的故事嗎？伊尹是古代的聖人，他想的是只要天下有一個人沒有受到他的恩澤，他心裡就感到羞愧，就像在大庭廣眾之下遭人鞭撻一樣。伊尹是人，我也是人；伊尹能做到，而我卻不能做到，怎能不悲傷呢？」隨從說：「倘若這樣，先生您真的錯了。伊尹得到商湯的重用並輔佐他。商湯憑藉七十里的國土而最終統治天下，這是因為他有人民，有軍隊，利用這些而掌握了征伐的大權，成為天下的君主，而伊尹是他的老師。所以，得志而無所作為，伊尹感到恥辱。如今您寄居他鄉，伊尹所做的事，不是您職責內的事，您為什麼要悲傷呢？況且我聽說：老百姓是上天的赤子，死與生，悲與歡，實際上都由上天掌管著。譬如人們有牛羊，真心愛護牠們，就必定會替牠們尋找好的牧者。而今天下沒有善於放牧的人。先生雖然懂得放牧，但上天不讓您去放牧。先生雖然悲傷，又有什麼用呢？」郁離子退去，歌唱道：「那個山岡上有桐樹啊，那個水澤中有荷花。葉子不能庇護根啊，歎息悲傷又能怎麼樣？」

郁離子回去以後，閉口不再談論世間的事。

【研析】像伊尹那樣，相湯伐桀，安邦治國平天下，是古代無數志士仁人的理想，也是劉基的畢生志向。所以，作者筆下的郁離子，不正是作者本人嗎？見到「披枯荷而履雪者」，惻然而悲，涓然淚下，不僅僅是出於對人民苦難的同情，還在於作者以天下為己任的使命感。然而，現實是殘酷無情的。文章通過從者與郁離子的對話：「夫子雖知牧，天弗使牧也」，抨擊了元代的選官制度，揭露了元王朝不能任賢用能的事實，同時也表達了作者懷才不遇、無由實現宏大理想的不平與憤懣。文章最後以「郁離子歸，絕口不談世事」結束，表達了作者對元代統治者的徹底失望。正是這種徹底的失望，決定了劉基日後的政治生涯和人生道路。

一二七　聖人不知

楚南公問于蕭寥子雲❶曰：「天有極乎？極之外又何物也？天無極乎？凡有形必有極，理也，勢也。」蕭寥子雲曰：「六合之外，聖人不言❷。」楚南公笑曰：「是聖人所不能知耳，而奚以不言也？故天之行❸，聖人以曆❹紀之；天之象❺，聖人以器❻驗之；天之數❼，聖人以筭❽窮之；天之理，聖人以《易》❾究之。凡耳之所可聽，目之所可視，心思之所可及者，聖人搜之，不使有毫忽❿之藏。而天之所閟⓫，人無術以知之者惟此。今又不曰不知，而曰不言，是何好勝之甚也！」

【注釋】❶楚南公句　楚南公，虛構人名。蕭寥子雲，亦同。❷六合二句　語出《莊子・齊物論》：「六合之外，聖人存而不論。」六合，指天地四方。❸天之行　猶天行，指天體的運行。❹曆　曆法。❺天之象　猶天象，指天空的景象，如日月星辰的運行等。❻器　指用以觀測天象的各種儀器。❼天之數　指自然法則。❽筭　通「算」。計算。❾易　即《易經》，古代卜筮的書。❿毫忽　謂極微小的一點點。毫與忽都是極小的度量單位。⓫閟　隱秘。

【語譯】楚南公問蕭寥子雲：「天有邊嗎？如果有，天的外面又是什麼呢？天沒有邊嗎？如果沒有，凡是有形的東西都有邊啊，這是常理，順乎情勢。」蕭寥子雲說：「天地四方以外的事，聖人是不談論的。」楚南公笑著說：「這是因為聖人不知道而已，為什麼用不加談論來搪塞呢？本來，天的運行，聖人用曆法記錄它；天體的現象，聖人用儀器檢測它；天行的法則，聖人用計算窮盡它；天體的事理，聖人用《易經》探究它。凡是耳朵能聽到的，眼睛能看到的，心裡能想到的，聖人都搜羅無遺，而天的隱秘之處，人們無法了解它惟有這一點。如今你不說不知道，而說不去談論它，是什麼原因使你爭強好勝到如此地步！」

【研析】人的認知是有限度的，即便是聖人也是如此。抱著實事求是的精神，「知之為知之，不知為不知」，不推諉搪塞，故弄玄虛，不夸夸其談，不懂裝懂，才是正確的態度。本文通過楚南公與蕭寥子雲的對話，嘲笑了那些明明不知，卻「不曰不知，而曰不言」的虛偽做法。指出所謂的「聖人不言」，實際上是「聖人所不能知耳」。以無情的筆觸，掃除了環繞在聖人頭頂上的靈光，還其以本來面目，表現了作者思想上的解放與果敢。

對天體的探究自古便是人們討論的話題，人們對天體的認識也從來沒有停止過，本文從這一話題談起，論述了一個思想認識上的問題，可謂別開生面。

一二八 牧猳

項羽既自立為西楚霸王❶，都彭城❷。狙邱❸先生自齊之楚，牧猳❹請見，曰：「先生曷之往？」先生曰：「我將見楚王。」牧猳曰：「先生，布衣❺也，而見楚王，亦有說乎？」先生曰：「楚王起草萊❻，為天下除暴秦，分封諸侯而為盟主，我將勸之以仁義之道、帝皇❼之事。」牧猳曰：「善哉，先生之盛心⑧也！其若楚國之勳舊⑨何？」狙邱先生不悅，曰：「小人亦有知乎？是非若所及也。」牧猳曰：「臣牧猳者也，家貧無猳，而為人牧猳。猳蕃⑩則主人喜而厚其傭⑪，不則反之。故臣之牧猳也，舒舒焉。詰朝⑫而放之，使其蹢躅⑬于叢灌之中，鼻糞壤而食腥穢，籍朽翳薈⑭，負塗以游⑮，則皆繇繇然⑯不苦牧，而獲主人之驩⑰，以不後臣之傭。臣西家之子慕利而求其術，臣靳欲專之⑱，弗以告也。西家子不能蕃其猳，主人怪之，恆不足其傭。於是為猳作寢處焉，高其垣，潔其槽，日而出之，日未入而收之，擇草以食之，不使啖⑲穢臭。猳弗得逸⑳，則皆亡㉑之野。主人怒而逐之。今楚國之休戚臣㉒皆猳也，猳得其志則王喜，不得其志則王不喜矣，遑恤乎其他㉓？而先生欲使之易其心，以行子之道。幸而弗聽，先生之福也；其或聽焉，而不待其終，則先生之策未效，而先亡王猳，王必怒。昔者衛鞅以帝王之道說秦孝公㉔，終日不入耳，及以伯術㉕語之，曾未移時㉖，不覺其膝之前㉗，何哉？彼功利之君，鮮不務近而忽遠，故非堯、禹不可與言道德，非湯、武不可與謀仁義。今楚王何如人哉？其所與立功業計政事者，非適戍㉘之刑徒，則殺人之亡命㉙也，攘攘其心而炎炎其欲者也，而欲與之論道德行仁義，是何異於被鹿麋以冠裳㉚，而使與人同飲食哉？而王非此不可也，無乃抗先生之神而無益於道乎？且先生之德不如仲尼，猶胥壤也。仲尼歷聘諸侯，卒棲棲而無合㉛，然後危于匡㉜，困于宋㉝，餓于陳、蔡之間㉞，幾不免焉㉟。今楚王之威，非直㊱孔子之時諸侯大夫比也。先生之行，臣竊惑焉。」

君子謂狙邱先生有救時之心，而不如牧猳之識事勢也。

【注釋】❶西楚霸王　項羽自號。《史記・項羽本紀》：「項王自立為西楚霸王，王九郡，都彭城。」❷彭城　今江蘇徐州。❸狙邱　虛構人名。❹牧猳　放牧公豬，此用作人名。猳，公豬。❺布衣　布製的衣服，借指平民。❻草萊　鄉野；民間。❼帝皇　猶皇帝、天子。❽盛心　深厚美好的情誼。❾勳舊　有功勳的舊臣。❿蕃　繁殖；興旺。⓫厚其傭　多給工錢。傭，雇傭的報酬。⓬詰朝　平明；清晨。⓭蹢躅　同「躑躅」。徘徊不進貌。⓮籍朽翳薈　身臥朽物之上，掩蔽雜草之中。籍，墊著。朽，腐爛之物。翳，遮蔽；隱沒。薈，草木繁盛貌。⓯負塗以游　帶著滿身髒土四處轉悠。塗，通「土」。⓰繇繇然　悠閑自得貌。⑰驩　通「歡」。⑱靳欲專之　謂捨不得傳授技藝而想獨佔其利。靳，吝惜。⑲啖　吃。⑳弗得逸　謂得不到悠閑自在的環境。㉑亡　逃亡。㉒休戚臣　休戚相關之臣。指楚王寵愛的臣子。㉓遑恤乎句　有閒暇憂慮其他的事情嗎？㉔昔者句　衛鞅，即商鞅。姓公孫，名鞅，衛國人，因稱衛鞅。說，遊說。秦孝公，戰國時秦國國君。任用商鞅實行變法，為秦國統一天下打下了基礎。㉕伯術　稱霸之術。伯，通「霸」。㉖未移時　不一會兒。㉗膝之前　挪膝向前，表示樂於聽取。㉘適戍　同「謫戍」。謫罰戍邊。謫，官員貶職。戍，戍邊。㉙亡命　逃亡在外的人。㉚被鹿麋句　謂將帽子和衣裳給鹿麋穿戴上。被，同「披」。㉛仲尼歷聘二句　仲尼，指孔子。孔子字仲尼。歷聘，遊歷天下以求聘用。孔子周遊列國，但他的政治主張不被各國諸侯採納，因而得不到任用。棲棲，忙碌不安貌。無合，不合；不契合。㉜危于匡　指孔子被拘於匡地事。《論語‧子罕》：「子畏於匡。」畏，古謂私鬥為畏。匡，地名。相傳陽虎曾經得罪過匡人，孔子弟子顏刻與虎俱。後顏刻為孔子駕車至匡，匡人認出他來，又孔子貌與陽虎相似，乃圍孔子，拘之五日。㉝困于宋　指魯哀公三年（西元前四九二年）孔子受困於宋國事。《史記‧孔子世家》：「孔子去曹適宋，與弟子習禮大樹下。宋司馬桓魋欲殺孔子，拔其樹。」㉞餓于句　據《史記‧孔子世家》：「楚使人聘孔子。孔子將往拜禮，陳、蔡大夫謀曰：『今楚，大國也，來聘孔子。孔子用於楚，則陳、蔡用事大夫危矣。』於是乃相與發徒役圍孔子於野。不得行，絕糧。從者病，莫能興。」陳、蔡，皆春秋時小國。陳都宛丘，即今河南淮陽。蔡先後都上蔡、新蔡（今屬河南省）等地。㉟幾不免焉　差一點沒有躲過災難。㊱非直　不但；不僅。

【語　譯】項羽已自立為西楚霸王，定都彭城。狙邱先生從齊地到楚國去，牧猳請求見面，說：「先生到什麼地方去啊？」狙邱先生說：「我將去拜見楚王。」牧猳說：「先生只是一個平民百姓，卻要去見楚王，莫非有什麼話要說嗎？」狙邱先生說：「楚王起自民間，為天下百姓鏟除殘暴的秦朝，分封諸侯而當上了盟主，我將規勸他施仁義之道，行帝王之事。」牧豭說：「好啊，先生的一片盛情！但你要拿楚國的勳臣故舊怎麼辦呢？」狙邱先生不大高興地說：「小人也有才智嗎？這不是你所能知道的。」牧豭說：「我是一個放豬的。家裡貧窮，養不起豬，只好替人家放豬。豬繁殖得多主人就高興，多給工錢，否則就相反。所以，我放豬時舒暢自如，清晨把豬放出去，讓牠們在灌木叢中來回走動，用鼻子拱掘糞土，吃腥穢的食物，睡在朽物上面，掩蔽在雜草中間，滿身泥土，到處遊蕩。我則優哉遊哉，不感到放牧有什麼辛苦，同時又獲得主人的歡心，這樣便不會拖欠我的工錢。我西邊鄰居家的兒子羨慕我放豬有所得益，請求我教給他放養的方法，我不願意而想獨專其利，沒有把放養的方法告訴他。西邊鄰居家兒子放養的豬不見增多，他的主人便責怪他，總不給足他工錢。於是，他為豬修建起豬舍，把圍牆築得高高的，把食槽沖洗得乾乾淨淨的，每天一大早就把豬放出去，太陽未落山就把牠們趕回來，挑選草料餵養牠們，不讓牠們吃污穢發臭的食物。豬得不到自由逸樂，都逃到野外去了。主人見此情形，一怒之下把他趕走了。如今，和楚國關係密切的臣子都像那些豬一樣。豬稱心如意楚王就高興，豬不稱心楚王也就不高興，哪有工夫考慮其他的事呢？而先生你卻想讓楚王改變想法，實行你的主張。但願他聽不進去，這是你的福分。倘若他聽從了你的建議，等不到終了，先生的策劃還未奏效，就會先失去楚王那幫像豬一樣的臣屬，楚王必定大怒。從前，商鞅用實行帝王之道遊說秦孝公，秦孝公始終聽不進去。等到講稱霸諸侯的手段時，講了不一會兒，秦孝公就不自覺地挪膝向前，這是什麼原因呢？因為那些貪求功利的國君，很少有不追求眼前利益的，而他們忽視的是長遠的利益。所以，不是堯、舜那樣的聖主就不可以與他們談道德；不是商湯、周武王那樣的君王就不可以與他們商討仁義。而如今的楚王是什麼人呢？那些和他一起建立功勳、謀劃政事的，不是發配到邊疆的罪犯，就是殺人的亡命之徒，全是些野心勃勃利欲熏心的人。跟他們談論仁義道德，與給鹿麋披衣戴帽並讓牠們與人在一同飲食有什麼區別呢？而楚王又非這樣做不可，這不是白白浪費先生的精力而無益於治國之道嗎？況且先生的品德不如孔子，兩者有天壤之別。孔子曾經遊說列國諸侯，奔波忙碌但其主張最終還是得不到各國君主的認同。到後來在匡地遭到危險，在宋國被圍困，在陳、蔡兩地之間挨餓，差一點躲不過災禍。如今楚王的威勢，不能與孔子時代的諸侯大夫相比。先生的楚國之行，我私下裡感到疑惑不解。」

君子說：狙邱先生有挽救時弊的善心，但卻不如放豬人明事理識時務。

【研析】有救時之心固然不錯，但也得識時務，明事理。如果不分青紅皂白，貿然行事，往往適得其反。當年，孔子周遊列國，推行其政治主張，四處碰壁，屢陷困境，只好退而教授弟子，修訂六經。因為，對功利之君，與其談道德，談仁治，無異於對牛彈琴，空費口舌，徒耗精力。

本文通過牧豭之口，說明放牧的道理；以商鞅說秦孝王和孔子歷聘諸侯無功而返的史實，點明功利之君的偏愛。意在告訴我們，看清對象，審時度勢，是何等的重要！常言道，識時務者為俊傑，可謂至理名言。

一二九　割癭

夷門❶之癭人❷，頭沒于胛❸，而癭代為之元❹，口、目、鼻、耳俱不能為用，郢封人❺憐而為之割之。人曰：「癭不可割也。」弗聽。卒割之，信宿❻而死。國人尤❼焉，辭曰：「吾知去其害耳，今雖死，癭亦亡矣。」國人掩口而退。

他日，有惡春申君❽之專者，欲言于楚王使殺之。荀卿❾聞之，曰：「是不亦割癭之類乎？春申君之用楚非一日矣，楚國之人知有春申君而已，春申君去，則楚隨之，是子又欲教王以割癭也。」

【注釋】❶夷門　戰國魏都城的東門，故址在今河南開封城內東北隅，因在夷山之上，故名夷門。後以夷門指開封。❷癭人　頸部患甲狀腺腫瘤的人。❸胛　肩胛。❹元　首；頭。❺郢封人　郢，楚國都城，在今湖北江陵。後凡楚遷都之地皆稱郢。封人，原指掌守帝王社壇及京畿疆界的人，春秋時為典守封疆之官。❻信宿　連宿兩夜。❼尤　責怪。❽春申君　即黃歇，戰國時楚人。與齊孟嘗君、趙平原君、魏信陵君齊名。楚考烈王時為令尹，封春申君，執掌國政。考烈王死，歇為李園所殺。❾荀卿　即荀子。荀子名況，字卿。

【語　譯】魏國都城東門有一個脖子上長了腫瘤的人，頭埋在肩胛裡，那腫瘤就替代了頭的位置，嘴、眼睛、鼻子、耳朵都不好使用。有個郢地典守封疆的官員可憐他，要幫他把腫瘤割去。人們說：「脖子上的瘤是不能割的。」官員不聽，最終把瘤割了，那個人過了兩夜就死了。人們都責怪這個官員，官員辯解說：「我只知道去除他的病害。如今他雖然死了，可是腫瘤也去掉了啊！」人們都捂著嘴笑著走開了。

一天，有一個憎惡春申君專橫的人打算向楚王進言，請求楚王殺掉春申君。荀子聽說後說：「這樣做不也和割腫瘤的做法一樣嗎？春申君被楚國重用已不是一天二天的事了，楚國人只知道春申君而不知道還有別的人。一旦把春申君廢除掉，楚國也就隨之而去了，這個人是想教楚王來做割瘤一類的事啊。」

【研　析】辨事情要有良好的動機，更要考慮實際的效果。郢封人替人治病，瘤除而人亡，造成的危害比疾病本身更為嚴重。用人也是如此，如果不從整體上把握，全面衡量利弊得失，僅僅著眼於一點，一葉障目，不見泰山，往往適得其反，小則影響到一時一事，大則關係到國家社稷的興衰存亡，豈可不謹慎對待呢？

一三〇　直言諛言❶

郁離子曰：「烏鳴之不必有凶，鵲鳴之不必有慶❷，是人之所識也。今而有烏焉，日集人之廬以鳴，則其人雖恆喜，亦莫不惡之也；有鵲焉，日集人之廬以鳴，則其人雖恆憂，亦莫不悅之也。豈惟常人哉？雖哲士❸亦不能免矣。何哉？寧非以其聲與？是故直言人皆知其為忠，而不能卒不厭；諛言人皆知其為邪，而不能卒不惑。故知直言之為藥石❹而有益于己，然後果於能聽；知諛言之為疢疾❺而有害于己，然後果於能不聽。是皆怵❻于其身之利害而然也。是故善為忠者，必因其利害而道之；善為邪者，亦必因其利害而欺之。惟能灼見❼利害之實者，為能辨人言之忠與邪也。人欲求其心之惑，當於其聞烏鵲之鳴也識之。」

【注釋】❶諛言　阿諛奉承的話。❷慶　福。❸哲士　哲人；賢明的人。❹藥石　治病的藥物和砭石。

❺疢疾　疾病。❻怵　恐懼；害怕。❼灼見　洞察；看清楚。

【語　譯】郁離子說：「烏鴉叫，不一定會有凶險的事情發生；喜鵲叫，也不一定會有吉慶的事情發生，這是人們都知道的。而今，有一群烏鴉每天都聚集在人的屋頂上叫聒，屋子的主人雖然心情一直很愉快，老是聽到這種聲音，也是會變得很糟糕的；有一群喜鵲每天都聚集在屋頂上鳴叫，屋子的主人雖然心裡一直很憂鬱，老是聽到這種聲音，也是會變得喜悅的。難道只是普通人會有這樣的感覺嗎？即使是哲人賢士也不例外。為什麼呢？難道不是因為牠們的叫聲引起了變化嗎？所以說，率直的話人們都知道是忠言，但不能做到始終聽起來不厭倦；奉承人的話人們都知道是邪惡的，但不能做到始終不受它的迷惑。因此，知道率直的話是藥石，對自己有益，而後能果斷地聽取；知道奉承的話是病害，對自己有損，而後能果斷地拒聽取：這都是因為害怕對自己產生損害而這樣做的。所以，善進忠言的人，必定會因其有利而加以宣揚；用心邪惡的人，必定會因其有害而欺詐行騙。只有能夠看清楚其中利害關係實質的人，才能辨明別人所說的是忠言還是出於邪惡。人們要想弄清楚自己被迷惑的原因，就應當從他聽到的烏鴉和喜鵲的叫聲中去認識。」

【研　析】忠言逆耳利於行，良藥苦口利於病。然而，世俗之人總是喜歡聽取悅耳動聽的媚語，而難以接受義正辭嚴的諍言，就像本篇中的烏鴉與喜鵲，因其叫聲不同而使人產生好惡之情，進而影響人正常的思維與判斷。本文以藥石比作直言，以疢疾比作諛言，一者對人有益，一者對人有害。告誡人們，要灼見利害之實，以明辨人言之忠邪。當年，唐太宗虛心聽取魏徵等大臣的勸諫，不因言辭激烈而震怒，勵精圖治，出現了政治清明、民殷國富的「貞觀之治」；而唐玄宗到了晚年，為一群阿諛奉承的小人所包圍，耳朵中聽到的是一片歌功頌德的讚美聲，偏聽偏信，終於釀成安史之亂，大唐帝國從此走上了下坡路。歷史的教訓，應當引以為鑑。

一三一 世事翻覆

郁離子與客汎❶于彭蠡之澤❷，風雲不興，白日朗炤❸，平湖若砥❹，魚蝦之出沒皆見，皛如❺也，豁如❻也，左之右之無不可者。客曰：「有是哉，汎之樂也！吾得託此以終其身焉，足矣！」

已而，山之雲出如縷，不頃刻而翳日❼，風欻然❽薄石而偃木❾，鼓穹嵁❿而雷九淵⓫，輪旋而箕簸焉⓬。客蹠⓭不能立，俯而噦⓮，伏而不敢仰視，神逝魄奪⓯如死，曰：「吾往矣！吾終身不敢復來矣！」

郁離子曰：「世事亦若是也。夫千乘之君⓰，坐朝而臨群臣，受言接詞，鮮不溫溫然⓱。一朝而怒，莫敢攖其鋒⓲，其何以異於水乎？天下之久安也，人恬⑲不知患，謂之儆⑳，不信而死亡於夢寐者，亡限㉑也，無亦知汎之樂而不知風之可畏乎？慎兢㉒觀于呂梁㉓，見其觸石而呴沫㉔也，曳足而走，曰：『吾何為冒是哉？』沒齒㉕而不涉。君子以為知畏，其賢於海賈㉖遠矣。故三峽之驚湍，望而知其能覆舟也，而蹈之以死者，不有其生者㉗也。知汎之樂而不知風之可畏者，未嘗夫險者也。故曰『暴虎馮河，死而無悔者，聖人不與也㉘』。言其知禍而弗避也。」

【注釋】❶汎　乘船浮行。❷彭蠡之澤　彭蠡，古澤名，在江西一帶。指今鄱陽湖。❸炤　同「照」。❹砥　磨刀石。此指水面平靜。❺皛如　皎潔明亮貌。❻豁如　開闊空曠貌。❼翳日　遮蔽太陽。❽欻然　忽然；迅疾貌。❾薄石而偃木　吹迫山石，颳倒樹木。薄，迫近。偃，倒伏。❿穹嶕　深谷。⓫九淵　深淵。⓬輪旋句　謂如車輪旋轉簸箕簸動。⓭踸　踔行貌。指站立不穩。⓮嚱　嘔吐。⓯神逝魄奪　丟魂失魄。⓰千乘之君　大國國君。古以一車四馬為一乘，千乘之國即大的諸侯國。⓱溫溫然　溫和貌。⓲攖其鋒　觸犯其鋒芒。攖，觸犯。⓳恬　安逸恬適。⓴儆　警戒；防備。㉑亡限　無限；無數。㉒慎兢　人名。㉓呂梁　水名，亦稱呂梁洪，在今江蘇徐州東南五十里。巨石齒列，波流洶湧。《莊子・達生》：「孔子觀於呂梁，縣水三十仞，流沫四十里，黿鼉魚鼈之所不能游也。」㉔呴沫　激起泡沫。㉕沒齒　猶言一輩子。㉖海賈　海商。㉗不有其生者　不保其生。有，保。《禮記・哀公問》：「不能愛人，不能有其身。」

㉘暴虎馮河三句　語出《論語・述而》「子曰：『暴虎馮河，死而無悔者，吾不與也』」。暴虎，空手搏擊老虎。馮河，徒步涉河。比喻冒險行事，有勇無謀。聖人，指孔子。

【語　譯】郁離子與客人一起乘船在彭蠡澤上浮行，風平浪靜，萬里無雲，太陽朗朗地照射水面，湖水平靜得像磨刀石一般，魚蝦出沒水中看得一清二楚，水天皎潔明亮，四望開闊無邊，船兒一會兒向左，一會兒向右，隨心所欲，自由自在。客人說：「像這樣泛舟遊湖，真是其樂無窮啊！我能夠寄身在這水天之間，終此一生，也就心滿意足了。」

不一會兒，山上的烏雲一縷縷地出現，頃刻之間就遮住了太陽。風迅疾而起，颳起沙石，吹倒樹木，震動山谷，在深淵發出雷鳴般的響聲。船兒像車輪一樣旋轉，劇烈顛簸，遊客左右晃動站立不住，俯身嘔吐，伏在船上不敢仰視，喪魂失魄，像死人一樣。客人說：「我要回去了。我終生都不敢再來了！」

郁離子說：「人世間的事情也像這樣。大國的君主坐在朝廷上，下臨群臣，接受臣子們建言奏議，很少有不擺出溫和模樣的；而一旦發怒，則沒有人敢觸犯他的鋒芒，這和瞬息萬變的湖水有什麼不同呢？天下長治久安時，人們安於舒適的生活而想不到會發生什麼禍患。告訴他們要有所戒備，他們並不相信，直到發生不幸，不計其數的人死於夢寐之中，這不也就像只知泛遊的樂趣而不知風的可怕一樣嗎？慎兢在呂梁洪觀水，看見波流洶湧，沖擊巨石後激起層層泡沫，嚇得拔腿就跑，說：『我為什麼要冒這樣的風險呢？』後來一輩子都沒有渡這條水流。君子認為他這樣做是知畏而退，比起海上的商人高明多了。因此，三峽的驚濤急流，一看就知道會翻船，冒死前往的人，沒有能活著回來的。只知道泛舟的樂趣而不知道風浪可怕的，是那些未曾經歷過風險的人。所以說，『空手與老虎搏鬥，徒步涉湍急的河流，到死也不知後悔的人，聖人是不贊成的』。這裡講的是那些明明知道災禍而不知躲避的人。」

【研析】世事翻覆，變化莫定，就像文中的彭蠡澤，一會兒白日朗照，風雲不興，一會兒狂風驟作，波浪滔天。安逸中，抱一分憂患意識；順境時，想想可能出現的困難與風險。居安思危，未雨綢繆，就可以有備無患，避免日後災禍的發生。

作者還想告訴我們的是：知難而退，不作無謂的犧牲，是智者的選擇。所以，聖人是不贊成去做不切實際的冒險之事的。

本文以自然界的風雲變幻和君主的喜怒無常來比喻世事的翻覆不定，用歷史傳說中慎兢觀呂梁洪和成語中暴虎馮河的典故來闡明君子知畏而退的道理，十分形象貼切。

一三二 食鮐

司城子❶之圉人❷之子，食鯸鮐❸而死，弗哭。司城子問之曰：「父與子有愛乎？」曰：「何為其無愛也？」司城子曰：「然則爾之子死而弗哭，何也？」對曰：「臣聞之：死生有命，知命者不苟死❹。鯸鮐，毒魚也。食之者死，夫人莫不知也。而必食以死，是為口腹而輕其生，非人子也。是以弗哭。」

司城子愀然❺嘆曰：「好賄❻之毒，其猶食鯸鮐乎！今之役役者❼，無非口腹之徒❽也，而不知圉人之弗子❾也，甚矣！」

【注　釋】❶司城子　人名。司城，複姓。❷圉人　掌管養馬放牧等事的人。❸鯸鮐　即河豚，一種味美有毒的魚。❹苟死　草率地死。❺愀然　容色改變貌。❻好賄　好收受賄賂。❼役役者　奔走鑽營的人。❽口腹之徒　貪圖吃喝的人。❾弗子　弗哭子的省略。

【語　譯】司城子養馬人的兒子吃河豚中毒死了，養馬人沒有哭泣。司城子問他說：「父親與兒子之間有愛嗎？」養馬人說：「怎麼會沒有愛呢？」司城子說：「然而你的兒子死了你卻不哭，這是什麼原因？」養馬人回答說：「我聽說，死生有命，知命的人不隨隨便便地送死。河豚是毒魚，吃了就要送命，沒有人不知道。而一定要吃了去死，是為了圖一時的口福而輕生。這樣的兒子不是懂道理的兒子，因此我不哭。」

司城子感傷地歎息道：「貪圖賄賂的危害豈不和吃河豚一樣嗎！今天，那些奔走鑽營的人無非是一些貪圖一時之快的口腹之徒，他們不懂得養馬人為什麼不痛哭自己兒子的道理，太可悲了！」

【研析】貪贓受賄，自古已然。《尚書・商書・伊訓》中說：「敢有殉於貨色，恆於游畋，時謂淫風。」這裡所謂的「殉於貨色」，就是指索求賄賂與女色，這是古代文獻中有關貪污受賄論述的最早紀錄。歷代賢士，有感於貪污公行的官場頹風，大聲疾呼，激濁揚清。戰國時的宋人子罕對獻玉者說：「我以不貪為寶，爾以玉為寶。若以與我，皆喪寶也，不若人有其寶。」東晉陸機云：「渴不飲盜泉水，熱不息惡木陰。」唐柳宗元云：「蠲濁而流清，廢貪而立廉。」所有這些，都表現了古人高尚的道德與情操。本文以圉人之子食河豚中毒而死設喻，說明收受賄賂的危害性。前者貪圖口福，命喪黃泉；後者貪圖財物，觸犯刑法。其共同點都是受嗜欲的驅使，利令智昏，自食惡果，矛頭直指封建社會黑暗腐敗的官場。在防腐倡廉的今天，寓言仍然具有現實意義。

一三三 說秦

瑕丘子❶既說❷秦王，歸而有矜色❸，謂慎子❹曰：「人皆謂秦王如虎，不可觸❺也，今僕已摩其須、拍其肩矣。」慎子曰：「善哉！先生天下之獨步也。然吾嘗聞赤城之山❻有石梁五仞❼，徑尺❽而龜背，其下維❾千丈之谷，縣泉沃之❿，濕蘚被焉⓫，無藤蘿⓬以為援也。有野人負薪而越之，不留趾⑬而達，觀者皆唶唶⑭。或謂之曰：『是石梁也，人不能越，惟若能越之，得匪有仙骨乎？』使還而復之。其人立而睨⑮之，則足搖⑯而不能舉，目運而不敢矚。今子之說秦王，是未覩夫石梁之險者也。是故過瞿塘⑰而不慄者，未嘗驚於水者也；視狴犴⑱而不惴⑲者，未嘗中於法者⑳也。使先生而再三之㉑，則亦無辭以教僕矣。」

【注釋】❶瑕丘子　虛構人名。❷說　遊說。❸矜色　驕傲自得的神情。❹慎子　指慎到，戰國時趙人，著名法家。主張「棄知去己」，「任法而不任賢」。著有《慎子》七篇。❺觸　觸犯。❻赤城之山　位於浙江天台北，即李白〈夢遊天姥吟留別〉詩「天姥連天向天橫，勢拔五嶽掩赤城」中的赤城。❼仞　古以八尺為一仞。❽徑尺　直徑一尺，指石梁寬度。❾維　乃；是。❿縣泉沃之　縣泉，瀑布。沃，滋潤。⓫濕蘚被焉　濕蘚，潮濕的苔蘚。被，覆蓋。⓬藤蘿　紫藤的通稱。泛指有匍匐莖和攀援莖的植物。⓭不留趾　意謂不歇腳。⓮唶唶　驚歎聲。⓯睨　斜視。⓰足搖　雙足顫抖。⓱瞿塘　瞿塘峽。長江三峽中江面最狹窄，水流最湍急的一段峽谷。⓲狴犴　古代傳說中的一種猛獸，舊時常立於監獄門口。明楊慎〈龍生九子〉：「俗傳龍生九子，不成龍，各有所好……四曰狴犴，形似虎，有威力，故立於獄門。」⓳惴　害怕。⓴中於法者　指受到法律的懲處。㉑再三之　謂一而再再而三地去遊說秦王。

【語譯】瑕丘子遊說秦王，回來後一臉得意的神色，他對慎子說：「人們都說秦王像老虎一樣不可觸犯，而我今天已觸摸他的鬚鬢，拍了他的肩膀了。」慎子說：「好啊！先生真是天下超群拔俗獨一無二的人。然而我曾聽說，赤城山上有一座石梁，高五仞，只有尺把寬，梁脊光滑得像龜背一樣，下面是千丈深谷，倒懸的泉水浸潤著它，潮濕的苔蘚覆蓋在它的上面，沒有藤蘿可供攀援。有個山野裡的人背著柴禾翻越石梁，不停腳就走了過去，看見的人都發出『啃啃』的讚歎聲。有人對他說：『這座石梁一般人是通不過去，只有你能翻越它，莫非你有仙骨嗎？』讓他回過頭來再翻越一次。那人站著斜視石梁，雙腳搖晃不能舉步，目光躲避不敢正視。今天你遊說秦王，是因為你還沒有目睹石梁的險峻啊！所以，過瞿塘峽而不戰慄的人，是因為他未曾經歷過江水的驚險；見牢獄而不恐懼的人，是因為他未曾體驗過法律的嚴酷。倘若使先生一而再再而三地遊說秦王，那麼你就不會有這樣的話對我說了。」

【研　析】常言道，初生牛犢不怕虎，是因為初生的牛犢不知道虎的威猛與兇殘。秦王淫威，甚於猛虎，只是瑕丘子並未體會到。於是，他戲謔笑鬧，歸來後喜形於色，一點兒也沒有意識到自己已經經歷了一場生死劫難。文章通過野人負薪翻越高聳的石梁的故事，點明了瑕丘子的無知與魯莽，實際上是諷刺了那些狂妄自大而不知深淺的糊塗蟲。寓言將秦王比作老虎，將狴犴比作牢獄，不僅十分恰當，還在說理的同時，順手給了殘暴的統治者有力的一擊。文中的語言，生動形象，如寫瑕丘子遊說秦王，「摩其須、拍其肩」；寫野人在石梁上，「立而睨之，則足搖而不能舉，目運而不敢矚」，皆栩栩如生，令人稱絕。

一三四　夢騎

芻甿❶之市❷，見市子之騎而都❸也，慕之，顧無所得馬，歸而惋形于色。一夕，乃夢騎，樂甚，寤❹而與其友言之。其友憐而與俱適❺市，僦❻馬與之，騎以如陌❼。馬見青而風❽，嘶而馳，駜然而驤❾，蹩然而若鳧❿，芻甿抱鞍而號，旋于馬腹之下。馬躍而過之，頭入于泥尺有咫⓫。其友馳救之免。

歸乃謂其子曰：「知命者有大戒，惟慎無⓬乘馬而已。」

【注　釋】❶芻甿　虛構人名。芻，割草。甿，通「氓」。農夫。芻甿，取義於農人。❷市　集市。❸都　漂亮。❹寤　醒來。❺適　往。❻僦　租。❼如陌　到田間小路上。陌，田間小路。❽見青而風　看見青草就奔馳如風。風，放逸。❾駜然句　駜然，馬強壯有力貌。驤，馬昂首奔馳貌。❿蹩然句　像野鴨似地盤旋而行。蹩然，旋行貌。蹩，同「蹩」。鳧，野鴨子。⓫尺有咫　一尺八寸。咫，八寸。⓬無　勿。

【語　譯】芻甿到集市上去，看見集市上的人騎著馬氣宇軒昂，非常羨慕他們。想到自己沒有馬騎，回來後惋歎不已，滿臉失落的神色。一天夜裡，他竟夢到自己騎上了馬，欣喜異常。

醒來後與朋友談起這件事，他的朋友同情他，便和他一起來到集市，租了一匹馬讓他騎上。行到田間小路上，馬看見草色青青，便嘶叫著一陣風地飛奔起來。只見牠昂起頭，強壯有力，像野鴨似的盤旋而行。芻甿緊緊抱住馬鞍，一路驚叫。突然，他掉到馬腹下面，馬一躍而過。他的頭陷入泥中一尺多深。朋友趕緊跑過來救起他，才避免了一場災難。

回來後他對兒子說：「知命的人有一個大忌：就是要小心謹慎，不要騎馬。」

【研　析】葉公好龍的故事為人們所熟知，葉公「鉤以寫龍，鑿以寫龍，屋室雕文以寫龍」，而當真龍現身時，葉公卻嚇得喪魂失魄，六神無主。本文與葉公好龍的故事頗有幾分相似之處：芻甿羨慕騎馬，甚至在睡夢裡都心嚮往之。但真正騎上馬受了驚嚇後卻得出結論，「惟慎無乘馬而已」。這裡，他犯了兩個錯誤：一是他只看到騎在馬上瀟灑氣派，卻不知道騎馬也需要掌握基本的技能，否則，是有危險的；二是從馬上摔下來本來是一件很平常的事，只要認真學習，反覆實踐，是能夠成為一名優秀的騎手的。而他卻淺嘗輒止，遇難而退，甚至將不要騎馬作為「大戒」告訓子孫。如此對待生活中的小小挫折，真是太可悲了！

一三五　石激[1]水

郁離子曰：「石激水，山激風，法激姦，吏激民，言激戎[2]，直激暴，天下之紛紛生於激。是故小人之作亂也，由其操之急、抑之甚，而使之東西南北無所容也。故進則死，退則死，進退無所逃也，則安得不避其急而趨其緩也哉？夫人之有欲，如嬰兒之欲乳也。吾力不足以過之，而又不能舒徐❸以開之，委曲以道之❹，乃欲以一介之微❺，挫其鋒於頃刻，是何異乎以唾滅火、以瓠捍刃❻也哉？聖人知其無益也，故曰：『人而不仁，疾之已甚，亂也❼。』及其見陽虎也，則應之曰：『諾，吾將仕矣❽。』而不與之爭也。陳恆弒其君，告夫三子，不可，則曰：『以吾從大夫之後，不敢不告也❾。』而不與之辯也。夫如是，何激之有哉？是故鯀堙洪水，禹乃導而疏之❿，然後地平天成之功不在鯀而在禹，何也？激不激之謂也。」

【注釋】❶激　因阻礙水流而引起騰湧或飛濺。❷戎　戰爭。❸舒徐　從容不迫。❹委曲句　委曲，委婉含蓄。道，同「導」。開導。❺一介之微　極言微小。一介，一個；微小的事物。❻以瓠捍刃　用瓠去抵擋刀刃。瓠，葫蘆。❼人而不仁三句　語出《論語・泰伯》，意思是：對不仁的人，如果痛恨得太過分，也會逼迫他們作亂。❽及其見陽虎四句　出自《論語・陽貨》：陽貨在路上遇見孔子，對孔子說：「懷著一身的本領卻聽任國家昏暗，這叫作仁嗎？」孔子說：「不可以。」陽貨說：「喜歡做官卻屢次錯過機會，這能叫聰明嗎？」孔子說：「不能。」陽貨又說：「時光一去不復返，歲月是不等人的。」孔子說：「好吧，我打算做官了。」陽虎，字貨，魯國季氏家臣，事季平子。平子卒，專國政。因反對三桓（孟孫、叔孫、季孫），事敗，出奔齊、晉。仕，做官。❾陳恆弒其君六句　據《論語・憲問》，陳成子（恆）殺齊簡公，孔子向魯哀公稟報，請求出兵討伐。魯哀公說：去報告季孫、孟孫、叔孫三位大夫。孔子稟報後，三位大夫不同意出兵。孔子說：因為我曾經做過大夫，所以不敢不來報告。❿鯀堙洪水二句　鯀，傳說中我國古代部落酋長名，號崇伯，禹之父。奉堯命治水，築堤堵水，九年未成，被舜殺死在羽山。後來，禹採取疏導的方法，治水成功。《尚書・洪範》：「我聞在昔，鯀陻洪水。」堙，通「陻」。堵塞。

【語譯】郁離子說：「石阻遏水，山阻遏風，法律遏制奸邪，官吏制約民眾，言論阻止征伐，公正制止暴虐，天下的各種事端，都是從阻遏與被阻遏之中產生的。所以，小人作亂，是由於統治者操之過急，抑制過甚，使得他們東西南北無處遁身的緣故。因為，進是死，退也是死，不論是進還是退都無處可逃，他們怎麼會不想避開危急而追求和緩呢？人有欲望就如同嬰兒想吃奶一樣。我的力量不足以制止，且又不能舒緩地開啟它，委婉曲折地疏導它，卻想用微小的一點力量在頃刻之間挫敗它的鋒芒，這樣做，與用唾沫滅火，用葫蘆抵擋刀刃有什麼不同？孔子知道這樣做無益，因此說：『對不仁的人，如果痛恨過分，也會逼迫他們作亂的。』等到他遇見陽虎，就回答說，『好吧，我打算做官了』，而不與他爭辯。陳成子（恆）殺死齊簡公，孔子向季孫、孟孫、叔孫三位大夫稟告，三位大夫不同意出兵討伐。孔子說，『因為我曾經做過大夫，所以不敢不來報告』，而不與他們辯論。像這樣，怎麼會激化呢？所以，鯀治理洪水，採用築堤堵水的方法，而禹則採用疏通引導的方法，後來地平天成，治水的功勞不在鯀而在禹，為什麼呢？原因就在於阻塞與疏導兩種不同的治理方法上。」

【研　析】傳說中鯀治洪水，採用堙的方法，築堤岸，截水流，結果大水氾濫，九州澤國。而禹改用導的方法，開鑿河流，疏通水道，終平水患，大功告成。兩種不同的思維方法，兩種不同的結果。

本文以「石激水，山激風，法激姦，吏激民……」闡明與治水同樣的道理。作者認為，「天下之紛紛生於激」。所謂「激」，就是操之過急，抑之過甚，不給對方任何喘息的空間，「使之東西南北無所容」，其結果只會使矛盾激化，紛爭迭起。而解決問題的根本方法，只能靠因勢利導，逐一化解矛盾。為證明自己的論點的正確性，文章還搬出孔夫子處理問題的方法作為依據。在元末民族矛盾階級矛盾加劇、統治者一味採取高壓政策奴役民眾的背景下，寓言的創作意圖是很明顯的。

一三六　楚巫

楚俗尚鬼❶，鬼實弗神也，而其巫謀神之❷。乃陰搆❸于邑俠❹，請以其利共。邑俠以其情通于國俠，故得悉聞有司❺之事與訟獄❻之勝負，驗如響❼。有不用巫言，則事之已右者必左，已左者必右。於是楚人之奉巫過於奉王令，寧違王禁而不敢違巫言。

王聞之，怒，命司馬戮巫而焚其祠。國人大譟❽，相與為訛言❾。於是楚旱，民皆以咎王❿，群小巫並起為讙⓫，遍國中皆稱鬼。王與令尹⓬謀盡殺巫，以問熊蟄父⓭。熊蟄父曰：「是激⓮也，未可。夫民愚而溺於禍福⓯，彼方興用鬼，而吾驟遏之，未竟⓰其所望，而謂吾怫⓱其情，必怨。夫怨，起於微而積者也。十家之邑，一日不能戶無事，而況楚國乎？有事莫不諉諸鬼⓲，則莫不倚鬼以尤王⓳，其奚以禦之？不如因而亢之⓴。小人能禱禍㉑而不避亢，亢而後昭其詐㉒，則不戶說㉓而喻，然後明正其法，蔑㉔敢違矣。」

乃命群巫推一大巫以主鬼㉕，而復其祠，國有事亦請㉖焉。而大選縣公㉗，平庶獄㉘，寬征役，絕請謁㉙，黜貪墨㉚，國、邑之俠皆屏迹㉛，巫言多不中，民始懈。會鄙有西師㉜，王集其國老㉝以祈巫㉞，巫不得先聞而失其辭㉟。王以詰㊱國老，國老愕，弗能對。乃尸巫㊲而爇鬼㊳，無一人敢復言鬼。

【注釋】❶尚鬼　崇尚鬼；信奉鬼。❷謀神之　謀劃使之靈驗。神之，使之神。❸陰搆　暗中勾結。❹邑俠　指地方上那些勾結官府、包攬訴訟的地痞豪強。❺有司　官府衙門。❻訟獄　訴訟。❼驗如響　像回聲一樣靈驗。響，回聲。❽譟　叫嚷；喧鬧。❾訛言　謠言。❿咎王　責怪楚王。⓫讙　喧譁。⓬令尹　戰國時楚國最高官職，掌軍政大權。⓭熊蟄父　楚國賢者。⓮激　謂激起民憤。⓯溺於禍福　謂沉溺於禍與福的迷信之中。⓰未竟　沒能完全滿足。⓱怫　通「悖」。違反；悖逆。⓲諉諸鬼　謂將事情發生的原因推託於鬼。諉，推諉。⓳倚鬼以尤王　依仗鬼來怪罪大王。尤，歸罪於。⓴亢之　指抬高其地位。亢，高。㉑譸禍　詛咒災禍。㉒昭其詐　指揭穿巫師的欺詐行徑。昭，顯明。㉓不戶說　不挨家挨戶地說。㉔蔑　無；沒有。㉕主鬼　主管鬼的事。㉖請　請問；請教。㉗縣公　指縣大夫。春秋時，楚君稱王，其縣大夫僭稱公。《左傳・宣公十一年》：「諸侯、縣公皆慶寡人。」杜預注：「楚縣大夫皆僭稱公。」㉘平庶獄　平反老百姓的冤獄錯案。庶，庶人；平民百姓。㉙絕請謁　杜絕請託求情之事。謁，求見；拜見。㉚黜貪墨　罷免貪官污吏。黜，罷黜；免職。墨，貪污；不廉潔。《左傳・昭公十四年》：「貪以敗官為墨。」㉛屏迹　絕跡。㉜會鄙有西師　適逢西面邊境上有敵軍入侵。鄙，邊境。㉝國老　指告老退職的卿、大夫、士。㉞祈巫　謂求教於巫師。㉟失其辭　所言與實際不符。㊱詰　責問。㊲尸巫　殺死巫師並將其屍體示眾。㊳爇鬼　焚燒鬼的塑像。

【語譯】楚國的習俗崇尚鬼，實際上「鬼」並不靈驗，是那些巫師使用手段使「鬼」顯得很有神靈。那些巫師暗中勾結地方上的地痞豪強，商定把獲得的好處共同分享。地方上的地痞豪強又把有關情況通到國都的豪強那兒，因此巫師能夠全面地了解官府衙門的底細和訴訟輸贏的內情，說出來的話很靈，就像回聲一樣應驗。如果有人不按照巫師的話去做，那麼，該右的必左，該左的必右，結果總是和預計相反。於是，楚國人信奉巫師的話遠遠勝過相信楚王的命令，寧可違反楚王的禁令也不敢違抗巫師的指示。

楚王聽說這一情況勃然大怒，命令官員殺掉巫師並且焚燒了他們的祠堂。國人喧譁不滿，相互間編造謠言。正巧這時楚國發生了旱災，楚人便把災害的原因歸罪於楚王，眾小人、巫師一起喧鬧叫囂，整個國中都在稱頌鬼。楚王同令尹商量打算殺盡所有的巫師，徵求熊蟄父的意見。熊蟄父說：「這樣做會激起民憤，萬萬不可。那老百姓愚昧無知並沉溺於卜問禍福之中，他們正時興信奉鬼神，我們驟然間加以制止，未能滿足他們的欲望，他們就會說我們違背了他們的心願，違背了他們的心願，必定產生怨恨。那怨恨起於細微之處由小而大逐漸積累。十戶的鄉邑，一天之中不可能家家平安無事，何況整個楚國呢？有事沒有不推諉於鬼的，這樣他們就都依賴於鬼而把罪責歸於大王了。那怎麼來對付他們呢？不如趁勢提高巫師的地位。小人總是詛咒災禍而在順境時疏於防範的。提高他們的地位，而後揭露他們的欺詐伎倆，那麼，用不著挨家挨戶地說明情況就能使真相昭然若揭了。然後，對他們公開正法，就沒有人敢違抗了。」

於是命令在巫師中推舉一個大巫師來主持祭鬼，並恢復了他們的祠堂，國家遇到大事也向他們徵詢。同時，選舉縣裡的大夫，平反百姓的冤獄，放寬賦稅，減輕勞役，杜絕私下請託求情的現象，罷免貪官污吏，國都和地方上那些勾結官府、包攬訴訟的豪強都銷聲匿跡，巫師的預言也就大多不靈驗了，老百姓漸漸失去了對巫師的信任。這時正碰上西邊邊境上有戰事，楚王召集國老向巫師卜問，由於巫師事先得不到內部消息，因此講的話與實際不符。楚王因此責問國老，國老驚愕，無言以答。於是就殺了巫師，將其屍首示眾，並放火燒毀鬼的偶像。從此，沒有人再敢宣揚鬼了。

【研　析】朗朗世界，蕩蕩乾坤，本無鬼神。奸邪之徒裝神弄鬼，只是為了愚弄百姓，從中漁利，而其鬼魅伎倆一旦被人識破，也就失去了市場，不再被人信奉。楚王治巫，聽取大夫熊蟄父的建議，欲抑先揚，欲卑先亢，讓巫師充分表演，待到時機成熟，收網捕獵，真相大白，置對方於死地，可謂水到渠成。

本篇啟迪我們：當民眾尚未覺悟時，貿然行動，採取強制手法，只會事與願違。講究策略，甚至退避三舍，不失為明智抉擇。耐心啟發，積極誘導，讓事實說話，使民眾心悅誠服，才是解決問題的根本辦法。

寓言塑造了三種不同的人物形象：巫師與邑俠、國俠，他們暗中勾結，欺騙百姓——足見其狡詐；楚王不顧國人反對，欲「盡殺巫」——足見其愚蠢；熊蟄父巧設計謀，欲擒故縱——足見其智慧。寓言用不多的筆墨，將不同的人物勾勒得栩栩如生，表現了作者非凡的筆力。

一三七　公孫無人

柳下惠❶之弟跖❷盜于魯，魯人患之。

公孫無人❸謂展季曰：「舜父瞽瞍❹而弟象❺，舜克諧，以孝烝烝，乂不格姦❻。有諸❼？」展季憫然無以應。

明日而之盜跖，盜跖環甲兵以自衛，揖其兄以入，還而坐，揚揚然❽問曰：「聖人之聚人，有道乎？」展季曰：「有。」請問之，曰：「太上❾以德，其次以政，其下以財。德久則懷，政弛則散，財盡則離。故德者，主也；政者，佐也；財者，使也。致君子莫如德，致小人莫如財，可以君子可以小人，則道之以政，引其善而遏其惡。聖人兼此三者而弗顛其本末，則天下之民無不聚矣。」盜跖怫然❿曰：「我之聚人也異於是：驅之以白刃，漬之以赤血。從我者與之，其不從我者屠之。焚燒其室廬，芟翦⓫其妻孥⓬，蕪其土田，割其恩愛，斷絕其顧念，使之不奪不食，舍我奚適？吾將以是橫行于天下，而非若長者之迂⓭也。」展季啞然而返，曰：「始吾謂人無不肖⓮，皆異於禽獸，由今觀之，殆⓯不若矣。」

遂隱于柳下，而別其族曰「柳下氏」。

【注　釋】❶柳下惠　即展禽，春秋時魯國大夫，字季。食邑柳下，諡惠，因稱柳下惠。❷跖　又稱盜跖，傳說中先秦的大盜。❸公孫無人　虛構人名。❹舜父瞽瞍　虞舜的父親瞽瞍，性頑，愛後妻和後妻之子，屢欲殺舜。或以有目而不能分別好惡，稱之為瞽瞍。瞽、瞍，皆瞎眼之意。❺象　舜的弟弟。《史記・五帝本紀》：「舜父瞽瞍娶妻而生象。象傲。」❻舜克諧三句　意謂舜能與父母、弟弟和睦相處，以孝行美德感化他們，家事處理得十分妥善，使自己的行為不至流於奸邪。克，能。諧，和諧。烝烝，孝德厚美。乂，治。指處理家事。格，至。姦，邪惡。語本《尚書・堯典》，四岳向堯推薦舜說：「瞽子，父頑，母嚚，象傲，克諧，以孝烝烝，乂不格姦。」❼有諸　有沒有這回事？❽揚揚然　得意貌。❾太上　猶言最上。❿怫然　勃然；面容變色貌。⓫芟翦　翦除。⓬妻孥　妻子兒女。⓭迂　迂腐。⓮人無不肖　人無論賢與不賢。不肖，不賢。⓯殆　恐怕。

【語　譯】柳下惠的弟弟跖在魯地起事，魯國人把他看作禍患。

公孫無人對展季（柳下惠）說：「舜的父親是個瞎子不分好惡，他的弟弟叫做象，舜能與他們和諧相處，以孝行美德感化他們，家事處理得十分妥當，使自己的行為不至流於奸邪。有這回事嗎？」展季神情淒愴，未作回答。

第二天展季去見盜跖。盜跖在四周安排下身著鎧甲的士兵以作自衛，揖請他的兄長入內，環繞坐下。盜跖得意揚揚地問道：「聖人集聚人有辦法嗎？」展季說：「有。」盜跖便向他請教。展季說：「最好的辦法是用道德，其次用政令，最下等的用財物。以道德聚人，時間久了，使人感懷；以政令聚人，一旦政令鬆弛，人心就會渙散；以財物聚人，財物耗盡，人也就離散了。所以，聚人要以德為主，以政令輔佐，同時使用財物。招致君子，沒有比用德更好的辦法了；招致小人，沒有比用財更好的辦法了。要想既對君子又對小人奏效，就用政令。用政令引導他們行善而遏制他們作惡。聖人兼用這三種辦法而不顛倒它們之間的本末關係，那麼，天下的百姓沒有不能集聚起來的。」盜跖面容變色說：「我集聚人的辦法，和你說的不一樣。我用鋒利的刀刃驅趕他們，用紅色的鮮血漬染他們；服從我的人我就賞賜他們，不服從我的人我就殺死他們；焚燒他們的房屋，翦除他們的妻子兒女，使他們的田地荒蕪，割斷他們的恩愛之情，斷絕他們的顧眷思念，使他們不掠奪就沒有飯吃，離開我他們能到哪裡去呢？我將用這種辦法橫行天下，而不像那些長者一樣迂腐不堪。」展季啞口無言，只得返回，說道：「原先我認為人無論賢與不賢，都和禽獸不同，今天看來，恐怕有的人就不如禽獸了。」

於是，展季隱居於柳下，為區別於他的氏族，稱「柳下氏」。

【研　析】以德治國，是儒家的一貫思想。孔子說：「為政以德，譬如北辰，居其所而眾星共之。」（《論語・為政》）孟子說：「以力服人者，非心服也，力不贍也；以德服人者，中心悅而誠服也。」（《孟子・公孫丑上》）本篇借柳下惠之口，表達了儒家的這一政治主張，即集聚民眾，以仁德為上，政令為次，而用財物籠絡人心的做法則為下策。

作者否定以暴力「橫行于天下」的做法，將歷史上的盜跖描寫成一個殺人如麻、無惡不作的劊子手，認為其禽獸不如，在這一點上，又反映了他認識上的局限性。

一三八 僰❶人養猴

僰人養猴，衣之衣而教之舞，規旋矩折❷，應律合節❸。巴童❹觀而妬之，恥己之不如也，思所以敗之，乃袖茅栗❺以往。筵張❻而猴出，眾賓凝眝❼，左右皆蹈節❽。巴童佁然❾揮袖而出其茅栗，擲之地。猴褫衣❿而爭之，翻壺而倒案⓫，僰人呵之不能禁，大沮⓬。

郁離子曰：「今之以不制之師⓭戰者，蠢然⓮而蟻集⓯，見物則爭趨之，其何異於猴哉！」

【注釋】❶僰　古代西南少數民族名。居今四川南部、雲南東部一帶。❷規旋矩折　謂舞蹈動作符合規則。❸應律合節　應合旋律和節拍。❹巴童　巴地的兒童。巴，古代民族名。主要分布在四川東部、湖北西部一帶，曾建立巴國。❺茅栗　疑為「芧栗」，即橡子。《莊子・徐无鬼》：「先生居山林，食芧栗。」❻筵張　擺設酒席。❼凝眝　凝視。❽蹈節　踏著節拍。❾佁然　神態安逸貌。形容不動聲色。❿褫衣　脫去衣服。⓫案　几桌。⓬大沮　十分沮喪。⓭不制之師　失去控制的軍隊。⓮蠢然　騷動貌。⓯蟻集　像螞蟻一樣集結。形容集聚之多。

【語　譯】有個僰人養了一群猴子，他給猴子穿上衣服並教牠們跳舞，來回旋轉都符合要求，應合節拍。巴地的一個孩童看了心生嫉妒，為自己不如猴子而感到羞愧，便想法子來使僰人當眾出醜。於是，他在衣袖裡藏了一些橡子前去觀看。筵席擺開後猴子們都出場了，眾賓客凝神注視，猴子忽左忽右按照音樂的節拍起舞。巴地的孩童不動聲色地揮動衣袖，將藏在裡面的橡子灑落在地。猴子們見狀都剝下衣服去搶橡子，碰翻了酒壺，推倒了案桌。僰人大聲吆喝，不能阻止，非常沮喪。

郁離子說：「如今，用那些不服從指揮的軍隊去打仗，蠢蠢欲動，就像一群聚集在一起的螞蟻，看見財物就爭先恐後地搶奪，這和猴子有什麼區別呢！」

【研　析】猴子畢竟是猴子，幾粒橡子，就能使牠們群起爭奪，原形畢露，置主人的指令於不顧，這是由動物天性決定的。本篇以猴設喻，揭示了封建社會軍隊的弊病，即紀律渙散，不聽號令，見利忘義，掠奪成性。這樣的烏合之眾，與一群猴子無異。

一三九　良心

郁離子曰：「人莫不親其父母也，而弗思他人之亦各親其父母也；莫不愛其子也，而弗思他人之亦各愛其子也。故有殺人之父母與子而不顧者，及其父母與子之死，則不堪其悲。是其良心之未亡，猶可道❶而之善也。人有不能孝於父母而鍾愛其子者，不思父母之於己，亦猶己之於子也。是其良心雖亡，而猶有存者，亦未至于不可道而之善也。是故聖人立教，因其善端而道之，使之引而伸之，觸類而長之❷，侯以明之，撻以記之，格則承之庸之，否則威之❸。生之者天地父母，而成之者君師也。不然，名雖曰人，與禽獸何別焉？」

【注　釋】❶道　通「導」。開導；引導。❷觸類而長之　語本《易・繫辭上》「引而伸之，觸類而長之，天下之能事畢矣」。孔穎達疏：「謂觸逢事類而增長之。」意謂掌握一類事物知識或規律，就能據此而增長同類事物的知識。❸侯以明之四句　語出《尚書正義・益稷第五》。原文：「侯以明之，撻以記之，書用識哉，欲並生哉。工以納言，時而颺之。格則承之庸之，否則威之。」意思是當行射侯之禮，以明善惡之教；笞撻不是者，使識記其過。天下人能至於道則承用之，任以官職；不從教者，則以刑罰威懾之。侯，古代行射禮時用的靶子，用獸皮或布製成。撻，鞭打。格，至。庸，任用。否，不是這樣。

【語　譯】郁離子說：「人沒有不親近自己父母的，但卻不考慮別人也各自親近他們的父母；人沒有不愛護自己子女的，但卻不考慮別人也各自愛護他們的子女。因此，有的人對殺害人家的父母和子女全然不顧，等到他們自己的父母和子女死了，卻忍受不住內心的悲傷，這是因為他們的良心還沒有泯滅，還可以引導他們走向善的一面。有的人不能孝敬父母，但卻鍾愛自己的子女，他們沒有想到，父母對待自己，也像自己對待子女一樣啊！這樣的人，良心雖然有所喪失，但還有尚存的一面，還沒到達不能引導走向善的地步。所以，聖人創立教義，順著人善的一面引導，使之不斷完善，觸類旁通，等候他們明白事理；懲罰做得不對的地方，使識記其過。符合標準的就加以使用，委以官職；不符合的，就以刑律相威懾。生育他們的是天地父母，而成就他們的是君子老師。不然的話，名義上叫做人，實際上與禽獸有什麼區別呢？」

【研　析】良心是倫理學中的一個重要範疇，古今中外的哲學家都十分注意良心的本源及其實質，而提倡做事要講良心，為人要有惻隱之心、羞惡之心、恭敬辭讓之心、是非之心又是儒家思想的菁華。《孟子・盡心上》云：「其所以放其良心者，亦猶斧斤之於木，旦旦而伐之，可以為美乎？」這是以牛山之木比喻良心，勸導人們不要放失了良心。本文題曰「良心」，意在宣揚人必須敬奉天地君親師的儒家禮教。作者認為，只要一個人的良心尚未泯滅，就可以引導他向善的方向發展，伸之長之，明之記之，懲惡揚善，觸類旁通。為政之道，就是要任用和提拔那些心地善良、才學出眾的人，而對邪惡險側之徒，則要用法律的手段來震懾他，制裁他，這樣才能建立起良好的人倫關係和清明的政治氛圍。在現代社會，受金錢和物欲誘惑，爾虞我詐，唯利是圖的現象司空見慣。讀讀這篇文章，呼喚道德和良知的回歸，別有一番意義。

一四〇 飲漆毒水

熊蟄父謂子離❶曰：「今有病渴，而刺漆汁❷以飲之，可乎？」曰：「不可。」「育魚于池而患獺❸，則毒其水❹，可乎？」曰：「不可。」曰：「然則子之王亦未之思❺也，甚矣。王患民賦之不均也而用司馬發❻。司馬發極人力之所至，務盡收以為功，見利而不見民；民入不足以為出，老弱餓殍❼，田野荒虛，而王未之聞也。王患敵寇之未弭❽也而用樂和❾。樂和說❿士卒以剽掠⓫，見兵而不見民；民視之猶虎狼，所過妻孥⓬不保，而王未之知也。是何異乎刺漆汁以止渴，毒池水以禁獺哉？王如不寤，吾恐民非民而國非王國矣。」

【注釋】❶子離　虛構楚臣名。❷漆汁　漆樹的汁水。❸患獺　擔憂水獺為患。水獺，一種食魚動物。❹毒其水　在水中放毒。❺未之思　「未思之」的倒裝形式。❻司馬發　虛構人名。❼餓殍　餓死的人。❽弭　消除；停止。❾樂和　虛構人名。❿說　同「悅」。喜歡。此指放縱。⓫剽掠　掠奪。⓬妻孥　妻子兒女。

【語　譯】熊蟄父對子離說：「現在有個人渴得要命，劃開漆樹皮，取漆汁給他喝，行嗎？」子離說：「不行。」熊蟄父又說：「在池塘裡養魚，怕水獺為患，就往池中放毒藥，行嗎？」子離回答說：「不行。」於是熊蟄父說：「然而你的君王卻沒有考慮過這樣的問題，太不應該了！君王擔心老百姓繳納的賦稅不均勻而任用司馬發。司馬發用盡人力所能達到的力量，一定要把老百姓的全部收入搜刮乾淨，以作為自己的功績，只見利而不見百姓。百姓的收入還不夠繳納賦稅，老弱的人飢餓而死，田地一片荒蕪，這些情況君王一點也不了解。君王擔憂的是敵寇還沒有消除而任用樂和，樂和放縱士兵肆意掠奪，他的眼中只有士兵而沒有百姓，百姓把他們看作豺狼虎豹。軍隊經過的地方，百姓的妻子兒女都不能保全，而君王並不知道這些情況，這與割漆樹取汁解渴，在池水中投毒以禁止水獺，有什麼區別呢？君王如果再不醒悟，我擔心百姓將不再是君王的百姓，而國家也將不再是君王的國家了。」

【研　析】為解渴飲用漆汁，防獺患在池水中投毒，都是不足取的。本文以這兩點設喻，說明君王的所作所為與此無異：為充實國庫，放任官吏橫徵暴斂，搜刮民脂民膏——這是見利而不見民；為邊境安寧，重用悍將，縱兵搶掠，「所過妻孥不保」——這是見兵而不見民。它們的共同點就是不顧百姓死活，只看到眼前利益而忽視了長遠利益。須知，民為國之本，民心所向關係到國家安危。文章指出，如果聽任這種殘酷剝削和肆意掠奪的行為蔓延，長此以往，人民一定會起來反抗，到那時，國將不國，民將不民，殘暴的統治還能維持下去嗎？

在寫法上，文章以問話開頭，先聲奪人。在得到對方肯定的回答後單刀直入，一語中的，起到請君入甕的效果，使議論具有不可辯駁的氣勢。

一四一 石羊先生自嘆

石羊先生倚楹❶而嘆曰：「嗚呼，予何為其生乎？人皆娭娭❷，我獨離離❸；人皆養養❹，我獨罔罔❺。謂天之棄之乎？則比人❻為有知❼。謂天之顧之乎？則何為使予生於此時？時乎命乎，我獨于罹❽？東乎西乎南乎北乎，吾安所歸？獨不如魚與鼈乎，潛居于坻❾；又不如鴻與雁乎，插羽而飛。何不使之為土為石乎，而強生以四肢；又何不使之冥冥木木❿，不知痛痒，以保其真乎？而予之以致寇之貨⓫，陷之以不測之機⓬？」

於是，悲風振天，四野凄涼，浮雲不行，霰雪⓭交零，日月為之無光七日。

【注　釋】❶倚楹　靠著柱子。❷娭娭　和樂貌。❸離離　憂傷貌。❹養養　通「洋洋」。自得貌。❺罔罔　若有所失貌。罔，通「惘」。❻比人　並列於人。❼知　通「智」。智慧。❽罹　遭受苦難。❾坻　水中小洲。❿冥冥木木　冥冥，懵懂無知。木木，反應遲鈍；痲木。⓫致寇之貨　招致強盜劫掠的貨物。寇，盜匪。⓬不測之機　指意外不幸。機，古代弩上發箭的裝置。⓭霰雪　雪珠和雪花。

【語　譯】石羊先生倚在堂前的柱子上，歎息道：「唉，我為什麼要這樣活著呢？人們都嬉笑玩樂，而我獨鬱鬱寡歡；人們都洋洋自得，而我獨惆悵惘然。說是上天拋棄我吧，我卻比別人更有智慧；說是上天顧恤我吧，卻為什麼要讓我生長在這樣的時代？難道說是時運嗎？是天命嗎？我偏偏遭遇上了。向東？向西？向南？向北？我的歸宿在哪裡？難道我還不如那些潛居在水中小洲邊的魚和鱉嗎？又不如那些展翅飛翔的鴻與雁嗎？為什麼不讓我的軀體化為泥土和石塊，卻硬要生出四肢來？又為什麼不讓我糊裡糊塗，不知痛癢，以保全我的純真，卻要給我財物而招致賊寇，使我陷入難以預測的危機之中呢？」

說到這裡，空中悲風震盪，四野一片淒涼，浮雲靜止不動，冰珠和雪花紛紛灑落，太陽和月亮七日暗淡無光。

【研　析】懷才不遇，生不逢時，是文人作品中常見的題材，從屈原的〈離騷〉，到司馬遷的〈悲士不遇賦〉，到辛棄疾的〈菩薩蠻〉（鬱孤臺下清江水），可以說代有佳作，層出不窮。本文名為〈石羊先生自嘆〉，其實就是作者自歎。作者生在元季，空懷一腔熱血，滿腹經綸，但在黑暗政治下，報國無門，壯志難酬，因此發出「予何為其生乎」的浩歎。作者以一連串設問、反問的句式，抒發難以平息的憤懣之情，大大增強了文章的感染力，同時，也是對元代社會的有力抨擊。文章最後寫到悲風冷雪，四顧淒涼，日月為之無光七日，則把這種氛圍推到了高潮。

一四二　小人猶膏❶

郁離子曰：「小人其猶膏乎？觀其皎而澤，瑩而媚❷，若可親也。忽然染之則膩❸，不可濯矣。故小人之未得志也，尾尾❹焉；一朝而得志也，岸岸❺焉。尾尾以求之，岸岸以居之，見于聲，形于色，欲人之知也如弗及。是故君子疾夫尾尾者。」

【注釋】❶膏　脂肪。❷媚　美好。❸膩　污垢。❹尾尾　同「娓娓」。言辭動聽貌。❺岸岸　高傲貌。

【語譯】郁離子說：「小人不就像油脂一樣嗎，看它的外表潔白而有光澤，晶瑩剔透十分美好，好像是可以親近的樣子。然而一旦被沾染上，就會弄上一身油膩，怎麼也洗不掉。所以，小人未得志時，言辭動聽，巧言取媚；一朝得志，神情傲岸，趾高氣揚。言辭動聽是因為有所乞求，神情傲岸是要擺出一副居高臨下的樣子。這從他們的聲音中、神色上都可以表現出來，他們是想讓人家知道別人都不如他。所以，君子痛恨那些言辭動聽巧言取媚的小人。」

【研析】君子光明磊落，不隱瞞自己的觀點，不曲意討好別人，上交不諂，下交不瀆。小人則不然，他們受自身利益的驅使，未達時，拍馬逢迎，竭盡阿諛奉承之能事；一朝得志，便頤指氣使，不可一世。唐吳兢《貞觀政要・慎終》云：「君子之懷，蹈仁義而弘大德；小人之性，好讒佞以為身謀。」本文以油脂比喻小人，剖析其「皎而澤，瑩而媚」的外表和「染之則膩，不可濯矣」的實質。指出，小人雖然看似可愛可親，但一旦纏身，欲擺脫而不能，遺害無窮。從歷史上看，趙高、楊國忠、秦檜、魏忠賢、和珅都是小人的典型。文章最後以「是故君子疾夫尾尾者」作結，表明了作者鮮明的態度。

一四三　鷹化為鳩❶

岐山❷之鷹，既化為鳩，羽毛爪觜皆鳩矣。飛翔于林木之間，見群羽族之翪然集❸也，趯然❹忘其身之為鳩也，虺然❺而鷹鳴焉，群鳥皆翕伏❻。鳩久之，有烏翳薄而闞之❼，見其爪觜羽毛皆鳩而非鷹也，則出而噪之。鳩倉皇無所措，欲鬭，則爪與觜皆無用，乃竦身❽入于灌。烏呼其朋而逐之，大困。

郁離子曰：「鷹，天下之鷙⑨也，而化為鳩，則既失所恃矣，又鳴以取困，是以哲士⑩安受命而大含忍⑪也。」

【注釋】❶鳩 鳩鴿科部分種類的通稱。我國有綠鳩、斑鳩、南鳩、鵑鳩等。❷岐山 即岷山，位於四川北部。岐，同「岷」。❸見群羽族句 看見各種鳥兒飛集在一起。翐然，鳥展翅上下飛翔貌。❹趯然 猶超然。高超出俗貌。❺虓然 雷鳴一般的響聲。❻翕伏 斂翼躲藏。翕，收斂。❼翳薄句 躲藏在草叢中窺望。翳薄，掩隱。闚，同「窺」。❽竦身 縱身向上跳。❾鷙 兇猛的鳥。❿哲士 哲人；賢明的人。⓫含忍 謂忍辱負重。

【語譯】岷山的鷹變為鳩以後，羽毛、爪子、嘴都成了鳩的模樣。牠飛翔於樹林之間，看見群鳥上下翻飛聚集在一起，竟忘記了自己已變成鳩，突然間發出鷹一般響亮的叫聲。聽到聲音，群鳥都斂翼伏下不敢動彈。過了很長時間，有一隻烏鴉從掩隱的草叢中探頭窺望，看見這位來客的爪子、嘴、羽毛都是鳩的樣子而不像是鷹，便出來對著牠叫喚。鳩倉皇不知所措，想搏鬥，但爪子和嘴全都失去作用，只好縱身躍起，鑽入灌木叢中。烏鴉召喚同伴一路追趕，弄得鳩狼狽不堪。

郁離子說：「鷹是天下的猛禽，而一旦變為鳩，就失去了以往仗恃的本領，但又發出鷹的叫聲，自己使自己陷入困境。所以，賢明的人安於受命並具備很大的容忍性。」

【研 析】鷹搏擊蒼穹，是劉基心目中叱吒風雲的英雄人物的象徵；而鳩蜷縮在灌木叢中，是劉基鄙夷的對象。他曾作詩，抒發鷹化為鳩的感歎，詩寫道：「鷹本是鷙鳥，爪利翮勁疾。胡為化為鳩，鈍拙無與匹？棲遲荊棘間，粒啄營口實。暮啼牆角雨，朝啼屋頭日。昔為眾鳥畏，今為眾鳥唾。運命苦不常，孰為金石質？」（〈雜詩〉四十一首之八）

本篇仍以鷹與鳩為描寫對象，表達了與上面這首詩類似的思想。岷山之鷹變為鳩之後，失去了往日仗恃的本領，而此時的牠卻不能適應已經變化了的角色，奮然而飛，風然而鳴，終遭群烏追逐，陷入困境。本篇以鷹自比，以鷹化為鳩指稱自己辭官為民隱居林泉的經歷；以「鳴以取困」比喻自己欲有所為而遭群小攻擊最終無以用事的窘困處境。通篇透露出作者宦海失意的憤怨與報國無門的惆悵。最後借郁離子的話「哲士安受命而大含忍」，表明了作者忍辱負重、待機而起的處世哲學與人生信念。

一四四 城莒❶

莒北離公❷城莒，視絳都❸。正輿大夫❹諫曰：「晉，天下之大國也，而作絳都，三年然後成，民猶弗堪❺，而況於莒乎？蕞爾國❻於晉不百一❼，以一企❽百，何異乎以羔服象乘❾乎？且城成而與守者民也，悉莒國之人，不直⑩晉一邑，而矧⑪敢視絳？苟有事焉，民集于一隅，三則否矣⑫。」

乃損而參之⑬，盡役其老幼，五年而不畢。楚師伐之，民不戰而潰⑭。

君子謂莒北離公之智不如螘⑮。螘計其徒之多寡以作室，有戒則徙⑯，徙各執其事，有蚳⑰者負其蚳以行。今離公為國而不量其力，不喪⑱何待？

【注釋】①城莒　修築莒國都城的城牆。②莒北離公　春秋時莒國國君。莒，春秋國名，其地在今山東莒縣一帶，後為楚國所滅。③視絳都　按照絳都的規模。視，比照。絳都，春秋時晉國國都，故址在今山西曲沃西南。④正輿大夫　即正輿子。原為萊國大夫，西元前五六六年齊軍攻萊，出奔莒國。後被殺。事見《左傳・襄公六年》。⑤弗堪　不能忍受。⑥蕞爾國　猶小國。蕞爾，形容很小。⑦不百一　不到百分之一。⑧企　攀比；趕上。⑨羔服象乘　用羊羔來駕大車，意謂力不能及。羔，羊羔。服，駕車。象乘，大車。⑩不直　抵不上；不及。⑪矧　亦；也。⑫民集于一隅二句　謂老百姓只能集中在城的一面防守，其他三面就無人守衛了。⑬損而參之　謂將築城規模縮小為原來的三分之一。損，減少；縮小。參之，三分之一。參，同「叁」、「三」。⑭楚師伐之二句　指西元前四三一年楚師伐滅莒之事。⑮螘　同「蟻」。⑯有戒則徙　有險情就遷移。戒，警報，指危險。徙，遷徙。⑰蚳　螞蟻卵。亦指蟻的幼蟲。⑱不喪　不滅亡。

【語譯】莒北離公打算修築莒國的都城，規模比照晉國的絳都。正輿大夫進諫說：「晉國是天下的大國，而修築絳都，用了三年時間才築成，老百姓都不堪其苦，更何況是莒國呢？莒國這樣的小國，不到晉國的百分之一大，卻要跟百倍的大國攀比，這和用羊羔駕象車有什麼區別呢？況且築成城池，守衛的是老百姓。莒國的全部百姓還沒有晉國一個邑的人多，也敢比照絳都嗎？一旦有戰事，老百姓只夠集中防守城的一面，其他三面就無人守衛了。」

於是把築城規模縮小到原來的三分之一，將全國的老人和幼童都徵調來了，整整修了五年都沒有完成。楚國的軍隊打來，老百姓沒有應戰就潰敗了。

君子說：莒北離公的智慧還不如螞蟻。螞蟻能夠根據蟻群的大小來挖洞，遇到危險情況就趕快遷移。遷移時各自擔負起自己的責任，有蟻卵和幼蟻的就去馱蟻卵和幼蟻。如今，離公統治一個國家卻不量力而行，不滅亡更待何時？

【研　析】照搬硬套別國的做法，勞民傷財，損耗國力，民怨四起，以致亡國——本文以莒國國君築城為喻，告誡人們：凡事要從實際出發，根據自己的人力物力財力、天時地利人和，量力而行，擇時而動，才能將事情辦好。反之，貪圖虛名，好大喜功，是沒有不栽跟頭的。

強調對比懸殊，是本文寫法上的顯著特點。莒國之小，晉國之大，羊羔之弱，象乘之巨，這兩組不協調的比照，突出了問題的癥結所在。而結尾處指出，莒北離公之智尚不如螞蟻，則是對統治者的辛辣諷刺。

一四五 寡悔❶

郁離子曰：「食主于療饑❷，其功在飽，而甘旨❸不與焉。衣主于御寒，其功在煖❹，而華飾❺不與焉。飽煖，主也；甘旨、華飾，客也。言文而不信❻，行詭❼而不實，是專事為客而亡其主也。是猶構九成❽之樓，而以竹柱❾也。嗚呼！人之於事也，能辨識其何者為主，何者為客，而不失其權度❿，則亦庶幾⓫乎寡悔矣夫！」

【注　釋】❶寡悔　少懊悔。《論語・為政》：「子曰：『多見闕殆，慎行其餘，則寡悔。』」❷療饑　解餓；充饑。❸甘旨　甜美。❹煖　同「暖」。❺華飾　華麗的裝飾。❻言文而不信　說話華美但不誠實。文，華麗。信，誠實。❼行詭　行為虛偽、詭秘。❽九成　九層；九重。❾柱　支撐。❿權度　標準；準則。⓫庶幾　差不多；大概。」

【語　譯】郁離子說：「吃飯是為了解除飢餓，它的功用在於填飽肚子，香甜肥美不是主要的。穿衣是為了抵禦寒冷，它的功用在於暖和身體，華麗的裝飾不是主要的。吃飽肚皮、暖和身體是主要的，甘甜、華麗則是次要的。言辭動聽而缺少誠信，行為虛偽而不實在，是專注於次要的方面而失去了主要的方面，這就像建造九層高樓，用竹竿充當柱子去支撐一樣。唉！人們處理事情，如果能分清楚什麼是主要的什麼是次要的而不失分寸，恐怕就會少一些懊悔了吧。」

【研析】抓住事物的主要方面，解決當前困境，是解決問題的根本方法。本文以人們生活中最常見的吃飯穿衣為例，說明分清主次的重要性。吃飯的基本功用是填飽肚皮，穿衣的基本功用是溫暖身體，是主。而口味的甜美和服飾的華麗是次要的因素，是客。如果一味追求食物的甘甜美味和服飾的華麗多姿，以客亂主，喧賓奪主，便顛倒了主次關係。從這一觀點出發，作者聯繫到人類社會活動中的種種反常現象，如注重言辭的文彩而忽略內在的誠信，行為詭異，弄虛作假等等。認為這種「專事為客而亡其主」的做法就好比是用竹子當柱子建造九層高樓，後果是不堪設想的，批判的矛頭實際上指的是當時社會上權奸當道，諂諛風行，聽言信貌，賢惡莫辨的黑暗現實。文章最後指出，把握好事物的主客關係，不失權度，就可以少犯一些錯誤，少一些悔不當初的懊惱，這一認識在今天仍然具有教育意義。

一四六 晚成

屠龍子❶失馬而治廄❷，人曰晚矣。屠龍子曰：「折肱而學醫，未晚也❸。昔者齊桓、晉文公皆先喪其國，而後歸為五伯❹。越王句踐棲于會稽，而後滅夫差，作諸侯長❺。知武子囚于楚，而後歸相晉侯，光復先君之業❻。孫子刖足，而後為大國師，破軍斬將，威動天下❼。伍子胥喪家出奔，而後入郢，復其父兄之讎❽。范睢折脅拉齒，棄于簀中，而後相秦，斬魏齊❾。此三君四大夫者，方其逃奔困厄之際，孰不謂其當與枯荄❿落葉同腐土壤？而一旦光輝煥赫⓫，使人仰之如日星之在上。向使⓬其甘於危亡而自暴⓭也，則亦已矣。故七月之旱，禾不生矣，猶可芟而望其穭⓮；若以為晚而遂棄之，田卒荒矣。」

數月而馬歸，人服其識。

【注釋】❶屠龍子　虛構人名。❷治廄　修繕馬廄。❸折肱二句　典出《左傳・定公十三年》「三折肱知為良醫」。意謂多次折斷手臂，就能懂得醫治折臂的方法。肱，胳膊由肘到肩的部分。亦泛指手臂。❹齊桓二句　齊桓公，春秋時齊國國君。姜姓，名小白，襄公弟。因其兄暴虐，出奔莒。襄公被殺，歸國即位，任管仲為相，主改革，國富民強。多次會合諸侯，訂立盟約，成為春秋時的首位霸主。晉文公，春秋時晉國國君。名重耳。因驪姬之亂，出奔在外十九年。後歸晉，成為春秋五霸之一。五伯，即五霸。伯，通「霸」。❺越王句踐三句　句踐，春秋末越國國君。與吳王夫差交戰，大敗，以餘部五千退守會稽（今浙江紹興），使文種通過吳太宰伯嚭求和，與范蠡入臣於吳。返國後，臥薪嘗膽，用范蠡、文種計，十年生聚，十年教訓，轉弱為強，終於西元前四七三年攻滅吳國。後在徐州大會諸侯，成為盟主。會稽，山名，在今浙江紹興東南。夫差，春秋末吳國國君，闔閭子。因不聽伍子胥勸諫，為句踐所滅，自刎而死。❻知武子三句　知武子，即知罃，又作荀罃。春秋時晉國人，荀林父從子。父荀首食於知，因以知為氏。晉景公三年邲之戰為楚俘虜，後被景公贖回。晉厲公被殺後，知罃迎立悼公，修政治軍，光復先君之業，復霸諸侯。❼孫子刖足四句　孫子，指孫臏，戰國時齊國人，孫武後。與龐涓同學兵法於鬼谷子。涓為魏將，嫉臏才能出於己，乃召臏至魏，借他事處以臏刑，故稱孫臏。齊使者淳于髡將孫臏偷載至齊，齊威王拜為軍師。設計大破魏軍於馬陵，擒龐涓，名顯天下。刖足，古代一種削去膝蓋骨的酷刑。❽伍子胥三句　伍子胥，即伍員，字子胥，春秋時楚國人。父奢、兄尚為楚平王所殺，出奔吳，拜為大夫。佐吳王闔閭攻楚，五戰五勝，入楚都郢，掘平王墓，鞭屍三百，以報父兄之仇。郢，楚國都城。❾范雎四句　范雎，字叔，戰國時魏人。長於辯。因事為魏相魏齊笞辱，折其脅與齒，佯死，被裹在葦席中，丟於廁所。在看守相助下脫身。化名張祿西入秦，數說秦王，拜為相，封為應侯。脅，腋下肋骨。簀，竹席。魏齊，戰國時魏相，嘗笞范雎。及范雎為秦相，秦昭王遺書索齊為雎報仇，齊乃自剄。趙取其首節報秦。❿荄　草根。⓫煥赫　光亮顯赫。⓬向使　假使；假令。⓭自暴　自己看不起自己。⓮猶可句　芟，清除雜草。稆，野生的禾。

【語　譯】屠龍子丟失馬以後著手修繕馬廄，有人對他說：這樣做晚了。屠龍子說：「因為折斷了手臂而學作醫生，也不算晚啊。從前，齊桓公、晉文公都是先失去了國而後又歸國成為五霸之一的。越王句踐兵敗後棲守在會稽山，後來滅了吳王夫差，成為諸侯盟主。知武子被楚國囚禁，後來歸國做了晉國的相侯，光復先君的大業。孫臏被砍去膝蓋骨，後來成為大國的軍師，破軍斬將，威震天下。伍子胥喪家出奔，後來攻入楚國的都城郢，替他的父兄報了仇。范雎被魏齊打斷了肋骨和牙齒，丟棄在葦席之中，後來他當上秦相，殺了魏齊。這三位君主四位大夫，當他們逃奔在外處在困厄之中時，誰不認為他們當與枯萎的草根、敗落的樹葉一同腐爛在土壤中呢？然而，一旦光輝顯赫，使人敬仰他們就像敬仰天上的太陽和星星一樣。假如他們甘於危亡的境況而自暴自棄的話，那也就了結了。所以，七月乾旱無雨，禾苗不再生長，還可以將禾苗割去，而寄希望於野生的禾苗。倘若認為已經晚了而放棄它，田地最終就荒蕪了。」

幾個月後，屠龍子的馬跑了回來，人們都佩服他有見識。

【研　析】本文由失馬治廄談起，講述了折肱學醫亡羊補牢未為晚也的道理。

但文章給人的啟示似乎又不僅僅限於此。作者引用歷史上齊桓公、晉文公、越王句踐、知武子、孫臏、伍子胥、范雎的故事，說明人生不如意事十之八九，面對逆境與厄運，不應自暴自棄，甘於沉淪，而應自強不息，以百折不撓的意志和一往無前的勇氣奮鬥不止，這樣才有可能絕路逢生，成就宏偉的事業，描畫出壯麗的人生。司馬遷說過：「古者富貴而名摩滅，不可勝記，唯倜儻非常之人稱焉。蓋文王拘而演《周易》；仲尼厄而作《春秋》；屈原放逐，乃賦《離騷》；左丘失明，厥有《國語》；孫子臏腳，兵法修列；不韋遷蜀，世傳《呂覽》；韓非囚秦，〈說難〉、〈孤憤〉；《詩》三百篇，大抵賢聖發憤之所為作也。」（〈報任少卿書〉）本篇正是前哲思想的繼承與發揮。

一四七　待士

齊宣王❶與盼子❷游于囿❸，出鳥獸魚鼈而觀之，見其馴狎❹而不驚也，洋洋然有喜色。盼子問曰：「王何以能使之若是哉？」王曰：「吾惟其性之欲，而弗逆❺焉耳。」盼子曰：「王必以山林處❻其狐狸、猴猿，沼處其魚鼈，而澤處其鴻雁❼乎？」王曰：「然。」盼子曰：「王必以肉飽其虎豹，果飽其猴猿，稻粱飽其鴻雁，雞鶩❽飽其狐狸乎？」王曰：「固然。」盼子曰：「使虎豹一日無肉，猴猿一日無果，鴻雁一日無稻粱，狐狸一日無雞鶩，則王能安之乎？」王曰：「不能也。」「今欲以澤沼處虎豹、狐狸、猴猿，而山林處鴻雁、魚鼈，則王能馴之乎？」王曰：「不能也。」曰：「然則王之所以處鳥獸魚鼈，無不得其所矣，彼必感王之德而知所以報王矣。今濟與洸鬬❾，河、濟、洸、泗同溢❿，民庶⓫流離，無人以拯之，臣請舉豹；三晉[12]合兵伐我，侵車東至阿[13]，無人以禦之，臣請舉虎；瀛博之間海溢[14]，水冒于城郭[15]，無人以疏[16]之，臣請舉鼈；四郊多壘[17]，烽火[18]不絕，狗偷鼠竊，乘時而興，無人以治之，臣請舉狐；戎卒[19]相持，千里餽餉[20]，禾黍不登[21]，倉廩[22]空竭，無人以理之，臣請舉鴈；禮典違闕[23]，紀法失守，敵國使至，無人以應之，臣請舉猴；忠信不孚[24]，民隱其情，斷獄多辟[25]，無人以明之，臣請舉猿；力本無貲[26]，草萊滋蔓[27]，田野荒蕪，無人以闢[28]之，臣請舉貍。而王可以坐鎮[29]齊國矣。」

王勃然色變。盼子曰：「王無怪也，臣以為王不惜桑麻之地，以為山林沼澤；不惜人食，臣養禽獸者，為其足以承王之任使也。今皆不可，則必於人乎取之。而王之待士，未見有惟其性之欲而弗逆者也，未見有處之必以其處，而食之必以其食者也。則王之所重輕，人知之矣。而又欲繩之以王之徽纆[30]，範之以王之榘度[31]，彊之以其所不能，迫之以其所不願，則任王之事者，非圖餔餟㉜，則有所不得已焉耳。而欲望其悉心竭力，與王共治齊國，是何異乎築枯籜㉝以防水，鑽朽木以取火哉？」

於是，宣王豁然大寤，投案而起，下令放禽獸，開沼澤，與民共之；禮四方之賢士，立盼子以為相。齊國大彊㉞秦、楚致霸，盼子之力也。

【注釋】❶齊宣王　即田辟疆，戰國時齊國國君。威王子，諡宣。❷盼子　田盼，戰國時齊國大將。齊威王十六年，使田盼、田忌、田嬰為將，孫臏為軍師，大敗魏軍於馬陵，生擒魏太子申，殺將軍龐涓。威王晚年，與齊相田嬰不合，遭排擠。❸囿　古代帝王畜養禽獸以供觀賞的園林。❹馴狎　馴順可親近。❺弗逆　不違背。❻處　用作動詞，使之居住。❼鴻雁　大雁。❽鶩　鴨子。❾濟與洸闢　謂濟水與洸水交匯。濟、洸，流經山東的兩條河流。闢，指匯合。❿河濟句　河，黃河。泗，泗水，古水名，源於今山東省泗水縣東。溢，指氾濫。⓫民庶　百姓。⓬三晉　戰國時趙、魏、韓三國的合稱。趙氏、魏氏、韓氏原為晉國大夫，戰國初分晉各立為國，稱三晉。⓭侵車句　侵車，侵犯的兵車。阿，地名，即今山東省東阿縣。《史記・司馬穰苴列傳》：「齊景公時，晉伐阿甄。」司馬貞索隱引《晉太康地記》：「阿即東阿也。」⓮瀛博句　瀛、博，古代州名，分別在今山東蓬萊一帶和今山東聊城一帶。海溢，即海嘯。⓯城郭　城牆。城指內城的牆，郭指外城的牆。⓰疏　疏導。⓱壘　壁壘；營壘。⓲烽火　古代在邊境築高臺舉火以報警。借指戰火。⓳戎卒　士兵；軍隊。⓴餽餉　運送軍糧。㉑不登　歉收。《禮記・曲禮下》：「歲凶，年穀不登。」㉒倉廩　倉庫；糧倉。㉓禮典句　禮儀與典章制度。違闕，不健全。闕，同「缺」。㉔不孚　不能使人信服。㉕斷獄多辟　審理案獄多虛假不實。辟，同「僻」。偏離正道；差錯。㉖力本句　力本，大力發展農業生產。本，根本。古以農業為立國之本。貲，錢財；資金。㉗草萊滋曼　雜草蔓延。草萊，野生的雜草。滋曼，滋生蔓延。㉘闢　開墾。㉙坐鎮　安坐而以德威服人。㉚繩之句　謂用刑法來懲治他們。徽纆，捆綁囚犯或戰俘的繩索，比喻刑法、法度。㉛範之句　謂用規矩來規範他們。榘度，規矩；法度。㉜餔餟　吃喝。餟，同「啜」。《孟子．離婁上》：「子之從於子敖來，徒餔啜也。」朱熹注：「餔，食也；啜，飲也。言其不擇所從，但求食耳。」㉝枯籜　乾枯的竹筍皮。籜，竹筍皮。㉞彊　同「強」。

【語　譯】齊宣王與盼子在園囿中遊玩，放出鳥獸魚鱉以供觀賞。看著牠們馴服親暱沒受到驚嚇的樣子，齊宣王洋洋得意面露喜色。盼子問道：「大王您是用什麼方法把牠們馴服成這樣的啊？」齊宣王說：「我只是順從牠們的習性不加違背而已。」盼子說：「大王想必是讓狐狸、猴猿生活在山林裡，讓魚、鱉生活在水澤中，讓鴻雁生活在沼澤地的吧？」齊宣王說：「是這樣的。」盼子說：「大王想必是用肉來餵飽虎豹，用果子來餵飽猴猿，用稻米高粱來餵飽鴻雁，用雞鴨來餵飽狐狸的吧？」齊宣王說：「本應當如此啊。」盼子說：「假使虎豹一天沒有肉吃，猴猿一天沒有果子吃，鴻雁一天沒有糧食吃，狐狸一天沒有雞鴨吃，大王能安心嗎？」齊宣王說：「不能。」「今天，要是讓虎豹、狐狸、猴猿生活在沼澤地裡，讓鴻雁、魚鱉生活在山林中，大王還能馴服牠們嗎？」齊宣王說：「不能。」盼子說：「大王這樣做，使鳥獸魚鱉無不各得其所，牠們必定會感謝您的恩德而知道來報答您的。如今，濟水與洸水匯合，黃河、濟水、洸水、泗水一同氾濫，百姓流離失所，沒有人來拯救他們，請允許我推薦豹去吧。韓、趙、魏三國聯合發兵征伐我國，入侵的戰車已經東到阿地，沒有人能夠抵擋他們，請允許我推薦虎去吧。瀛州和博州之間海水橫溢，大水從城牆冒出，沒有人能去疏導，請允許我推薦鱉去吧。都城的四郊壁壘林立，戰火不斷，像狗和鼠一樣的盜賊乘機作亂，無人能夠治理，請允許我推薦狐去吧。戰事相持不下，千里運送軍糧，莊稼歉收，糧倉空竭，沒有人能去料理，請允許我推薦雁去吧。違背禮教，典章制度不健全，法紀失效，敵國的使節到來，沒人能夠應對，請允許我推薦猴去吧。不能以忠信取信於民，百姓隱瞞真情，處理案件多虛假不實，無人能夠明斷，請允許我推薦猿去吧。發展農業缺乏資金，雜草四處蔓延，田地荒蕪，沒有人來開闢，請允許我推薦狸去吧。這樣，大王您就可以坐鎮齊國了。」

齊宣王聽了勃然變色。盼子說：「大王不要怪罪我，我還以為大王您並不吝惜種桑植麻的土地，而要改為山林沼澤；不吝惜百姓口中的食糧，而用來餵養飛禽走獸，使牠們足以承擔起大王所託付的職責與使命哩。而今，上述這些都是做不到的，那麼只有到人群中去選拔才俊了。而大王對待賢才，並沒有見到順應他們性之所好加以任用而不違背他們意願的地方，沒有見到安排他們適當的位置而給予他們應有待遇的地方，那麼，大王您所看重的和所輕視的，人們就都一目了然了。而您還要用嚴刑酷法來懲治他們，用規矩法度來規範他們，強制他們做他們做不成的事，逼迫他們做他們不願意做的事。於是，為您辦事的人不是為了養家餬口，就是出於迫不得已而已。而您還指望他們盡心竭力，與您共同治理齊國，這與用乾枯的竹筍皮築堤防水、用朽木鑽取火種有什麼區別呢？」

於是齊宣王恍然大悟，離開案桌站立起來，下令放走飛禽走獸，開發沼澤地，與百姓共同享有，禮待天下賢才，拜盼子為丞相。齊國後來大大強於秦國和楚國稱霸諸侯，都是盼子出的力啊。

【研　析】治理國家，關鍵在於人才。只有勤政愛民，禮賢下士，才能得到民眾的擁護，百川歸海，天下歸心；也只有重視人才，才盡其用，才能富國強兵，自立於大國之林，無敵於天下。本文寫盼子勸諫，主要採用了兩種方法：

一是欲擒故縱法。首先指出齊宣王豢養的鳥獸魚鱉「馴狎而不驚」，是因為牠們各得其所，生活舒適安定。推想牠們「必感王之德而知所以報王」，似乎是在讚揚齊宣王。但接下來話鋒一轉，今天下多難，洪水氾濫，烽火四起，倉廩空竭，可以命虎、豹、魚、鱉、狐、狸、猴、猿等去擔當重任。這一提議看似荒唐，實際上充滿睿智，它無疑是從根本上否定了齊宣王躭於遊樂、重鳥獸魚鱉而不重人才的做法。

一是演繹推理法。分析豢養鳥獸魚鱉必須順應其習性，才能使牠們安於所處的環境，反之，則不能馴服，得出帶有普遍性的結論，因此得到齊宣王的首肯。然後，以齊宣王待士，「未見有惟其性之欲而弗逆者也，未見有處之必以其處，而食之必以其食者也」，一針見血地指出問題，點明了要害。以馴養鳥獸魚鱉之方，喻用人治國之道，演繹推理，啟發開導，終使齊宣王從「勃然色變」到「豁然大寤，投案而起」，接受了建議。

本文通篇採用對話的形式，以退為進，層層設問，步步為營。行文跌宕起伏，繪聲繪色，引人入勝，頗有幾分孟子〈齊桓晉文之事〉的文風。

一四八　蛇蝎

楚人有見蛇蝎而必殺之者，又有曲為之容❶，而惟恐人之傷之者。或曰：「斯二者孰是？」郁離子曰：「其亦殺之者是，而容之者非耳。」或曰：「人有害於人，傷成而受罪，律❷也。今蛇與蝎未嘗傷人，而輒殺之，不已甚乎❸？」郁離子曰：「是非若所及也。夫人與物之輕重，較然殊矣❹。蟲蛇之無知，而欲以待人者待之，不亦惑乎？昔者，周公❺命庭氏❻射妖鳥以救日之弓、救月之矢；又命硩蔟氏❼掌覆妖鳥之巢，著為典訓❽。故孫叔敖見兩頭之蛇而埋之，其母以為陰德❾，君子不非❿焉。況毒人之蟲，中之者不死則痍⓫，而曰必待其傷成而後可殺，是以人命同於蟲蛇，其失輕重之倫⓬，不亦甚哉！近世之為異端⓭者，以殺物為有罪報⓮，而大小善惡無所別，故見惡物而曲為之容，私於其身為之，而不顧其為人之害，其操心之不仁⑮可見。吾故曰是非若所及也。」

【注　釋】❶曲為之容　委曲相容。容，寬容。❷律　法律。❸不已甚乎　不也太過分了嗎？❹較然殊矣　猶一目了然。較，通「皎」。明白。殊，不同。❺周公　名旦，周文王之子，武王弟。因封地周，史稱周公。輔佐武王滅商，建立周朝。❻庭氏　官名。掌射殺都城附近的鴟鴞、狼、狐之類夜間鳴叫的鳥獸。《周禮・秋官・庭氏》：「庭氏掌射國中之夭鳥，若不見其鳥獸，則以救日之弓，與救月之矢，夜射之。」鄭玄注：「庭氏，主射妖鳥，令國中潔清如庭者也。」❼哲簇氏　官名，掌搗毀惡鳥巢穴。《周禮・秋官・哲簇氏》：「哲簇氏掌覆妖鳥之巢。」❽典訓　準則性的訓示。❾孫叔敖二句　孫叔敖，春秋時楚人，姓蘇，名敖，字孫叔。楚莊王時為令尹。兩頭之蛇，蛇的一種。尾圓鈍，驟看頗像頭，故名兩頭蛇。古代傳說見之者死。漢賈誼《新書・春秋》：「孫叔敖之為嬰兒也，出游而還，憂而不食。其母問其故，泣而對曰：『今日吾見兩頭蛇，恐去死無日矣。』其母曰：『今蛇安在？』曰：『吾聞見兩頭蛇者死，吾恐他人又見，吾已埋之也。』其母曰：『無憂，汝不死。吾聞之：有陰德者，天報之以福。』」陰德，暗中做的有德於人的事。❿不非　不加非難。⓫痍　創傷。⓬倫　次序。⓭異端　古代儒家稱其他學說、學派為異端。⓮以殺物句　認為殺生有罪會遭到報應。因果報應是佛家的基本教義之一。⓯操心之不仁　猶存心不良。不仁，不良。

【語　譯】楚國有看見了蛇和蠍子就一定要殺死牠們的人，也有內心憐憫、寬容唯恐人們傷害了牠們的人。有人問：「這兩種人誰做得對呢？」郁離子說：「大概還是那種見到蛇蠍就殺死牠們的人做得對，而寬容牠們的人做得不對吧。」有人說：「一個人作出有害於別人的事，造成傷害而被治罪，是法律規定的。而今，蛇與蠍並沒有傷人，卻這般捕殺牠們，不是太過分了嗎？」郁離子說：「那你就不明白了。因為人與物之間誰輕誰重，一目了然，十分明顯。蟲與蛇無知，要想以對待人的方法來對待牠們，不是很糊塗嗎？從前，周公命令庭氏用救日之弓和救月之箭去射殺惡鳥；又命令硩蔟氏掌管搗毀惡鳥巢穴的職務，將這些事記錄下來作為準則性的訓示。所以，孫叔敖看見兩個頭的蛇，就將蛇殺死並埋在地下，他的母親認為這是暗中做了有恩德於人的事，君子不非議這種行為。況且，一旦被毒害人的蟲子咬中，不是死，就是留下創傷。卻說一定要等到傷害造成後方可以殺死牠們，這是將人命等同於蟲蛇之命，失去了輕重次序，不是也太過分了嗎！近世有持異端邪說的人，把殺生看作是罪孽，認為會遭到報應，而大小善惡不加區別。所以，看到惡物就內心憐憫寬容牠們，以自己的利益為出發點來考慮問題，而不顧牠們會對別人造成什麼危害，他們心地的不仁厚可見一斑。所以我說這不是你所明白的事情。」

【研　析】對惡人的憐憫與寬容，便是對好人的無情與殘害，伊索寓言〈農夫與蛇〉、明馬中錫的〈中山狼傳〉，都表明了同一個主題，本文亦然。本篇由人們對待蛇蠍的截然不同的兩種態度談起，闡述了見惡必除、除害必盡的思想；駁斥了「今蛇與蝎未嘗傷人，而輒殺之，不已甚乎」的說法；對那些不分善惡，「曲為之容」的糊塗思想作了嚴厲的批評。指出如果聽任蛇蠍為害，產生嚴重後果後再採取行動，那就太晚了。作者視佛家的不殺生與因果報應學說為異端，並進一步分析這種學說的弊病在於不顧及其他人的利益而只考慮自身，「其操心之不仁可見」，真是一針見血，痛快淋漓，觸到了那些偽善者的痛處。〈中山狼傳〉中，老人批評東郭先生說：「仁陷於愚，固君子之所不與也。」本文則在此基礎上另有發揮。至於作者以蛇蠍喻指何物，恐怕不外是大小貪官污吏，官府的走狗爪牙，以及社會上的地痞流氓、惡勢力而已。

一四九　鴟鵂❶好音

吳王夫差與群臣夜飲，有鴟鵂鳴于庭，王惡，使彈❷之。子胥❸曰：「是好音也，弗可彈也。」王怪而問之。子胥曰：「王何為而惡是也？夫有口則有鳴，物之常❹也，王何惡焉？」王曰：「是妖鳥也，鳴則不祥，是以惡之。」子胥曰：「王果以為不祥而惡之與？則有口而為不祥之鳴者，非直❺一鳥矣，王之左右皆能鳴者也。故王有過，則鳴以文❻之；王有欲，則鳴以道之；王有事，則鳴以持❼之；王有聞，則鳴以蔽之；王臣之順己者，則鳴以譽之；其不順己者，則鳴以毀之。凡有鳴必有為❽。故其鳴也，能使王喜，能使王怒，能使王聽之而不疑。是故，王國之吉凶惟其鳴，王弗知也，則其不祥孰大焉？王胡不此之虞❾而烏鳴是虞？夫吉凶在人，禽獸何知？若以為不祥，則慮而先為之防，求吾闕而補焉❿，所益多矣。臣故曰『是好音也。』」

【注　釋】❶鴟鴞　即鵂鶹，貓頭鷹的一種。生活在長江流域以南地區。❷彈　用彈丸射擊。❸子胥　即伍員，字子胥，吳國大夫。❹常　常理；常規。❺非直　不僅；不只是。❻文　掩飾；粉飾。《論語・子張》：「小人之過也必文。」❼持　挾持。❽必有為　必定有某種目的。❾虞　擔憂；憂患。❿求吾闕句　找出自己的不足而予以補救。

【語　譯】吳王夫差同群臣夜飲，有一隻貓頭鷹在宮殿的庭院中鳴叫，吳王感到很厭煩，就叫人彈射牠。伍子胥說：「這是多麼美妙的聲音啊，不能彈射這隻鳥兒。」吳王奇怪地問他為什麼，子胥說：「大王為什麼討厭這隻鳥兒呢？凡是有嘴的就會鳴叫，這是事物的常理啊，大王為什麼要厭惡牠呢？」吳王說：「這是一隻妖鳥，妖鳥鳴叫會帶來不祥，所以我厭惡牠。」子胥說：「大王真是認為牠的叫聲不吉祥而厭惡牠嗎？那麼，有嘴而發出不吉祥聲音的，並非只有這一隻鳥兒，大王左右的人都是能夠發出聲音的。大王有過錯，他們就七嘴八舌替您掩飾；大王有欲望，他們就七嘴八舌加以誘導；大王遇上事情，他們就七嘴八舌為您把持；

大王想聽聽外界的聲音，他們就七嘴八舌蒙蔽真相；您的臣下有順著他們的，他們就七嘴八舌大肆吹捧；有不順他們的，就七嘴八舌百般詆毀。凡是他們發出聲音，就一定有其目的。因此，他們的聲音能使大王高興，能使大王發怒，能使大王聽信而不產生疑惑。所以，大王國中的『吉凶』，不過是他們的聲音而已，只是您不知道罷了。那麼，貓頭鷹的叫聲和大王左右人的聲音究竟哪個更加不祥呢？大王為什麼不去憂慮左右的人而憂慮鳥的叫聲呢？吉凶禍福在於人，禽獸知道什麼？如果認為有什麼不吉祥的徵兆，應該認真考慮並事先防範，找出自己的不足而予以補救。做到這些，將會大有得益。所以我說這隻鳥兒發出的聲音是美妙的。」

【研 析】包圍在群小之中，耳邊充滿悅耳動聽的奉承話，偏聽偏信，昏聵不明，是君主最大的危險。本文因鳥鳴談及人言，指出吉凶在人而不在鳥。作為君主，必須分清什麼是諂諛之音，什麼是逆耳忠言，防微杜漸，虛心納諫，知闕補救，聞過必改，這樣才能避免政治上的失誤，多所補益。

以「王之左右皆能鳴者」比喻環繞在吳王身邊的奸臣；以「文之」、「道之」、「持之」、「蔽之」等一連串排比的句式羅列鳴者的危害；以「王國之吉凶惟其鳴，王弗知也」昭示問題的嚴重程度；以「王胡不此之虞而鳥鳴是虞」點明問題的癥結所在……文章層層推進，邏輯性強，表現了作者說理的縝密性和行文的高超技巧。

一五〇　靳尚❶

屈子❷謂楚襄王❸曰：「王之所以愛靳尚者，謂其善任使令❹與？夫國，王國；民，王民也。靳子有事焉，非王言不獲❺，是楚人之聽于靳子也，以王故。然則靳子無王不可也，而王亦何賴於靳子哉？今王委國❻靳子，食不由靳子則不甘於口，衣不由靳子則不安於體，出號令不由靳子則王心憫然以為不足，臣竊惑焉。昔商王受之任蜚廉、惡來輩❼也，惟王之所欲而奉❽之，揣王之心，度王之意，多方以迎合，自以為大忠於王，而不知為王集天下之怒。牧野之聚❾，王亡而身與之俱，亦何益哉？今靳子不鑑往轍❿，而王蠱是裕⓫。王忱有德令⓬，則靳子收其恩，曰：『余實為之。』民弗堪⓭命，則曰：『余將若王何⓮？』利究⓯于下而怨歸于上，臣恐楚國之非王國也。」

襄王大怒，放⑯屈子于湘江之源。屈子去⑰楚，楚乃大弱于秦。

【注　釋】❶靳尚　戰國時楚人，官至上官大夫，得楚懷王寵姬鄭袖信任。張儀為秦使楚被拘，尚受張儀厚幣說楚王，張因得釋。楚王使尚隨張儀出國。因與小臣有仇，被刺身亡。❷屈子　即屈原，名平，戰國時楚人。曾任左徒、三閭大夫等職。受讒放逐，既痛國之危亡，又感理想之無法實現，投汨羅江而死。著有不朽詩篇〈離騷〉等。❸楚襄王　即楚頃襄王，名熊橫，戰國時楚國國君。❹使令　差使；使喚。❺不獲　不能得到成功。❻委國　把治理國家的重任託付於人。❼昔商王受句　商王受，即商紂王，名受，商朝最後一位皇帝。沉湎酒色，兇殘暴戾。蜚廉、惡來，商紂時人，善讒毀。《史記・秦本紀》：「蜚廉生惡來。惡來有力，蜚廉善走，父子俱以材力事殷紂。」又《史記・殷本紀》：「紂又用惡來。惡來善毀讒，諸侯以此益疏。」❽奉　奉承；迎合。❾牧野之眾　指周武王會合諸侯，大敗商紂於牧野之事。《史記・殷本紀》：「周武王於是率諸侯伐紂，紂亦發兵距之牧野。甲子日，紂兵敗，紂走入，登鹿臺，衣其寶玉衣，赴火而死。周武王遂斬紂頭，縣之白旗。」牧野，今河南汲縣一帶。❿不鑑往轍　不借鑑歷史教訓。往轍，往事。轍，車輪碾過後的痕跡。⓫蠱是裕　猶言寬縱小人。典出《易・蠱》「六四，裕父之蠱，往見吝」。孔穎達疏：「體柔當位，幹不以剛，而以柔和能容裕父之事也。」高亨《周易大傳今注》：「裕，寬容也。蠱，毒蟲，以喻小人。吝，難也。」⓬忱有德令　有恩德於民的政令。忱，誠。德令，施恩德的政令。⓭弗堪　忍受不了。⓮若王何　對大王有什麼辦法呢？若之何，怎麼辦。⓯究　盡；歸。⓰放　放逐。⓱去　離開。

【語　譯】屈原對楚頃襄王說：「大王之所以寵愛靳尚，是認為他善於完成使命嗎？楚國，是大王的楚國；百姓，是大王的百姓。靳尚有事，不是借用大王的命令就不能獲得成功。楚人聽從靳尚的話，都是因為大王的緣故啊。既然如此，靳尚沒有大王就做不成事，而靳尚對大王來說又有什麼可依賴的呢？如今，大王把楚國託付給靳尚管理，食物不經過靳尚之手就覺得不甘甜，衣服不經過靳尚之手就覺得不服貼，號令不出於靳尚之口就覺得惘然若失似有不足，我私下感到困惑不解。從前，商紂王任用蜚廉、惡來之輩。只要是紂王想要的，他們就拿來奉上。揣摩紂王的心思，度量紂王的意願，百般迎合，自認為十分忠於紂王，卻不知是為紂王聚集天下的怨怒。周武王會合諸侯，軍隊在牧野聚集，紂王敗亡而身體也跟著一起消亡，又有什麼益處呢？如今，靳尚不借鑑以往的教訓，而大王又寬縱這些小人。大王真的有對百姓有恩的政令，靳尚就竊取恩德佔為己有，說：『這確實是我做的。』如果百姓不堪忍受，就說：『我能把大王怎麼樣呢？』好處歸於下，而怨恨卻歸於上，我擔心長此以往楚國就不再是大王的楚國了！」

楚頃襄王聽了大怒，把屈原流放到湘江的源頭。屈原離開了楚都，楚國就大大地弱於秦國了。

【研　析】屈原前後二次被流放，第一次是在楚懷王時。當時，身為左徒的屈原針對秦國咄咄逼人的攻伐，主張對內改良政治，對外聯齊抗秦。由於他的這一主張侵害了楚國上層貴族的利益，遭到了受秦國賄賂的楚懷王寵姬鄭袖、上官大夫、令尹子椒等人的排擠和陷害。楚懷王聽信讒言，把屈原放逐到了漢北。懷王自己則被秦國騙去當了三年的階下囚，死在異國。楚頃襄王時屈原又受讒被逐，流放到了比漢北更加僻遠的沅湘一帶。屈原不願隨波逐流，既擔憂祖國之危亡，又因理想破滅而絕望，懷著一腔愛國之情自沉汨羅江，本文所反映的即是屈原第二次被放逐的因由。

文章首先揭露了權臣靳尚「善任使令」的假象，指出，他只不過是打著楚王的旗號招搖撞騙而已。接著，以歷史的教訓勸諫楚王，揭露那些「揣王之心，度王之意，多方以迎合」的人，並不是真正忠於君王，而是在敗壞君王的事業。最後，撕下靳尚兩面派的醜惡嘴臉，敲響警鐘：「臣恐楚國之非王國也。」可謂振聾發聵。我們且不管這段歷史是否真實可信，僅就其行文而言，條理清晰，議論深刻，氣勢恢宏，表現了屈原非凡的見識與膽略，是十分精彩的。

一五一　論樂

熊蟄父居楚，有見聞必言，不待王之問也。及其之宋，宋王雖問之，弗言。或曰：「宋王之待先生不薄於楚王，而先生或言焉，或不言焉，無乃❶異乎？」熊蟄父曰：「子亦嘗學樂乎？鼓鐘縣❷矣，和之以琴瑟❸，間之以笙磬❹，合止柷敔❺，然後八音❻諧而〈簫韶〉❼成矣。今有陳箏筑笛缶❽，間以鐃鈸❾，和以羯鼓❿，雖有鳴球磬筦⓫，其可以雜奏乎？

是故雷不鳴于啟蟄⑫，而鳴于日至⑬，則天道變⑭；雞不鳴于向晨⑮，而鳴于宵中⑯，則人聽惑⑰。」

【注　釋】❶無乃　不是。❷縣　同「懸」。❸琴瑟　弦樂器。瑟，一種形似古琴但無徽位的撥弦樂器，春秋時流行。❹笙磬　笙，一種簧管樂器。磬，古代打擊樂器，狀如曲尺，用玉、石或金屬製成，懸掛於架上，擊之則鳴。古以笙磬合奏為和諧之音。《詩經・小雅・鼓鐘》：「鼓鐘欽欽，鼓瑟鼓琴，笙磬同音。」❺柷敔　古代打擊器樂名。奏樂開始時擊柷，終止時擊敔。《尚書・益稷》：「樂之初，擊柷以作之；樂之將末，戛敔以止之。」❻八音　通常指金、石、絲、竹、匏、土、革、木八種不同質材樂器發出的聲音，古代用作樂器的總稱。❼簫韶　舜樂名。《尚書・益稷》：「〈簫韶〉九成，鳳皇來儀。」❽箏筑笛缶　箏，撥弦樂器。筑，古擊弦樂器。笛，管樂器。缶，古代一種瓦質的打擊樂器。❾鐃鈸　打擊樂器，古稱銅鈸。相擊以和樂。❿羯鼓　古代的一種打擊樂器，起於印度，由西域少數民族傳入。《通典・樂四》：「羯鼓，正如漆桶，兩頭俱擊。以出羯中，故號羯鼓，亦謂之兩杖鼓。」⓫鳴球磬筦　鳴球，謂擊響玉磬。《尚書・益稷》：「戛擊鳴球。」孔安國傳：「球，玉磬。」孔穎達疏：「〈釋器〉云：球，玉也。鳴球謂擊使鳴。樂器惟磬用玉，故球為玉磬。」筦，樂器名，古代繞絲的竹管。⓬啟蟄　即驚蟄，節氣名。動物經冬日蟄伏，至春又復出活動，故稱啟蟄。⓭日至　即冬至，在每年十二月二十二日前後。⓮天道變　謂違反了自然規律。⓯向晨　天快亮時。⓰宵中　半夜。⓱聽惑　聽覺迷亂。

【語　譯】熊蟄父居住在楚國的時候，有所見聞必定會說出來，不等楚王來問他。等到他到了宋國，即便宋王問他，他也不說。有人問他：「宋王對先生並不薄於楚王啊，但先生對一方說，對一方不說，不是很奇怪嗎？」熊蟄父說：「你也曾經學習過音樂吧？把鐘鼓懸掛起來，用琴瑟來和聲，用笙磬作間奏，以柷敔作起止，然後八音和諧而〈簫韶〉雅樂奏成。如今，陳列上箏、筑、笛、缶各種樂器，鐃與鈸間或敲擊，羯鼓伴和，即便有玉磬莞管美妙的樂器，難道可以胡亂演奏嗎？所以說，如果驚雷在驚蟄日不響而到了冬至日響起，就違反了自然規律；雄雞不在黎明時報曉而在半夜裡啼叫，人們聽了就會糊裡糊塗。」

【研析】什麼時候該說話，什麼時候不該說話，是有講究的。本文雖然沒有交代熊蟄父為何願意與楚王交談而不願意與宋王交談，但其中必有原因。好鼓敲在點子上，敲錯了，便亂了節奏；公雞在凌晨打鳴，如果在半夜裡啼叫，便違反了常規。一個人如果不分對象與場合，信口開河，毫無顧忌，不僅無益，反而有害。因此，把握言與不言的界線與分寸，十分重要。孔子說，「可與言而不與之言，失人；不可與言而與之言，失言」（《論語・衛靈公》），就是這個道理。

一五二　招安

郁離子曰：「勸天下之作亂者，其招安之說乎。非士師❶而殺人，謂之賊；非其財而取諸人，謂之盜。盜賊之誅，於法無宥❷。秦以苛政罔民❸，漢王入關❹盡除之，而約三章❺焉，殺人、傷人及盜而已。秦民果大悅歸漢，漢卒有天下。由是觀之，豈非他禁可除，而惟此三者不可除乎？天生民不能自治，於是乎立之君，付之以生殺之權，使之禁暴誅亂，抑頑惡而扶弱善也。暴不禁，亂不誅，頑惡者不抑，善者日弱以消，愚者化而從之，亦已甚矣；而又崇之以爵祿，華之以寵命❻，假之❼以大權，使無辜之民不可與共戴天者，釋其讎而服事焉，是誠何道哉？遂使天下之義士喪氣，勇士裂眥❽，貪夫悍客攘臂慕效，以要❾利祿。故曰勸天下之作亂者，招安之說。而世主弗寤❿也，悲夫！」或曰：「然則舞干羽⓫而苗格⓬，非與？」曰：「甚哉！俗儒之梏⓭于文，以誤天下也。〈舜典〉曰：『竄三苗于三危⓮。』又曰：『分北⓯三苗。』夫竄與分北，皆非撫納降附之詞也，則豈因其來格而遂為之哉？非人情也，聖人豈為之？必也以兵臨之，而後分北。其來格者安之，頑不悛者⓰竄之耳。又況干羽，非特文舞，則非曰誕敷文德⓱，而遂弛其伐苗之謀，明矣。〈皐陶〉曰：

『苗頑弗即工⑱，帝念哉，念茲在茲。』則有虞⑲之君臣，不頃刻而忘苗，可想而見，豈若後世衰微偷惰之君臣，以姑息⑳為幸，而以勸賢之爵祿，勸天下之大慼㉑哉！」

【注釋】❶士師　古代官名，又稱「士史」。執掌禁令刑獄。《周禮・秋官・士師》：「士師之職，掌國之五禁之灋。以左右刑罰：一曰宮禁，二曰官禁，三曰國禁，四曰野禁，五曰軍禁。」❷宥　寬恕。❸罔民　欺騙陷害百姓。《孟子・梁惠王上》：「及陷於罪，然後從而刑之，是罔民者也。」❹漢王入關　漢王，指漢高祖劉邦，秦末項羽入關後給劉邦的封號。關，指武關，在今陝西商南西北。西元前二〇七年，劉邦由此入秦。❺約三章　西元前二〇六年，劉邦佔領咸陽，與父老約定，廢除秦朝嚴刑苛法，宣布「殺人者死，傷人及盜抵罪」，稱「約法三章」。❻華之句　華之，使之華。華，光彩；華彩。寵命，加恩特賜的任命。❼假之　給予他。❽裂眥　因發怒而瞪大眼睛，眼眶似要裂開。形容憤怒至極。眥，通「眦」。上下眼瞼的接合處。❾要　通「徼」。求取。❿弗寤　沒有醒悟。⓫干羽　古代舞者所執的舞具。武舞執干，文舞執羽。干，盾牌。羽，用雉尾製成的舞具。⓬苗格　苗指三苗，古國名，舜時為南方民族。其所居約在今湖南、江西境內。格指歸服。《尚書・大禹謨》：「苗民逆命……帝乃誕敷文德，舞干羽於兩階，七旬，有苗格。」⓭梏　原指刑具，引申為限制、受制。⓮竄三苗句　放逐三苗到三危。竄，遷逐。三危，古代西部邊境山名。《尚書・禹貢》：「三危既宅。」孔傳：「三危為西裔之山也。」其位置說法不一，一說今甘肅敦煌三危山即古三危，一說在甘肅岷山之西南，一說在雲南。⓯分北　分離。謂其善者留，其不善者去。北，通「背」。孔安國傳：「分北，流之不令相從。」孔穎達疏：「北，背也，善留惡去，使分背也。」⑯頑不悛者　頑固而不改悔的人。悛，改悔。⑰誕敷文德　廣泛地傳布文教德化。誕敷，廣布；遍布。語出《尚書・大禹謨》。⑱苗頑句　語出《尚書・益稷》「苗頑弗即工，帝其念哉」。苗，指三苗。頑，對抗；頑抗。不即工，即不就官。工，官。孔穎達疏：「惟有三苗頑凶，不能就官。」⑲有虞　有虞氏，傳說中的遠古部落名。舜為其君。⑳姑息　猶苟安。㉑大憝　極奸惡的人；首惡。《尚書・康誥》：「元惡大憝，矧惟不孝不友。」孔安國傳：「大惡之人猶為人所大惡。」

【語譯】郁離子說：「勸說天下叛亂的人歸順，那就是招安的主張吧。不是法官而擅自殺人，人們稱他為賊；向別人掠取不屬於自己的財物，人們稱他為盜。對盜賊施以誅殺，按法律不能寬恕。秦王朝用苛政殘害百姓，漢王劉邦入關後全部予以廢除，同時與關中父老約法三章，『殺人者死，傷人及盜抵罪』而已。秦國的百姓果然十分歡迎，願意歸附漢王，漢王最終得到天下。由此看來，豈不是其他禁令都可以廢除，惟有這『約法三章』不能廢除嗎？蒼天生成百姓而百姓不能自己治理，於是就設立君主，交給他生殺予奪的大權，讓牠來禁止暴行，誅殺叛亂分子，抑制頑劣邪惡之徒，扶持弱小善良的民眾。暴行不禁止，叛亂分子不誅殺，頑劣邪惡之徒不抑制，善良的人就會一天天削弱以至於消亡。愚昧的人轉過來跟隨他們，這已經是很糟糕的了。如果又用官爵俸祿抬高邪惡之徒的地位，用加恩特賜的任命使他們更加華麗光彩，授予他們大權，使他們成為無辜百姓不共戴天的人，還要百姓忘卻仇恨而去事奉他們，這是什麼道理啊？於是使天下的義士灰心喪氣，使天下的勇士怒目而視。那些貪婪和兇悍之徒紛紛捋袖伸臂羨慕效仿，以謀取名利和俸祿。所以說，勸說天下作亂者接受招安的主張，世上的君主並沒有認識到其中的弊端，可悲啊！」有人會問：「那麼，舞動盾牌和雉尾等舞具而使三苗前來歸順，豈不是錯誤了嗎？」郁離子回答說：「太嚴重了，迂腐的讀書人被文字束縛而貽誤天下！《書經・舜典》中說：『放逐三苗到三危山。』又說：『分離三苗，讓善者留下，不善者離去。』那放逐與分離，如果說都不是撫降納附的話，難道說都是因為他們前來歸順才做出來的嗎？這不符合人之常情，聖人怎能那樣做呢？必須先以大兵壓境，然後分離他們。對那些前來歸附的人要安撫他們，對那些頑劣不化的人就放逐他們。更何況揮動盾牌和雉尾並不只是文舞，並不是說廣布文教和德化就可以放鬆征伐三苗的謀劃，這是明擺著的。〈皐陶〉說：『苗人反抗不服統治，不能任以官職，天子您要考慮這件事啊。』那麼，有虞氏的君臣，沒有一時一刻忘記三苗。可想而知，哪裡像後世衰微偷惰的君臣，以姑息養奸為幸事，而以獎勵賢人的爵位俸祿，去獎勵天下那些大奸大惡的人呢！」

【研 析】對於叛亂，統治者一般採取兩種方法，一是鎮壓，一是招安。在鎮壓難以奏效的情況下，他們便揮動起招安的旗幟。如宋江被招安，封以官職，派去攻打方臘。朝廷不費一兵一卒，便消滅了異己。把昔日的仇敵納入自己麾下，指派他們去為自己賣命，如此一本萬利的營生，何樂而不為呢？由此而言，不管是鎮壓還是招安，都是統治者維護其統治的策略與手段，兩者並無本質上的區別。從本篇來看，作者是反對招安的，但作者反對的並不是統治階級借招安之名行鎮壓之實的鬼魅伎倆，而是反對統治者放縱暴逆，姑息養奸，從而喪失人心。從這點來看，作者的認識尚存在一定的局限性。

一五三　盜犨❶

盜犨以如芒❷之鉤，係八尺之絲，鉤牛舌而牽之，宵夜而牛隨之行，莫之違也。故世之善盜牛者稱犨焉。郁離子曰：「是所謂盜道也。中其肯❸，扼其害❹，操其機而運之，蔑❺不從矣。」石羊先生曰：「此古人制盜之道也，今人弗能也，盜用之矣。」

【注　釋】❶盜犨　盜牛高手。❷芒　芒刺。❸中其肯　即中肯。正中要害；恰到好處。《莊子・養生主》：「技經肯綮之未嘗。」肯，肯綮，指肢體緊要之處。❹扼其害　把握要害部位。扼，掐住；控制。❺蔑　無；沒有。

【語　譯】善於盜牛的人，用像芒刺一樣的鉤子，繫上八尺長的絲繩，鉤住牛的舌頭牽著牠，讓牠在夜裡跟著走，沒有牛會違抗。所以，世上把善於盜牛的人稱作犨。郁離子說：「這就是所謂掌握偷盜規律了。恰到好處，正中要害，把握關鍵所在而運行，就沒有不聽從的。」石羊先生說：「這本來是古人遏制盜賊的方法，如今人們不能運用，卻被盜賊用上了。」

【研　析】做任何事情都有規律，有訣竅。「中其肯，扼其害，操其機而運之」，就能得心應手，遊刃有餘，這就像盜犨偷牛一樣，鉤住牛的舌頭，牽而引之，就能運用自如，起到四兩撥千斤的作用。但本文要表達的似乎並不在此，一句「此古人制盜之道也，今人弗能也，盜用之矣」，點明寓言諷諭的對象，乃是當時社會。

一五四　種穀

罔與勿❶析土❷而農，耨不勝其草❸。罔併薙❹以焚之，禾滅而草生如初；勿兩存❺焉，粟則化而為稂❻，稻化為稗❼。胥顧以餒❽，乃俱訴于后稷❾曰：「穀之種非良。」問而言其故。后稷曰：「是女❿罪也。夫穀由人而生成者也，不自植⓫也。故水泉動而治其畝⓬，靈雨⓭降而播其種，蜩螗⓮鳴而芸⓯其草，糞壤以肥之，泉流以滋之。其耨也，刪其非類，不使傷其根；其植也，相⓰其土宜，不使失其性。潦疏暵溉⓱，舉不違時，然後可以望有秋⓲。今女不師諸先民⓳，而率由乃心⓴，以遏天生，乃弗懲爾躬㉑，而歸咎于種之非良，其庸有愈乎㉒？」

【注　釋】❶罔與勿　皆虛構人名。❷析土　分田地。❸耨不勝句　謂雜草多得難以除盡。耨，除草。❹併薙　放棄除草。併，摒棄。薙，除草。❺兩存　指禾與草兩者並存。❻稂　莠一類的草，一說即狼尾草，對禾苗生長有害。❼稗　稗子，一種生在稻田中的雜草。❽胥顧以餒　胥，都。顧，看。餒，飢餓。❾后稷　周之先祖。相傳虞舜命為農官，教民耕稼，後世奉為五穀之神。❿女　通「汝」。你。⓫自植　自生。⓬水泉動句　謂春天到來時及時整治田地。⓭靈雨　好雨。《詩經・鄘風・定之方中》：「靈雨既零，命彼倌人，星言夙駕，說於桑田。」⓮蜩螗　即蟬。⓯芸　通「耘」。除草。⓰相　察看。⓱潦疏暵溉　遇潦疏導積水，遇旱汲水灌澆。暵，乾旱。⓲秋　秋收。《尚書・盤庚上》：「若農夫田力穡，乃亦有秋。」⓳先民　先輩。⓴率由乃心　猶隨心所欲。率由，皆由。乃，你；你們。㉑乃弗句　竟不責備你們自己。懲，責備。爾躬，你們自己。㉒其庸句　難道有比這更庸下淺薄的嗎？庸，庸下；不高明。愈，超過。

【語　譯】罔和勿二人分別在兩塊地裡種田。地裡雜草叢生，難以鋤盡，罔放棄鋤草放火來燒，稻禾燒死了，草卻生長依舊；勿放任草與莊稼同時生長，結果，粟變成了狼尾草，稻禾長成了稗子。兩個人只好餓著肚皮瞪眼相看。他們一同向后稷訴說道：「稻穀的種子不好。」后稷向他們問明了情況後說：「這就是你們的責任了。稻穀是要靠人種植才能生長而不是自然生成的。所以，大地解凍水泉流動時就要整治田地，春雨降臨時就要播種，蟬兒鳴叫時就要鋤草。追施糞肥使土地肥沃，引水澆灌使土地滋潤。鋤草時，去除野草而不損傷禾苗的根系；種植時，依據土壤的適應情況而不違背它的本性。有了積水就及時排除，出現乾旱就及時灌溉，行動不違農時，然後才能指望有所收穫。而今你們不學習前人的經驗，任著性子想怎麼做就怎麼做，遏制了稻穀生長的本性。你們不檢查自身，卻歸罪於種子不好，難道有比這更愚蠢的嗎？」

【研析】遇到失敗或挫折，一味地怨天尤人，推諉責任，是人們認識上的一大誤區。文中的罔與勿，一個將雜草與禾苗一起燒掉，一個聽任雜草蔓延，結果，都沒有收成。但他們不從自身找原因，卻埋怨種子不好，還上告到后稷那裡，著實滑稽可笑。本篇在諷刺那些文過飾非、不能正確看待自己的人的同時，還啟示我們，做任何事情都必須遵循客觀規律，這就像種稻穀一樣，適時整治田畝，耕耘播種，鋤草施肥，潦則疏導，旱則澆灌，不違農時，不失其性，才能有所收穫，取得成功。

一五五　汪罔僬僥

汪罔之國❶人長，其脛骨❷過丈，捕獸以為食，獸伏則不能俯而取，恆饑焉。僬僥之國❸人短，其足三寸，捕蜩❹以為食，蜩飛則不能仰而取，亦恆饑焉。皆訴于帝媧❺。帝媧曰：「吾之分大塊❻以造女也，雖形有巨細❼，而耳、鼻、口、目、頭、腹、手、足、心、肝、腑、腸、毛孔、骨節，無彼此之多寡也。長則用其長，短則用其短，不可損也，亦不可益❽

也。若核之有仁，幺乎其微❾，而根、榦、枝、葉莫不具矣。若卵之有殼，塊乎其冥❿，而羽毛、觜⓫爪無不該⓬矣。今女欲為核之仁乎，卵之殼乎？是在女矣，非吾所能與也。」

【注　釋】❶汪罔之國　汪罔，即汪芒，古國名，故地在今浙江德清武康鎮。《史記・孔子世家》：「汪罔氏之君守封禺之山，為釐姓。在虞、夏、商為汪罔，於周為長翟，今謂之大人。」❷脛骨　小腿骨。泛指腿。❸僬僥之國　古代傳說中的矮人國。《列子・湯問》：「帝憑怒，侵減龍伯之國使阨，侵小龍伯之民使短。至伏羲神農時，其國人猶數十丈。從中州以東四十萬里得僬僥國，人長一尺五寸。」❹蜩　蟬。❺帝媧　女媧氏，神話傳說中的古帝名。相傳她與伏羲結為夫婦，產生人類；又傳說她曾用黃土造人，煉五色石補天，斷鼇足以立四極，平治洪水，驅殺猛獸，使民安居樂業。❻大塊　大地。❼巨細　猶大小。❽益　增加。❾幺乎其微　猶微乎其微。幺，小；細。❿塊乎其冥　塊乎，孤獨貌。冥，幽暗。⓫觜　鳥嘴。⓬該　具備。

【語　譯】汪罔國的人長得高大，他們的小腿就有一丈多長，靠捕捉野獸為食，但野獸伏地而行，他們就很難俯身捉住，因此常常餓肚子。僬僥國的人長得矮小，他們的腳只有三寸長，專靠捕蟬為食，蟬飛得高一些，他們就不能向上捕獲，因此也常常餓肚子。他們都去向女媧帝訴苦。女媧帝說：「當初我分取黃土造就了你們，雖然形狀有大有小，但耳、鼻、口、目、頭、腹、手、足、心、肝、腑、腸、毛孔、骨節，彼此之間並沒有多與少的區別。長得長的就用其長，長得短的就用其短，不可以把長的削短，也不可以把短的接長。這就好像果實裡的果仁，雖然很微小，但根、幹、枝、葉，沒有不具備的。又像是卵有殼，裡面雖然昏暗一塊，但羽毛、嘴、爪，沒有不具備的。如今，你們是想做果實中的仁呢，還是做卵的殼呢？這就在你們了，不是我所能賦予的。」

【研析】大自然創造萬物，形狀各殊，長短不一，很難說孰優孰劣，「長則用其長，短則用其短」，發揮各自的特點，便都有其生存的空間。再則，寸有所長，尺有所短，長與短不是絕對的。「莫道昆明湖水淺，觀魚勝過富春江」，說的就是這個道理。揚長避短，是事物的一個方面，在通常情況下，能起到事半功倍的作用。但有時，化短為長，突出奇兵，變不利為有利，也往往會有意想不到的效果。因此，怨天尤人，自暴自棄，沒有任何意義。從自身的條件出發，因地制宜，因勢利導，努力使自己的思想和行為符合事物的客觀規律，才是最為重要的。

一五六　神仙

虺韋問于羅離子奇❶曰：「或稱神仙，有諸？」曰：「有之。」曰：「何以知之？」曰：「以物。」請問之。曰：「狐，獸也，老楓，木也，而皆能怪變。人，物之靈，夫奚為不能怪變？故神仙，人之變怪者也。怪可有，不可常，是故天下希❷焉。」曰：「神仙不死乎？」曰：「死。」曰：「何以知之？」曰：「天以其氣分而為物，人其一物也。天下之物異形，則所受殊❸矣。修❹、短、厚、薄各從其形，生則定矣，惟神仙為能有其受，而焉能加之？故物之大者一天而無二。天者眾物之共父也。神仙，人也，亦子之一也，能超乎其群而不能超乎其父也。夫如是而後元氣❺得以長為之主，不然則非天矣。」

【注釋】❶凬韋問于羅離子奇　皆虛構人名。❷希　同「稀」。少。❸殊　不同。❹修　長。❺元氣　中國古代哲學中的一個重要概念，指天地未分前的混沌之氣，亦指人的精神、精氣。

【語譯】凬韋問羅離子奇說：「有人說有神仙，有沒有啊？」羅離子奇說：「有的。」凬韋又問：「怎麼知道有神仙呢？」羅離子奇回答說：「根據物。」凬韋請他解釋一下。羅離子奇說：「狐狸是野獸，老楓是樹木，它們都能變為怪物。人是萬物之靈，為什麼不能發生變怪呢？因此，神仙，就是人的變怪。變怪可以發生，但不可以經常出現，所以，天下的變怪就很少。」凬韋又問：「神仙不會死嗎？」羅離子奇回答說：「會死的。」凬韋問：「怎麼知道會死呢？」羅離子奇說：「天把元氣分開形成萬物，人只是其中的一物。天下萬物形狀各異，是因為它們所得到的元氣是不相同的。長、短、厚、薄，各自隨從它們的形狀，這是從一生成時就固定下來的，而神仙也是接受自上天的，又怎麼能超越上天呢？所以，萬物中最大的只有蒼天一個，而沒有第二個。天是萬物共同的父親。神仙是人，也是天的一個兒子。他能夠超越群體，但不能超越他的父親。只有這樣之後，元氣才能長久做他的主宰，不然的話，天就不成其為天了。」

【研 析】朗朗天地，蕩蕩乾坤，何來鬼神？所謂神仙，只不過是人們對生的貪戀和死的恐懼的無限度擴張、對超然物外長生不老的追往的一種想像而已。秦始皇派徐福出海尋找仙藥，結果暴死沙丘；漢昭帝因食「金丹」而事與願違，短命而亡；這些都是絕妙的諷刺。本文一方面肯定神仙的存在，認為事物既有變異，由凡人變為神仙就不足為奇；一方面又否認神仙不死之說，認為萬物由氣而生，神仙也不例外，其命運同樣掌握在「天」的手中，因此也是會死的。作者站在唯心主義的立場上來解釋「神仙」，其基本觀點是荒謬的。但他的神仙亦死之說，與道家傳統的學說不同，值得注意。

一五七 貪利貪德辯

郁離子曰：「貪與廉相反，而貪為惡德❶，貪果可有乎？匹夫❷貪以亡其身，卿大夫❸貪以亡其家，邦君❹貪以亡其國與天下，是皆不知貪者也。知貪者其惟聖人乎？聖人之於仁義道德，猶小人之於貨財金玉也。小人之於貨財金玉無時而足，聖人之於仁義道德亦無時而足❺。是故文王、周公、孔子皆大聖人也。文王視民如傷❻，自朝至于日中昃❼，不遑暇食❽；周公思兼三王以施四事，以夜繼日，坐而待旦❾；孔子曰：『吾有知乎哉？無知也❿。』聖人之貪於仁義道德若是哉！故以其貪貨財金玉之心而貪仁義道德，則昏可明，狂可哲，而人弗能也。故於貨財金玉則貪，而於仁義道德則廉，遂使天下之人專名貪為惡德而惡之，則小人之罪也。」

【注釋】❶惡德　不良的品德。❷匹夫　平民中的男子，亦泛指平民百姓。❸卿大夫　卿與大夫，古代高級官員。❹邦君　古代諸侯國的君主。❺無時而足　謂沒有滿足的時候。❻視民如傷　形容極其顧恤民眾疾苦。《孟子・離婁下》：「文王視民如傷，望道而未之見。」孫奭疏：「言文王常有恤民之心，故視下民常若有所傷。」❼日中昃　太陽西偏。❽不遑暇食　沒有時間吃飯，形容工作緊張、辛勞。《尚書・無逸》：「自朝至於日中昃，不遑暇食，用咸和萬民。」❾周公三句　三王，三代的君王。四事，禹、湯、文、武所行之事。語出《孟子・離婁下》「周公思兼三王以施四事；其有不合者，仰而思之，夜以繼日；幸而得之，坐以待旦」。意思是：周公常常想要兼學夏、商、周三代的賢王，來實踐禹、湯、文、武四位君主所開創的功績；遇到有與他們不合的地方，便仰起頭細加思考，不分白天黑夜；一旦僥倖豁然貫通，便高興得坐著等待天亮好拿去實行。❿吾有知乎哉二句　語出《論語・子罕》。意思是：我有知識嗎？沒有。

【語　譯】郁離子說：「貪婪與廉潔正好相反。貪婪是不良的品行，貪婪之心果真可以讓它存在嗎？平民百姓貪得無厭就會喪身亡命，卿大夫貪得無厭就會毀家滅族，國君貪得無厭就會亡國亡天下：這些都是因為不知道貪婪的危害而造成的啊！了解貪婪危害的只有聖人嗎？聖人對於仁義道德，就像小人對於財物金玉一樣。小人對於財物金玉，無時無刻都不會感到滿足；而聖人追求仁義道德，也是無時無刻不會感到滿足的。所以，文王、周公、孔子都是大聖人。文王極其顧恤民眾的疾苦，從早上起來直到太陽西偏，沒有時間顧得上吃飯；周公想兼學夏、商、周三代賢王而實施四事，夜以繼日，一旦有了好的想法，便坐著等待天明好拿去實行；孔子說：『我有智慧嗎？並沒有啊！』聖人癡求仁義道德到了如此地步！因此，如果用貪求財物金玉之心去追求仁義道德，那麼，昏昧可以變得明智，狂妄可以變得明哲，但是，人們往往做不到。所以，人們對於財物金玉貪得無厭，對於仁義道德則求之甚微。於是，天下人專把『貪』看作一種不良的德性而厭惡它，這是小人的罪過啊！」

【研　析】何者為貪？貪者，求無滿足之謂也。小人貪於財物，君子貪於德行；小人重於利，君子重於義。為了財利，小人可以不擇手段，親戚視作路人，朋友翻為仇敵；君子則不然，蘇武持節牧羊，文天祥捨身取義，古往今來，留下多少驚天地泣鬼神的正氣歌。本文以「辯」為題，剖析貪求財物與追求德行兩者的異同。指出：貪利，其結果小則亡身、大則亡國；而貪德，則可使昏者明，狂者哲。文王積善行仁，視民如傷，得以政化大行，諸侯順從；周公日夜操勞，一沐三握髮，一飯三吐哺，得以天下歸心；孔子創立儒家學說，主張為政以德，實行仁政，其德行垂範後世，其思想影響了中國二千年的歷史過程。古今賢哲之士對仁義道德永無止境的追求，譜寫了中華民族最華美的樂章。文章在頌揚他們的同時，批駁了貪得無厭、唯利是圖的思想，同時也表達了自己的政治理想，具有積極的意義。

一五八 論鬼

管豹❶問曰：「人死而為鬼，有諸？」郁離子曰：「是不可以一定言之也。夫天地之生物也，有生則必有死。自天地開闢以至于今，幾千萬年，生生無窮，而六合❷不加廣也。若使有生而無死，則盡天地之間不足以容人矣。故人不可以不死者，勢也。既死矣而又皆為鬼，則盡天地之間，不足以容鬼矣。故曰人死而皆為鬼者，罔❸也。然而二氣❹之變不測，萬一亦有魂離其魄而未遂散者，則亦暫焉而不能久也。夫人之得氣以生其身，猶火之著木然❺，魂其燄，體其炭也。人死之魂復歸于氣，猶火之滅也，其燄安往哉？故人之受氣以為形也，猶酌❻海于盃也。及其死而復于氣也，猶傾其盃水而歸諸海也，惡得而恆專之以為鬼哉？」曰：「然則人子之祀❼其祖父也，虛乎？」曰：「是則同氣❽相感之妙也。是故方諸❾向月可以得水，金燧❿向日可以得火，此理之可見者也。虞琴⓫彈而薰風⓬生，夔樂⓭奏而鳳凰來，聲氣之應不虛也。故鬼可以有可以無者也。子孝而致其誠，則其鬼由感而生，否則虛矣。故廟則人鬼⓮享，孝誠之所致也。不然，先王繼絕世⓯以復明祀⓰，豈其鬼長存而餒，乃至此而復食耶？」

【注釋】❶管豹　虛構人名。❷六合　謂天地四方。❸罔　虛妄。❹二氣　陰陽二氣。❺猶火句　猶……然，像……的樣子。著，接觸。❻酌　挹取；舀。❼祀　祭祀。❽同氣　氣質、氣類相同。《易經．乾卦》：「同聲相應，同氣相求。」❾方諸　古代在月下承露取水的器具。《淮南子．覽冥訓》：「夫陽遂取火於日，方諸取露於月。」⑩金燧　古代向日取火的銅製工具。《禮記・內則》：「左佩紛帨、刀、礪、小觿、金燧。」鄭玄注：「金燧，可取火於日。」⑪虞琴　虞舜製作的琴。《禮記・樂記》：「舜作五弦之琴。」⑫薰風　和風；東南風。⑬夔樂　即舜樂。夔，舜時的樂官，曾作〈韶〉樂。《尚書・益稷》：「〈簫韶〉九成，鳳皇來儀。」⑭人鬼　指死者的靈魂。⑮絕世　已斷絕祿位的世家。⑯明祀　神明之祀；對重大祭祀的美稱。

【語　譯】管豹問道：「人死了以後變成鬼，有這回事嗎？」郁離子說：「這事不可以用一句話來回答。那天地生成萬物，有生就必定有死。自從開天闢地以來，至今已有幾千萬年了。萬物生生不息，沒有窮盡，而天地四周，不再加廣。倘若只有生而沒有死，那麼，天地之間就容納不下人了。因此，人不能不死，這是必然的規律。如果已經死去的人又都變成了鬼，那麼整個天地之間也容納不下這麼多的鬼。所以說，人死了以後又都變成鬼的說法，是欺騙人的。然而，陰陽二氣的變化不可測知，萬中之一也可能有靈魂離開了那體魄而沒有消散的，那也只能暫時存在而不能長久。人得到元氣而生成軀體，就像火燒著木頭一樣。靈魂是那火焰，軀體是那木炭。人死之後靈魂又歸之於元氣，就像火熄滅之後，哪裡還有光焰呢？所以，人承受元氣而成就形體，就像把海水倒入杯中一樣，等到他死了以後復歸為氣體，如同傾倒杯中的海水而歸之於大海，怎麼能夠保持永恆而獨獨變成鬼呢？」管豹又問：「這樣說來，子孫祭祀他們的祖先，豈不成了虛妄不實的事了嗎？」郁離子說：「這就是同氣之間互相感應的奧妙啊。所以，方諸對著月亮可以得到露水，金燧對著太陽可以得到火焰，其中的道理是顯而易見的。彈起虞琴生成和風，奏起夔樂飛來鳳凰，聲音和氣息互相感應不是虛幻的。

因此，鬼可以說有，也可以說沒有。子孫孝敬祖先表示誠意，那麼鬼就會感應而生；否則，就是虛誕的。所以，廟祠是供死者享用的，是孝敬的誠意所導致的。如果不是這樣，那麼，先王延續已經斷絕祿位的世家，恢復對神明的祭祀，難道是那些鬼長久存在而飢餓，到此時才又吃到東西嗎？」

【研　析】信奉鬼神，與人類早期科學認識的缺乏有著直接的聯繫。遠古時代，當一個人死去時，活著的人不知道這是一種自然現象，而以為有一種神奇的力量支配著人的生命。對上蒼的恐懼和對死者的追念，使人們相信靈魂，崇奉鬼神。本篇論鬼，正是古時一個司空見慣的話題。作者一方面認為，「人死而皆為鬼者，罔也」，一方面又認為，孝敬至誠，可以使鬼「由感而生」，因此，人死之後是否會變為鬼，「不可以一定言之」。可見，作者還沒有擺脫唯心主義二元論的桎梏。

一五九　江淮之俗

江淮之俗，以斗指❶寅、申、亥為天、地、水三官按罪錫福❷之月，而致齋以邀祥❸焉。滿三年計之，多不得祥而得禍。人曰：「若是乎鬼神之渺茫也。」

郁離子曰：「果若是，則鬼神不渺茫矣。夫神，聰明而正直者也。惟其聰明也，故無蔽焉；惟其正直也，故無私焉。無蔽無私，不可欺也，則亦不可媚也。今擇其按罪錫福之辰而致齊焉，是欺之也。焚香焫燭❹，朝夕稽叩❺拜跪，是媚之也。人之稍有知識者不受欺與媚，而況於聰明正直之鬼神乎？今之致齊者，非濫官❻、污吏、姦胥❼、悍卒，即市井豪儈及巨商大賈之為富而不仁者，使鬼神果有按罪錫福之典❽，則斯人也降之祥乎？降之禍乎？故曰若是則鬼神不渺茫矣。」

【注釋】❶斗指　斗，指北斗七星。七星中的五至七星為柄，古以斗柄所指表示時令節氣。斗柄指寅，為正月；指申，為七月；指亥，為十月。❷三官句　三官，指天官、地官、水官，道教所奉之神。按罪，問罪；治罪。錫福，同「賜福」。賜以福澤。❸致齋以邀祥　齋戒祭祀以求吉祥。邀，求。❹焫燭　點燃燭火。焫，焚燒；點燃。❺稽叩　叩頭。稽，叩頭至地。❻濫官　貪贓枉法的官吏。❼姦胥　官府中巧於舞弊的小吏、衙役。❽典　法。

【語譯】江淮地區的習俗，以北斗七星斗柄指向寅、申、亥為天、地、水三官問罪賜福的月份，這時，要清心潔身，祭祀以求吉祥。然而，滿三年計算，多數人非但沒有因此得到吉祥反而遇到了災禍。有人說：「像這樣，鬼神就太渺茫了。」

郁離子說：「果真如此，那鬼神就並不渺茫。神是聰明而正直的。因為祂聰明，所以沒有人能夠蒙蔽祂；因為祂正直，所以坦蕩無私。未受蒙蔽沒有私心就不會被欺騙，也就不可能被人媚惑。如今，選擇問罪賜福的時辰來齋戒祭祀，是騙人的行徑。焚香燒燭，早晚叩頭跪拜，是對神的諂媚啊！稍有知識的人都不會被欺騙和接受諂媚，更何況是聰明正直的鬼神呢？如今那些齋戒祭祀的人，不是貪官、污吏、奸胥、悍卒，就是市儈及巨商大賈中的為富不仁者。假使鬼神果真有問罪賜福的法典，那麼，對這些人是降吉祥呢還是降災禍呢？所以，如果真是這樣的話，鬼神就不渺茫了。」

【研　析】貪官污吏、奸商悍卒，他們喪盡天良，做絕壞事，卻一個個沐浴齋戒，稽首叩拜，祈求鬼神保佑，祈求天賜吉祥。如果他們真的能夠得到福祉，那真是蒼天無眼，黑白不分了！好在大道青天，鬼神有則。正所謂「抬頭三尺有神明，何用香燭與三牲？」作者認為，鬼神聰明正直，坦蕩無私，是不會接受諂媚、蒙受欺騙的。作者一方面否定「按罪錫福」之說，一方面又承認鬼神的存在，仍然擺脫不了唯心主義的羈絆。但文中對於那些為官不廉、為富不仁而表面虔誠的偽善者，給予了辛辣的諷刺，這是本篇的精華所在。

一六〇 嶽祠❶

郁離子觀于嶽祠，悵然嘆曰：「悲哉！先王之道隱，而鬼神亦受人之誣也，而況于人乎？」管豹❷問曰：「何也？」郁離子曰：「若❸不聞聖人之言曰『曾謂泰山不如林放乎❹』？言泰山不享非禮之祭也。今也又從而為之祠，形其神而配以妃❺，不亦誣且褻❻乎？夫人之生死，有天命焉，福善禍淫❼，天之道也。使誠有鬼司之，猶當奉若帝命，其敢受非禮之祈而淫縱❽其禍福於其所不當得者乎？而祠以私之，是以濁世❾之鄙夫❿待鬼神也，其不敬孰大焉？」

【注釋】❶嶽祠　指泰山祠廟。嶽，高山，此指東嶽泰山。❷管豹　虛構人名。❸若　你。❹曾謂泰山句　語出《論語・八佾》。原文：「季氏旅於泰山。子謂冉有曰：『女弗能救與？』對曰：『不能。』子曰：『嗚呼！曾謂泰山不如林放乎？』」意思是，難道說泰山之神還不及林放懂禮，居然會接受這種不合禮儀的祭祀嗎？林放，魯國人，曾向孔子請教「禮之本」，受到孔子稱讚。❺形其神句　為山神塑像並配以女神。形，用作動詞，指塑其形體。妃，女神的尊稱。❻誣且褻　虛假而又輕慢。❼福善禍淫　謂賜福給為善的人，降禍給作惡的人。語出《尚書・湯誥》「天道福善禍淫」。❽淫縱　過分放縱。❾濁世　混亂的時世。❿鄙夫　庸俗淺薄的人。

【語　譯】郁離子看了泰山的祠廟，悵然若失，歎息道：「可悲啊！先王的法度隱而不見，連鬼神也遭人誣陷，更何況是普通人呢？」管豹問道：「這話怎麼講？」郁離子說：「你沒有聽聖人說過嗎：『難道說泰山之神還不如林放懂禮？』意思是說泰山之神不接受不合禮儀的祭祀。如今卻緊跟著為祂修建祠廟，為山神塑像並配以女神，這不也是對神靈的誣陷和褻瀆嗎？人的生死是由上天決定的。賜福給為善的人，降禍給作惡的人，是上天的規律。假使真有鬼掌管泰山，也應當像遵奉天帝的命令一樣行事，怎麼敢接受超越禮儀的祈禱而放任禍福給那些不應當得到的人呢？因為偏愛而修築祠廟，這是濁世的庸夫俗子對待鬼神的態度，還有比這更不敬的嗎？」

【研　析】祭祀天地山嶽，祈求神的保護並賜以福祉，是古代禮儀的一項重要內容。作為禮儀，它必須遵循規範，如果超越本分，便叫作僭禮，是絕對不能允許的。魯國的大夫要去祭拜泰山，孔子認為這是僭越，因為，當時只有天子和諸侯才能祭祀名山大川，所以《論語》中才有「曾謂泰山不如林放」之言。本文由郁離子觀於嶽祠而發感慨，歎息「先王之道隱」，譴責那些不僅誣褻鬼神，而且誣褻世人的庸夫俗子，具有一定的諷刺意義。但作者認為「生死，有天命焉，福善禍淫，天之道也」，則是唯心的，是不足取的。

一六一　天下貴大同

海島之夷人❶好鯹❷，得蝦、蟹、螺、蛤皆生食之。以食客❸，不食則咻❹焉。裸壤之國❺不衣，見冠裳則駭，反而走以避。五谿之蠻❻羞蜜唧❼而珍桂蠹❽，貢❾以為方物❿，不受則疑以逖⓫。

郁離子曰：「世之抱一隅之聞見者，何莫非是哉！是故眾醉惡醒，眾貪惡廉，眾淫惡貞，眾汙惡潔，眾枉⓬惡直，眾惰惡勤，眾佞⓭惡忠，眾私惡公，眾嫚⓮惡禮，猶鴟鴞⓯之見人而赫⓰也。故中國⓱以夷狄⓲為寇⓳，而夷狄亦以中國之師為寇，必有能辨之者，是以天下貴大同也。」

【注釋】❶夷人　古代稱我國東部地區各部族之人。❷鯹　同「鮏」。魚腥氣。❸以食客　以之食客。拿來招待客人。❹咻　喧擾。❺裸壤之國　猶裸國，傳說中的古國名，其民皆不穿衣。《戰國策・趙策二》：「昔舜舞有苗，而禹袒入裸國。」❻五谿之蠻　五谿，漢屬武陵郡，為少數民族聚居地，在今湖南西部和貴州東部。北魏酈道元《水經注・沅水》：「武陵有五溪，謂雄溪、樠溪、無溪、酉溪、辰溪其一也。」蠻，古代對南方少數民族的泛稱。❼羞蜜唧　以蜜唧為羞。羞，珍異的食物。蜜唧，亦作「蜜蝍」，用蜜飼養的初生鼠，嶺南人以為佳肴。唐張鷟《朝野僉載》卷二：「嶺南獠民好為蜜蝍，即鼠胎未瞬、通身赤蠕者，飼之以蜜，釘之筵上，囁囁而行，以筯挾取啖之，唧唧作聲，故曰蜜蝍。」❽珍桂蠹 以桂蠹為珍。桂蠹，桂樹上的寄生蟲。蠹，同「蠧」。❾貢 進貢。❿方物 土產。⓫遯 疏遠。⓬枉 彎曲；邪曲。⓭佞 奸邪。⓮嫚 輕慢無禮。⓯鵂鶹 貓頭鷹一類的鳥。⓰赫 發怒。⓱中國 中原地區。⓲夷狄 古稱四方邊境未開化之民，東曰夷，南曰蠻，西曰戎，北曰狄。⓳寇 盜匪；仇敵。

【語譯】生活在海島的夷人喜好魚腥味，得到蝦、蟹、螺、蛤都生吃掉，並拿來招待客人，客人不吃，他們就喧擾不休。裸壤國的人不穿衣服，看見穿衣戴帽的人會驚駭不已，掉頭逃跑躲避起來。五溪的蠻人把用蜜餵養的初生鼠和桂樹上的寄生蟲當作珍肴佳品，作為土產向上進貢，上方不接受就疑心是疏遠他們。

郁離子說：「世上抱著一隅之見的人沒有一個不是這樣的。所以，眾人都沉醉，就厭惡清醒的人；眾人都貪婪，就厭惡廉明的人；眾人都淫蕩，就厭惡貞節的人；眾人都污穢，就厭惡高潔的人；眾人都邪曲，就厭惡正直的人；眾人都懶惰，就厭惡勤勞的人；眾人都奸佞，就厭惡忠誠的人；眾人都自私，就厭惡為公的人；眾人都輕慢，就厭惡守禮的人，這就像鵂鶹見了人就會發怒一樣。因此，中原地區的人把四境的少數民族當作賊寇，四境的少數民族也把中原的軍隊當作賊寇，但必定有能夠分辨得清楚的人，所以說天下貴在大同啊！」

【研析】大同思想是生長在中國土地上的一種理想主義，《禮記．禮運篇》為我們描繪了大同世界的美好藍圖：「大道之行也，天下為公，選賢與能，講信修睦，故人不獨親其親，不獨子其子……貨惡其棄於地也，不必藏於己；力惡其不出於身也，不必為己……是謂大同。」

從孔子到康有為，到孫中山，歷史上無數志士仁人為之奮鬥終身。本篇，劉基借用寓言的形式，表達了同樣的理想。海島之人好魚腥味，裸壤國人不穿衣服，於是他們認為其他地方的人也應該這樣，由此鬧出笑話。文章指出，世上之人，不能「抱一隅之聞見」；各民族之間，不應彼此為敵，而應友好相處。不斷地接受外來文明並加以融合，是人類文明的標誌；「天下大同」不僅是古今哲人的一種美好願望，也是歷史發展的必然趨勢。

一六二 麋虎

虎逐麋，麋奔而闞❶于崖，躍焉，虎亦躍而從之，俱墜而死。

郁離子曰：「麋之躍於崖也，不得已也。前有崖而後有虎，進、退，死也。故退而得虎，則有死而無生之冀❷；進而躍焉，雖必墜，萬一有無望之生❸，亦愈❹於坐而食於虎者也。若虎，則進與退皆在我，無不得已也，而隨以俱墜，何哉？麋雖死而與虎俱亡，使不躍于崖，則不能致虎之俱亡也。雖虎之冥❺，亦麋之計得❻哉。嗚呼！若虎可以為貪而暴者之永鑒矣。」

【注　釋】❶闚　探望。❷冀　希望。❸無望之生　猶絕望之中的一線生機。❹愈　勝。❺冥　愚昧無知。❻計得　猶得計。

【語　譯】一隻老虎追趕一頭麋鹿，麋鹿逃到懸崖邊向下探望，縱身躍起；老虎趕到，也跟著躍起跳了下去，結果一起墜崖而死。

郁離子說：「麋鹿從懸崖上跳下去是出於不得已。前面有懸崖而後面有老虎追趕，向前是死，向後也是死。因為後退就會被老虎抓住，只有一死而無生的希望；向前躍起，雖然必定墜落，但還有絕處逢生的希望，也就比坐而待斃喪生虎口要強。而像那老虎，進與退全可由自己決定，不是出於不得已，但卻隨麋鹿一同墜崖，為什麼要這樣做呢？麋鹿雖然死了，但是同老虎一塊兒死的。假如不從懸崖上跳下去，就不會致使老虎一同喪生。雖說老虎愚昧，但也是麋鹿的計謀得逞啊。唉！那隻老虎可以永遠為貪婪而殘暴的人作借鑑了！」

【研　析】麋鹿躍身懸崖，是出於不得已，九死之中存一線生的希望；老虎則不然，進退由之，大可不必拿生命去冒險。而文中之虎，「躍而從之」，與麋俱墜崖而死，多麼愚蠢，多麼可悲！

這則寓言，借逐食之虎諷刺了世上的貪婪之徒，他們一旦為欲念所左右，便會喪失理智與正常的判斷，這就叫作利令智昏。而寓言的深一層含意則指向元代殘暴貪婪的統治者。他們橫徵暴斂，與民逐利，但最終是逃不脫覆滅的命運的。作此理解，那麼，本篇就是作者擲向當政者的鋒利的匕首和標槍。

一六三　躁人❶

晉、鄭之間有躁人焉，射不中則碎其鵠❷，弈不勝則齧❸其子。人曰：「是非鵠與子之罪也，盍亦反而思之乎？」弗喻。卒病躁而死。

郁離子曰：「是亦可以為鑒矣。夫民猶鵠也，射之者我也，射得其道則中矣；兵猶子也，行之者我也，行得其道則勝矣。致之無藝❹，用之無法，至於不若人而不勝其憤，恚❺非所當恚，烏得❻而不死？」

【注　釋】❶躁人　性情急躁的人。❷鵠　箭靶的中心，泛指靶子。❸齧　咬。❹無藝　謂技藝不精。❺恚　怨恨。❻烏得　怎能。

【語　譯】在晉國和鄭國交界的地方有一個性情暴躁的人，他射箭射不中靶心就砸碎箭靶，下棋下不贏就咬棋子。有人對他說：「這不是箭靶與棋子的罪過啊，為何不反省一下自己呢？」他不明白其中的道理。最後，他因性情暴躁而死。

郁離子說：「這件事情也可以引作借鑑啊。那老百姓就像箭的靶心，射它的人就是我，掌握了射箭的方法就能射中；士兵就像棋子，指揮他們行動的是我，掌握了指揮的原理就能取勝。未能掌握技藝，使用不得法，以至於不如人家而心中憤懣不平，憤怒的又不是該憤怒的事，怎能不死呢？」

【研　析】做任何事情都必須遵循客觀規律，如果心浮氣躁，急於求成，多半是做不好的。劉義慶在其所編《世說新語》中描寫過一個叫王藍田的急性人。一次吃雞蛋，他用筷子「刺之不得」，大怒，於是拿起蛋來扔到地上。雞蛋在地上旋轉不止，他怒不可遏，便下地用木屐蹍踏。蹍踏不到，便又將雞蛋拾起放進口中，咬碎後張口吐掉。將一個急性人的形象描繪得維妙維肖。本文或許在一定程度上受到這篇短文的啟發，但文章並沒有停留在事物的表面上，而是生發開去，把諷刺的筆觸指向致民無藝、用兵無法的統治者。指出「射得其道則中」，「行得其道則勝」，而不勝其憤，急躁埋怨，是無濟於事的。

一六四　立教

郁離子曰：「今有人焉，坐高堂之上，指使臧獲❶，則不得其心者十恆七八。不得其心而怒叱左右，甚之，色與聲並厲。左右承顏而接言，懼其怒之將己遷❷也，而亦以厲出之。受指使者不知吾怒之所在，則倉惶而愈亂，愈不得於吾心，則吾之怒愈加，出愈厲。承顏而接言者亦不知吾怒之所在，以意度意，愈甚而愈違。故小怒則小違，大怒則大違，雖以劍挺❸臨之，不能使之得吾心也。是故君子之使人也，量能以任之，揣力❹而勞之；用其長而避其缺，振其怠而提其蹶❺；教其所不知，而不以我之所知責之；引其所不能，而不以我之所能尤❻之。誨之循循❼，出之申申❽，不震不暴，匪怒伊教❾。夫如是，然後懲之而不敢懟❿，刑之而不敢怨。《詩》曰：『豈弟君子，民之父母⓫。』如是，斯可以為民之父母矣。」

【注　釋】❶臧獲　古代對奴婢的賤稱。❷己遷　猶言遷於己。❸挺　通「梃」。棍杖。❹揣力　揣度力量。❺提其蹶　在跌倒時加以提扶。蹶，顛仆。❻尤　責備；怪罪。❼誨之循循　猶循循善誘。誨，教誨。循循，有順序地進行。❽出之申申　謂說話和氣。申申，和緩貌。❾匪怒伊教　語出《詩經．魯頌．泮水》「載色載美，匪怒伊教」。匪，通「非」。不。伊，是。〈泮水〉是一首讚美魯僖公戰勝淮夷以後，在泮宮祝捷慶功、宴請賓客的詩歌。此句意思是：沒有怒色，而是施教於人。❿懟　怨恨。⓫豈弟君子二句　語出《詩經．大雅．洞酌》。豈弟，同「愷悌」。和樂平易。

【語　譯】郁離子說：「如今有人坐在高堂之上，指使奴婢，不稱他心意的，十個人中常常有七八個。不稱他心意，就怒叱左右，甚至厲聲厲色。左右的人看著他的臉色接話，害怕他發怒時會遷怒於自己，也厲聲對待手下的人。受指派的人不知道我為什麼發怒，倉皇失措，越發慌亂，這就越是不合我的心意，於是我的怒氣更大，出言愈加嚴厲。看我臉色接話的人也不知道我為什麼發怒，用想像來揣度我的意圖，愈是想像就愈違背我的意思。因此，我小怒，他們就小違；我大怒，他們就大違。即使用劍和棍杖對著他們，也不能使他們遂我的意願。所以，君子使用人，斟酌他們的才能而任用，揣度他們的力量而役使，用他們的長處而避開他們的短處。懈怠時振作他們的精神，跌倒時加以扶持提攜。教給他們所不知道的，而不因自己知道得多就責怪他們；引導他們所不能的，而不因自己所能便埋怨他們。教誨時循循善誘，出言時舒緩和氣，不震驚，不暴躁，沒有怒氣，只是施教於人。如果能做到這樣，然後懲戒他們，他們也就不敢怨恨；刑罰他們，他們也就不敢抱怨。《詩經》上說：『和樂平易的君子啊，是老百姓的父母。』像這樣，他們就可以做老百姓的父母了。」

【研　析】本文以主人「指使臧獲」、「怒叱左右」而不合心意為喻，闡述了如何正確使用人的問題。識人是一門學問，用人也是一門學問。選賢任能，量才錄用，揚長避短，振其懈怠，提其顛仆，循循善誘，不震不怒，才能得到別人的擁戴，也才能做到人盡其才，才盡其用，最大限度地調動人的積極性。寓言以辛辣的筆調，諷刺了那些「坐高堂之上」，頤指氣使的封建統治者，並表達了對「豈弟君子，民之父母」的民主政治的嚮往。

一六五　應侯❶止秦伐周

秦起兵欲攻周，國人皆不與。

應侯謂秦昭王❷曰：「臣之里❸公孫弗忌，弱❹其鄰之老而謀食飲之，裒其徒❺謂之曰：『彼，予鄰之叟也，富而嗇，吾將與若往食飲之。』其徒曰：『彼雖富而甚嗇，其奚以食飲之？』曰：『我且盜之。』其徒皆愀然❻。明日又欲往，其徒曰：『子之謀鄙❼，盍更諸❽？』曰：『我將脅而取之。』其不從者半，弗果往。他日，又曰：『請以貨❾先為之市，具禮❿召主人而醻酢⓫之，多取物而日稽其直⓬，且速⓭其子弟以為常，不數歲，吾將竭其藏，何如？』其徒皆欣然從之。夫三言者，其以不道⓮取諸人，均⓯也。而有從不從焉者，避其名也。今周，天下之共主也，無桀、紂之惡，無辭而攻之，誰甘受其名？臣固知國人之不與也。」

【注　釋】❶應侯　即范睢，戰國時魏人。以遠交近攻之策遊說秦國，秦昭王四十一年（西元前二六六年）出任秦相，封於應（今河南寶豐西南），因稱應侯。❷秦昭王　即秦昭襄王，名稷，西元前三〇六年至前二五一年在位。❸里　故里；家鄉。❹弱　看輕；輕視。❺裒其徒　聚集他的同夥。裒，聚集。❻愀然容色改變貌。❼謀鄙　計謀短淺、鄙陋。❽盍更諸　何不改變一下方法呢？盍，何不。❾貨　錢幣。❿具禮　備禮；安排儀式。⓫醻酢　同「酬酢」。主客互相敬酒，主敬客稱酬，客還敬稱酢。⓬日稽其直　每天計算其費用。稽，計算；查考。直，通「值」。價錢；費用。⓭速　召；請。《詩經・小雅・伐木》：「既有肥羜，以速諸父。」鄭玄箋：「速，召也。」⓮不道　不正當的方法。⓯均　同。

【語　譯】秦國準備發兵攻打周，國人都不贊成。

應侯對秦昭王說：「我的鄉里有個叫公孫弗忌的人，認為他的鄰居年老可欺，想向鄰居要吃要喝，並召集他的同夥，對他們說：『那老頭是我的鄰居，富有但很吝嗇，我和你們一起去吃他的喝他的。』同夥說：『他雖然有錢，但太吝嗇，怎麼去他家吃喝呢？』公孫弗忌說：『我們去偷他的。』同夥都露出驚訝的神色。第二天又準備要去，他的同夥說：『你的方法太鄙陋了，為什麼不另外想個法子呢？』公孫弗忌說：『那我就威脅他，向他索取財物。』同夥中不同意的人佔了半數，結果沒有去成。一天，公孫弗忌又說：『我們先到集市上購買些物品，準備好禮儀，然後請他入席，互相敬酒，多取貨物，每天與他計算費用，並且經常召請他的子弟來，這樣用不著幾年，我們就會使他的家藏空竭，這個辦法怎麼樣？』他的同夥都欣然聽從了。這三次所說的，都是用不正當的手段向人索取，實質都是一樣的。但這三次，有的跟從有的不跟從，不跟從是為了避開不好的名聲。如今的周王朝，是天下共有的主宰，並不像桀、紂那樣暴戾無道。沒有理由而攻打它，誰甘願接受這不仁不義的惡名呢？我本來就知道國人是不會贊成的。」

【研析】「名不正則言不順，言不順則事不成」（《論語・子路》）。秦國起兵攻周，是沒有道理的。因為，一則周為天子之國，諸侯攻打天子，以下犯上，大逆不道；二則周王並不像夏桀與商紂王那樣殘暴不仁，因此，師出無名。國人不從，合乎情，止乎理。這雖然是一段杜撰的歷史，但它說明了一個道理，得道多助，失道寡助。得道者，得人心，而人心向背決定著戰爭的勝負。失道者，失人心。失人心，必然陷入孤立無助的境地。一支失去人心的軍隊，是不會取得戰爭勝利的。

一六六　樹怨❶

郁離子曰：「樹天下之怨者，惟其重己而輕人也。所重在此，所輕在彼，故常自處其利而遺人以不利，高其智以下人之能❷而不顧。夫重己輕人，人情之所同也。我欲然，彼亦欲然，求其欲弗得則爭。故爭之弗能，而甘心以讓人者，勢有所不至，力有所不足也，非夫人之本心也。

勢至力足而有所不為，然後為盛德之人，雖不求重於人，而天下之人莫得而輕之，是謂不求而自至。今人有悻悻自任❸者，矜❹其能以驕，有不自己出，則不問是非，皆以為未當。發言盈庭，則畏之者唯唯❺，外之者❻默默焉。然後揚揚乎自以為得，而不知以其身為怨海，亦奚益哉？昔者智伯❼之亡也，惟其以五賢❽陵人❾也。人知笑智伯而不知檢其身，使亡國敗家接踵相繼，亦獨何哉？」

【注　釋】❶樹怨　猶結怨。《孔子家語・致思》：「思仁恕則樹德，加嚴暴則樹怨。」❷高其智句　抬高他的智慧而貶低別人的才能。高、下，皆用作動詞。❸悻悻自任　猶剛愎自用。悻悻，剛愎傲慢貌。自任，只相信和重視自己。❹矜　自恃；自誇。❺唯唯　恭敬應答聲。❻外之者　疏遠他的人。❼智伯　指智伯瑤，春秋時晉國中行伯父弟荀首之後。西元前四五三年，智伯脅迫魏桓子駒、韓康子虎攻打趙襄子，反被趙襄子聯合韓、魏兩家所滅。❽五賢　謂五個方面勝於人。《國語・晉語九》：「瑤之賢於人者五，其不逮者一也。美鬢長大則賢；射御足力則賢；伎藝畢給則賢；巧文辯惠則賢；彊毅果敢則賢。如是而甚不仁。以其五賢陵人，而以不仁行之，其誰能待之？」❾陵人　凌駕於人；以勢壓人。

【語　譯】郁離子說：「到處樹立怨敵的人，是因為他只看重自己而輕視了別人。所看重的是自己，所輕視的是別人，所以常常把自己放在有利的位置上，而把不利留給別人。抬高自己的才智，毫無顧忌地貶低別人的能力。看重自己，輕視別人，是人之常情。我要這樣，人家也要這樣，追求的欲望不能得到，就互相爭奪。因此，不能爭得而心甘情願讓給別人的，是因為他們的權勢有達不到的地方，力量有不夠充足的地方，並非是出於本心。權勢能達到力量也充足而不這樣做的，才是品德高尚的人。雖然不求被別人看重，而天下的人是沒有一個會輕視他的，這就叫做不求自來。今天有人剛愎自用，自恃有才而驕傲自滿。只要不是出於自己的言論主張，不問是對是錯都認為不當。發言滿庭，畏懼他的人唯唯諾諾，疏遠他的人沉默不語，然後他洋洋自得，卻不知這是將自己置身於怨恨的大海之中，又有什麼好處呢？從前，晉國智伯的滅亡，是由於他依仗五方面的長處而凌駕於人。人們只知道譏笑智伯而不知道檢點自身，使得亡國敗家的悲劇接踵而至，又是為什麼呢？」

【研　析】過分看重自己，貶低別人，處處爭名奪利，以為自己天下第一，不把別人放在眼裡，這樣的人，實際上是把自己擺在一個四面樹敵的危險境地。寓言以智伯恃才凌人而導致滅亡的歷史教訓為例，說明重己輕人乃樹怨之因，進而對世上那些矜能以驕、悻悻自任者提出忠告。

謙遜禮讓是中華民族的優良傳統，也是作者通過本篇想要倡導的為人處世的基本原則。《書經》上說：「滿招損，謙受益。」老子說：「不自見，故明；不自是，故彰；不自伐，故有功；不自矜，故長。」（《老子・第二十二章》）因為，只有尊重別人，善待別人，別人才會尊重你，擁戴你。對個人來說，才能建立起良好的人際關係；對事業來說，才能團結一切能夠團結的力量，組織起浩浩蕩蕩的大軍，實現宏偉目標。爭者往往身敗名裂，而不爭者「天下莫能與之爭」，這就是事物的辯證法。

一六七 唐蒙❶薜荔❷

唐蒙與薜荔俱生于松、樸之下，相與謀所麗❸。唐蒙曰：「樸，不材木也，薈而翳❹。松，根石髓❺而生茯苓❻，是惟百藥之君，神農之雨師❼，食之以仙。其膏入土，是為琥珀，爰與冰玉、琅玕❽同為重寶❾。其幹聳壑❿而干霄⓫，其枝樛流⓬，其葉扶疏⓭，爰有百樂弦筦之音⓮。吾舍是無以麗矣。」薜荔曰：「信⓯美，然由僕觀之，不如樸矣。夫美之所在，則人之所趨也。故山有金則鑿，石有玉則劚⓰，澤有魚則竭，藪⓱有禽則薙⓲。今以百尺梢雲之木，不生于窮崖絕谷人迹不到之地，而挺然于眾覩⓳，而又曰有茯苓焉，有琥珀焉，吾知其戕⓴不久矣。」乃裊㉑而附于樸，鑽蠐螬㉒之穴以入其條，纏其心而出焉。於是樸之葉不生，而柯枚㉓條幹悉屬于薜荔，中虛而外皮索籜㉔如也。

歲餘，齊王使匠石㉕取其松以為雪宮㉖之梁。唐蒙死，而薜荔與樸如故。

【注釋】❶唐蒙　即菟絲子，蔓生植物。莖細長，纏繞於其他植物之上。子可入藥。❷薜荔　又稱木蓮，常綠藤本植物。果實富膠汁，可製涼粉。❸麗　附著；依附。❹薈而翳　薈，草木繁盛貌。翳，遮蔽。❺根石髓　生根於石髓之中。石髓，鐘乳石。古人用於服食，亦可入藥。清魏源〈黃山〉詩之四：「老松生空山，一物無可恃。得天惟雲液，得地惟石髓。」❻茯苓　寄生在松樹根上的菌類植物，形狀似甘薯，中醫用以入藥，有利尿、鎮靜等功效。《淮南子・說山訓》：「千年之松，下有茯苓。」❼雨師　古代傳說中司雨的神。晉干寶《搜神記》：「赤松子者，神農時雨師也。服冰玉散，以教神農。能入火不燒。至崑崙山，常入西王母石室中，隨風雨上下。炎帝少女追之，亦得仙俱去。至高辛時，復為雨師，游人間。今之雨師本是焉。」❽琅玕　似珠玉的美石。❾重寶　珍貴的寶物。❿聳壑　突出山谷。⓫干霄　直薄雲霄。干，衝犯。⓬樛流　盤曲；繚繞。⓭扶疎　枝葉繁茂紛披貌。⓮百樂弦筦之音　指各種弦樂器、管樂器奏出的音響。筦，同「管」。⓯信　果真；確實。⓰剷　挖掘；斫。⓱藪　湖澤；沼澤。⓲薙　除去。⓳眾覩　眾人眼前。覩，見；相見。⓴戕　殘害。㉑裊　同「褭」。纏繞。㉒蠐螬　金龜子的幼蟲，專吃植物的根、莖。㉓柯枚　樹枝和樹幹。㉔索籜　謂剝落如筍殼。索，零落離散貌。籜，筍殼。㉕匠石　古代名石的巧匠。《莊子・徐无鬼》：「郢人堊慢其鼻端，若蠅翼，使匠石斲之。匠石運斤成風，聽而斲之，盡堊而鼻不傷，郢人立不失容。」後亦泛稱能工巧匠。㉖雪宮　戰國時齊國離宮名，故址在今山東省淄博市東北。《孟子・梁惠王下》：「齊宣王見孟子於雪宮。」趙岐注：「雪宮，離宮之名也。宮中有苑囿臺池之飾、禽獸之饒。」

【語　譯】唐蒙和薜荔都生長在松樹、樸樹的下面，互相尋求依附的地方。唐蒙說：「樸樹是不成材的樹木，枝葉茂盛，遮蔽陽光。松樹紮根在鐘乳石中並且長有茯苓。茯苓是百藥之主，神農時的雨師，吃了它成了神仙。松脂入土，這就是琥珀，與冰玉美石同為珍稀的寶物。松樹的樹幹高聳，凸出山谷，直薄雲霄。它的枝條盤曲繚繞，它的葉子繁茂紛披，發出各種弦樂管樂的音響。捨棄它我無處安身。」薜荔說：「確實美好啊！然而在我看來，它還不如樸樹。那美之所在，就是人們爭著嚮往的地方。因此，山中有金，人們就去開鑿；石中有玉，人們就去斫伐；水澤有魚，水就會乾涸；湖沼有鳥禽，水草就會被除盡。而今百尺樹梢高聳入雲的樹木，不生於窮崖絕谷人跡不到之處，卻挺立在眾人都能看得見的地方，並且還說那兒有茯苓，有琥珀，我看它不久就要遭遇禍害了。」於是薜荔纏附在樸樹上面，它的枝條鑽入蠐螬的洞穴，纏住樹心又從裡面長出來。樸樹的葉子因此不生，而樹幹枝條全被薜荔佔有，樹心空虛，外皮像筍殼一樣脫落。

一年多後，齊王派工匠伐取松樹去做雪宮的大梁，唐蒙因失去了依附死去，而薜荔與樸樹還像以前那樣生長著。

【研　析】古語云：「質地張而弓矢至焉，林木茂而斧斤至焉。」（《荀子．勸學》）有用之材難以長存，無用之木終其天年。所以，順境中，切莫得意忘形，而要時時警惕可能出現的危險，未雨綢繆，要知道，一帆風順未必盡是好事；逆境中，也不要灰心喪氣，應以樂觀豁達的態度對待周圍的一切，塞翁失馬，安知非福？後漢人李固在寫給黃瓊的信中說：「嶢嶢者易缺，皦皦者易污。陽春白雪，和者蓋寡。盛名之下，其實難副。」（《後漢書・黃瓊傳》）能看到這一點，就能坦然面對生活中任何不順心的事情，永遠保持心境的寧靜與平和。

一六八 畏鬼

荊人有畏鬼者，聞槁葉❶之落與蛇鼠之行，莫不以為鬼也。盜知之，於是宵窺其垣❷，作鬼音，惴❸弗敢睨❹也。若是者四五，然後入其室，空其藏焉。或侜❺之曰：「鬼實取之也。」中心惑而陰然之。無何，其宅果有鬼，由是物出于盜所，終以為鬼竊而與之，弗信其人盜也。

郁離子曰：「昔者趙高❻之譖❼蒙將軍❽也，因二世之畏而微動❾之。二世之心疑矣，乃遏其請❿以怒恬⓫，又煽其憤以激帝⓬。知李斯之有諫也，則揣其志而先宣之⓭，反覆無不中。於是君臣之猜不可解，雖謂之曰『高實為之』，弗信也。故曰：『讒不自來，因疑而來；間⓮不自入，乘隙而入。』由其明之先蔽⓯也。」

【注 釋】❶槁葉 枯葉。❷垣 矮牆。❸惴 恐懼貌。❹睨 斜視。❺侜 欺騙。❻趙高 秦宦官，任中車府令。秦始皇死，假造遺詔，廢公子扶蘇，立胡亥為二世皇帝。後又殺二世，立子嬰。卒為子嬰所殺。❼譖 進讒言。❽蒙將軍 即蒙恬。秦大將。秦統一六國後，率兵三十萬北逐匈奴，修築萬里長城。二世即位，為趙高所構，矯詔逼令自殺。❾微動 暗中挑動。❿遏其請 阻止其請示。據《史記・蒙恬列傳》，「太子已立，遣使者以罪賜扶蘇、蒙恬死」。蒙恬心存懷疑，扶蘇死後，多次請示，不肯自殺。胡亥「欲釋蒙恬」，趙高「恐蒙氏復貴而用事」，讒言胡亥，竭力阻止蒙恬的請求。⓫怒恬 使蒙恬發怒。⓬煽其憤句 煽起蒙恬的憤恨，以激怒二世。⓭知李斯二句 據《史記・李斯列傳》，趙高蒙蔽二世「不坐朝廷見大臣」，以便自己獨攬大權。李斯對此不滿，趙高就對他說：「函谷關以東盜賊紛起，皇上卻加緊派遣勞役去修築阿房宮，收集名狗駿馬無用之物，我想進諫，只因地位低賤。而這正是你做丞相的職責，你為什麼不進諫呢？」李斯說：「只因皇上深居宮中，沒有機會。」趙高提出願意為李斯找個機會。後來，趙高有意在二世尋歡作樂、美女居前時讓李斯去進諫，接連三次，二世因此大怒。趙高乘機進讒，終使二世決定懲治李斯。⓮間 離間。⓯明之先蔽 謂眼睛先被遮蔽。明，眼睛；視力。《孟子・梁惠王上》：「明足以察秋毫之末，而不見輿薪，則王許之乎？」

【語 譯】荊地有一個怕鬼的人，聽見枯葉飄落與蛇、鼠活動的聲音，無不以為是鬧鬼。盜賊知道了這一點，於是在夜裡窺探他的矮牆，學鬼叫聲。他心中害怕，不敢斜看一眼。像這樣驚嚇了他四五次，然後盜賊進入他的房間，把他家裡的東西全都偷光了。有人騙他說：「實際上是鬼取走的。」他內心疑惑但冥冥之中又認為是這樣的。不久，他的住宅果然又鬧起鬼來，被偷走的財物又從盜賊那兒搬了回來，他始終以為是鬼偷去後來又還給了他，不相信那是人偷的。

郁離子說：「從前，趙高說蒙恬將軍的壞話，就是因為抓住了秦二世害怕蒙恬的心理而從中挑撥。二世心生疑竇，趙高就阻止蒙恬的請求以激怒蒙恬，又煽動蒙恬的怨憤以激怒二世皇帝。趙高知道李斯想進諫，就揣摩李斯的意圖而先在二世面前說些不利的話，反覆幾次沒有不成功的。於是，君臣之間的猜疑不可解，即使對二世說『這一切實際上是趙高搞的鬼』，他也是不會相信的。所以說：『讒言不會自行而來，因猜疑而來；離間不會自行而入，趁縫隙而入。』這是由於眼睛事先給遮蔽住了。」

【研析】常言道，「疑心生暗鬼」，可見，「鬼魅」二字，皆由疑心而起。本文以荊人畏鬼，竊賊乘機而入盜走財物，和秦二世猜忌臣下，趙高進讒，陷害蒙恬和李斯為例，說明「讒不自來，因疑而來；間不自入，乘隙而入」的道理。前後兩段文字，以一個「疑」字相貫穿。因為在「疑心」這一點上，兩者是共通的。明王陽明說：「破山中賊易，破心中賊難。」外因總是通過內因起作用。心中堂堂正正，光明磊落，就能抵禦外邪的入侵，就不會被蠱惑人心的言詞和假象所迷惑。

一六九　賞爵

郁離子與艾大夫偕謀盜❶，士有俘盜以請賞者，予之金，不願而請爵。大夫不可。郁離子請予之，大夫曰：「爵，王章❷也，弗可濫也。」郁離子曰：「大夫之言是也。然吾嘗觀于圃人❸矣，果實之未摘，雖其家人不敢求嘗焉；及其既摘，而餘則蚊蚋❹皆聚而咂之矣。漢曲之處女❺，色若朝虹，觀者慕之，不敢求也；一旦歸于倡家❻，則傒子❼、佻夫❽、庸奴、賤皂❾之有金者，皆得而覬之❿。今朝廷之尊爵，大盜得之，士之有恥者弗欲仕矣，而猶有願之者，未之思也，矧⓫敢靳⓬乎？北鄙之僚人⓭以肉豢狗，而怒其子竊食其膋⓮，於是室家離心。子必悔之。」

【注　釋】❶謀盜　謀求對付盜賊的辦法。❷王章　君王的制度法規。❸圃人　在園中種植蔬果的人。❹蚊蚋　蚊子一類的害蟲。蚋，亦作「蜹」，體形似蠅而小，吸人畜血液。❺漢曲之處女　即漢女，傳說中的漢水神女，此指漢水一帶的少女。揚雄〈羽獵賦〉：「漢女水潛，怪物暗冥，不可殫形。」又，《水經注・沔水》：「沔水又東，逕萬山之北，山下水曲之隈，云漢女昔游處也。」❻倡家　猶娼家。❼傒子　輕薄刁巧的男子。❽佻夫　輕佻的人。❾賤皂　賤役；衙門裡的差役。❿覬之　指親近女色。覬，企圖。⓫矧　何況；況且。⓬靳　吝惜；不肯給予。⓭北鄙之僚人　北部邊遠地區的官宦人家。鄙，邊遠之地。僚人，官吏。⓮膋　脂肪。《詩經・小雅・信南山》：「執其鸞刀，以啟其毛，取其血膋。」

【語　譯】郁離子和艾大夫一同商討對付盜賊的辦法。士人中有抓到盜賊請求獎賞的，賞給他金子，他不願接受，卻請求封給爵位。艾大夫不肯答應，郁離子請求給了他算了。艾大夫說：

「爵位是由君王的制度規定的，不可以隨意賞賜。」郁離子說：「大夫所言極是，然而我曾觀察過那些種植水果蔬菜的人，果實還沒有採摘時，即便是他的家人也不敢要求嘗一嘗。等到採摘過後，剩下的就任憑蚊蟲聚集吮吸了。漢曲一帶的少女，面容像早晨的彩霞，見到她們的人心中愛慕，卻不敢追求。而一旦歸入娼家，就算是那些刁巧男子、輕薄之徒、庸俗奴才、低賤皂隸，只要有點錢，都可以得到她們。如今朝廷上尊顯的爵位，讓大盜們得到了，士人中有羞恥之心的人都不想做官，卻還有人願意去做，那是因為他們沒有想到這一層，怎麼還會吝惜爵位呢？北部邊疆的官宦人家用肉餵養狗，但對他兒子偷吃肥肉卻大發其怒，於是全家人離心離德。你這樣做一定會後悔的。」

【研　析】本文通過對俘盜者如何行賞的討論，將諷刺的矛頭指向元代黑暗的統治制度。寫法上，三次設喻，將庸夫俗子朝思暮想頂禮膜拜的爵位，比作園圃中摘剩下來的果實、落入娼家的漢曲處女和北部邊地官宦人家餵狗的肉。啟示讀者：任何美好的東西，一旦受到玷污，就會變得一文不名，一錢不值。

一七〇　井田❶可復

或問於郁離子曰：「井田可復乎？」郁離子曰：「可。」曰：「何如其可也？」曰：「以大德戡❷大亂則可也。夫民情，久佚❸則思亂，亂極而後願定。欲謀治者，必因民之願定而為之制，然後疆無梗❹，猾無間❺，故今不疚❻而行。」請問之，曰：「天下之宴安❼也，人不嘗苦辛，不知亂之無所容其身，而易於怨上。故一拂❽其欲，則憤激而思變，有從而倡❾之，亂斯作矣。是故老成之人慎紛更❿焉，非為苟⓫也，畏未得其利而先覩其害也。故民猶馬也，廄牧以安之，豆粟以飫⓬之，日而放之，莫不振鬣而奔風，牝鳴而牡應⓭，嘶馳踶突⓮，惟意所如，不可逐而畢⓯也。及其負鹽車⓰，歷羊腸⓱，流汗踠足⓲，饑不得秣⓳，倦不得息，踰數百千里而歸，望皂櫪⓴如弗及，見圉人㉑而敂沫㉒，則雖鞭之使逸㉓，否矣。及此而調㉔之，其有不服者乎？是故聖人與時偕行。時未至而為之，謂之躁；時至而不為之，謂之陋㉕。今民風不淳，而古道之廢興，欲不欲者各半。故以大德戡大亂，則井田亦可復也。」

【注釋】❶井田　相傳古代的一種土地制度，以方九百畝為一里，劃為九區，形同「井」字，故名。其中間區域為公田，外八區為私田。公事畢，然後治私田。❷戡　平定。❸佚　安樂。❹梗　阻塞。❺猾無

間　擾亂沒有機會。猾，擾亂；侵犯。《尚書・舜典》：「蠻夷猾夏。」孔傳：「猾，亂也。」間，間隙；空隙。❻疢　憂愁；憂慮。❼宴安　安樂；逸樂。古人常以宴安比作酖毒。《三國志・魏志・鍾會傳》：「明者見危於無形，智者規禍於未萌……豈宴安酖毒，懷祿而不變哉？」❽拂　違背。❾倡　倡導；帶頭發動。❿紛更　變亂更易。⓫苟　隨便；馬虎。⓬飫　餵飽。⓭牝鳴句　謂雌雄相應。牝，雌性。牡，雄性。⓮嘶馳踶突　嘶叫奔馳，四蹄生風。踶，踢；踏。突，橫衝直撞。⓯馽　拴縛馬足的繩索，引申為束縛。《莊子・馬蹄》：「連之以羈馽，編之以皁棧。」⓰鹽車　運鹽的車輛。⓱羊腸　指彎曲狹窄的道路。⓲踠足　足蜷曲而行走遲緩貌。⓳秣　餵養。⓴皂櫪　馬廄。㉑圉人　養馬人。㉒敂沫　謂馬打響鼻，口流唾沫。㉓逸　奔跑。㉔調　調養；馴養。㉕陋　目光短淺。《荀子・修身》：「多見曰閑，少見曰陋。」

【語　譯】有人問郁離子說：「井田制可以恢復嗎？」郁離子說：「可以。」又問：「為什麼說可以呢？」郁離子答道：「用大德平定大亂是可行的。那民情，安定久了就想動亂，亂到了極點後又願意安定。想治理天下的人必須順應老百姓的願望而制定制度，然後疆界通暢無阻，擾亂滋事找不到起因，因此政令不用憂慮就能實行。」又請教，說：「天下安樂時，人吃不得苦耐不得辛勞，不知道動亂會使他們無處容身，並且容易對上抱怨。所以，一旦違背他們的意願，就會激憤而思變，有人跟從並倡導，動亂就從這裡發生了。因此，老成的人對待紛亂變更持審慎態度，這不是馬虎苟且，而是害怕沒有得到益處而先見到了危害。所以說，老百姓就像馬一樣，養在馬廄裡使牠們安定，用豆粟餵飽牠們，一旦放開，無不振動鬃毛而狂奔，雌馬發聲，雄馬應和，嘶鳴奔馳，踢踏衝撞，隨意所往，不可追逐而加以管束。但到了牠們拉著運鹽的車輛，經歷羊腸小道，渾身流汗，屈足緩行，飢不得食，倦不得息，走過數百數千里而歸，想見到馬廄而不可及，看到養馬人就打起響鼻口流唾沫時，雖用鞭子趕牠們跑，牠們也跑不動了。等到這時再調教牠們，哪有不服的呢？所以說聖人與時俱行。時機未到就去做，叫做急躁；時機已到而不行動，叫做淺陋。如今民風不淳厚，而古道的興與廢，想的人和不想的人各佔了一半。所以，用大德平定大亂，那麼井田制也就可以恢復了。」

【研　析】井田制是古代一種落後的土地制度，到了春秋時期，逐漸為封建生產關係所替代。本文借郁離子之口，闡述了井田可以恢復的觀點，與社會的發展規律相違背，是不可取的。但文中關於「欲謀治者，必因民之願定而為之制」的思想值得肯定。它昭示我們，法令制度，必須順應民情，合乎民意，這樣，才會為廣大民眾所擁護，所接受，才會有生命力。作者還表達了「聖人與時偕行」的觀點，並指出，當條件還不具備時貿然行動，叫作急躁，而當條件已經具備時無所作為，則叫作淺陋：兩者都失之偏頗。因此，適應事物的發展規律，把握機會，適時而動，顯得尤為重要。

一七一　竊糟

客有好佛者，每與人論道理❶，必以其說駕❷之，欣欣然自以為有獨得❸焉。郁離子謂之曰：「昔者，魯人不能為酒，惟中山❹之人善釀千日之酒，魯人求其方❺，弗得。有仕于中山者，主酒家，取其糟歸，以魯酒漬❻之，謂人曰：『中山之酒也。』魯人飲之，皆以為中山之酒也。一日，酒家之主者來，聞有酒，索而飲之，吐而笑曰：『是予之糟液也。』今子以佛夸予可也，吾恐真佛之笑子竊其糟也。」

【注　釋】❶論道理　謂談論佛教經義。❷駕　凌駕。❸獨得　獨到見解。❹中山　古國名。在今河北定縣一帶。❺方　釀造的方法；配方。❻漬　浸泡。

【語　譯】客人中有一個喜好佛教的人，每當與人談論佛理，必定用他那一套說教凌駕於人，欣欣然自以為有獨到的見解。郁離子對他說：「從前魯國人不會釀酒，只有中山國的人善於釀造千日的好酒。魯國人尋求釀酒的配方，沒能得到。有一個在中山國做官的人主管那裡的酒家，取了些酒糟回來，用魯國的酒浸泡，對人說：『這就是中山國的酒。』魯人喝了，都以為是中山國的酒。一天，中山國酒家的主人來了，聽說有酒，便要了些喝。喝了一口便吐出來，笑著說：『這是我的酒糟水啊。』如今，你在我面前炫耀佛理或許還可以蒙混過去，我擔心真佛會笑話你竊取了祂的『酒糟』。」

【研　析】以次充好，以假亂真，只能蒙騙人一時，不能蒙蔽人一世，在「真佛」面前，騙子們終將被剝去偽裝，露出原形。本篇以釀酒為喻，諷刺了那些無真才實學但喜誇耀自伐、自以為是的人。指出，那些看似見解獨到的高談闊論，往往是他人不值一提的棄物。寓言將一個帶有普遍意義的話題，用輕鬆幽默的故事道出，顯得自然而又貼切。

一七二 論物理❶

郁離子曰：「天地之呼吸，吾於潮汐❷見之；禍福之素定❸，吾於夢寐❹之先兆見之；同聲之相應❺，吾於琴之弦見之；同氣之相求，吾於鐵與磁石❻見之；鬼神之變化，吾於雷電見之；陰陽❼五行❽之消息❾，人命繫其吉凶，吾於介鱗之於月見之❿；祭祀之非虛文，吾於豺獺⓫見之；天樞⓬之中，吾於子午之針⓭見之；巫祝⓮之理不無⓯，吾於吹蠱⓰見之；三辰⓱六氣⓲之變有占而必驗，吾於人之脈色⓳見之。觀其著以知微，察其顯而見隱，此格物致知⓴之要道也。不研其情，不索其故，梏㉑于耳目而止，非知天人者矣。」

【注釋】❶物理　事物的規律、道理。❷潮汐　在月球和太陽引力的作用下，海洋水面週期性地漲落，在白晝的稱潮，在夜間的稱汐，總稱潮汐。❸素定　猶宿定，預先確定。❹夢寐　睡夢。❺同聲之相應　與下句「同氣之相求」，典出《易經・乾卦》：「同聲相應，同氣相求」。意思是聲音相同彼此可以呼應，氣味相同彼此可以交融。應，應和。❻磁石　有磁力的礦石，即天然吸鐵石。❼陰陽　古代以陰陽解釋萬物化生，凡天地、日月、晝夜、男女以至腑臟、氣血等，皆分屬陰陽。❽五行　謂金、木、水、火、土五種物質，我國古代思想家常用以解釋宇宙的起源。❾消息　消長；增減。❿介鱗句　介指甲蟲，鱗指鱗蟲。《大戴禮記・曾子天圓》：「介蟲介而後生，鱗蟲鱗而後生。介鱗之蟲，陰氣之所生也。」月為陰，故稱「於月見之」。⓫豺獺　指豺祭與獺祭。初春，河水解凍，獺開始大肆捕殺魚類；深秋，鳥獸長成，豺大量獵獸以備過冬。古人因附會為捕獵前的祭祀。《禮記・王制》：「獺祭魚，然後虞人入澤梁；豺祭獸，然後田獵。」⓬天樞　星名，即北斗第一星。⓭子午之針　即指南針。古人以「子」為正北，「午」為正南，因稱指南針為子午針。⓮巫祝　古代稱事鬼神者為巫，祭主贊詞者為祝，後連用以指掌占卜祭祀的人。⓯不無　猶言有些。⓰吹蠱　即飛蠱，毒蠱名。古代稱巫師用邪術加害於人為巫蠱。⓱三辰　指日、月、星。⓲六氣　有多種說法，一般指陰、陽、風、雨、晦、明六種自然現象。⓳脈色　猶脈象，一般分浮、沉、遲、數四大類，為中醫辨證的依據之一。⓴格物致知　謂研究事物原理而獲得知識。語出《禮記・大學》「欲誠其意者，先致其知，致知在格物」。鄭玄注：「格，來也；物猶事也。其知於善深，則來善物；其知於惡深，則來惡物；言事緣人所好來也，此致或為至。」㉑梏　古代木製的手銬，引申為約束、限制。

【語　譯】郁離子說：「天地間的呼吸，我從潮汐這一自然現象中發現了它；禍福的預測，我從睡夢的先兆中發現了它；同聲相應，我從琴弦上發現了它；同氣相求，我從鐵與磁石的關係中發現了它；鬼神的變化，我從雷電中發現了它；陰陽五行的此消彼長、人命同吉凶的聯繫，我從甲蟲、鱗蟲與月的關係中發現了它；祭祀不是憑空的言詞，我從豺祭獸、獺祭魚中發現了它；北斗星辰，我從子午針中發現了它；巫祝說的還有些道理，我從吹蠱之中發現了它；三辰六氣的變化，有占卜就必定有驗證，我從人的脈象中發現了它。觀察顯著的就能知道細微的，觀察顯明的就能知道隱忽的，這是窮究事物原理而獲取知識的重要途徑啊。不研究事物的情狀，不探索其中的緣故，被耳聞目見所束縛，就不是了解天人關係的人。」

【研析】《禮記・大學》中說：「致知在格物，格物而後知至。」就是說，只有深入推究事理，通過由表及裡，由此及彼，去粗取精，去偽存真的認知過程，方能洞悉其中的奧秘，掌握事物的規律性。否則，「不研其情，不索其故」，束縛於耳聞目見，是難以獲得真知的。本文以排比的句式，羅列事物表象與本質之間的內在聯繫，說明觀察與研究的重要性，頗具說服力。只是文中所舉的某些例證，如「禍福之素定，吾於夢寐之先兆見之」，「巫祝之理不無，吾於吹蠱見之」等，帶有迷信的色彩，讀者在閱讀時應加注意。

「格物致知」理論在宋以後成為中國哲學的重要範疇之一，它所包含的探索精神對後世產生過重要影響。

一七三 慎爵

郁離子謂執政者曰：「物之所貴於天下者，以其少有而難得也。如使明珠如沙，黃金如土，則人皆得而有之，其何以能貴乎？故服有章❶，爵有等，使人不可以妄覬❷，然後王命尊而榮辱行。此鼓舞天下之奇貨也。昔者，趙王得于闐之玉以為爵❸，曰：『以飲有功者。』邯鄲之圍解❹，王跪而執爵進酒，為魏公子壽❺，公子拜嘉❻焉。故鄗南之役❼，王無以為賞，乃以其爵飲將士，將士飲之皆喜。於是趙人之得爵飲，重於得十乘之祿❽。及其後，王遷❾以爵爵❿嬖人之舐痔者⓫，於是秦伐趙，李牧⓬擊卻之，王取爵以飲將士，將士皆不飲而怒。故同是爵也，施之一不當，則反好以為惡，不知寶其所貴而已矣。」

【注釋】❶章　章服。一種用圖文作為等級標誌的禮服或官服。❷妄覬　妄加窺視，指非分之想。❸趙王句　趙王，指戰國時趙國國君趙惠文王。于闐，古西域國名。《漢書．西域傳上．于闐國》：「于闐國，王治西城，去長安九千六百七十里……多玉石。」爵，古代的一種酒器。❹邯鄲之圍解　指魏安僖王二十年（西元前二五七年），秦昭王破趙長平軍後進兵圍邯鄲，魏信陵君竊取虎符救趙，解邯鄲之圍事。❺王跪二句　據《史記．信陵君列傳》：邯鄲之圍解，「趙王及平原君自迎公子於界，平原君負韊矢為公子先行。趙王再拜曰：『自古賢人未有及公子者也。』」魏公子，即魏無忌，魏安釐王異母弟。封於信陵，稱信陵君。❻拜嘉　拜謝讚美。《左傳．襄公四年》：「〈鹿鳴〉，君所以嘉寡君也，敢不拜嘉？」❼鄗南之役　據《史記．趙世家》，趙孝成王十五年（西元前二五二年），「燕卒起二軍，車二千乘，栗腹將而攻鄗，卿秦將而攻代。廉頗為趙將，破殺栗腹，虜卿秦、樂閑」。鄗南之役當指此役。鄗，春秋晉邑名，在今河北柏鄉北，戰國時屬趙。❽十乘之祿　古井田制，九夫為井，十六井為丘，四丘為甸，一甸土地所出的軍賦稱「乘」。十乘之祿，猶十甸土地所出軍賦的俸祿。❾王遷　即趙幽繆王。戰國時趙國國君，名遷，悼襄王庶子。素無行，信讒言，在位七年。諡幽繆。❿爵爵　以爵盛酒給人喝。前一爵為名詞，後一爵用作動詞。⓫嬖人之舐痔者　比喻諂媚小人。嬖人，寵幸之人。⓬李牧　戰國末趙將，長期守雁門，匈奴不敢犯。趙王遷二年（西元前二三四年），秦大舉攻趙。次年，牧大破秦軍於肥，以功封武安君。秦買通趙王遷嬖臣郭開誣牧欲反，王疑之，被斬，秦遂滅趙。

【語譯】郁離子對執政者說：「被天下認為貴重的東西，是因為它們稀少並不容易得到的緣故。假如使明珠像沙子一樣多，黃金像泥土一樣多，那麼人人都可以得到並擁有它，怎麼能成為貴重之物呢？所以，官服有不同的圖文裝飾，爵位有等級的差別，使人們不可以妄加窺視，然後王命受到尊崇而榮與辱的觀念才行得通。這是鼓勵天下的珍奇之物。從前，趙惠文王得到一塊于闐產的玉石，製作成盛酒的爵，說道：『用它來獎賞有功者飲酒。』邯鄲之圍解除後，趙王舉著爵跪拜進酒，祝魏公子健康長壽，魏公子拜謝趙王的獎賞。因此，鄗南之戰，趙惠文王並沒有用什麼來作獎勵，只是用那只爵向將士們進酒，而將士們飲過酒後都深感榮耀。於是，在趙國人眼裡，能受用這只爵飲酒，勝過十乘的俸祿。到後來，趙王遷用這只爵行賞那些受寵幸的諂媚小人，而這時秦國攻打趙國，李牧率軍擊退了秦軍，趙王遷用這只爵招待將士們飲酒，將士們都不肯飲用，面有怒色。所以，同樣的一只爵，一時使用不當，就會把好東西變成壞東西，這是因為不知道珍惜貴重之物而已啊。」

【研析】同一只爵，用來向有功的將士們行酒，將士們引以為榮，激發起他們昂揚的鬥志，而當行賞過那些受寵幸的諂媚小人之後再向將士們行酒時，將士們都深以為恥，不飲而怒，這是什麼原因呢？因為這只爵代表了國家的尊嚴與榮譽，而尊嚴與榮譽一旦被玷污，便失去了往日的光環，變得一文不值。趙惠文王與趙王遷同為趙國國君，一個因能禮待賢士和手下將領而獲得人們的尊重；一個因寵幸身邊的小人而失去人心，其結果迥然有別。西元前二三四年，秦軍攻趙，趙王遷因聽信讒言殺了大將李牧而導致亡國，最後被流放到房陵，在屈辱之中悽慘度日，吞下了自己種下的苦果。

一七四　天裂地動

或曰：「《傳》曰：『天裂陽不足，地動陰有餘❶。』然乎？」郁離子曰：「天道幽微❷，非可億❸也。然以吾觀之，天裂陽不足，是也；地動陰有餘，未必然也。夫天，渾渾然，氣也。地包於其中，氣行不息，地以之奠❹。今而動焉，豈地之自動乎？觀乎地之動也，蓋象夫震掉顛惕❺而不為跳躍奮舞之狀也。夫既不為跳躍奮舞，則豈地之自動乎？其必有以使之然矣。然則地之動也，非其自動也，由其所麗❻者有所不恆而使之然也。猶舟之在水，其動也由乎水，非舟之自動也。吾固曰：天裂陽不足，是也；地動亦陽不足，而非陰有餘也。」

【注　釋】❶傳曰三句　傳，指《京房易傳》，漢人京房解說《易經》的著作。《太平御覽》卷一：「《京房易傳》曰：『地動，陰有餘；天裂，陽不足。』」漢代劉向在引用這一句時，把語序顛倒為：「天裂，陽不足；地動，陰有餘。」❷幽微　深奧。❸億　臆測；預料。❹奠　放置；停放。❺震掉顫惕　震驚畏懼。震掉，震顫；抖動。惕，提心吊膽。❻麗　附著。

【語　譯】有人問：「《傳》上說：『天裂是因為陽氣不足，地動是因為陰氣有餘』，是這樣嗎？」郁離子說：「天體的運行深奧莫測，不可臆斷，然而依我看來，天裂陽氣不足是對的，地動陰氣有餘則未必如此。那天，渾渾然是氣啊，地包藏在它的中間。大氣運行不息，大地承載著它。而今大地震動，難道是地自己在動嗎？看那大地震動，就像是受到了震驚，顫抖畏懼，而不是跳躍奮舞的樣子。既然不是在跳躍奮舞，那怎麼會是地自己要動呢？其中必定有使它動的原因。然則大地震動，並非自己要動，而是由於它依附之處不夠穩定才造成了這樣，就像船在水中，船動是因為水在流動，而不是船自己在動。因此我認為，天裂是因為陽氣不足是對的，地動也是因為陽氣不足而不是陰氣有餘的緣故。」

【研　析】陰陽的最初意義是指日光的向背，向日為陽，背日為陰，古代哲學家看到一切事物都有正反兩個方面，就用陰陽來解釋自然界的萬事萬物。陰陽雙方互相對立，互相制約，維持著事物的相對平衡。倘若一方太過，就會引起另一方的缺損，產生此消彼長的、此盛彼衰的動量變化，出現反常現象，如《國語・周語上》云：「陽伏而不能出，陰迫而不能蒸，於是有地震。」陰陽之說也被用到政治上，如《晉書・志第二・天文中》記載：「惠帝元康二年二月，天西北大裂。案劉向說：『天裂，陽不足；地動，陰有餘』，是時人主昏瞀，妃后專制」。這是將天體變化歸罪於婦人當政的一個典型的例子。本文作者在肯定「天裂，陽不足」的同時，認為地動也是陽氣不足的表現。至於「陽氣不足」指的是什麼，作者未作具體說明。是指自然界中的混沌之氣呢還是指當時的社會政治，讀者可自琢磨。

一七五　羹藿❶

鄭子叔逃寇于野，野人羹藿以食之，甘。歸而思焉，采而茹❷之，弗甘矣。

郁離子曰：「是豈藿之味異乎？人情而已。故有富而棄其妻貴而遺其族者，由遇而殊❸之也。昔楚昭王❹出奔而亡其屨❺，使人求之以百金，曰：『吾不忘其相從於患難之中也。』故論功而未及者皆不怨，非術❻也，誠之感也。」

【注釋】❶羹藿 用豆葉煮的湯。藿，豆葉。❷茹 吃。❸遇而殊 遭遇不同。殊，不同。❹楚昭王 春秋末楚國國君。在位期間，吳屢敗楚。昭王十年，伍子胥率吳軍破楚都郢，昭王出奔。❺亡其屨 丟失了鞋子。❻術 手段。

【語譯】鄭子叔躲避賊寇逃到了野外，農人煮豆葉羹給他喝，他覺得味道甚是甘甜，回來以後念念不忘，便採了些豆葉來做羹喝，卻不再有甜美的感覺了。

郁離子說：「這難道是豆羹的味道變了嗎？不是，是人所處的境況發生了變化而已。所以，有的人富裕了就拋棄妻子，地位高了就遺棄族人，這都是由於境遇發生了變化而感情也跟著起了變化。從前，楚昭王出逃時丟了鞋子，派人四下尋找，願用百兩金子換回它。說：『我不能忘記它曾在患難之中伴隨過我！』所以，論功行賞時沒有輪到的人也不抱怨，並非是楚昭王有什麼手段，而是被他的真誠所感動。」

【研析】不同的境遇會使人產生不同的心理感受，後唐莊宗李存勖的例子就很能說明問題。他曾對臣下說：「朕當初在河上，五、六月間與敵軍對壘，大帳悶熱潮濕，然而跨馬擊賊，反而覺得清涼。而今成天在深宮裡，卻受不了這分暑熱，是何道理？」大臣郭崇韜奏道：「陛下當初在河上時，汴寇未平，因此廢寢忘食，一心想著作戰，嚴寒酷暑都不放在心上。如今強敵已滅，中原太平，縱情享樂，即便有百尺高臺、廣殿九筵，也不會感到滿意。望陛下想一想當初創業時的艱難，那麼對今天的暑熱就不會介意了。」本篇與此有異曲同工之妙。鄭子叔逃難時喝到一碗豆葉羹，覺得甘甜無比，歸來後如法炮製，卻再也沒有當初的感覺。一句「是豈藿之味異乎？人情而已」，點明了個中原因。作者還對那種「富而棄其妻貴而遺其族」的社會醜惡現象進行了抨擊，並肯定了不忘根本，保持本色的思想。

一七六　大智

郁離子曰：「人有智而能愚者，天下鮮❶哉。夫天下鮮不自智之人也，而不知我能人亦能也。人用智而偶獲，遂以為我獨，於是乎無所不用。及其久也，雖實以誠行之，人亦以為用智也，能無窮乎？故智而能愚，則天下之智莫加焉。鬼神之所以神於人者，以其不常❷也。惟不常，故不形❸；不形，故不可測。人有作為不可測者，自以為不可測，而不知其為人所測。故智不自智❹，而後人莫與爭智。辭其名，受其實，天下之大智哉！」

【注　釋】❶鮮　少。❷不常　不固定；異常。❸不形　沒有固定的形體。❹智不自智　有智而不以智者自居。

【語　譯】郁離子說：「有智而貌似愚鈍的人，天下並不多見啊。天下很少有不自以為聰明的人，殊不知我能，別人也能。有的人用智謀偶然獲得了成功，就認為只有自己能夠做到，於是無處不用。等到時間久了，即便確實是誠心誠意地去行事，別人也以為是在用心智，能有窮盡的時候嗎？因此，有智而能給人以愚鈍的印象，那天下沒有比這更有智慧的了。神鬼之所以比人高明，是因為他們不同尋常。由於不同尋常，因此沒有固定的形體。沒有固定的形體，因此不可測知。有人認為自己的行為不可測知，他們自以為不可測，而不知早已被人看穿。所以，有智而不以智慧相炫耀，而後別人就不會與他爭智。辭去虛名，接受實質性的東西，這才是天下最大的智慧啊！」

【研　析】凡事相反相成，聰明反被聰明誤。三國時的楊修，自恃有才，好賣弄小聰明，結果招致曹操忌恨，掉了腦袋。真正的智者往往是深藏不露的。《老子．第四十五章》云：「大直若屈，大巧若拙，大辯若訥。」唐柳宗元說：「外愚而內益智，外訥而內益辯，外柔而內益剛。」（〈答周君巢餌藥久壽書〉）就像漢初陳平，足智多謀，卻能韜光養晦，大智若愚。劉邦死後，他表面上處處順從呂后，封呂氏諸王，不拂呂后之意。但呂后一死，他便與周勃一起，翦除諸呂，迎立劉邦之子劉恆為帝，恢復了劉氏江山，終成大事。

一七七　安期生❶

安期生得道于之罘之山❷，持赤刀❸以役虎❹，左右指使進退，如役小兒。東海黃公❺見而慕之，謂其神靈之在刀焉，竊而佩之。行遇虎於路，出刀以格❻之，弗勝，為虎所食。

郁離子曰：「今之若是者眾矣。蔡人❼漁于淮❽，得符文❾之玉，自以為天授之命，乃往入大澤，集眾以圖大事❿，事不成而赤其族⓫，亦此類也。」

【注釋】❶安期生　先秦方士，從河上丈人學，賣藥東海邊，時人稱之為千歲翁。相傳秦始皇東遊，與之語三日三夜，賜黃金璧玉。及去，皆置阜鄉亭中，留書言數年後，求之於蓬萊山。後始皇遣人入海求之，不可得。事見《高士傳》、《列仙傳》。❷之罘之山　之罘，又作「芝罘」，山名，在今山東煙臺北，三面環水，一徑南通。《史記・秦始皇本紀》：「(始皇)登之罘刻石。」❸赤刀　紅色寶刀。《尚書・顧命》：「越玉五重，陳寶，赤刀、大訓、弘璧、琬琰在西序。」孔穎達疏：「上言陳寶，非寶則不得陳之，故知赤刀為寶刀也。」❹役虎　驅使老虎。❺東海黃公　漢東海人，善法術。《西京雜記》卷三：「有東海人黃公，少昔為術，能制蛇御虎；佩赤金刀，以絳繒束髮，立興雲霧，坐成山河。及衰老，氣力羸憊，飲酒過度，不能復行其術。秦末有白虎見於東海，黃公乃以赤刀往厭之，術既不行，遂為虎所殺。」❻格　搏鬥。❼蔡人　蔡地之人。蔡，周諸侯國名，故地在今河南上蔡西南。後遷州來，即今安徽鳳臺，稱下蔡。❽漁于淮　在淮水捕魚。❾符文　道家、神仙家的符籙文字。❿大事　指起義。⓫赤其族　誅殺其全族。赤，盡。

【語　譯】安期生在之罘山學得道術，握著一把赤色的寶刀驅趕老虎，左指右使，老虎隨之進退，就像使喚小孩一般。

東海黃公見了很是羨慕，認為他的神靈全在刀上，就偷了那柄刀佩帶在身上行走。路上遇到一隻老虎，他就拔出刀來和虎格鬥，不能取勝，被虎吃掉了。

郁離子說：「現在像黃公這樣的人很多啊。蔡地有一個人在淮水打漁，得到一塊刻有符文的玉，自以為這是上天授予他的使命，便進入大澤，聚集眾人，圖謀起義大事，事不成而被滅了九族。他也是屬於黃公一類的人啊！」

【研　析】東海黃公見安期生持刀役虎，進退由之，便以為神靈盡在刀上，於是竊得寶刀，效法而行，結果為虎所食。這則故事告訴我們：只看到事物的表面現象而看不到事物的本質，自以為是，一意孤行，最終是要吃苦頭的。為了增強寓言的說服力，作者還以蔡人集眾以圖大事，事敗誅族作類比，說明「今之若是者眾矣」，揭示了這一錯誤的普遍性。

一七八　行幣❶有道❷

或問於郁離子曰：「幣之不行而欲通之，有道乎？」郁離子曰：「在治本。」「何謂治本？」曰：「幣非有用之物也，而能使之流行者，法也。行法有道，本之以德政❸，輔之以威刑❹，使天下信畏，然後無用之物可使之有用。今盜起而不討，民不知畏信。法不行矣。有用之物且無用矣，而況於幣乎？如之何其通之也？」

【注釋】❶行幣　流通貨幣。❷道　辦法。❸德政　謂有仁德的政治措施。❹威刑　威嚴的刑罰。

【語譯】有人向郁離子問道：「貨幣不流行而要使它流行，有辦法嗎？」郁離子說：「有。辦法在於治本。」問：「什麼叫做治本呢？」郁離子說：「貨幣本來不是有用的東西，而能使它流行起來，靠的是法令。施行法令有一套辦法，用仁厚的德政作它的根本，用嚴峻的刑罰相輔助，使天下人相信法令的威嚴並懷有畏懼之心。然後，無用的東西可以使它變得有用。如今，盜賊四起而不加征討，百姓對法令不知畏懼也不認為它可信。法令不能執行，有用的東西尚且成了無用之物，更何況是貨幣呢？怎麼能使它流行起來？」

【研析】法令是治國的根本，是規範人們行為舉止的根本辦法。有法必依，執法必嚴，違法必究，使百姓相信法令，畏懼法令，自覺地遵守法令，這樣，就能令行禁止，建立起有序的社會。本文以貨幣流通為喻，說明法令的重要意義。提出「本之以德政，輔之以威刑，使天下信畏」的行幣之道。這一「道」不僅適用於貨幣流通領域，也適用於治國的其他方面，因此而帶有普遍性。寓言最後將諷諭的筆觸指向元代統治者：「今盜起而不討，民不知畏信。法不行矣」，透露出作者的失望與憤懣之情。

一七九　重禁❶

郁離子曰：「天下之重禁，惟不在衣食之數者可也。故鑄錢造幣，雖民用之所切，而饑不可食，寒不可衣，必藉❷主權以行世。故其禁雖至死而人弗怨，知其罪之在己也。若鹽，則海水也。海水，天物也，煮之則可食，不必假主權以行世，而私之以為己，是與民爭食也。故禁愈切，而犯者愈盛，曲❸不在民矣。」或曰：「若是，則『數罟不入洿池，斧斤以時入山林❹』，先王之禁亦過與？」曰：「先王之禁非奄❺其利而私之也，將育而蕃❻之以足民用也。其情異矣，矧❼百畝之田無家不受❽，而不饑不寒乎？」

【注釋】❶重禁　嚴峻的禁令。《管子·正世》：「故聖人設厚賞，非侈也；立重禁，非戾也。」❷藉　憑藉；依靠。❸曲　理虧。❹數罟二句　語出《孟子·梁惠王上》「數罟不入洿池，魚鼈不可勝食也；斧斤以時入山林，林木不可勝用也」。數，細密。罟，魚網。洿池，大池。斧斤，斧頭。《說文·斤部》，段玉裁注：「凡用斫物者皆曰斧，斫木之斧則謂之斤。」❺奄　取。引申為佔有。❻蕃　茂盛。❼矧　況且。❽受　受田。古代授給百姓土地的一種制度。民年二十後可受公家分與土地，六十歸還。

【語譯】郁離子說：「天下嚴厲的禁令，只要不在衣食數項之內，其他的都是可以接受的。所以，鑄錢造幣，雖然老百姓迫切需要它，但錢幣餓了不能吃，冷了不能穿，必須借助君主的權力才能在世上流通。因此，禁止私鑄錢幣，即便將違反者處死，人們也不抱怨，因為違反者知道罪責在於自己。而這鹽是從海水中提取出來的，海水是天然的東西，煮乾後就可以食用，不必借助君主的力量就可以行銷於世。如果把製鹽的權利據為私有，這是與老百姓爭食啊。所以，禁止愈急切，違反的人就愈多，因為理屈的一方不在百姓啊！」有人問道：「如果這樣，那麼先王規定的『細密的魚網不能入池塘，按時節砍伐山上的林木』的禁令也有過錯了？」郁離子回答說：「先王的禁令並不是為了佔有那些利益歸為私有，而是為了培育它們使之繁盛以滿足百姓的需用啊！兩者的情況不同。況且百畝的田地無家不受，老百姓能不饑不寒嗎？」

【研　析】制定法律必須合於國情，順乎民意，使百姓既有法可依，又能安居樂業。如果一味地巧取豪奪，就會失去民心。作者認為，鑄錢造幣，權在國家，無可非議，而禁止百姓製鹽，則是與民爭食，其結果必然是「禁愈切，而犯者愈盛」，因為，「曲不在民」。元代的鹽法峻嚴，如規定，「諸犯私鹽者杖七十，徒二年，財產一半沒官，於沒物內一半付告人充賞……諸偽造鹽引者斬」（《元史·志第五十二·刑法三》）。作者出生在浙江青田，對沿海鹽民的生活想來有所了解，因此頗多感觸。但我們也應看到，在古代，鹽稅歷來是國家重要的稅收來源，歷代統治者無不重視鹽業的生產和營銷，禁止民間私自製鹽和買賣，對違反者嚴加懲處，因此，鹽民與政府的矛盾是一個歷史性的問題，只是在元代，這一矛盾更加突出罷了。

一八〇　七出❶

或問於郁離子曰：「在律，婦有七出，聖人之言與？」曰：「是後世薄夫❷之所云，非聖人意也。夫婦人，從夫者也。淫也、妬也、不孝也、多言也、盜也，五者天下之惡德❸也。婦而有焉，出之宜也。惡疾❹之與無子，豈人之所欲哉？非所欲而得之，其不幸也大矣，而出之，忍矣哉！

夫婦，人倫❺之一也。婦以夫為天，不矜❻其不幸而遂棄之，豈天理哉？而以是為典訓❼，是教不仁以賊人道❽也。仲尼❾沒而邪辭作，懼人之不信，而駕聖人以逞其說。嗚呼，聖人之不幸而受誣也久矣哉！」

【注　釋】❶七出　古代休妻的七種理由。出，遺棄；休棄。《戰國策・秦策四》：「薛公入魏而出齊女。」高誘注：「婦人大歸曰出。」❷薄夫　薄情寡義的人。❸惡德　不良的品德。❹惡疾　難以醫治的疾病。❺人倫　舊時禮教所規定的人與人之間的關係。❻矜　哀憐；同情。❼典訓　準則性的訓示。❽賊人道　毀滅人道。人道，猶人倫。❾仲尼　孔子的字。

【語　譯】有人問郁離子說：「在法律上，符合七種情形婦女可以被休棄，這是聖人說過的話嗎？」郁離子說：「這是後世薄情寡義的人說的話，不是聖人的意思。那婦人是跟從丈夫的，淫蕩、嫉妒、不孝、多言、盜竊，這五項是天下的不良品行。婦人有了這樣的行為，被休棄是合宜的。難以醫治的疾病和不生育兒子這二項難道是人所願意的嗎？不是自己所願意的而落入了這般境地，她們的不幸已經是夠大的了，再休棄她們，能忍心嗎！夫婦是人倫關係中的一種。婦人以丈夫為主宰，丈夫不哀憐她們的不幸反而拋棄她們，難道合乎天理嗎？而把這種做法奉為典訓，這是教唆人不仁厚以毀滅人道。孔子死後邪說氾濫，擔心人家不相信而借用聖人的名義來使其說得逞。唉！聖人不幸並被誣陷也已經很久了！」

【研　析】在封建社會，男女是不平等的。男的可以討小，可以逛青樓，可以上賭場，女的卻只能遵守三從四德的清規戒律，稍有違拂，便被休棄。並且，男的還可以名正言順地搬出祖宗家法、聖人典訓作為休妻的依據。作者對這種不合理的社會現象提出質疑，指出，「七出」之說決非「聖人之言」，而是後世薄情寡義之人為其行為製造的一種藉口。在他看來，「七出」中的「五出」是合宜的，惟有難以治癒的疾病與不生育兒子這「兩出」並不是女人的過錯。遺棄本已不幸之人，違背了天理人倫，是沒有任何道理的。雖然作者的觀點還有一定的局限性（如對「五出」的態度仍然沒能跳出封建禮教的窠臼），但在男人佔統治地位的世界，已是難能可貴的了。

一八一　九難❶

郁離子冥迹❷山林，友木石而侶猿猱，茅徑不開，草屋蕭然。隨陽公子過❸焉，坐定，公子作❹而言曰：「僕不佞❺，竊聞先生久矣，今幸得覿玉色❻，趨下風❼。僕聞有道之士不遺芻蕘之言❽，願有陳焉。先生肯聽之乎？」郁離子曰：「唯唯！願奉教。」

公子曰：「夏屋❾耽耽❿，繚以周垣⓫。廣庭砥平，翼以飛樓，突室⓬

留春，清館含秋。高櫚楬轍⑬以翬騫⑭，曾甍駁沓⑮以雲浮。虹芳檀⑯以承衡⑰，獸蒼珉⑱以負楹。浮柱⑲錯落以星羅，碧瓦流離⑳而水波。天華卉暐㉑而冬敷㉒，秀木修森以夏涼。流景㉓入而成霞，潛籟動以生風。晃兮如閶闔㉔之開，忽兮若箜弦㉕之音。於是乎曼目蛾眉㉖，窈窕㉗成行，曳結烟之翠綃，鳴鏘泉之玉璫㉘。眾樂張，華筵啟，肆㉙金尊，澄芳醴㉚。炮羔擊牛，亨麕燖鹿㉛。臇玉珧㉜，臛比目㉝，膾躍湍之魴㉞，炙拂雲之鵠㉟，羹月窟之兔肺，胹㊱霧谷之豹胎。和以麟髓之酥，芼以頳桂之荑㊲。果則碧華之蓮，紫英之梨，霜柑盎蜜，丹荔凝脂，曼倩之桃㊳若壺㊴，安期之棗㊵如瓜。羶肥既飫㊶，清膬乃薦㊷。踐笙簫，行組練㊸，迅翔鵾㊹，矯輕燕，熺金釭與綺燭㊺，激妝豔以過電㊻。良宵欲終，娛樂未足，雞膠㊼以叫晨，留嘉賓以終曲。吾願與先生同之。」郁離子曰：「夏書㊽曰：

『酣酒嗜音，峻宇雕牆，有一于此，未或不亡㊾。』僕不願也。」

公子曰：「百頃之園，樹以美木繁華，環以曲沼㊿清池，黑石白沙，黝黝冥冥，岧岧亭亭[51]，密密堂堂，畜陰洩陽。木則女貞[52]、石楠[53]，合歡、椶櫚[54]，桐、柏、楓、櫨，椒、桂、杉、榆，葉如車輪，實若垂珠。春禽嚶鳴而相求，夏蟲鼓腋以呼秋，朝陽發旭以攄虹[55]，夕嵐[56]凝暉而欲流。草則鼠姑[57]、玫瑰，芎[58]蘭、茝衡[59]，茭蔣[60]、蒲菰[61]，蘋萍浮生。丹苕[62]抱木以垂翹[63]，薜荔緣崖以舒榮[64]，蔚披離以棽纚[65]，激迅飇以揚馨[66]。鳥則白鷳[67]、黃鶯，翠鷸[68]、錦雞。敷羽翰[69]，摛文章[70]，韡韡煌煌[71]，若彤霞之間矞雲[72]。魚則赤鯉、白鰷[73]，鱖鯽、鯈[74]鯊，斑鱗、紫鰭，吹瀾生華。於是乎翠蓋[75]飄搖，文鷁委蛇[76]，嘉朋遠至，冠佩追隨，憩芳亭，酌瓊卮，攜佳人，泛漣漪，擾鳧鷖[77]，發棹謳[78]，釣游鯖[79]，弋[80]潛龜，奏豔歌，賦新詩，邀姮娥[81]于洞房，累日夕而忘歸。吾願與先生共之。」

郁離子曰：「仲尼曰：『樂佚遊，樂宴樂，損矣[82]。』僕不願也。」

公子曰：「五都之市[83]，列肆千區，三川之衢[84]，大車千兩，二江之津[85]，舳艫[86]千艘，家僮萬人，分方逐利。西極岷隴河源[87]，康居大宛[88]，出馬渥窪(89)，流玉崑崙。東窮日本扶桑(90)，玄菟樂浪(91)，海岱青徐(92)，三韓扶餘(93)。南盡百粵七閩(94)，蒙詔僥氓(95)，穿胸交趾(96)，鮫室蜃市(97)。北陟無閭代恆(98)，陰山北庭(99)，卑耳孤竹(100)，萬里沙漠。掇天琛(101)，拾坤珍(102)，山藏谷韞之英(103)，蜚潛動植(104)之精，莫不悉致而畢陳。爰有吉量驒騱(105)，蒼兕文犀(106)，足躡雷電(107)而追風，角納象以成形。火齊玫瑰(108)，瓊瑤璆琳(109)，琪樹琅玕(110)，王母所栽。備五色，含八音，璀璨瓏璁(111)，睒閃(112)虎睛，獥⿰犭因旄牛(113)，師(114)類之毛，鬖髿(115)披蓑，以纛以纓(116)。珊瑚海柏，若木非木，若玉非玉，蕭森櫒索(117)，葩椏箨落(118)，其采有艷(119)，沉檀羅縠(120)，腦麝之香，郁烈芬芳，苾茀⿰香因馧(121)，螺甲龍涎(122)，腥極返馨。鐘乳丹沙，金芽石英(123)，鍊而服之，變為神仙。水晶玻瓈(124)，辟暑(125)清塵，琉璃木難(126)，的皪(127)暉光，豆蔻(128)胡椒，蓽撥(129)丁香，殺惡誅臊，易牙(130)所珍。甘蕉木綿，香葛兠羅(131)，柔暖輕涼，寒暑攸宜。翡翠鸕鷀(132)，綵羽綉翰，玳瑁(133)之龜，蠟質漆章。鼠毛之布(134)，焚之炎炎，振之如霜。丹蝦之須，勁若抽虹，煥爛晶熒，望之欲流，撫之不濡[135]。玄象之牙，厥大盈舟。狼虎熊羆[136]，青貂白狐，文狨[137]青狸，赤豹之皮，獑猢蜼貄[138]，修毛髮鬣[139]，媥姍蒙茸[140]，洵美[141]且溫。駝毛[142]羔絨，細若游絲，軟若春綿。丹參紫芝，地膽[143]天麻，靈藥千名，神農所嘗，起死回生，旋陰斡陽。蜀錦戎氈[144]，越紙齊紈[145]，跨海踰山，轉致流通。自北自東，自西自南，所至成市，所止成廛[146]。於是乎鑱[147]山出金，煮海收鹽，千鍤[148]穿崖，聲翻九幽[149]，萬竈歊烟[150]，結為蒼雲。蜑艇蠻舠[151]，出沒風濤，罔鰅鰫[152]，曳鯉鰱，舉赤鱬[153]，絡氐人[154]，鉤鼉鼊[155]，繒鰝鰕[156]，止水母[157]，鑿蠣蠔[158]，擒化鯤[159]，縶翔鰩[160]，罶鮪䍡鱺[161]，牽鮰罜鱸[162]，繫鱘引鯷，掣鱷連鮫[163]，枕丁膠乙[164]，兼取並積。鏃骨皮箙[165]，磨鱗刮甲，齒牙鋒鍔，以函以戟[166]，甕鮓乘鱐[167]，其利什百[168]。其重寶則有徑寸之珠，方尺之璧，騰光吐璟，閃日爍月，匣不能閟[169]，土不能蝕，可以易旤回祥[170]，傾城奪國。吾願與先生致之。」郁離子曰：「《傳》曰：『象有齒以焚其身，賄也[171]。』僕不願也。」

公子曰：「九成之堂，十畝之庭，俯闤闠(172)以當中，岌重門之崢嶸(173)，甃以礱石(174)，植以栝(175)柏，牖(176)以魚鱗，洞朗八櫺(177)，左右蜂房(178)，奕奕翼翼(179)，冬暄夏凊。輿馬達于陛除(180)，鳴騶(181)導以升階。高坐華裀(182)，尊嚴若神，卒列貔貅(183)，吏排雁行，肅肅蹌蹌(184)，秩秩(185)如也。聽欬(186)傳聲，神撝鬼訶(187)，發號施令，理訴決訟(188)，出言而侍者辟易(189)，指顧而瞻者蹐跼(190)，千人離立，跂望(191)顏色。其喜也，溫若春日之熙，其怒也，凜若秋霜之飛，雷霆起于頰舌，而死生判于筆下。吾願與先生謀之。」郁離子曰：「孔子曰：『富與貴是人之所欲也，不以其道得之，不處也(192)。』僕不願也。」

公子曰：「款段(193)之馬，黑貂之裘(194)，囊無百錢，橐無贏金(195)，慷慨辭家，踴躍遠游。曳裾而入公門(196)，掉舌(197)以動王侯，一語之合不覺前席(198)，更僕秉燭(199)，熏心酣骨，執鞭(200)為之駭汗，虎士為之吐舌。於是出辭成法，建畫(201)為律，條九章(202)以富國，發六奇(203)以制敵，陽謀陰間(204)，神授鬼伏，指揮而白虹貫日[205]，顧盼而長庚[206]入月，蓋樗里[207]不能測其機，孟賁[208]不能當其決也。是以一言貴於千金，一諾重於千鈞。吹則猛虎豎毛，噓則寒谷生春，謦欬[209]折五兵[210]，譚笑卻三軍[211]，氣使燕趙之豪，威讋[212]齊楚之君。吾願與先生論之。」郁離子曰：「孔子曰：『暴虎馮河死而無悔者，吾不與也[213]。』僕不願也。」

公子曰：「戎卒十萬，虎賁[214]三千，犀革之車，駕以駃騠[215]，服以騊駼，造父[216]御戎，烏獲[217]為右，士如熊羆[218]，馬如騰龍，豁闞包烋[219]，殷谷訇邸[220]，掛以重鎧，被以鮫函[221]，炫燿冬冰，燁煜[222]晨星，純鉤太阿[223]，縵理龜鱗，雄戟[224]揚虹，厹矛[225]掣蛇，舒光發輝，上纏斗杓[226]。乃有角端之弓[227]，魚牙之矢，控弦而滿月在手[228]，覆彇而蹲甲吞羽[229]，黃間谿子，時力距黍[230]，九牛引挽[231]，發若雷吼。於是乎白羽如荼，赤羽如葒[232]，大旆鋒旗[233]，植以玄戈[234]，建九斿[235]之霓旂[236]，蔚雲旋而猋迴[237]，山陵為之低昂[238]，太陽為之寢光[239]。乃布天衡[240]，乃列地衡[241]，風雲鳥蛇，龍虎翕張[242]，屹兮如山，儼[243]兮若城，渾渾沌沌，莫窺其形。吾願與先生將[244]之。」郁離子曰：「孔子曰：『俎豆之事則嘗聞之，軍旅之事未之學也[245]。』僕不願也。」

公子曰：「西方之域有真人[246]焉，廣大神通，浩浩無涯。其力可以斡[247]造化，回天地；其功可以拯墊溺[248]，拔罪苦[249]。起死扶生，剖頑燭冥；窈窈惛惛[250]，蕩掃六淫[251]；寂寂默默，滌除百惑。如翦草萊，不遺一荄[252]；如龍用壯[253]，莫我能當。不震不搖，障翳[254]自消；不悚不難，百怪自散。如鏡去塵，其光粲新；如蓮出水，淨無泥滓。以能不滅不生，長存至精；不形不體，無往不在；放之無外，收之無內；幽靜恬漠[255]，永享至樂。吾願與先生求之。」郁離子曰：「孔子曰：『攻乎異端，斯害也已[256]。』僕不願也。」

公子曰：「太極[257]渾渾，分為乾坤，乾坤翕闢[258]，結為日月，日月代明[259]，播為五精[260]，二五媾真[261]，形而為人，玄黃[262]兩間，獨為物靈，得天全也。是故軒轅黃帝訪于廣成子而受訣焉[263]，其訣曰：『穆清漻兮沕杳冥[264]，洞晃朗兮觀吾庭。掃氛埃兮驅蟲蛇，部署眾神兮集予家。時風雨兮若晦冥，疏不壅兮待其生。調其行兮和厥止，保其受兮為孝子。收六區兮歸一握[265]，仁靈芽兮苴乃核[266]，乘應龍[267]兮入寥廓[268]。』吾願與先生追之。」郁離子曰：「語曰：『死生有命。』僕不願也。」

公子曰：「願聞先生之志。」郁離子愀然曰：「公子！三王[269]既沒，孔子道塞；九流楊墨[270]，百家並出；淫辭橫說，從橫[271]反覆；慘害陰毒，恫疑[272]恐惑，變幻白黑。如猋[273]之發，可使晦日；如水之激，可使漂石。縈紆迴遹[274]，以蟊以賊[275]，此其章章[276]者也。其矯者[277]則謂天地為蘧廬[278]，黔首[279]為蟲蛆，文章禮樂皆不足為，以耀以夸，使人染之如膏，吞之如鉤，虛浮譎詭，誑生罔死[280]，舍形索影，慢棄倫理，此皆迷生之曲蹊[281]，蠹世之巨蝎也。方今威弧絕弦[282]，枉矢[283]交流，旬始欃槍[284]，降魄[285]流精，為貙[286]為豻，為蛟為蛇。犬失其主，化為封狼[287]，奮爪張牙，飲血茹肉，淫淫濔濔288，沉膏膩窮淵289，積骸連太陵290，無人以救之，天道幾乎熄矣。而欲以富貴為樂，媄遊291為適，不亦悲乎？僕願與公子講堯、禹之道，論湯、武之事，憲伊、呂292，師周、召293，稽考先王之典，商度救時之政，明法度，肄294禮樂，以待王者之興。若夫旁途捷岐，狙詐詭隨295，鳴貪鼓愚，僥幸一時者，皆不願也。」於是公子赧然296，頤頰發赤，目眊297舌強，再拜受教，曰：「鄙人不學，乃今日始聞先生之言，如垢得滌，願為弟子，幸甚至哉，服膺無斁298。」

【注釋】❶九難 九種詰難。❷冥迹 隱居；隱身。❸過 探訪。❹作 立起，以示恭敬。❺不佞 謙詞，猶言不才。❻覿玉色 猶言一睹尊容。覿，見。玉色，比喻容貌之美。❼趨下風 疾行在下風，表示對對方的尊敬。❽蒭蕘之言 即草野之人的話。蒭蕘，割草採薪的人。《詩經・大雅・板》：「先民有言，詢於芻蕘。」蒭，同「芻」。❾夏屋 大屋。《楚辭・大招》：「夏屋廣大，沙堂秀只。」❿耽耽 深邃貌。⓫周垣 圍牆。⓬突室 有煙道通過的房間。⓭高櫩楬轋 指高檐下的廊木。櫩，屋檐。楬，作標誌的小木樁。轋，高貌。⓮翬騫 謂如彩禽高飛。翬，彩色羽毛的山雉。騫，高舉。⓯曾甍駁沓 曾甍，高高的屋脊。曾，通「層」。高。甍，屋脊。駁沓，又作「駁遝」，接連不斷。⓰虹芳檀 將芳香的檀木彎曲成彩虹一般。⓱衡 樓殿的欄杆。⓲蒼珉 青色似玉的美石。⓳浮柱 梁上的柱子。揚雄〈甘泉賦〉：「炕浮柱之飛榱，神莫莫而扶傾。」⑳流離　光彩奪目。㉑卉暐　豐美明麗貌。㉒敷　開花。㉓流景　流動的日光。景，日光。㉔閶闔　傳說中的天門。㉕筦弦　同「管弦」。筦，古代繞絲的竹管。㉖曼目蛾眉　代稱美貌女子。曼目，柔美的眼睛。蛾眉，蠶蛾觸鬚細長而彎曲，因比喻女子美麗的眉毛。㉗窈窕　嫻靜美好貌。㉘玉瑲　玉製的飾物。㉙肆　陳設。㉚芳醴　芳香的甜酒。醴，甜酒。㉛烹麏燖鹿　麏，即麃，一種小型的鹿。燖，用開水去毛。亦指將肉放在熱湯中使之半熟。㉜臇玉珧　用蚌肉做成少汁的羹。臇，少汁的肉羹。珧，蚌屬。㉝臛比目　用比目魚製作魚羹。臛，肉羹。㉞魴　魴魚。鯿魚的古稱。㉟鵠　天鵝。㊱腼　煮。㊲芼以句　芼，擇取。楨桂，赤桂。荑，草木的嫩芽。㊳曼倩之桃　漢東方朔字曼倩，以詼諧滑稽聞名，武帝時官太中大夫給事中。傳說他曾偷吃西王母的蟠桃。㊴壺　通「瓠」。一種葫蘆。㊵安期之棗　傳說中的仙棗。《史記・封禪書》：「臣嘗游海上，見安期生。安期生食臣棗大如瓜。」安期，即安期生。見本書〈安期生〉篇注。㊶羶肥既飫　羶肥，指羊的脂膏。飫，飽食。㊷清臎乃薦　進獻清脆的食物。臎，同「脆」。薦，進獻。㊸行組練　謂隊伍行進。組練，組甲被練的簡稱，指戰士的衣甲服裝。《左傳・襄公三年》：「使鄧廖率組甲三百，被練三千以侵吳。」孔穎達疏引賈逵曰：「組甲，以組綴甲，車士服之；被練，帛也，以帛綴甲，步卒服之。」㊹鵾　鵾雞。古代稱一種像鶴的鳥。南朝宋謝惠連〈雪賦〉：「對庭鵾之雙舞。」㊺熺金釭句　謂金燈美燭光芒四射。熺，同「熹」。明亮。金釭，金質的燈盞、燭臺。綺，美麗。㊻過電　電光閃過。㊼膠膠　雞鳴聲。《詩經・鄭風・風雨》：「風雨瀟瀟，雞鳴膠膠。」㊽夏書　記載夏代歷史的書。指《尚書》中的〈禹貢〉、〈甘誓〉、〈五子之歌〉、〈胤征〉四篇。㊾酣酒嗜音四句　語本《尚書・夏書・五子之歌》。原文：「訓有之：內作色荒，外作禽荒，甘酒嗜音，峻宇彫牆，有一于此，未或不亡。」意思是：大禹的訓誡有這樣的話：在內所為迷惑於女色，在外所為迷戀於遊獵，沉湎於美酒音樂，身居高大的宮宇，還要繪飾宮牆。這幾種情況只要染上一種，沒有不亡國的。㊿曲沼　曲折迂迴的池塘。51岧岧亭亭　高聳貌。唐杜甫〈橋陵詩三十韻因呈縣內諸官〉：「居然赤縣立，臺榭爭岧亭。」仇兆鰲注：「岧亭，謂臺形高秀。」(52)女貞　木名，經冬不凋，其子可入藥。(53)石楠　植物名。花供觀賞，葉可入藥。(54)椶櫚　一種高大的常綠喬木。椶，同「棕」。(55)攄虹　舒布彩虹。《楚辭·九章·悲回風》：「據青冥而攄虹兮，遂儵忽而捫天。」(56)夕嵐　暮靄；傍晚山林的霧氣。(57)鼠姑　牡丹的別稱。(58)芎　一種多年生草本植物，秋開白花，有香氣，根莖可入藥，又名川芎。(59)茝衡　茝，香草名，即白芷。《楚辭·離騷》：「雜申椒與菌桂兮，豈維紉夫蕙茝。」衡，同「蘅」。香草名。《楚辭·九歌·山鬼》：「被石蘭兮帶杜衡。」(60)茭蔣　即茭白，一種水生宿根草本植物，嫩莖可食用。(61)蒲菰　水生草本植物。(62)苕　即陵苕，一種木質藤本植物，花可入藥。(63)垂翹　下垂翹起。(64)薜荔句　薜荔，一種蔓生的常綠灌木。緣崖，沿著山崖攀緣。舒榮，孳生繁茂。唐韋應物〈縣齋〉詩：「仲春時景好，草木漸舒榮。」(65)蔚披離句　蔚，即牡蒿，一種多年生草本菊科植物，花似胡麻而紫赤。披離，枝葉紛披貌。棽纚，繁盛披覆貌。(66)激迅飈句　迅飈，疾風；暴風。揚馨，飄香。(67)白鶂　白色的鶂雉，即白鷴。(68)鷁　水鳥名，喙細長，常棲田澤，捕食小魚及昆蟲。又稱翠鳥。(69)敷羽翰　舒展翅膀。敷，鋪開。翰，鳥的羽毛。(70)摛文章　摛，舒展；鋪陳。文章，錯雜的色彩或花紋。此指鳥的彩色羽毛。(71)韡韡煌煌　光明美盛貌。(72)若彤霞句　彤霞，紅霞。矞雲，三色彩雲。古以為瑞徵。語本漢董仲舒〈雨雹對〉：「雲則五色而為慶，三色而為矞。」(73)白鰷　淡水魚的一種。腹白，鱗細，好群游水面。(74)儵　儵魚，一種白色小魚。《莊子·秋水》：「儵魚出游從容，是魚之樂也。」(75)翠蓋　飾以翠羽的車蓋，借指華美的車輛。(76)文鷁委蛇　文鷁，船首畫有鷁鳥的船隻。《史記·司馬相如列傳》：「浮文鷁，揚桂枻。」裴駰集解引《漢書音義》：「鷁，水鳥也，畫其象於船首。《淮南子》曰：『龍舟鷁首，天子之乘也。』」委蛇，曲折行進貌。」(77)鳧鷖　鳧，野鴨。鷖，鷗的別稱，一名水鴞。(78)棹謳　船工搖槳行船時唱的歌曲。棹，划水行船。謳，放歌。(79)鯖　青魚。明李時珍《本草綱目·鱗三·青魚》：「青亦作鯖，以色名也。」(80)弋　用帶絲繩的箭來射。(81)姮娥　即嫦娥，神話傳說中的月中仙子。(82)樂佚遊三句　語出《論語·季氏》：「孔子曰：益者三樂，損者三樂。

樂節禮樂，樂道人善，樂多賢友，益矣。樂驕樂，樂佚游，樂宴樂，損矣。」意思是：以放縱遊蕩而無節制為快樂，以過度宴飲為快樂，是有害的。(83)五都之市　古代五大城市，泛指繁華的都市。(84)三川之衢　洛陽的大道。三川，指洛陽。唐王維〈送韋大夫東京留守〉詩：「雲旗蔽三川，畫角發龍吟。」趙殿成注：「《史記》索隱：三川，今洛陽也。」衢，四通八達的道路；大道。(85)二江之津　二江的渡口。二江，古代郫、撿二江的總稱。秦李冰任蜀守時，興修都江堰，分岷江為二支：北支郫江，又名北江；南支撿江，又名流江、南江。津，渡口。(86)舳艫　首尾相連的船隻。舳，船後把舵處，指船尾。艫，船前方划槳處，指船頭。(87)河源　黃河的源頭。(88)康居大宛　皆古西域國名，以產良馬著稱。(89)渥窪　水名，在今甘肅安西境，傳說產神馬之處。《史記・樂書》：「又嘗得神馬渥窪水中。」(90)扶桑　東方古國名，後代稱日本。《梁書・諸夷傳・扶桑國》：「扶桑在大漢國東二萬餘里，其土多扶桑木，故以為名。」(91)玄菟樂浪　皆漢郡名。玄菟，在今遼寧東部至朝鮮咸鏡道一帶。樂浪，在今朝鮮北部平安南道等地。(92)海岱青徐　海岱，指山東渤海至泰山一帶。海，渤海。岱，泰山。青，青州。徐，徐州。青、徐為中國古代九州中的二州。海岱亦即青徐之地。(93)三韓扶餘　三韓，漢時朝鮮南部有馬韓、辰韓、弁辰（三國時稱弁韓），合稱三韓。扶餘，古國名。位於松花江平原，至南朝宋、齊間消亡。(94)百粵七閩　百粵，即百越，古代生活在長江中下游以南少數民族的總稱。七閩，指古代居住在今福建和浙江南部的閩人，因分為七族，故稱。(95)蒙詔傜氓　蒙詔，唐初分布在洱海周圍的部族政權，後為南詔所滅。此借指南詔。詔，當地人土語，有首領和地區之義。傜，通「瑤」。瑤族。氓，民。(96)穿胸交趾　穿胸，傳說中的民族名。《淮南子・墬形訓》：「自西南至東南方有……交股民、不死民、穿胸民、反舌民。」高誘注：「穿胸，胸前穿孔達背。」交趾，舊稱越南。(97)鮫室蜃市　鮫室，謂鮫人的水中居室。鮫人，神話傳說中的人魚。蜃市，猶海市蜃樓。濱海和沙漠地區因折光而形成的奇異幻景。(98)北陟句　陟，登。無閭，即醫無閭山，又稱醫巫閭山，在遼寧北鎮西，為陰山山脈分支。代，代州，在今山西代縣、五臺地區。恆，恆州，在今河北正定一帶。(99)陰山北庭陰山，山名，橫亙於內蒙古南境，東北接內興安嶺。北庭，舊指漢代北單于統治區域，轉指北方夷狄之地。[100]卑耳孤竹　卑耳，山名，在今山西平陸境。孤竹，商周時國名，在今河北省盧龍縣。《國語・齊語》：「遂北伐山戎、刜令支、斬孤竹而南歸。」[101]掇天琛　掇，拾取。天琛，天上的寶物；天然的寶物。[102]坤珍　地上的珍寶。坤，指地。[103]山藏句　韞，蘊藏。英，通「瑛」。美玉。[104]蜚潛動植　飛鳥、游魚、動物、植物，泛指一切生物。蜚，通「飛」。指飛鳥。潛，水下魚鱉之類。[105]吉量驒騱　吉量，神馬名。《山海經・海內北經》：「(犬封國)有文馬，縞身朱鬣，目若黃金，名曰吉量。」驒騱，野馬名。《史記・匈奴列傳》：「其奇畜則橐駝、驢、驘、駃騠、騊駼、驒騱。」[106]蒼兕文犀　蒼兕，傳說中的水獸名。唐杜甫〈復陰〉詩：「江濤簸岸黃沙走，雲雪埋山蒼兕吼。」文犀，即犀牛。文，指角有紋理。[107]躡電　追逐雷電之光。[108]火齊玫瑰　即火齊珠，寶珠名。張衡〈西京賦〉：「翡翠火齊，絡以美玉。」李善注：「火齊，玫瑰珠也。」[109]瓊瑤璆琳　皆美玉。璆，同「球」。可製磬。琳，青碧色的玉。[110]琪樹琅玕　琪樹，玉樹；仙境中的樹。琅玕，神話傳說中的仙樹，其實似珠。晉葛洪《抱朴子・袪惑》：「(崑崙)有珠玉樹、沙棠、琅玕、碧瑰之樹。」[111]璀璨瓏璁　璀璨，光彩絢麗貌。瓏璁，金玉之聲。唐白居易〈夜歸〉詩：「半醉閑行湖岸東，馬鞭敲鐙轡瓏璁。」[112]睒閃　光閃爍貌。[113]獓𤝞旄牛　獓𤝞，古代傳說中的怪獸。《山海經・西山經》：「(三危之山)有獸焉，其狀如牛，白身四角，其豪如披蓑，其名曰獓𤝞，是食人。」旄牛，即牦牛，產於我國西南地區。《山海經・北山經》：「(潘侯之山)有獸焉，其狀如牛，而四節生毛，名旄牛。」[114]師　通「獅」。[115]鬖髿　毛髮散亂貌。[116]以纛句　纛，古代用旄牛尾或雉毛做成的舞具，也用作帝王車上的裝飾物。纓，用絲或毛製成的帶子或穗狀裝飾物。[117]檾索　謂草木零落。檾，象聲詞，草木搖動聲。[118]葩柂籜落　葩，花。柂，掩；閉。籜落，像筍皮一樣剝落。籜，竹筍皮。[119]赩　赤色；火紅色。[120]沉檀羅縠　沉，沉香。檀，檀木。羅，薄而輕軟的絲織品。縠，縐紗。[121]苾茀䭀馧　苾茀，同「苾勃」。香氣濃烈。䭀馧，亦指濃郁的香氣。[122]龍涎　即龍涎香，從抹香鯨病胃的分泌物中提取的香料。[123]金

芽石英　一種含金的石英石。桂西北有金芽礦床。[124]玻瓈　同「玻璃」。古為玉名，又稱水王，或以為即水晶。[125]辟暑　同「避暑」。[126]琉璃木難　琉璃，一種有色半透明玉石。木難，亦作「莫難」，寶珠名。曹植〈美女篇〉：「明珠交玉體，珊瑚間木難。」[127]的皪　鮮明光亮貌。[128]豆蔻　多年生草本植物，外形似芭蕉。果實與種子可入中藥。[129]蓽撥　多年生藤本植物，果穗可入中藥。[130]易牙　又稱狄牙、雍巫。春秋時齊桓公寵臣，善逢迎，傳說曾烹其子為羹以獻桓公。後多指善烹調者。[131]兠羅　兜羅綿。明曹昭《格古要論・古錦論・兜羅綿》：「兜羅綿，出南番、西番、雲南，莎羅樹子內綿織者，與剪絨相似，闊五六尺，多作被，亦可作衣服。」兠，同「兜」。[132]鷫鵝　亦作「鷫鸘」。雁的一種，頸長，羽綠。《楚辭・大招》：「鴻鵠代遊，曼鷫鵝只。」[133]玳瑁　爬行動物，形似龜。甲殼黃褐色，有黑斑和光澤，可做裝飾品。[134]鼠毛之布　用鼠毛織成的布。《海內十洲記・炎洲》載，炎洲有火林山，山中有火光獸，大如鼠，毛長三四寸，或赤或白。取其毛緝以為布，時人號為火浣布，後人稱之為鼠布。[135]濡　浸漬；沾染。[136]羆　熊的一種，俗稱人熊或馬熊。《山海經・西山經》：「羆似熊而黃白色，猛憨能拔樹。」[137]狨　即金絲猴。[138]獑猢蜼貄　獑猢，猿的一種，似獼猴，頭上有髦。蜼，一種長尾猴。貄，貍子。[139]修毛鬇鬡　修毛，長毛。鬇鬡，猛獸鬃毛豎立貌。[140]嫽姌蒙茸　嫽姌，纖細柔弱貌。蒙茸，蓬鬆雜亂貌。[141]洵美　實在美。洵，確實。《詩・鄭風・有女同車》：「彼美孟姜，洵美且都。」[142]駝毳　駱駝的細毛。[143]地膽　甲蟲名，即芫菁。成蟲可入藥，性劇毒。[144]戎氈　西域出產的用鳥獸細毛製作的氈子。[145]齊紈　齊地出產的白細絹。亦泛指名貴絲織品。《列子・周穆王》：「衣阿錫，曳齊紈。」張基注：「齊，名紈所出也。」[146]廛　古代平民一家在城邑中所佔的房地。後泛指民居、市宅。[147]鑱　開鑿。[148]鍤　鍬。[149]九幽　地下幽深處。[150]歊烟　昇騰的煙氣。歊，氣蒸發貌。[151]蜑艇蠻舠　蜑艇，蜑人用的小艇。蜑，舊稱南方的水上居民。宋周去非《嶺外代答・蜑蠻》：「以舟為室，視水如陸，浮生江海者，蜑也。」舠，形狀似刀的小船。[152]罔鰅鰫　罔，同「網」。鰅，一種有斑紋的魚，或曰鱸魚的別種。鰫，花鰱。司馬相如〈上林賦〉：「鰅鰫鰬魠，禺禺魼鰨。」郭璞注：「鰅魚有文彩，鰫似鰱而黑。」❶⑤③赤鱬　紅色的鱬魚。鱬，同「鰤」。神話傳說中的魚。《山海經・南山經》：「(青丘之山)英水出焉，南流注於即翼之澤，其中多赤鱬，其狀如魚而人面，其音如鴛鴦，食之不疥。」❶⑤④氐人　氐人國人。氐人國，神話傳說中國名。其人為炎帝後裔，人面魚身。《山海經・海內南經》：「氐人國在建木西。其為人，人面而魚身，無足。」❶⑤⑤鼂黿　龜屬動物。晉左思〈吳都賦〉：「鼂黿鯖鱷，涵泳乎其中。」❶⑤⑥罾鰝鰕　罾，同「罾」。魚網。這裡用作動詞。鰝鰕，大海蝦。《爾雅・釋魚》：「鰝，大蝦。」郭璞注：「蝦大者，出海中，長二三丈，鬚長數尺。」❶⑤⑦水母　一種腔腸水生動物。❶⑤⑧蠣蠔　即牡蠣，一種水生軟體動物。❶⑤⑨化鯤　指鵬鳥。典出《莊子・逍遙遊》：「北冥有魚，其名為鯤。鯤之大，不知其幾千里也。化而為鳥，其名為鵬。」❶⑥⓪鰩　即文鰩魚，又名飛魚。《呂氏春秋・本味》：「雚水之魚，名曰鰩。其狀若鯉而有翼，常從西海夜飛游於東海。」❶⑥①罶鮪麗鱺　罶，一種捕魚工具，此處用作動詞。鮪，鱘魚和鰉魚的古稱。麗，即「罜麗」，小型魚網。鱺，即「鰻鱺」，又名鰻魚、白鱔。❶⑥②牽鮦罜鱸　鮦，即「鱧魚」，又稱烏魚。罜，懸掛。❶⑥③掣鰐連鮫　掣，牽曳；牽引。鮫，鯊魚。又，古代謂魚二千斤為鮫。《淮南子・說山訓》：「一淵不兩鮫。」高誘注：「魚二千斤為鮫。」❶⑥④枕丁膠乙　枕丁，魚頭中橫骨。《爾雅・釋魚》：「魚枕謂之丁。」郭璞注：「枕，在魚頭骨中，形似篆書丁字。」膠乙，即魚腸。《爾雅・釋魚》：「魚腸，謂之乙。其腸似篆書乙字。」❶⑥⑤鏃骨皮箙　謂用骨做成箭頭，用皮做成箭囊。鏃，箭頭。箙，盛弓箭的袋子。❶⑥⑥以函以戟　函，指鎧甲。戟，古代兼矛、戈兩用的兵器。❶⑥⑦甕鮓乘鱐　甕，一種陶製盛器。鮓，醃製魚類食品；又稱海蜇為鮓。鱐，乾魚。❶⑥⑧什百　指十倍、百倍。❶⑥⑨閟　閉；關閉。❶⑦⓪易戫回祥　猶轉禍為福。戫，同「禍」。祥，吉祥。❶⑦①象有齒二句　出自《左傳・襄公二十四年》，意思是大象因為有了珍貴的牙齒而招致殺身之禍。賄，財貨。❶⑦②闤闠　街市。左思〈魏都賦〉：「班列肆以兼羅，設闤闠以襟帶。」闤，市巷。闠，市區的門。❶⑦③岌重門句　岌，高聳貌。崢嶸，高峻貌。❶⑦④甃以礱石　用磨製過的石頭砌井壁。甃，砌井壁。《易經・井》：「井甃，無咎，脩井也。」孔穎達疏引《子夏傳》：「以磚壘井，修井之壞謂之為甃。」礱石，磨石。175栝　木名，即檜。《尚書・禹貢》：「杶榦栝柏。」孔傳：「柏葉松身曰栝。」176牖　窗戶。177洞朗八檽　洞朗，透徹明亮。檽，窗戶或欄杆上雕有花紋的格子。178蜂房　蜜蜂用分泌的蜂蠟做成的六角形巢，比喻房屋密集眾多。唐杜牧〈阿房宮賦〉：「蜂房水渦，矗不知乎幾千萬落。」179奕奕翼翼　高大貌。翼翼，整齊有序貌。180陛除　臺階。181鳴騶　古代隨從顯貴出行並傳呼喝道的騎卒。182華裀　華美的褥墊。裀，通「茵」。指褥墊、毯子之類。183貔貅　古書中的猛獸。徐珂《清稗類鈔・動物・貔貅》：「貔貅，形似虎，或曰似熊，毛色灰白，遼東人曰之白熊。雄者曰貔，雌者曰貅，故古人多連舉。」後多用以比喻勇猛的戰士。184肅肅蹌蹌　肅肅，恭敬貌。《詩經・大雅・思齊》：「雝雝在宮，肅肅在廟。」毛傳：「肅肅，敬也。」蹌蹌，行走有節奏貌。《詩經・小雅・楚茨》：「濟濟蹌蹌，絜爾牛羊。」高亨注：「蹌蹌，步趨有節貌。」185秩秩　有順序貌。186欬　咳嗽。187神撝鬼訶　撝，揮斥。訶，大聲斥責。188理訴決訟　猶理決訴訟，即審理與判決訴訟。189辟易　驚退。190指顧句　指顧，猶手指目顧。跼蹐，局促不安貌。191跂望　踮起腳尖張望。192富與貴三句　語出《論語・里仁》，意思是：發財和做官，這是人人企盼的，不用正當的方法得到它，君子不會接受。193款段　馬行遲緩貌。194黑貂之裘　取「黑貂之裘敝」之意。典出《戰國策・秦策一・蘇秦始以連橫說秦》：「（蘇秦）說秦王，書十上而說不行，黑貂之裘敝，黃金百斤盡。」195橐無贏金　袋中沒有銀兩。橐，袋子。贏金，經營所獲之利。196曳裾句　曳裾，拖著衣襟。裾，衣服的大襟。公門，古稱國君之外門為公門，後泛指官署、衙門。197掉舌　鼓舌。指遊說。語本《史記・淮陰侯列傳》：「且酈生一士，伏軾掉三寸之舌，下齊七十餘城。」198前席　移坐向前。《史記・商君列傳》：「衛鞅復見孝公。公與語，不自知厀之前於席也。」199更僕秉燭　更替僕人持燭。意謂談到深夜。200執鞭　原指為人駕馭馬車。《論語・述而》：「富而可求也，雖執鞭之士，吾亦為之。」引申為景仰而追隨。201建畫　建議謀劃。202九章　指「九章律」，即盜律、賊律、囚律、捕律、雜律、具律、戶律、興律、廄律九律。

漢蕭何取秦律而設。203六奇　指漢陳平為劉邦謀劃的六出奇計。《史記・太史公自序》：「六奇既用，諸侯賓從於漢。」204陰間　暗中離間。205白虹貫日　白色的長虹穿日而過。本為罕見的天暈現象，古人迷信，認為是非常之事發生的先兆。《戰國策・魏策四》：「夫專諸之刺王僚也，彗星襲月；聶政之刺韓傀也，白虹貫日。」206長庚　星名，即傍晚出現在西方天空的金星。207樗里　人名，即樗里子，戰國秦惠王異母弟，名疾。滑稽多智，秦人號為「智囊」。208孟賁　人名，戰國勇士，水行不避蛟龍，陸行不避虎兕。209謦欬　咳嗽。210五兵　原指矛、戟等五種兵器，這裡泛指敵軍。211卻三軍　使三軍退卻。三軍，指軍隊。212讋恐懼。213暴虎馮河二句　語出《論語・述而》。意謂不能與那些不顧實際情況莽撞行事的人共事。214虎賁勇士。215駃騠　良馬。216造父　古之善馭者。217烏獲　戰國時秦國力士。218熊羆　熊和羆，皆為猛獸。羆，熊的一種，俗稱人熊或馬熊。219豅闞炰烋　虎怒貌。豅闞，張開大口。炰烋，猶「咆哮」。220殷谷訇邱謂聲音震動峽谷和山丘。殷，震動。訇，大聲。邱，同「丘」。221被以鮫函　披著鮫皮做的鎧甲。被，同「披」。函，指鎧甲。222燁煜　光焰閃爍貌。223純鉤太阿　皆古代寶劍名。224雄戟　古代兵器名。《史記・司馬相如列傳》：「曳明月之珠旗，建干將之雄戟。」司馬貞索隱引《方言》：「戟中小孑刺者，所謂雄戟也。」225厹矛　有三棱鋒刃的長矛。《詩經・秦風・小戎》：「厹矛鋈錞，蒙伐有苑。」226斗杓　即斗柄，指北斗七星中第五至第七顆星。227角端之弓　用異獸角端牛的角製作的弓。《後漢書・鮮卑傳》：「又禽獸異於中國者，野馬、原羊、角端牛。」李賢注引《前書音義》：「角端似牛，角可為弓。」228控弦句控弦，謂開弓。滿月，形容開弓力量很足。229覆彇句　彇，弓末彎曲處。蹲甲，把皮甲重疊在一起。《左傳・成公十六年》：「潘尫之黨與養由基蹲甲而射之。」杜預注：「蹲，聚也。」230黃間谿子二句　皆古代強弩名。黃間，一作「黃肩」。張衡〈南都賦〉：「黃間機張。」李善注引鄭玄語：「黃間，弩。」《史記・蘇秦列傳》：「天下之彊弓勁弩皆從韓出。谿子、少府時力、距來者，皆射六百步之外。」岳珂《桯史・八陣圖詩》：「距黍直射六百步，虜屍蔽江一千里。」231引挽　牽引。232白羽二句　白羽、赤羽，即白旄、赤旄。用白色、赤色旄牛尾裝飾旗杆的旗幟。荼，茅、葦之類的白花。莛，莛草。一種開粉紅色花的草本植物。(233)大旆鋒旗　指高大的旌旗。旆，古代旗邊上下垂的裝飾品。鋒旗，畫有太一、招搖、天蜂三星，用以敬神，鼓舞將士征伐的靈旗。(234)植以玄戈　樹起繪有玄戈圖案的旗幟。玄戈，亦作玄弋，星名。(235)九斿　即九旒，天子使用的旌旗。《禮記・樂記》：「龍旂九旒，天子之旌也。」(236)霓旌　旗仗的一種。(237)猋迴　迅疾回旋。(238)低昂　起伏。此偏指「伏」。(239)寢光　收斂光輝。(240)天衡　原指天上的雲氣，此指陣形。《呂氏春秋・明理》：「其雲狀有若犬、若馬、若白鵠、若眾車。有其狀若人，蒼衣赤首，不動，其名曰天衡。」(241)地衝　指戰車。衝，古戰車名，用以攻城。《詩經・大雅・皇矣》：「以爾鉤援，與爾臨衝，以伐崇墉。」(242)翕張　開合貌。(243)儼　整齊莊重。(244)將　率領。(245)俎豆二句　語出《論語・衛靈公》。俎與豆是古代祭祀、宴饗時盛食物的兩種禮器。俎豆之事，指祭祀、奉祀之事。(246)真人　仙人。(247)斡　斡旋；調解。(248)墊溺　謂困於水患之人。《尚書・益稷》：「洪水滔天，浩浩懷山襄陵，下民昏墊。」孔穎達疏：「言天下之人，遭此大水，精神昏瞀迷惑，無有所知，又若沉溺，皆困此水災也。」墊，陷。(249)罪苦　佛教語，猶苦難。(250)窈窈愔愔　深遠靜寂貌。(251)六淫　猶「六疾」，指寒疾、熱疾、末（四肢）疾、腹疾、惑疾、心疾。亦泛指各種疾病。(252)一荄　一根草根。(253)用壯　原指逞其強力。《易經・大壯》：「小人用壯，君子用罔，貞厲。」借指強健勇武。(254)障翳　猶白翳，一種眼疾。指眼角膜病變後留下的疤痕組織，影響視力。(255)恬漠　寧靜淡泊。(256)攻乎二句　語出《論語・為政》。意思是：批判那些不正確的言論，禍害可以消除。(257)太極　謂派生萬物的本原。《易經・繫辭上》：「易有太極，是生兩儀，兩儀生四象，四象生八卦。」(258)翕闢　開合；啟閉。《易經・繫辭上》：「夫坤，其靜也翕，其動也闢，是以廣生也。」(259)代明　謂輪流照耀。《禮記・中庸》：「辟如四時之錯行，如日月之代明。」(260)五精　五方之星。(261)二五媾真　謂天地之氣交合。二五，指天地。真，真氣；元氣。(262)玄黃　原指天地的顏色，玄為天，黃為地。代指天地。(263)軒轅黃帝句　黃帝，傳說中的遠古帝王，中華民族的始祖。姓公孫，居於軒轅之丘，故名曰軒轅。黃帝受於廣成子，是為道家傳道之始。《抱朴子・內篇・地真》：「（黃帝）過空桐，從廣成子受自然之經。」264穆清漻句　穆，清和靜穆。清漻，清澈貌。沕，深微貌。杳冥，幽遠之處。265收六區句　六區，天地四方，即天下。一握，謂掌控之中。266仁靈芽句　靈芽，瑞草；仁草。苴，包裹。267應龍　古代傳說中一種有翼的龍。相傳大禹治水時，有應龍以尾畫地成江河，使水入海。268寥廓　曠遠；空闊。269三王　三代君王。一說夏禹、商湯、周武王；一說夏禹、商湯、周文王；一說商湯、周文王、周武王。270九流楊墨　九流，先秦九個學術流派，即儒、道、陰陽、法、名、墨、縱橫、雜、農。亦泛指各種學派。楊墨，楊指楊朱，其說主張愛己；墨指墨翟，其說主張兼愛。是與儒家相對立的兩個重要學派。271從橫　同「縱橫」、「縱衡」。合縱連衡的簡稱。蘇秦遊說六國諸侯聯合拒秦，稱合縱。張儀說六國諸侯共事秦國，稱連衡。272恫疑　疑懼。273猋　群犬奔貌。274迴遹　邪僻；曲折。275以蝨以賊　蝨、賊，吃莊稼的兩種害蟲，比喻危害性很大的人。276章章　顯著貌。277矯者　虛假巧詐的人。278蘧廬　古代驛傳中供人休息的房屋，猶今之旅館。279黔首　百姓。280誑生罔死　誑，欺騙。罔，誣罔。281曲蹊　彎曲的小路，猶言不正之路。282威弧句　威弧，古星名，即弧矢。共九星，在天狼星東南，八星如弓形，外一星像矢。絕弦，謂離弦之箭。283枉矢　星名。《史記・天官書》：「枉矢，類大流星，蛇行而倉黑，望之如有毛羽然。」亦指不直的箭。284旬始欃槍　旬始，星名。《史記・天官書》：「旬始出於北斗旁，狀如雄雞。」古人視之為妖孽的徵象。欃槍，彗星的別稱。古人認為彗星是凶星，彗星出現，則有災難。285降魄　謂生命終結。286貙　獸名。《爾雅・釋獸》：「貙似貍。」注：「今貙虎也，大如狗，文如貍。」287封狼　大狼。288淫淫灂灂　形容封狼飲血茹肉流落不止貌。289窮淵　深淵。290太陵　大的土山。291娭遊　嬉笑遊樂。娭，同「嬉」。292憲伊呂　效法伊尹、呂尚。憲，效法。伊尹，商初名臣，佐商滅夏，綜理國事。呂尚，即姜子牙，佐武王滅商，建大功。293師周召　師法周公、召公。周公，周文王子，武王弟，佐武王伐紂。武王卒，成王幼，周公攝政，使國家強盛。召公，封采邑於召。佐武王滅紂，支持周公東征，為周初重臣。294肄　學習；練習。295狙詐詭隨　奸詐狡猾，不顧是非而妄隨人意。296赧然　慚愧臉紅貌。297目眊　眼睛失神。298服膺無斁　服膺，謂銘記在心。斁，厭棄；厭倦。

【語　譯】郁離子隱居山林，以樹木、山石為友，以猿猴為伴。小路上長滿茅草，草屋蕭條冷落。隨陽公子來探訪他，雙方坐定，公子站起身說：「鄙人不才，久聞先生大名，今日有幸得見尊容，由衷欽佩，甘拜下風。我聽說有道的人不會嫌棄草野之人說話粗魯，因此想請教一二，先生願意聽嗎？」郁離子說：「好吧，願奉教誨。」

公子說：「深宅大屋，四周圍牆環繞。寬廣的庭院，平坦得像磨刀石一樣。兩旁樓宇高聳，有煙道通過的房間，溫暖如春；清冷的館舍，蘊含秋意。高檐翹木，像彩禽展翅欲飛；屋脊相連，如雲層綿綿不絕。將彎曲成彩虹一般的香檀木支撐樓殿的欄杆，用雕成獸形的美麗青石承負堂前的楹柱。梁柱錯落有致，如星羅棋布；碧瓦光彩奪目，似水波盪漾。冬天，豔麗的鮮花競相綻放；夏日，秀美的林木陰森涼爽。日光照入，如雲霞飄浮；天籟吹動，似清風習習。恍惚之中，天門洞開；飄忽之際，管弦聲聲。於是，美貌的女子，婀娜多姿地排列成行，拖著薄如雲煙的翠綠色綢紗，玉佩撞擊，發出鏗鏘泉水聲一般優美動聽的音響。眾樂齊奏，華宴開張，陳設金樽，斟入清澄芳香的甜酒。宰羊殺牛，烹麕燖鹿。有用蚌類做成的肉湯，有用比目魚製作的魚羹。把跳躍於急流中的魴魚切成細片，將高飛於雲端的天鵝炙烤燒熟，取月中玉兔的肺臟熬成羹汁，把霧谷的豹胎拿來煮食。拌和麟髓製成的酥油，擇取紅桂的嫩葉。水果則有碧蓮結的子，紫英的梨，經霜的柑橘甘甜如蜜，荔枝的果肉白如凝脂。

東方朔偷吃的蟠桃長得像瓠，安期生食用的仙棗大得如瓜。飽食羊腹內的脂膏，進獻清新脆嫩的食品，踏著笙簫奏出的節拍，舞隊著裝行進，迅捷如翱翔的鷗鳥，矯健似輕盈的飛燕。燈盞明亮，燭臺綺麗，豔麗的衣妝猶如電光閃爍。美好的夜晚行將結束，而娛樂的雅興尚未窮盡。當雄雞啼叫報曉時，奏響挽留嘉賓的最後一首樂曲。所有這一切，我願與先生共享。」郁離子說：「《尚書》上說：『沉湎於酒色，嗜好於舞樂，身居高大的宮宇還要繪飾宮牆。這幾種情況只要染上其中的一種，就沒有不亡國的。』我不願意這樣做。」

公子說：「百頃範圍的園林，種上美麗的樹木、繁茂的花草，周圍修築曲折迂迴的池塘，池水清澈。添置黑色的石塊，白色的沙土。四周光線黝暗，樹幹高大挺立，枝葉濃密濃郁，蓄陰洩陽。樹木有女貞、石楠、合歡、棕櫚、桐、柏、楓、櫨、椒、桂、杉、榆。樹葉大如車輪，果實像清晨的垂珠。春天，禽鳥不住地鳴叫追逐愛情；夏日，昆蟲鼓動雙腋像是在召喚秋天。早晨的太陽光芒四射舒布彩虹，夕照下的嵐氣像是把流動的晚霞凝固住了。花草則有牡丹、玫瑰、芎蘭、茝衡、茭白、蒲菰、蘋萍浮生。紅色的陵苕纏繞著樹木藤蔓下垂又翹起，薜荔沿著山崖攀緣舒展孳生，牡蒿枝葉紛披生長繁茂，疾風之中散發出陣陣馨香。鳥禽則有白鷁、黃鶯、翠鷸、錦雞，牠們張開翅膀，舒展彩色的羽毛，明亮豔麗，就像是天上的紅霞彩雲。魚則有赤鯉、白鰷、鱖、鯽、鯈、鯊，牠們斑鱗紫鰭，在水中推開波瀾，激起浪花。於是，飾以翠羽的車蓋在風中飄搖，畫有鷁鳥的船隻在水面上蜿蜒行進。有好朋友從遠方來，官員士紳們陪伴追隨。在芳亭休憩，飲美酒，攜佳人，泛舟碧波漣漪的水面，驚擾起野鴨和鷗鳥。唱著划船的歌謠，垂釣水中的游魚，用繫上絲繩的箭射取潛伏在水中的龜鱉，奏響豔歌，賦上新詩，邀請嫦娥於洞房，從早到晚樂而忘返。我願意與先生共同享用這些。」郁離子說：「孔子說過：『以放縱遊蕩而無節制為快樂，以過度宴飲為快樂，是有害的。』我不願意這樣做。」

公子說：「五都鬧市，到處都是店鋪；洛陽大道上，大車數以千計；二江渡口，船隻首尾相連，有上千艘之多；家僮萬人，分派到各地去經商謀利。最西到達岷山、隴山、河源、康居、大宛國。在渥洼購買良馬，到崑崙山選購美玉。最東到達日本扶桑、玄菟、樂浪、渤海、泰山、青州、徐州、三韓、扶餘等地。最南到達百粵、七閩、南詔、瑤氓、穿胸、越南地區。那裡有鮫人水中的居室和奇妙的海市蜃樓。向北到達醫無閭山、代恆兩州、陰山北庭、卑耳山、孤竹國，直抵萬里沙漠。掇取天上的寶物，俯拾地上的珍奇。山谷中蘊藏的美玉，飛禽、游魚和動植物中的精華，沒有不盡數羅致而一一前陳的。於是有駿馬吉量、驒騱，有蒼兕獸和犀牛，腳下像是踏著閃電似的迅疾如風，頭角納象而成形。玫瑰色的火齊珠，瓊、瑤、璆、琳等各種美玉，琳琅滿目。琪樹、琅玕，是王母娘娘親手所栽。備五色，含八音，璀璨瓏璁，閃爍如同虎睛。獥㹞、旄牛、獅子之類的長毛，蓬鬆散亂，狀如披蓑，它們可以用作帝王車乘上的裝飾物，也可以做成纓絡。珊瑚、海柏，像是樹木又非樹木，像是美玉又非美玉，蕭森零落，如掩閉的鮮花，如剝落的竹筍皮，色彩赤紅。沉檀羅紗，龍腦麝香，濃郁芬芳，氣味䭀馧。螺甲殼製成的裝飾品，抹香鯨腸胃內的分泌物，腥氣到了極點轉為馨香。鐘乳丹沙，含金的石英石，燒煉後服用，可以變成神仙。水晶玻璃，能避暑清塵。琉璃玉石，木難寶珠，明亮閃爍。豆蔻胡椒，蓽撥丁香，可以除惡去臊，為烹飪高手易牙所珍視。甘蕉木棉，香葛兜羅，柔軟輕涼，無論寒暑使用都很適宜。翠綠的鸘鷞鳥，彩羽的山雞，玳瑁之龜，蠟一樣的質地，漆一般的華彩。用鼠毛織成的布匹，焚燒它火光灼灼，抖動它色澤似霜。丹蝦的觸鬚，剛勁如同長虹，燦爛晶瑩，看起來光滑欲流，撫摸它不染污漬。大象的牙齒，大得裝滿一隻小船。狼虎熊羆，青貂白狐，金絲猴和青狸，赤豹之皮，猿猴貍子，長毛豎起，纖細柔軟，確實美麗而且溫暖。駝毛羔絨，細若遊絲，軟若春錦。紅參紫芝，地膽天麻，千種靈藥，都是神農品嘗過的，可以起死回生，旋陰斡陽。蜀地的織錦，西域的毛氈，越國的紙張，齊國的白絹，跨海逾山，轉致流通。自北自東，自西自南，所到之處，皆成集市；所止之地，俱為屋宇。於是，開山出金，煮海得鹽。千錘穿崖，聲震大地；萬竈煙火，結為蒼雲。蜑人的小艇，蠻人的小船，出沒於風波浪濤之中，網收鯛鰫，曳取鯉鰱，舉著赤色的鱬魚，收絡當地的氐人。鉤龜鱉，捕大蝦，捉水母，鑿牡蠣，捕捉鵬鳥和飛魚，網起鮪魚和鰻鱺。成串的烏魚，懸掛著的鱸魚，拴成捆的鱘魚和鰉魚，掣鱷連鮫，枕丁膠乙，各種貨物，兼取並積。用骨做成箭頭，用皮製成箭囊。磨鱗刮甲，齒牙鋒鍔，可以當鎧甲，可以充戈戟。用甕醃製的鹹魚，獲利十倍、百倍。那貴重的寶物則有直徑一寸的珍珠、一尺見方的美玉，光彩四射，輝耀日月。裝入匣中，不能掩隱它的光芒；埋進土裡，也不會被腐蝕。可以易禍為祥，價值傾城傾國，我願意與先生共同得到這些。」郁離子說：「《左傳》上說：『大象因為有了珍貴的牙齒而招致捕殺，這是因財召禍啊！』我不願意這樣做。」

公子說：「九重廳堂，十畝庭院，位居城市中央，可以俯視街市。重重高門，崢嶸聳拔。用磨光的石塊砌成牆壁，兩旁種植松柏。窗戶狀如魚鱗，雕花的窗格通明透光。左右房屋密布，整齊明亮，冬暖夏涼。車馬可以直達階前，隨從傳呼喝道，登臺昇階。高坐在華麗的墊褥上，尊嚴如同神仙。士卒們列隊整齊，英武勇猛；官吏們排成雁行，莊重肅穆：一派進退有節秩序井然的景象。聽咳傳聲，神斥鬼訶，發號施令，審理與決斷訴訟。開口出言，侍從們驚嚇退避；手指目顧，被指顧者局促不安。千人並立，踮起腳尖窺視他的臉色。喜悅時，他態度溫和如同春日的陽光；發怒時，他面色冷峻猶如飛動的秋霜。頰舌一動，雷霆大作，人的生與死，全由他筆下判定。我願與先生共同謀求這些。」郁離子說：「孔子說：『富與貴是人人企盼的，但不用正當的方法得到它，君子是不會接受的。』我不願意這樣做。」

公子說：「騎著行走平穩的馬匹，穿著黑色的貂皮衣，行囊中沒有百枚錢幣，口袋裡沒有多餘的銀兩，慷慨辭別家人，出門遠遊，躍躍欲試。曳著衣襟進入衙門，搬弄口舌說動王侯。一語相投，君主傾心，不覺坐席前移，更換奴僕，秉燭夜談，熏心酣骨，蠢蠢欲動。追隨者嚇得出了一身冷汗，猛士們吐舌唏噓。於是，他的話成為法規，他的謀劃成為律令。制定九條法律而使國家富強，施展六出奇計克敵制勝。公開謀劃，暗中離間，如有神授，如鬼暗伏。手指一揮而白虹貫日，顧盼之間而金星入月，號稱智囊的樗里子猜不透他的心機，勇士孟賁也不能抵擋他的決策。所以，他的一句話貴過千金，他的一個承諾重於千鈞。吹一口氣能使猛虎豎起毛髮，噓上一聲能使寒谷生成春風，咳嗽一下能夠摧折五兵，談笑之間能夠退卻三軍。氣概可以驅使燕、趙的豪傑，威勢可以震懾齊、楚的國君。我願與先生一同談論它。」郁離子說：「孔子說：『空手和老虎搏鬥，不借助舟船涉水過河，即便丟了性命也不知後悔的人，我不與他們共事。』我不願意像你說的這樣做。」

公子說：「有軍隊十萬，猛士三千，蒙著犀牛皮的戰車，用駿馬駃騠來駕馭，騊駼為服馬，造父御車，力士烏獲護衛在右側。壯士如熊羆猛勇，駿馬似飛龍騰空，吼叫聲震動山谷。掛著重重鎧甲，披著鮫皮做的戰衣，耀眼如同冬天的冰淩，閃亮猶如天上的晨星。純鉤、太阿寶劍，紋理斑駁，飾以龜鱗；雄戟高揚，就像天上的飛虹，矛戈鋒利，宛如舞動的長蛇。兵器散放的寒光，上纏北斗。還有用角端牛角製作的弓，用魚牙製作的箭。拉弓如滿月在手，放矢則穿透重甲。黃間、谿子、時力、距黍等名弓強弩，要用九條牛來牽引，發射時的聲響如同雷吼。於是，白旄如荼、赤旄如菰，高大的旌旗上，繪有玄戈圖案。高舉九旒龍旗，如彩雲飛舞，狂飈回旋，高山為之低頭，太陽為之斂光。於是布下陣式，排列戰車，像風雲鳥蛇，像龍虎開合。屹立如山嶽，莊嚴如城堡，渾渾沌沌，沒有人能探明那陣形。我願意與先生一起統帥他們。」郁離子說：「孔子說：『禮儀方面的事，我曾經聽說過；領軍作戰方面的事，我從來沒有學過。』我不願意這樣做。」

公子說：「西方有仙人，神通廣大，浩浩無涯。他的力量可以斡旋造化，回轉天地；他的功力可以拯救水患中的百姓，拔除苦難，起死扶生，剖明頑劣，燭照幽冥。不知不覺之中，蕩掃六種疾病；不聲不響之際，滌除百種迷惑。如同翦除雜生的叢草，不留一根草根；如同龍的威力強大，沒有人能夠抵擋。不震不搖，眼疾自消；不懼不難，百怪自散。好比拂去鏡上的灰塵，光亮燦新；如同蓮花出水，潔淨而不帶污泥。由此能夠不死不生，長存旺盛的精力；無形無體，無往而不在；放之無外，收之無內；幽靜恬淡，永享那最大的歡樂。我願意與先生一同去尋求。」郁離子說：「孔子說：『批判那些異端邪說，禍害可以消除。』我不願意這樣做。」

公子說：「宇宙渾渾沌沌，分為天地；天地開合，形成日月；日月輪流照耀，生成五方星辰。天氣與地氣交合，形成為人。人在天玄地黃之間，獨為萬物之靈，那是因為得到上天的成全啊！所以，軒轅黃帝拜訪廣成子而得到他傳授的祕訣。那訣中說：『清和靜穆啊深微幽遠，洞穴晃朗啊觀看我庭。掃除氛埃啊驅趕蟲蛇，部署眾神啊聚集我家。風雨大作啊天昏地暗，疏導而不堵塞啊以待其生。調其行啊和其止，保其受啊為孝子。收天下於掌控之中，瑞草靈芽啊包裹在那核裡。乘上有翼的大龍，飛入曠遠的天空。』我願意與先生一同去追求。」郁離子說：「常言道：『死生有命。』我不願意這樣做。」

公子說：「我願意聽聽先生的志向。」郁離子正色說：「公子，三代帝王去世之後，孔子的學說難以通行。九種流派、楊朱墨翟之說，以及諸子百家，同時出現。淫辭橫說，合縱連衡，反覆無常。慘害陰毒，疑懼恐惑，黑白顛倒，如群犬狂奔，太陽為之暗淡；如水波激蕩，可使石塊漂流。縈迴邪僻，如殘害莊稼的蟊與賊：這是那些明目張膽的做法。而虛假狡詐的人，則稱天地為旅館，百姓是蟲蛆，文章禮樂都不值得提倡，炫耀矜誇，像油脂一樣地沾染人，使人接受它像吞食釣餌一樣。虛假詭詐，欺騙生者，誣罔死者，捨棄形體，求索幻影，遺棄倫理道德，這些都是迷惑眾生的曲徑，危害世人的巨蠍啊！如今威弧發出離弦之箭，亂矢交流。旬始彗星出現在天空，降魄流精，化為貙與豻，變成蛟與蛇。狗失去了主人，變為大狼，奮爪張牙，飲血茹肉，淫淫瀉瀉。沉膏油脂窮及深淵，積骸殘骨遍布山陵，沒有人能夠拯救這些，天道隱微，幾乎不存在了！而你卻想以富貴為歡樂，以嬉遊為舒適，不也是很可悲的嗎？我願意與公子講唐堯、夏禹之道，論商湯、周武王之事，效法伊尹、呂尚，師法周公、召公，稽考先王的典章制度，商議除弊救時的政治，嚴明法度，學習禮樂，以等待王者振興。像那些旁途邪道，奸詐詭隨，宣揚貪欲，鼓動愚昧，僥倖於一時的做法，我都不願意去做。」聽到這裡，隨陽公子羞愧得滿臉通紅，眼睛失神，舌頭僵硬，再次拜謝受教說：「鄙人不學無術，如今聽了先生的指教，如同污垢得到洗滌。我願意做先生的弟子，這是最幸運的事情。我將銘記先生的教誨，永不忘棄！」

【研　析】這是全書的壓軸之作，借用虛構人物隨陽公子與郁離子的對話，闡明作者的政治理想與人生抱負。

寓言從九個方面向主人公提問詰難，故稱之為「九難」。前八難，主要是由隨陽公子講述人生追求：或華屋盛宴，歌舞良宵；或百頃園林，佚樂忘返；或四海經商，富可敵國；或遊說列國，威震諸侯；或領軍十萬，鐵騎千里；或尋訪仙人，永享至樂；或得道受訣，一握天下……。如此這般，何等誘人，何等輝煌！但這些，郁離子都不為所動。那麼，郁離子的志向是什麼呢？由此引出第九「難」。在這一「難」裡，郁離子講述了自己的人生理想，那就是在天道幾熄，無人救時的境況下，「講堯、禹之道，論湯、武之事，憲伊、呂，師周、召，稽考先王之典，商度救時之政，明法度，肄禮樂，以待王者之興」。可見，作者是站在儒家的立場上，懷著一顆匡世救民的赤誠之心，急切地企盼社會變革、等待明主的出現。而文中「黔首為蟲蛆」，鬼魅「為貙為豻，為蛟為蛇」，以及「犬失其主。化為封狼，奮爪張牙，飲血茹肉」等描寫，正是元末黑暗現實的真實比照，體現了劉基寓言諷諭時弊、同情民生疾苦的鮮明特點。

文體上，寓言採用賦的形式，大量使用典故，鋪陳排比，音節鏗鏘，詞藻華麗，文彩煥然。但在華美的同時，也使人感覺本篇寫得過長，有那麼一點累贅拖沓之感。

附錄

一、明史劉基傳

劉基，字伯溫，青田人。曾祖濠，仕宋為翰林掌書。宋亡，邑子林融倡義旅。事敗，元遣使簿錄其黨，多連染。使道宿濠家，濠醉使者而焚其廬，籍悉毀。使者計無所出，乃為更其籍，連染者皆得免。基幼穎異，其師鄭復初謂其父爚曰：「君祖德厚，此子必大君之門矣。」元至順間，舉進士，除高安丞，有廉直聲。行省辟之，謝去。起為江浙儒學副提舉，論御史失職，為臺臣所阻，再投劾歸。基博通經史，於書無不窺，尤精象緯之學。西蜀趙天澤論江左人物，首稱基，以為諸葛孔明儔也。

方國珍起海上，掠郡縣，有司不能制。行省復辟基為元帥府都事。基議築慶元諸城以逼賊，國珍氣沮。及左丞帖里帖木兒招諭國珍，基言方氏兄弟首亂，不誅無以懲後。國珍懼，厚賂基。基不受。國珍乃使人浮海至京，賄用事者。遂詔撫國珍，授以官，而責基擅威福，羈管紹興，方氏遂愈橫。亡何，山寇蜂起，行省復辟基剿捕，與行院判石抹宜孫守處州。經略使李國鳳上其功，執政以方氏故抑之，授總管府判，不與兵事。基遂棄官還青田，著《郁離子》以見志。時避方氏者爭依基，基稍為部署，寇不敢犯。

及太祖下金華，定括蒼，聞基及宋濂等名，以幣聘。基未應，總制孫炎再致書固邀之，基始出。既至，陳時務十八策。太祖大喜，築禮賢館以處基等，寵禮甚至。初，太祖以韓林兒稱宋後，遙奉之。歲首，中書省設御座行禮，基獨不拜，曰：「牧豎耳，奉之何為！」因見太祖，陳天命所在。太祖問征取計，基曰：「士誠自守虜，不足慮。友諒劫主脅下，名號不正，地據上流，其心無日忘我，宜先圖之。陳氏滅，張氏勢孤，一舉可定。然後北向中原，王業可成也。」太祖大悅曰：「先生有至計，勿惜盡言。」會陳友諒陷太平，謀東下，勢張甚，諸將或議降，或議奔據鍾山，基張目不言。太祖召入內，基奮曰：「主降及奔者，可斬也。」太祖曰：「先生計安出？」基曰：「賊驕矣，待其深入，伏兵邀取之，易耳。天道後舉者勝，取威制敵以成王業，在此舉矣。」太祖用其策，誘友諒至，大破之，以克敵賞賞基。基辭。友諒兵復陷安慶，太祖欲自將討之，以問基。基力贊，遂出師攻安慶。自旦及暮不下，基請逕趨江州，擣友諒巢穴，遂悉軍西上。友諒出不意，帥妻子奔武昌，江州降。其龍興守將胡美遣子通款，請勿散其部曲。太祖有難色。基從後蹋胡牀。太祖悟，許之。美降，江西諸郡皆下。

基喪母，值兵事未敢言，至是請還葬。會苗軍反，殺金、處守將胡大海、耿再成等，浙東搖動。基至衢，為守將夏毅諭安諸屬邑，復與平章邵榮等謀復處州，亂遂定。國珍素畏基，致書唁。基答書，宣示太祖威德，國珍遂入貢。太祖數以書即家訪軍國事，基條答悉中機宜。尋赴京，太祖方親援安豐。基曰：「漢、吳伺隙，未可動也。」不聽。友諒聞之，乘間圍洪都。太祖曰：「不聽君言，幾失計。」遂自將救洪都，與友諒大戰鄱陽湖，一日數十接。太祖坐胡牀督戰，基侍側，忽躍起大呼，趣太祖更舟。太祖倉卒徙別舸，坐未定，飛礮擊舊所御舟立碎。友諒乘高見之，大喜。而太祖舟更進，漢軍皆失色。時湖中相持，三日未決，基請移軍湖口扼之，以金木相犯日決勝，友諒走死。其後太祖取士誠，北伐中原，遂成帝業，略如基謀。

吳元年以基為太史令，上《戊申大統曆》。熒惑守心，請下詔罪己。大旱，請決滯獄。即命基平反，雨隨注。因請立法定制，以止濫殺。太祖方欲刑人，基請其故，太祖語之以夢。基曰：「此得土得眾之象，宜停刑以待。」後三日，海寧降。太祖喜，悉以囚付基縱之。尋拜御史中丞兼太史令。

太祖即皇帝位，基奏立軍衛法。初定處州稅糧，視宋制畝加五合，惟青田命毋加，曰：「令伯溫鄉里世世為美談也。」帝幸汴梁，基與左丞相善長居守。基謂宋、元寬縱失天下，今宜肅紀綱。令御史糾劾無所避，宿衛宦侍有過者，皆啟皇太子置之法，人憚其嚴。中書省都事李彬坐貪縱抵罪，善長素暱之，請緩其獄。基不聽，馳奏。報可。方祈雨，即斬之。由是與善長忤。帝歸，愬基僇人壇壝下，不敬。諸怨基者亦交譖之。會以旱求言，基奏：「士卒物故者，其妻悉處別營，凡數萬人，陰氣鬱結。工匠死，胔骸暴露，吳將吏降者皆編軍戶，足干和氣。」帝納其言，旬日仍不雨，帝怒。會基有妻喪，遂請告歸。時帝方營中都，又銳意滅擴廓。基瀕行，奏曰：「鳳陽雖帝鄉，非建都地。王保保未可輕也。」已而定西失利，擴廓竟走沙漠，迄為邊患。其冬，帝手詔敘基勳伐，召赴京，賜賚甚厚，追贈基祖、父皆永嘉郡公。累欲進基爵，基固辭不受。

初，太祖以事責丞相李善長，基言：「善長勳舊，能調和諸將。」太祖曰：「是數欲害君，君乃為之地耶？吾行相君矣。」基頓首曰：「是如易柱，須得大木。若束小木為之，且立覆。」及善長罷，帝欲相楊憲，憲素善基，基力言不可，曰：「憲有相才無相器。夫宰相者，持心如水，以義禮為權衡，而已無與者也，憲則不然。」帝問汪廣洋，曰：「此褊淺殆甚於憲。」又問胡惟庸，曰：「譬之駕，懼其僨轅也。」帝曰：「吾之相，誠無逾先生。」基曰：「臣疾惡太甚，又不耐繁劇，為之且孤上恩。天下何患無才，惟明主悉心求之，目前諸人誠未見其可也。」後憲、廣洋、惟庸皆敗。三年授弘文館學士。十一月大封功臣，授基開國翊運守正文臣、資善大夫、上護軍，封誠意伯，祿二百四十石。明年賜歸老於鄉。

帝嘗手書問天象。基條答甚悉而焚其草。大要言霜雪之後，必有陽春，今國威已立，宜少濟以寬大。基佐定天下，料事如神。性剛嫉惡，與物多忤。至是還隱山中，惟飲酒弈棋，口不言功。邑令求見不得，微服為野人謁基。基方濯足，令從子引入茆舍，炊黍飯令。令告曰：「某青田知縣也。」基驚起稱民，謝去，終不復見。其韜迹如此，然究為惟庸所中。

初，基言甌、括間有隙地曰談洋，南抵閩界，為鹽盜藪，方氏所由亂，請設巡檢司守之。奸民弗便也。會茗洋逃軍反，吏匿不以聞。基令長子璉奏其事，不先白中書省。胡惟庸方以左丞掌省事，挾前憾，使吏訐基，謂談洋地有王氣，基圖為墓，民弗與，則請立巡檢逐民。帝雖不罪基，然頗為所動，遂奪基祿。基懼入謝，乃留京，不敢歸。未幾，惟庸相，基大慼曰：「使吾言不驗，蒼生福也。」憂憤疾作。八年三月，帝親製文賜之，遣使護歸。抵家，疾篤，以《天文書》授子璉曰：「亟上之，毋令後人習也。」又謂次子璟曰：「夫為政，寬猛如循環。當今之務在修德省刑，祈天永命。諸形勝要害之地，宜與京師聲勢連絡。我欲為遺表，惟庸在，無益也。惟庸敗後，上必思我，有所問，以是密奏之。」居一月而卒，年六十五。基在京病時，惟庸以醫來，飲其藥，有物積腹中如拳石。其後中丞涂節首惟庸逆謀，並謂其毒基致死云。

基虯髯，貌修偉，慷慨有大節，論天下安危，義形於色。帝察其至誠，任以心膂。每召基，輒屏人密語移時。基亦自謂不世遇，知無不言。遇急難，勇氣奮發，計畫立定，人莫能測。暇則敷陳王道。帝每恭己以聽，常呼為老先生而不名，曰：「吾子房也。」又曰：「數以孔子之言導予。」顧帷幄語秘莫能詳，而世所傳為神奇，多陰陽風角之說，非其至也。所為文章，氣昌而奇，與宋濂並為一代之宗。所著有《覆詖集》、《犁眉公集》傳於世。子璉、璟。

二、徐一夔郁離子序

《郁離子》者，誠意伯劉公在元季時所著之書也。公學足以探三才之奧，識足以達萬物之情，氣足以奪三軍之帥，以是自許，卓然立於天地之間，不知自視與古之豪傑何如也。年二十已登進士第，有志於尊主庇民。當是時，其君不以天下繁念慮，官不擇人，例以常格處之，噤不能有為。已而南北繹騷，公慨然有澄清之志，藩閫方務治兵，辟公參贊，而公銳欲以功業自見，累建大議，皆匡時之長策。而當國者樂因循而悅苟且，抑而不行，公遂棄官去，屏居青田山中，發憤著書，此《郁離子》之所以作也。郁離者何？離為火，文明之象，用之其文郁郁然，為盛世文明之治，故曰《郁離子》。其書總為十卷，分為十八章，散為一百九十五條，多或千言，少或百字，其言詳於正己、慎微、修紀、遠利、尚誠、量敵、審勢、用賢、治民，本乎仁義道德之懿，明乎吉凶禍福之幾，審乎古今成敗得失之迹，大槩矯元室之弊，有激而言也。牢籠萬彙，洞釋群疑，辨博奇詭，巧于比喻，而不失乎正。驟而讀之，其鋒凜然，若太阿出匣，若不可玩；徐而思之，其言確然，鑿鑿乎如藥石之必治病，斷斷乎如五穀之必療饑而不可無者也。豈若管、商之功利，申、韓之刑名，儀、秦之捭闔，孫、吳之陰謀，其說詭於聖人，務以智數相高，而不自以為非者哉！見是書者皆以公不大用為憾，詎知天意有在，挈而畀之維新之朝乎。皇上龍興，卒以宏謨偉略，輔翼興運，及定功行賞，疏土分封，遂膺五等之爵，與元勳大臣，丹書鐵券聯休共美於無窮，不其盛哉！《傳》有之曰：「楚雖有材，晉實用之。」公之謂也。初公著書本有望於天下後世，詎意身親用之。雖然公之事業具于書，此元之所以亡也；公之書見于事業，此皇明之所以興也。嗚呼，一人之用舍有關於天下國家之故，則是書也豈區區一家言哉！一夔嘗受教于公，後謁公金陵官寺，出是書以見教，一夔駭所未見，愧未能悉其要領。今公已薨，其子仲璟懼其散軼，以一夔於公有相從之好，俾為之序。顧一夔何敢序公之書，然得繫名於簡編之末，亦為榮幸，因不讓而序之。公諱基，字伯溫，括蒼人。若其言行之詳，官勛之次，則具在國史，茲不著。

洪武十九年冬十有一月，門生杭州府儒學教授天臺徐一夔謹序。

三、吳從善郁離子序

古之君子，學足以開物成務，道足以經綸大經，必思任天下之重而不私以善其身。故其得君措於用也，秩之為禮，宣之為樂，布之為紀綱法度，施之為政刑，文明之治洽乎四海，流澤被於無窮。此奚特假言以自見哉！及其後也，雖孔子之聖可大有為，而猶不免述作以傳道，況其下乎。然則必假夫文以自見者，蓋君子不得已焉耳矣！君子以為學既不獲措諸設施，道不行於天下，其所抱負經畫可以文明治世者，獨得筆之方冊，垂示千百載之下。知而好者，或推以行，是亦吾澤所及，其志豈不為可尚矣夫？然自秦漢而降，能言之士何限，非不欲如前所云也，率多淫於異端，失於偽巧，詭而不正，駁而不純，弗畔夫道固鮮。人苟用之以求致治，殆猶適燕而南其轅乎。闡天地之隱，發物理之微，究人事之變，喻焉而當，辨焉而彰，簡而嚴，博而切，反覆以盡乎古今，懇到以中乎要會，不襲履陳腐，而於聖賢之道若合符節，無一不可宜於行，近世以來未有如《郁離子》之善者也。夫郁郁，文也；明兩，離也；郁離者文明之謂也。非所以自號，其意謂天下後世若用斯言，必可底文明之治耳！嗚呼，此寧虛語哉？從善少嘗受讀，嘆其義趣幽賾，岐緒浩穰，或引而不發，或指近而歸遠，懵乎莫測其所以然，逮閱之之久，觸類而求，然後稍得窺夫涯涘。竊譬諸醫師之籠，一藥必治一病，玉石、草木、禽獸之屬皆可以已疾延年，無長物也。此其為書所以深得古君子立言之旨，使其得君而措於用，其文明之治益天下後世為不薄，詎止度越諸子而已耶？是書為誠意伯劉先生所著。先生嘗自任以天下之重，於經綸之道，開物成務之學，素所蓄有，曾以其槩翊當今之運，輔大明之業，昭昭矣存諸方冊者。故御史中丞龍泉章公雖已刊置鄉塾，然未盛行於世。先生之子仲璟與其兄之子廌謀重刻以傳。嗟乎，玆豈一家得而私之者哉！僭為敘其大略，俾貽方來云爾。翰林國史院編修官諸生吳從善序。

古籍今注新譯叢書

【哲學類】

新譯四書讀本　謝冰瑩等編譯
新譯學庸讀本　王澤應注譯
新譯論語新編解義　胡楚生編著
新譯孝經讀本　賴炎元等注譯
新譯易經讀本　郭建勳注譯
新譯周易六十四卦經傳通釋　黃慶萱注譯
新譯乾坤經傳通釋　黃慶萱注譯
新譯易經繫辭傳解義　吳　怡著
新譯禮記讀本　姜義華注譯
新譯儀禮讀本　顧寶田等注譯
新譯孔子家語　羊春秋注譯
新譯老子讀本　余培林注譯
新譯帛書老子　趙　鋒注譯
新譯老子解義　吳　怡著
新譯莊子讀本　黃錦鋐注譯
新譯莊子讀本　張松輝注譯
新譯莊子本義　水渭松注譯
新譯莊子內篇解義　吳　怡著
新譯列子讀本　莊萬壽注譯
新譯管子讀本　湯孝純注譯
新譯墨子讀本　李生龍注譯
新譯公孫龍子　丁成泉注譯
新譯晏子春秋　陶梅生注譯
新譯鄧析子　徐忠良注譯
新譯荀子讀本　王忠林注譯
新譯尹文子　徐忠良注譯
新譯尸子讀本　水渭松注譯
新譯鶡冠子　趙鵬團注譯
新譯鬼谷子　王德華等注譯
新譯韓非子　傅武光等注譯
新譯呂氏春秋　朱永嘉等注譯
新譯韓詩外傳　孫立堯注譯
新譯淮南子　熊禮匯注譯
新譯春秋繁露　朱永嘉等注譯
新譯新書讀本　饒東原注譯
新譯新語讀本　王　毅注譯
新譯潛夫論　彭丙成注譯
新譯論衡讀本　蔡鎮楚注譯
新譯申鑒讀本　林家驪等注譯
新譯人物志　吳家駒注譯
新譯張載文選　張金泉注譯
新譯近思錄　張京華注譯
新譯傳習錄　李生龍注譯
新譯呻吟語摘　鄧子勉注譯
新譯明夷待訪錄　李廣柏注譯

【文學類】

新譯詩經讀本　滕志賢注譯
新譯楚辭讀本　林家驪注譯
新譯楚辭讀本　傅錫壬注譯
新譯文心雕龍　羅立乾注譯
新譯六朝文絜　蔣遠橋注譯
新譯世說新語　劉正浩等注譯
新譯昭明文選　周啟成等注譯
新譯古文觀止　謝冰瑩等注譯
新譯古文辭類纂　黃　鈞等注譯
新譯樂府詩選　溫洪隆注譯
新譯古詩源　馮保善注譯
新譯千家詩　邱燮友等注譯
新譯詩品讀本　成　林等注譯
新譯花間集　朱恒夫注譯
新譯南唐詞　劉慶雲注譯
新譯絕妙好詞　聶安福注譯
新譯唐詩三百首　邱燮友注譯
新譯宋詩三百首　陶文鵬注譯
新譯宋詞三百首　汪　中注譯
新譯宋詞三百首　劉慶雲注譯
新譯元曲三百首　賴橋本等注譯
新譯明詩三百首　趙伯陶注譯
新譯清詩三百首　王英志注譯
新譯清詞三百首　陳水雲等注譯
新譯唐人絕句選　卞孝萱等注譯
新譯唐才子傳　戴揚本注譯
新譯拾遺記　石　磊注譯
新譯搜神記　黃　鈞注譯
新譯唐傳奇選　束　忱等注譯
新譯宋傳奇小說選　束　忱注譯
新譯明傳奇小說選　陳美林等注譯
新譯容齋隨筆選　朱永嘉等注譯
新譯明散文選　周明初注譯
新譯明清小品文選　鄭　婷注譯

新譯人間詞話　馬自毅注譯
新譯白香詞譜　劉慶雲注譯
新譯幽夢影　馮保善注譯
新譯菜根譚　吳家駒注譯
新譯小窗幽記　馬美信注譯
新譯圍爐夜話　馬美信注譯
新譯郁離子　吳家駒注譯
新譯歷代寓言選　黃瑞雲注譯
新譯賈長沙集　林家驪注譯
新譯揚子雲集　葉幼明注譯
新譯曹子建集　曹海東注譯
新譯建安七子詩文集　韓格平注譯
新譯阮籍詩文集　林家驪注譯
新譯嵇中散集　崔富章注譯
新譯陸機詩文集　王德華注譯
新譯陶淵明集　溫洪隆注譯
新譯江淹集　羅立乾等注譯
新譯庾信詩文選　歸　青注譯
新譯初唐四傑詩集　李福標注譯
新譯駱賓王文集　黃清泉注譯
新譯王維詩文集　陳鐵民注譯
新譯孟浩然詩集　楊　軍注譯
新譯李白詩全集　郁賢皓注譯
新譯李白文集　郁賢皓注譯
新譯杜甫詩選　張忠綱等注譯
新譯杜詩菁華　林繼中注譯
新譯高適岑參詩選　孫欽善等注譯
新譯昌黎先生文集　周啟成等注譯
新譯劉禹錫詩文選　閻　琦注譯

新譯柳宗元文選　卞孝萱等注譯
新譯白居易詩文選　陶　敏等注譯
新譯元稹詩文選　郭自虎注譯
新譯李賀詩集　彭國忠注譯
新譯杜牧詩文集　張松輝注譯
新譯李商隱詩選　朱恒夫等注譯
新譯范文正公選集　王興華等注譯
新譯蘇洵文選　羅立剛注譯
新譯蘇軾文選　滕志賢注譯
新譯蘇軾詞選　鄧子勉注譯
新譯蘇軾詩選　鄧子勉注譯
新譯蘇轍文選　朱　剛注譯
新譯曾鞏文選　高克勤注譯
新譯王安石文選　沈松勤注譯
新譯唐宋八大家文選　鄧子勉注譯
新譯柳永詞集　侯孝瓊注譯
新譯李清照集　姜漢椿等注譯
新譯陸游詩文選　韓立平注譯
新譯辛棄疾詞選　聶安福注譯
新譯歸有光文選　鄔國平注譯
新譯唐順之詩文選　馬美信注譯
新譯徐渭詩文選　周　群等注譯
新譯袁宏道詩文選　孫立堯注譯
新譯薑齋文集　平慧善注譯
新譯顧亭林文集　劉九洲注譯
新譯納蘭性德詞　馮　乾注譯
新譯方苞文選　鄔國平等注譯
新譯閒情偶寄　馬美信注譯
新譯鄭板橋集　朱崇才注譯

新譯袁枚詩文選　王英志注譯
新譯李慈銘詩文選　潘靜如注譯
新譯聊齋誌異選　任篤行等注譯
新譯閱微草堂筆記　嚴文儒注譯
新譯浮生六記　馬美信注譯
新譯弘一大師詩詞全編　徐正綸編著

【歷史類】

新譯史記　韓兆琦注譯
新譯漢書　吳榮曾等注譯
新譯後漢書　魏連科等注譯
新譯三國志　吳樹平等注譯
新譯資治通鑑　張大可等注譯
新譯史記—名篇精選　韓兆琦注譯
新譯尚書讀本　吳　璵注譯
新譯尚書讀本　郭建勳注譯
新譯周禮讀本　賀友齡注譯
新譯逸周書　牛鴻恩注譯
新譯左傳讀本　郁賢皓等注譯
新譯公羊傳　雪　克注譯
新譯穀梁傳　顧寶田注譯
新譯春秋穀梁傳　周　何注譯
新譯戰國策　溫洪隆注譯
新譯國語讀本　易中天注譯
新譯說苑讀本　左松超注譯
新譯說苑讀本　羅少卿注譯
新譯新序讀本　葉幼明注譯
新譯吳越春秋　黃仁生注譯
新譯西京雜記　曹海東注譯

新譯列女傳　黃清泉注譯
新譯越絕書　劉建國注譯
新譯燕丹子　曹海東注譯
新譯東萊博議　李振興等注譯
新譯唐六典　朱永嘉等注譯
新譯唐摭言　姜漢椿注譯

宗教類

新譯金剛經　徐興無注譯
新譯高僧傳　朱恒夫等注譯
新譯碧巖集　吳　平注譯
新譯百喻經　顧寶田注譯
新譯楞嚴經　賴永海等注譯
新譯梵網經　王建光注譯
新譯圓覺經　商海鋒注譯
新譯法句經　劉學軍注譯
新譯六祖壇經　李中華注譯
新譯禪林寶訓　李中華注譯
新譯維摩詰經　陳引馳等注譯
新譯經律異相　顏洽茂注譯
新譯阿彌陀經　蘇樹華注譯
新譯無量壽經　邱高興注譯
新譯無量壽經　蘇樹華注譯
新譯妙法蓮華經　張松輝注譯
新譯景德傳燈錄　顧宏義注譯
新譯大乘起信論　韓廷傑注譯
新譯釋禪波羅蜜　蘇樹華注譯
新譯八識規矩頌　倪梁康注譯
新譯永嘉大師證道歌　蔣九愚注譯
新譯華嚴經入法界品　楊維中注譯
新譯地藏菩薩本願經　李承貴注譯
新譯悟真篇　劉國樑等注譯
新譯无能子　張松輝注譯
新譯坐忘論　張松輝注譯
新譯列仙傳　張金嶺注譯
新譯抱朴子　李中華注譯
新譯神仙傳　周啟成注譯
新譯性命圭旨　傅鳳英注譯
新譯老子想爾注　顧寶田等注譯
新譯周易參同契　劉國樑注譯
新譯道門觀心經　王　卡注譯
新譯養性延命錄　曾召南注譯
新譯樂育堂語錄　戈國龍注譯
新譯冲虛至德真經　張松輝注譯
新譯長春真人西遊記　顧寶田等注譯
新譯黃庭經・陰符經　劉連朋等注譯

軍事類

新譯司馬法　王雲路注譯
新譯尉繚子　張金泉注譯
新譯三略讀本　傅　傑注譯
新譯六韜讀本　鄔錫非注譯
新譯吳子讀本　王雲路注譯
新譯孫子讀本　吳仁傑注譯
新譯李衛公問對　鄔錫非注譯

教育類

新譯爾雅讀本　陳建初等注譯
新譯顏氏家訓　李振興等注譯
新譯聰訓齋語　馮保善注譯
新譯曾文正公家書　湯孝純注譯
新譯三字經　黃沛榮注譯
新譯百家姓　馬自毅等注譯
新譯幼學瓊林　馬自毅注譯
新譯增廣賢文・千字文　馬自毅注譯
新譯格言聯璧　馬自毅注譯

政事類

新譯商君書　貝遠辰注譯
新譯鹽鐵論　盧烈紅注譯
新譯貞觀政要　許道勳注譯

地志類

新譯山海經　楊錫彭注譯
新譯水經注　陳橋驛等注譯
新譯佛國記　楊維中注譯
新譯大唐西域記　陳　飛等注譯
新譯洛陽伽藍記　劉九洲注譯
新譯徐霞客遊記　黃　珅注譯
新譯東京夢華錄　嚴文儒注譯

國家圖書館出版品預行編目資料

新譯郁離子／吳家駒注譯.——二版一刷.——臺北市：三民，2024
面；　公分.——(古籍今注新譯叢書)

ISBN 978 957-14-7748-0（平裝）
1. 郁離子 2. 注釋

126.11　　　112021924

古籍今注新譯叢書

新譯郁離子

注譯者　吳家駒
發行人　劉振強
出版者　三民書局股份有限公司
地址　臺北市復興北路 386 號 (復北門市)
臺北市重慶南路一段 61 號 (重南門市)
電話　(02)25006600
網址　三民網路書店 https://www.sanmin.com.tw

出版日期　初版一刷 2006 年 6 月
初版五刷 2020 年 1 月
二版一刷 2024 年 1 月
書籍編號　S032850
ISBN　978-957-14-7748-0

三民書局

◎新譯閱微草堂筆記

嚴文儒／注譯

清代著名文人紀曉嵐所撰的筆記小說《閱微草堂筆記》，全書近一千二百則，內容豐富龐雜，包括社會生活、官場世態、風土人情、鬼狐妖魅、物產異聞等。作者亦莊亦諧的文筆、情理兼具的思想，透過一則則生動有趣的狐鬼故事，讀來令人不忍釋手。本書挑選坊間最優質的版本，輔以簡明的注譯、扼要的研析，幫助讀者進入搜奇志怪的《閱微》世界。

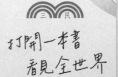